西華大學
四川省人民政府文史研究館
蜀學研究中心 主辦

蜀學

第十四輯

西南交通大學出版社
·成都·

圖書在版編目（CIP）數據

蜀學. 第十四輯 / 西華大學，四川省人民政府文史研究館，蜀學研究中心主辦. —成都：西南交通大學出版社，2018.7

ISBN 978-7-5643-6303-1

Ⅰ. ①蜀… Ⅱ. ①西… ②四… ③蜀… Ⅲ. ①文化史－四川－文集②巴蜀文化－文集 Ⅳ. ①K297.1-53 ②K872.71-53

中國版本圖書館 CIP 數據核字（2018）第 170426 號

SHU XUE
蜀　學（第十四輯）

西　華　大　學
四川省人民政府文史研究館　蜀學研究中心　主辦

責任編輯 / 吴　迪
助理編輯 / 鄭麗娟
封面設計 / 何東琳設計工作室

西南交通大學出版社出版發行
（成都市金牛區二環路北一段 111 號創新大廈 21 樓　610031）
發行部電話：028-87600564
網址：http://www.xnjdcbs.com
印刷：成都蜀通印務有限責任公司

成品尺寸　185 mm × 260 mm
印張　17.625　　字數　450 千
版次　2018 年 7 月第 1 版　　印次　2018 年 7 月第 1 次

書號　ISBN 978-7-5643-6303-1
定價　45.00 圓

《蜀 學》編輯委員會

保持《蜀學》辦刊特色，進一步助推蜀學研究深入發展和人才培養。

胡昭曦

二〇一八年五月

時年八十五歲

目　録

"中心—邊緣"的"天下"格局與巴蜀早期的對外關係

楊　民

摘　要：早期巴蜀地區與中原地區存在於"中心—邊緣"的"天下"格局之内，兩者之間的關係涉及自然地理、族群及政治、文化等社會層面。巴蜀與中原世界的接觸，一方面是巴蜀地域特徵凸顯、地域形象被外界認知和建構的過程，另一方面也是政治、文化、社會等方面衝突或融合的過程。戰國中期以後，由於國家間疆域的拓展、"天下"觀念的强化以及中原王朝政治秩序的延伸，巴蜀地區的"邊僻"色彩逐漸減弱，深度融入華夏世界。

關鍵詞：巴蜀；早期；"中心—邊緣"；"天下"；對外關係

早期巴蜀地區與中原地區[①]存在於"中心—邊緣"的"天下"格局之内，巴蜀與中原的關係，既涉及自然地理和族群層面，也涉及政治、文化等社會層面。因此，巴蜀與中原世界的接觸，一方面是巴蜀地域特徵凸顯、地域形象被外界認知和建構的過程，另一方面也是政治、文化、社會等方面衝突或融合的過程。戰國中期以後，由於國家間疆域的拓展、"天下"觀念的强化以及中原王朝政治秩序的延伸，巴蜀地區的"邊僻"色彩逐漸減弱，深度融入華夏世界。本文不擬面面俱到地进行相关討論[②]，而是希望結合先秦時期的"天下"格局，發掘以往研究巴蜀早期對外關係中注意不多的某些層面。

一

"天下"是古代中國思想界利用空間概念建構出的一套世界秩序，是一種以"天下觀"爲一體、以"大一統"和"夷夏觀"爲之兩面的意識形態。它具有鮮明的人文和政治含義，既體現了"天下一家"的高級旨趣，又顯示了森嚴的尊卑

① 文中提到的"中原"是泛指，有時指黄河流域一帶，即傳統意義上的"天下之中"區域；有時指中央朝廷（如秦）及中央朝廷所在地的代表性文化和意識形態。實際上，與巴蜀對應的，尤其是地理意義上的"中原"也是多元的，包含有許多區域和文化。

② 相關研究可參見顧頡剛：《古代巴蜀與中原的關係説及其批判》，收入氏著《論巴蜀與中原的關係》，四川人民出版社 1981 年版，第 1-71 頁。

等級特徵。[①]先秦時期，中原人所認識的“天下”，基本上分爲“華夏”和“夷狄”兩類，不過由於諸多獨立國家和部落的存在，因此這一“天下”並不是一個邊界非常清楚、認同十分明確的世界。古代中國的西南地區，在“習慣”上被分爲巴蜀地區和西南夷地區，巴蜀地區包括四川盆地和盆地邊緣的一些地帶，西南夷地區則包括巴蜀以南和以西的地區。從巴蜀地區與外界發生聯繫和接觸開始，就構成了外人對巴蜀地區“習慣”認知的歷史起點，而這個歷史的起點，在地域差異以及文野之别的視野下，涵蓋了兩個主要内容：一個是時人對其自然區域地理的方位認知，另一個則是察覺到了族群間的人我之異。

戰國之前甚至戰國時期關於巴蜀實際的地理位置，彼時人不可能完全熟悉。《尚書·禹貢》篇大概是中國古代文獻中最古老和最有系統性地理觀念的著作。它以地理爲徑，分當時“天下”爲“九州”，提出撰著者理想中的政治區劃。《尚書·禹貢》在論述和規劃“九州”的地理分佈時，其中的梁州區域比較接近現實中巴蜀地區的位置。《禹貢》載：“華陽黑水惟梁州。岷、嶓既藝，沱、潛既道，蔡、蒙旅平，和夷厎績。……西傾因桓是來。浮於潛，逾於沔，入於渭，亂於河。”[②]据此，常璩在《華陽國志》中説：“華陽之壤，梁岷之域，是其一囿；囿中之國則巴蜀矣。……禹治水命州，巴、蜀以屬梁州。”[③]

古人對“天下”的認識還有一個“四極”的概念。對於“四極”，《爾雅》《吕氏春秋》《孟子》等書衹提到東南西北四個方位，沒有明確提到西南方的巴蜀地區。總體來看，學者對“天下”“四極”“四海”一類表述整個世界的詞彙的定義是相當模糊的，對於“天下”區域的疆域與界限認識相當有限。巴蜀地區在地理上山河攔阻、形勢險惡，自然被中土視爲僻陋之鄉、荒遠之處。《山海經》一書與巴蜀地區關係密切，其中所言及的“海”，《尚書·考靈曜》訓爲“晦”，本指“昏晦無所睹”，表示荒遠之地。[④]不過需要注意的是，由於區域观念的局限，巴蜀存在著唯我独尊的“本土”意識。例如在古代蜀人的視野裏，所居之地並非荒遠之處而是“天下之中”，蒙文通先生認爲，蜀人定義的“天下之中”所指的即是成都平原[⑤]。

由於傳世文獻的缺乏，要確定時人視野中巴蜀地區所在的準確位置是不容易的，衹能粗略推知。《尚書·牧誓》記載庸、蜀、羌、髳、微、纑、彭、濮八部落曾幫助武王伐紂，武王説過“狄矣西土之人”，如果按照此説法，蜀國應該在周

① 相關研究可參見何新華：《試析古代中國的天下觀》，《東南亞研究》2006年第1期。吕利文：《中國古代天下觀的意識形態建構及其制度實踐》，《中國邊疆史地研究》2013年第3期。
② 《尚書·禹貢》，《十三經注疏》（上册），中華書局影印清嘉慶二十年阮元刻本，1980年版，第150頁。
③ 任乃强：《華陽國志校補圖注》，上海古籍出版社1987年版，第4頁。
④ 李零：《中國方術續考》，中華書局2006年版，第198頁。
⑤ 蒙文通：《略論〈山海經〉的寫作時代及其產生地域》，收入氏著《巴蜀古史論述》，四川人民出版社1981年版，第146-184頁。

人的西面。不過關於“牧誓八國”的分佈，以及其來源，歷來説法不一。童書業先生認爲《牧誓》所舉西戎八國，皆近漢水，巴蜀皆所謂西戎，大概本來就是漢水上游的國族，其後爲秦、楚所逼迫而始南遷，最後到了戰國時期巴蜀的實際位置。[①]《左傳》中記載有巴國早期的相關資料。如《左傳・昭公九年》載：“周甘人與閻嘉爭閻田……巴、濮、楚、鄧，吾南土也。”[②]大體可知巴爲周之南土。

巴蜀作爲一個並舉的地域概念，大概是戰國中後期纔形成的。在地理上，巴國的範圍在四川盆地的東部及以東的山地，其後期的中心區域爲嘉陵江和長江沿岸以重慶爲中心的地帶。蜀國的分佈範圍主要爲四川盆地的西部，並且以川西平原爲中心，北部可達到秦巴山地的漢中盆地一代。[③]到了戰國時代，由於巴蜀地理位置毗鄰以及二者文化上的聯繫和共性增强，與中原地區相比，地方特色濃厚。戰國中晚期，中原人士往往習慣將巴、蜀聯繫起來，或者把二者相提並論，作爲一個經常性的表述對象。例如《戰國策・楚策》載楚王曰：“寡人之國，西與秦接境，秦有舉巴蜀、並漢中之心。秦，虎狼之國，不可親也。”[④]

二

我們注意到，古人的“天下”觀念不僅僅是地理性的，還是文化性的、族群性的。在古代的想象中，地理空間越靠外緣，就越荒蕪，住在那裏的人也就越野蠻，文明等級也越低。文明從中心地帶向邊緣的野蠻地帶延伸。

漢字中對“蜀”字的解釋，即體現這樣的觀念。“蜀”的名稱，來源很早，最初見於商代的甲骨文，其字形像一種模樣像蠶、但能螫人的毒蟲[⑤]，因此“蜀”很可能是商人對蜀人帶有侮辱或歧視性的一種賤稱，暗示這些族群不是人類，和獸類或蠕蟲差不多。春秋戰國時期中原對巴蜀的這種族群認識和身份强調，是“内諸夏而外夷狄”[⑥]夷夏觀念的直接體現。

《尚書・牧誓》記載了武王伐紂的“牧誓八國”，唐孔穎達《正義》疏：“此八國並非華夏，故大判言之，皆蠻夷戎狄屬……此八國皆西南夷也。”[⑦]《山海經・

① 童書業：《古巴國辨》，《童書業歷史地理論集》，童教英整理，中華書局 2004 年版，第 244 頁。

② 《春秋左傳・昭公九年》，《十三經注疏》（下册），中華書局影印清嘉慶二十年阮元刻本，1980 年版，第 2056 頁。

③ 關於古代巴蜀地區的自然地理概況，可參羅二虎：《秦漢時代的中國西南》，天地出版社 2000 年版，第 1-5 頁。

④ 繆文遠：《戰國策新校注》（上），巴蜀書社 1987 年版，第 499 頁。

⑤《韓非子》亦載：“鱣似蛇，蠶似蜀。人見蛇則驚駭，見蜀則毛起。”見《韓非子・説林（下）》，第 137 頁，《諸子集成》（第五册），中華書局重印世界書局本，1954 年版。相關考證可參童恩正：《古代的巴蜀》，重慶出版社 1998 年版，第 61-62 頁。

⑥ 《春秋公羊傳・成公十五年》，《十三經注疏》（下册），中華書局影印清嘉慶二十年阮元刻本，1980 年版，第 2297 頁。

⑦ 《尚書・牧誓》，《十三經注疏》（上册），中華書局影印清嘉慶二十年阮元刻本，1980 年版，第 183 頁。

海内南經》載："夏後啟之臣曰孟塗，是司神于巴，巴人訟于孟塗之所。"①《山海經・海内經》載："西南有巴國。"②由此可知，至少在周初，巴和蜀已經以族名或國名活動於當時的政治舞臺上。但以中土的眼光目之，偏居西南一隅的巴人和蜀人，是中土西方的"戎狄"之屬，與庸、羌、彭、濮等族群一樣，是不能納入華夏族的範圍内來的。舊題揚雄著《蜀王本紀》記述蜀地早期歷史説："是時椎髻左衽，不曉文字，未有禮樂。"③《蜀王本紀》雖是蜀人的記録，但已頗有中原人的視角。從中土定義的"文化"標準來看，巴蜀地區往往被認爲是未開化的地域，沒有什麼像樣的"文化"。

春秋時期黄河中下游的周王朝及晉、鄭、齊、魯、宋、衛中原諸國都自稱"中國"，將秦、楚、吴、越看作"夷狄"，例如《史記》記載："秦始小國僻遠，諸夏賓之，比于戎翟。"④比較有意思的是，關東中原的諸國視秦爲戎狄，偏居西陲的秦國卻自認爲是黃帝後裔、華夏一員並以"中國"自居。當時的巴蜀地區，小國衆多，是秦人視野中的"化外"之地，故被秦以"戎狄"視之。秦惠文王二十二年（前316年），秦國朝議伐蜀一事，秦相張儀曰："今夫蜀，西僻之國而戎翟之倫也。"司馬錯亦言："夫蜀，西僻之國也，而戎翟之長也。"⑤在征服巴蜀之後，秦又因"戎伯尚强"，"乃移秦民萬家實之"。⑥

巴蜀被秦征服後，秦王朝對巴蜀地區在政治、經濟、社會層面的改造，使巴蜀逐漸洗去"戎狄"的身份，與秦逐漸融合、趨於一統。在這一"染秦化"⑦的過程中，巴蜀社會被外來文化切割和改造，被迫接受對秦王朝的政治認同、文化認同和身份認同。《華陽國志》在描述蜀人的地域特點時説蜀地："與秦同分，故多悍勇。"⑧這一方面説明秦人融合邊疆地區土著族群的成效；另一方面，蜀人的外在形象被秦"虎狼之國"的形象所覆蓋，呈現出了"悍勇"的地域性格，已是秦漢時期國人能夠普遍接受的觀念。

三

巴蜀地區的對外交往，從現今考古發現的材料上看是十分久遠的⑨，至遲在戰

---

① 袁柯：《山海經校譯》，上海人民出版社1985年版，第220頁。
② 袁柯：《山海經校譯》，上海人民出版社1985年版，第298頁。
③ [宋]李昉等：《太平御覽》卷一百六十六《州郡部十二・益州》，中華書局1960年版，第808頁。
④《史記》卷十五《六國年表》，中華書局點校本，1959年版，第685頁。
⑤《史記》卷七十《張儀列傳》，中華書局點校本，1959年版，第2282-2283頁。
⑥ 任乃强：《華陽國志校補圖注》，上海古籍出版社1987年版，第128頁。
⑦ 任乃强：《華陽國志校補圖注》，上海古籍出版社1987年版，第148頁。
⑧ 任乃强：《華陽國志校補圖注》，上海古籍出版社1987年版，第113頁。
⑨ 相關研究參見宋治民：《試論周秦漢時期中國西南交通》，收入四川大學歷史系編《中國西南的古代交通與文化》，四川大學出版社1994年版，第15-16頁。林向：《從考古新發現看蜀與夏的關係》，收入李紹明等編《夏禹文化研究》，巴蜀書社2000年版，第42-55頁。

國時代，蜀地與關中平原乃至中原地區進行交流的道路就已開通。但從流傳下來的文獻記載上看，數量有限，内容薄弱，對巴蜀地區對外交往的描述是在地域遙遠、文化隔閡存在的認知背景中展開的。

春秋戰國時期，巴、蜀兩國分別與各自的鄰國如秦國、楚國發生交往和接觸。有關巴國外交較早的記載可見於《左傳》。《左傳·桓公九年》載：（魯桓公九年），巴子使韓服告楚，請與鄧爲好。楚子使道朔將巴客聘於鄧。鄧南鄙攻鄾人而奪之幣。殺道朔及巴行人。"[①]蜀地與中原聯繫最近的交通綫無疑是穿越秦嶺到關中平原，秦人的相关記載見於《秦記》，後來多爲司馬遷在撰寫《史記》時採用。例如《史記·六國年表》載："厲共公二年（前475年），蜀人來賂。"[②]又《史記·秦本紀》載惠文君元年（前337年），"蜀人來朝"[③]。

古代所謂"國"，原僅指諸侯的都城，郊外稱爲"野"，後來"國"的範圍包括諸侯住居之所以及采邑的整個統治地區。古代人口稀少，國之間多荒地，彼此交往較少，多互不統屬，各自爲政。由於相關記載很少，巴蜀與中原地區交往的詳細歷史過程不得其詳，但通過有限的幾次記載，我們大體可知，在"天下"格局下，國與國開始有了明確具體的内容，不僅彼此之間互相知曉"外國"的存在，並且開始有了政治的、禮儀的、文化的交往，互相饋贈礼物，甚至有了邊界的劃分。《太平御覽》卷八百八十八引《蜀王本紀》載："秦王恐無相見處，乃刻五石牛。"任乃强先生指出："揚雄原語，謂秦作石牛，在褒谷兩王會晤處國界間。"[④]

在先秦，周王朝爲加强對四土内外諸侯、蠻夷、戎狄的控制與管理，推行"五服"制度，"邦内甸服，邦外侯服，侯、衛賓服，蠻、夷要服，戎、翟荒服。甸服者祭，侯服者祀，賓服者享，要服者貢，荒服者王"[⑤]。"五服制"原則上規定周邊的少數民族有來向天子入貢、進獻和朝拜的職責。"昔武王克商，通道於九夷、百蠻，使各以其方賄來貢，使無忘職業。"[⑥]《詩經·殷武》篇亦載："莫敢不來享，莫敢不來王。"周代爲宗法封建時代，理論上周王之下的各個政治實體共尊周王爲共主，大小諸侯地位上是平等的，但《秦本紀》中關於蜀"來朝"與"來賂"的記載説明，秦以"中國"自居，把蜀視作入貢的戎狄，對蜀皆稱"來"，不言"往"。這種交往中的"來而不往"，頗有一種禮儀以交君子、不以接夷狄的輕鄙意味。另一方面，蜀國似乎出於自尊和顔面，在與秦人的交往上愚弄對方，試圖欺辱秦國。據《華陽國志》記載，秦國爲了吞併蜀地，不惜施以

①《春秋左傳·桓公九年》，《十三經注疏》（下册），中華書局影印清嘉慶二十年阮元刻本，1980年版，第1754頁。
②《史記》卷十五《六國年表》，中華書局點校本，1959年版，第688頁。
③《史記》卷五《秦本紀》，中華書局點校本，1959年版，第205頁。
④ 任乃强：《華陽國志校補圖注》，上海古籍出版社1987年版，第125頁。
⑤ 王樹民、沈長雲：《國語集解（修訂本）》，中華書局2002年版，第6-7頁。
⑥ 王樹民、沈長雲：《國語集解（修訂本）》，中華書局2002年版，第204頁。

種種陰謀詭計欺騙蜀王。而蜀王送秦王假的珍玩，另又嘲秦人曰："東方牧犢兒。"[①]"牧犢兒"指秦祖先爲周王牧牛，諷刺其先世卑賤。《華陽國志·蜀志》載："有周之世，限以秦巴，（蜀）雖奉王職，不得與春秋盟會，君長莫同書軌。""君長莫同書軌"的表述讓我們注意到，秦、蜀等國偏居中國西陲，都具有風俗尚武、不重學術的文化傳統，《詩》《書》、百家語這些沒有本土文化根基的知識内容一直未能發展起來，因此與中原諸國的文化傳統交集並不多。華夏的禮儀標準、名分、風俗這類文化傳統，在巴蜀與外界的交往中，有的時候是以"不在場"的狀態呈現出來的。

巴蜀與秦楚等國的關係折射出的不僅是政治交往關係的演進，同時反映出此族與彼族、國人與野人開荒拓地、疆界和屬地逐漸相接的事實。由於國家間疆域的拓展，彼此間的地理距離由遠及近，各自模糊的形象也逐漸廓清。蜀國以自己爲中心觀察秦國，秦國不僅是一個地理概念和政治詞彙，而且的確是一個"虎狼之國"，正在兇狠而貪婪地注視著自己。

四

從某種角度上説，春秋以來"周室微，諸侯力爭，爭相拼"的政治現實，使華夷的界限變得"内""外"模糊不清。在涉及族群衝突時，秦爲了逐漸漂洗掉自身的"戎族"色彩，多以"化内"自居，强調種族差異，視巴蜀爲"化外"。不過一旦涉及戰略資源的爭奪，巴蜀地區就由"外"就變成"内"，其優越的自然及區域條件，便成爲"天下"世界的一部分，强者可以乘機取索無厭。巴蜀被外面"異域"的眼光打量，其一是由於其具有優越的自然條件。考古發現證明，西南地區與外界的物質交流長期存在，西南地區的金礦、鹽礦是重要的戰略物質。其次是從宏觀區域地理形勢上而言，秦國要保持對關東諸國真正形成完整及穩定的軍事壓力綫，必須將關中地區與四川盆地聯成一體，兩者互爲屏障與輔翼，形成更大的控馭"天下"的優勢。[②]

因爲具有富庶的資源和有利的軍事戰略地位，巴蜀地區被中土人士關注。但是秦、楚等大國的眼光由傳統的"天下之中"地區轉到西南，應該不是一個短期的過程，似乎直到戰國中期，中原人士對巴蜀地區的看法並不統一和明晰。在秦庭一場關於伐韓還是伐蜀的辯論中，魏人張儀的眼光在東方，"得中原者得天下"，他認爲蜀地無論從"爭名"還是"爭利"的角度上都顯得分量過輕，不能幫助"王業"的建立。相反，司馬錯十分重視巴蜀地區的戰略價值，認爲"得其

① 任乃强：《華陽國志校補圖注》，上海古籍出版社 1987 年版，第 123 頁。

② 朱士光：《秦國富强卒併諸侯之地理環境條件探析》，袁仲一主編，秦始皇兵馬俑博物館《論叢》編委會編《秦文化論叢》（第八輯），西北大學出版社 2001 年版。

地足以廣國，取其材足以富民”[①]。張仪、司馬错二人意見的分歧，究其原因，似乎是巴蜀地區的重要性在當時確實還沒有被世人充分發現或肯定。[②]

隨著“大一統”思想的逐漸發酵，巴蜀地區捲入全國的政治大網，最終成爲秦人佈局天下的一枚重要棋子。公元前 316 年以後，隨著巴、蜀兩國被秦王朝征服，巴蜀“内屬”爲秦國版圖的一部分，巴蜀地區的政治認同和文化認同纔發生深刻改變。爲什麼秦人要征服巴蜀？問題不在巴蜀本身，“華夷”之爭衹是藉口。應該説，地緣格局與政治意識，大致奠定了當時中國的西南邊疆。從另一個角度上看，中國歷史上各種政治實體的對立與鬥爭，抵擋不了因頻繁接觸而引發的交流與融合。這一歷史趨勢，使得巴、蜀與戰國時代的其他小國一樣，由“外域之異邦”變成“中國之郡縣”，同時，春秋時期還縱横出沒於中國周邊的“蠻夷戎狄”，在戰國後期，漸次融入華夏世界，最終難見痕跡。

作者單位：四川大學歷史文化学院

① 《史記》卷七十《張儀列傳》，中華書局點校本，1959 年版，第 2283 頁。
② 秦征服了巴蜀以後，形成了具有包有關中平原、四川盆地等區域在内的“秦地”，經濟實力大增，巴蜀地區極大的戰略意義恐怕纔進一步被證實。

灌縣“蜀學”傳承概述

施廷俊

摘　要：灌縣扼成都平原入川西北藏羌山區交通要衝，爲古蜀國創基之地，鍾靈毓秀，山川形勝。自文翁創建“石室”，而“蜀學”肇興，灌縣人蜚聲庠序，二千年間，代有其人。昔有江源常氏、青城何氏、導江張氏、永康焦氏諸家族耕讀傳家，簪纓繼世，文脈綿長，史不絕書。延及有清、民國，題名錦江、尊經、國子監南學與北大、中大、南開、中山、武大、復旦、浙大、川大、華大、齊魯等高等學府及中央歷史研究院的學者不下千人，其人或馳騁教壇、政界，或效命疆埸，並多令譽，且有以“名山事業”傳於後世者。

關鍵詞：蜀學；灌縣；岷江；錦江；尊經；學風

“蜀學”一詞，源於常璩《華陽國志• 蜀志》。該書在記述西漢文翁治蜀興學功績時，讚歎“蜀學比于齊魯”。近代以來，對於“蜀學”的具體含義，言人人殊，或言文學，或稱哲學，難以詳解。就中華傳統學術而言，聯繫《史記》《漢書》《蜀王本紀》等史志中有關蜀地文化發展的記述，能否這樣認爲：常璩所謂“蜀學”，乃是指自秦並巴蜀到東晉的六百年間，隨朝代更替、社會演進而逐漸發展成熟的具有蜀地特色的“學術文化”。

秦並巴蜀，創修都江堰，奠定秦國統一天下基礎，古蜀國民由“化外”蠻夷而逐漸“秦化”。稍後，秦朝建立，遷秦人、六國貴族後裔及富商巨賈至蜀地，中華大地“車同軌，書同文，行同倫”。文翁興教崇學，隨秦、漢“移民”大潮傳入的中原傳統學術文化也漸次在蜀地生根並逐漸得以廣泛傳播。自漢武帝“罷黜百家，表章六經”，中華傳統學術文化以儒家學説爲中心；被“秦化”的蜀地經“儒化”浸染熏陶，歷經郭舍人（舍人一作文學）、司馬相如、落下閎、王褒、嚴君平（莊遵）、揚雄、譙周、陳壽、常璩等無數蜀地文人前後相繼，傳承發展，蜀地文教事業興盛繁榮，富有蜀地特色的中華傳統文化從此形成。簡言之，“蜀學”，乃是具有鮮明時代特徵、地域特色的“蜀地國學”。

歷史上，漢代、宋代和清代同光時期的“蜀學”成就卓越，因反映出當時社會的需求、精神風貌而名揚中外。其各自成就、特點等，史不絕書，前賢時彥，熟焉能詳。兹但記灌縣“蜀學”有關情況於次。

灌縣“蜀學”概況

灌縣扼成都平原入川西北藏羌山區交通要衝，爲古蜀國創基之地，鍾靈毓秀，山川形勝。秦併巴蜀，李冰開鑿都江堰，創開天府，澤被遐方，衣食足而知禮儀；文翁興學，巴蜀好文雅；漢武帝時，張騫通西域，灌縣成爲“南方絲綢之路”上重要的物資集散地；司馬遷出使西南，都江堰名揚中外。東漢末年，張陵創道青城，灌邑山川增色。漢、唐以來，巴蜀地區曾多次接受移民。尤其是南北朝前後，巴蜀地區時而自立，時而屬南，時而歸北，灌縣成爲通往西域的重要交通孔道和南北文化交匯之地。差異很大的南北文化在這裏成爲融會儒、道、釋的一種多樣化的文化形式。

前人曾言，天下之佳山水在蜀，灌縣之山水甲於蜀中，而文化是山水的靈魂。准此，則有關山水的文化也是灌縣傳統文化的重要組成部分。時至今日，都江堰市既以古蜀國創基之地、“江源文明”和“南方絲綢之路”上的重要交通樞紐而享譽天下，青城山也以“道教祖庭”“仙源文化”“青城天下幽”蜚聲世界。都江堰、青城山已列入“世界文化遺產”，都江堰“放水節”也列入國家級非物質文化遺產。因此，自漢代以來，灌縣學術昌明，人文薈萃，傳統學術事業繁榮興盛，英彥迭出，文采風流，史不絕書。

秦漢時期，蜀地始設縣級行政機構，因岷江橫貫灌縣南北，交通不暢，爲便於管理，秦漢至唐代的一千多年間，灌縣都分屬三地，大致情況是：都江堰市古城區（原灌口鎮）及其以上山區屬綿虒（今屬汶川縣或汶山郡）[①]，河西隸屬江源縣（後爲蜀州青城縣等），河東隸屬郫縣、彭縣（相繼爲都安縣、導江縣等）。唐、宋時期，川西北高原民族紛爭不斷，灌縣成爲邊防前沿，今都江堰市古城區爲軍置[鎮靜軍、永安軍、永康軍、灌口砦（寨）等]所在，下轄青城、導江兩縣。元代改永康軍爲灌州，撤銷青城、導江兩縣，隸屬灌州；明初降州爲縣，直至 1988 年撤灌縣建都江堰市，灌縣成爲歷史名詞。

在灌縣河東隸屬郫縣的漢代，司馬相如、王褒、嚴君平、揚雄等“蜀學”代表人物都與此地有一定聯繫：嚴君平、揚雄是郫縣人，至今尚有衣冠塚留存故土，百代馨香；司馬相如有墓道碑在灌縣城東十二里的劉海壩[②]；王褒則奉漢宣帝命到

① 據曹學佺《蜀中名勝記》轉引《水經注》《元和郡縣志》等史料：《水經注》：“江水又歷都安縣，即汶山郡治，劉先主所置也。”《元和郡縣志》：“灌口鎮，在導江縣西二十六里，後魏置。”《太康地志》：“都安，劉先主置，屬汶山郡；周武帝並於益州之郫，別於灌口置汶山縣。唐武德元年，改爲盤龍縣，尋改爲導江（縣）。”

② 司馬相如墓道碑，原碑高 170 厘米，文爲“漢中郎將文苑令司馬相如墓道”。款爲“大清嘉慶四年（1799）歲次己未仲秋之吉灌縣知事徐鼎敬立”。1986 年文物普查時，在治東羊子橋（今聚源鎮羊橋村三組）發現，僅有上半截（現移存都江堰市文物局）。據當地村民介紹：另外半截（即下半截），1970 年代，幸福公社修水輪泵時，用來做了底座。據唐代《元和郡縣志》載：“司馬相如葬于四川導江縣東二十里。”清乾隆《灌縣志》：“司馬相如墓在治東十二里劉海壩。”《都江堰市金石録》亦載有嘉慶四年灌縣知事徐鼎立“漢中郎將文苑令司馬相如墓道”碑一事。而民國《灌縣志》則據《史記》所載相如死在西京茂林，則墓不當在此。即櫬返蜀，亦當葬成都等事理推斷其非。

蜀地尋找金馬碧雞，撰《金馬碧雞賦》①，灌縣遂有鄉名"金馬"，橋名"碧雞"，留下千秋佳話。

在灌縣河西隸屬江源縣的時代，常璩因《華陽國志》而名標史册，以常璩爲代表的"江源常氏"等家族的事跡往往分别被記載到崇慶縣、灌縣的鄉乘史志上。清風亮節，奕世流傳，索其遺蹤，猶有存者。

而自漢、晉"江源常氏"以後，歷南北朝至唐末五代，因社會動亂，典籍散佚，除佛、道教文化與個别流寓的著名文人資料偶有存在以外，灌縣本土學人事跡基本無考，學術傳承黯然斷綫。衹有"青城徐氏"一族，因美女"花蕊夫人"有宫詞百首留存，並以《述國亡詩》呈宋太祖引起轟動效應而名標史册。兹敘宋代以後，灌邑"蜀學"傳承概況於次。

唐末天下大亂，唐求、杜光庭、張令問等流寓灌縣，並相繼隱居青城，潛心著述。影響所及，蜀人多孜孜向學而不願出仕。宋初，李畋、張及等永康軍學子，在益州知州張詠（946—1015）的誘導、薦舉下，與張逵一同赴京應試，俱登進士第，任員外郎，給四川學子帶了個好頭。據范鎮《東齋記事》："初，蜀人雖知向學而不樂仕宦。張公詠察知其有聞於鄉里者，得張及、李畋、張逵。屢召與語民間事，往往延入臥内，從容款曲。故公於民情無不察者，三人佐之也。其後，三人皆薦於朝，俱爲員外郎，而蜀人自此寖多仕宦也。"

李畋（雍正《四川通志》作華陽人），字渭卿，一字渭父，是被奉入灌縣文廟鄉賢祠的第一人。淳化中（990—994），李畋登進士第，歷任校書郎、懷寧主簿、大理寺丞、懷安知縣、滎州知州等職。在任勤於政事，關心民瘼，秩滿致仕。其自滎州歸，上書力陳鹽法危害。終蠲免每年賦税三十萬斛，免除三百一十五家人的雜役。他一生手不釋卷，撰《道德經疏》二十卷、《張乖崖語録》二卷、《穀子》三十卷以及歌詩雜文著述七十卷。

又，在滎州知州任上，李畋曾應昭覺寺住持延美禪師之請，撰《重修昭覺寺記》一文，被收入《全蜀藝文志》卷三十八，成爲記載成都昭覺寺歷史的文獻典籍之最。

張及曾任臨邛縣令，勤政愛民。據彭洵《灌記初稿》："張及，導江人，爲臨邛令。郡守欲引水泛舟，遣吏於堰，導堰水。時農事方興，及曰：'涸民田以事嬉遊，可乎？！令可去，水不可涸！'守斂容謝之。崇寧初，上書乞复司馬光官爵。"以上張及知臨邛縣事也見於雍正《四川通志·卷七上·名宦》。

與李畋、張及同時，灌邑河西"青城何氏"耕讀傳家，樂於仕進，書香繼世，

① 王褒《金馬碧雞賦》："持節使者王褒，敬移南岩，金精神馬，縹縹碧雞，處南之荒。深溪回穀，非土之鄉。歸來歸來，漢德無疆。廣于唐虞，澤配三皇。黃龍見兮白虎仁，歸來歸來，可以爲倫；歸兮翔兮，何事南荒！"

榮耀當時。追溯"青城何氏"先祖，乃唐末、五代時期何瓚後人何柔。

據《新五代史·何瓚》等載，何瓚籍屬福建，爲唐末進士。後唐莊宗李承勖爲太原節度使，何瓚任判官。莊宗每出征，留張承業守太原，命何瓚佐之。承業去世，何瓚代任留守。當時，孟知祥爲馬步軍都虞候，以軍禮事何瓚，何瓚常繩以法，知祥不樂。後唐明宗天成三年（928），何瓚奉詔任西川節度副使，舉家從京城洛陽前往成都，卻被孟知祥（成都尹、劍南西川節度副大使、行使節度使職權）改任爲行軍司馬。後唐明宗應順元年（934），孟知祥自立爲帝，年號明德，史稱"後蜀"。何瓚被罷免，飲恨而卒①。當即，其子何柔舉家遷往青城，隱居避禍。何柔遂爲"青城何氏"始祖。

何氏躬耕青城山下，耕讀傳家，至五世祖何寶園、六世祖何敏，遂成青城望族。八世祖何涣、何掄、何洙等先後由科舉走上仕途。

據民國《灌縣志》記載，何敏孫輩中有七人登科成進士，宋徽宗宣和三年（1121），其孫何涣，鄉貢禮部、廷試皆爲魁首，遂爲天下第一。當年庭對，年輕氣盛的狀元何涣正氣凜然，曾因政事而譏切宰相王黼。其堂弟何掄，宣和中上舍②及第，後中詞學兼茂才科。

有宋一代，"青城何氏"還有何椇、何麒、何致、何子方、何居口等，皆以文章、學行知名當時。

何子方爲"青城何氏"十世祖，與范成大、楊萬里等人同爲宋高宗紹興二十四年（1154）進士，曾任四川雅州（今四川省雅安市）太守。

南宋淳熙二年（1175），范成大任四川制置使，兩年後因病辭職還朝。當年（農曆丁酉年）五月二十九日，在成都城東南合江亭前，范成大一行近百人乘船東下。船到彭山，他與趙汝愚、陸游等十多人離船登岸，陸行向西到永康軍（灌縣）游覽。一路模山範水，以詩紀事。經過"同年"的家鄉，自然要去拜訪。其《吴船録》中相關的文字是："淳熙丁酉歲（1177）……乙亥（農曆六月初七），十五里，發青城縣。同年雅州守何正仲子方來見，招游其群從（似應爲"招予群從游其"）園林。江水分流入縣，灘聲聒耳，以故人家悉有流渠修竹，易成幽趣……"

---

① 據《新五代史·卷二十八·唐臣傳第十六·何瓚》及《新五代史·卷六十四·後蜀世家》載："何瓚，閩人也，唐末舉進士及第。（後唐）莊宗李承勖爲太原節度使，辟爲判官。莊宗每出征伐，留張承業守太原，承業卒，瓚代知留守事。瓚爲人明敏，通於吏事，外若疏簡而内頗周密……瓚與（後唐）明宗（李嗣源）有舊，明宗即位，召還，見於内殿，勞問久之，已而以瓚爲西川節度副使。""知祥得制書匿之，表留（趙）季良（任節度副使），不許。乃遣其將雷廷魯至京師論請，明宗不得已而從之。是時，瓚行至綿谷，懼不敢進，知祥乃奏瓚爲行軍司馬。""瓚恥於自辭，不得已而往……""初，知祥在北京爲馬步軍都虞候，而瓚留守太原。知祥以軍禮事瓚，瓚常繩以法，知祥初不樂。及瓚爲司馬，猶勉待之甚厚。知祥反，罷瓚司馬，置之私第，瓚飲恨而卒。"

② 上舍，據《宋史·選舉志三》載，宋代太學分外舍、内舍和上舍，學生可按一定的年限和條件依次而升。明清因以"上舍"爲監生的別稱。

在拜訪何子方時，賓主歡愉笑談，撫今追昔，自然要題詩助興以作留念。民國《灌縣志》收録有范成大《何同年書院》《青城縣何子方使君同年園池》[①]等詩。

與何涣同時，導江人劉謂也曾入朝爲官，名列“元祐黨碑”[②]。據民國《灌縣志》載：“劉謂，導江人，元符[③]上書，入黨籍[④]。”

宋末，元兵三攻成都，導江、青城兩縣蕩然無存。歷元、明近四百年時間，“青城何氏”等有關灌縣傳統文化的史事再不見於鄉乘記載，其著作今也不見。自清代康熙中期開始，“湖廣移民”插占灌縣，歷雍正、乾隆時期，直至民國初年，何志道、何汝源、何宗顏、何陞梁、何成江、何成積、何家瑞、何錫典、何其敏、何三超、何述先、何學典、何學章、何樹勳等約二十名何氏先賢俱曾進學、入仕，且以“青城何氏”名世，但不知與宋代“青城何氏”有血緣否。

同樣在宋代，杜甫的後裔也世居青城，史稱“青城杜氏”。杜甫第十世孫杜准、十一世孫杜翊世（？—1094）都登進士第而入仕。據《宋史·本紀第二十三·欽宗》載：“靖康元年（1126）……十一月丙寅，夏人陷懷德軍（今寧夏回族自

① 《青城縣何子方同年園池》，一作《青城縣何子方使君同年園池》。本詩最有名的是頷聯和頸聯：“雨脚背人歸玉壘，江聲隨馬入青城。五橋今日新知路，千佛當年舊綴名。”頷聯寫雨中由永康軍城玉壘山路出發，取道趙公山下向青城山進發，時當六月，江水暴漲，沿途江聲不斷。頸聯則由旅途經過的數座小橋聯想到曾在靈岩山觀賞唐代千佛塔的情景。因此，在有關都江堰的詩歌選集中，本詩多有題爲《永康青城道中》的。可以佐證此詩題非《永康青城道中》中的依據之一是與之同行的陸游題作《和范舍人〈永康青城道中作〉》的和詩是一首七言古體：“風驅雨壓無浮埃，驂驔千騎東方來。勝游公自輩王謝，淨社我亦追宗雷。岷山樓上一徙倚，如地始辟天初開。廓然眼界三萬里，山一蟻垤水一杯。世間幻妄幾變滅，正自不滿吾曹咍。丈夫本願布衣老，達士詎畏蒼顏催。君看神君歲食羊四萬，處處棄骨高成堆。西山老翁飽松麥，造物賦予何逸哉！”從陸游的和詩可知，范成大那首七言古體詩的標題纔是《永康青城道中作》，但在今本《石湖集》中卻失載。

②“元祐黨碑”一作“元祐黨籍碑”。宋徽宗崇寧元年（1102），蔡京勾結宦官，獨專朝政。並給司馬光、蘇軾等三百零九人扣上“元祐奸黨”帽子，在德殿門外樹立“黨人碑”，蔡京手書刻石，上有曾任宰臣執政官司馬光、文彥博、吕公著、吕大防、劉摯及曾任待制以上官蘇軾、劉安世、范祖禹等三百零九個黨人名字，並昭示全國，蔡京手書刻石命立於全國各州縣。這三百零九人被分爲文臣、武臣、内臣和爲臣不忠曾任宰臣等四大類，其中文臣又分爲曾任宰臣執政官、曾任待制以上官和餘官等三小類。灌縣人劉謂，名列其上文臣類的餘官之中。崇寧四年（1105），徽宗借九鼎鑄成的大慶，大赦天下。次年，又借星變，詔全國毀碑，再次大赦天下，解除一切黨禁。南宋紹興年間，朝廷褒贈元祐黨人，不少党人的後代又重新立黨人碑，以此爲宗族光榮。今有兩處同類石碑遺跡存廣西：桂林龍隱岩摩崖石刻與融水苗族自治縣老君洞石碑。前者刻於南宋慶元四年（1198），由元祐年間曾任尚書左丞梁燾的曾孫梁律所爲。後者爲朝奉郎權知融州軍事兼管内勸農使沈暐，於南宋嘉定四年（1211），照家藏原《元祐黨籍碑》拓本字樣刻碑，該碑現藏於融水縣博物館，目前是國家一級文物。

③ 元符，宋哲宗趙煦年號，自 1098 至 1100 年，共三年。

④ 黨籍，元祐黨籍；即被認定爲“元祐黨人”，名入“元祐黨籍碑”。“元祐黨人”一詞，語出南宋王應麟《小學紺珠·名臣下·元祐三黨》：“洛黨：程頤爲領袖，朱光庭、賈易等爲羽翼；蜀黨：蘇軾爲領袖，吕陶等爲羽翼；朔黨：劉摯爲領袖。”明陳邦瞻《宋史紀事本末·洛蜀黨議》：“時吕公著獨當國，羣賢咸在朝，不能不以類相從，遂有洛黨、蜀黨、朔黨之語。”又，遍查國内各類紙質辭書，皆不見“蜀學”一詞，衹有《漢語大詞典》《辭海》《辭源》等大型辭書收録有内容大致相同的“蜀黨”條目，介紹宋代朔、洛、蜀三個儒家學派，因學術觀點、治國理念不同而引起的“党爭”，史稱“元祐三黨”。在《漢語大詞典》等三部辭書上，該條目的核心都是以政治上的“蜀黨”取代了傳統文化學術上的“蜀學”。准此，宋代以後，清同光以前，涉及“蜀學”的詞語，多以“蜀黨”概之。

治區固原市原州區黄鐸堡鎮），知軍事劉銓、通判杜翊世死之。”杜翊世爲國捐軀，被奉入灌縣文廟忠義祠。

又據民國《灌縣志·人士傳上·義烈》載：“杜翊世，青城縣人，父准（皇祐五年，即 1053 年進士），官朝散郎，唐杜甫十世孫也。宰綿竹，卒。翊世幼孤，隨母黎居外氏。母教嚴，必使世其家。紹聖元年（1094），第進士，官朝散大夫，通判懷德軍。靖康初，北寇作，西戎亦張。奄至（懷德）城下。凡三旬，救兵不至。翊世先火其宅，乃自縊。事聞，贈正議大夫，命官其後。子，慥、忱以賞得官；孫，逸老、俊老、廷老，曾孫，光祖、大臨以遺澤得官。蜀守表其居曰‘忠義坊’。”

南宋時期，青城人楊汾與魏了翁（1178—1237）同朝爲官。楊汾，字濟道，能文尚氣節。歷任隆川府學教授、吏部侍郎、東漢太守、潼川轉運判官等職。在任持正無所撓，人聞其事而偉之。有《鈍齋集》傳世。魏了翁爲之作序，讚賞他：“才思華贍，頡頏前修。公卿侯牧屬治箋記，名章麗藻，泉激電發。”

有宋一代，還有青城張氏，以及唐遘、景焕（玉壘山人）、鮮于大年、謝發、闕耆孫、戴淵、邵才、韓賁、韓俊夫、張楚民、張石民、家彬、張宗沈、王文義、王宗義、王天民、王表民、李謨、李松、勾龍如淵等數十人，世家望族，事跡典型，矜式後人，邑乘可征。其中，自戴淵到勾龍如淵等十多人都曾進士及第。後來，戴、鮮于、勾龍等還被奉入灌縣文廟鄉賢祠，《宋史》還爲勾龍如淵立了傳。

元代，導江人張𩑈（1236—1302），先世僑居江左，受業於王柏，通朱熹之學。至元中，講學於江寧學宫，從游者衆，史稱“導江先生”。後被朝廷任命爲孔、顔、孟三氏教授，《元史·儒林傳》有其傳記。清初，黄宗羲撰《宋元學案》，稱之爲“白沙四先生”之一。雖然，張𩑈有《孝經口議》《四經歸極》《經史入門》等多部著作傳世，並被録入乾隆、光緒與民國的三部《灌縣志》，傳説歸葬故土[1]，且因此入祀灌縣文廟鄉賢祠，使“導江先生”名副其實。但在灌縣，其學問卻沒有傳人。[2]

宋、明以來，“永康焦氏”，即與何、徐、費、杜、王、賈、苟、董、傅、孟等爲灌邑土著世族大姓。明、清兩代，“永康焦氏”世有科名，且爲官清廉，“所至有冰蘗聲”，灌縣文廟鄉賢祠供奉自宋代以來鄉賢共十七人，焦氏一門（焦敏、焦韶、焦維章）即占三席。其中焦維章（？—1546），號雪山，嘉靖四年（1525）乙酉科舉人，次年考中丙戌科二甲第七十八名進士，授翰林院編修。家世衣冠，學有根底，尤工古文，有韓柳風格。三典文衡，兩司學使，皆著藻鑒。任河南参政，清勤正直，懋著賢聲，後任山東巡撫，著有《雪山詩文全集》三十卷。清代、民國三部《灌縣志》僅載其《游青城山記》散文一篇。“永康焦氏”一族，至今仍沒有翔實的史料可資成文。

---

①《灌縣幸福鄉志》載其墓地在該鄉民主村高墩廟。

② 嘗聞灌邑地方文史前輩言：張𩑈終身流寓江左，其祖籍雖屬導江，其學未必爲“蜀學”。

再如青城“老人村王氏”，也自宋代起即詩書繼世，耕讀傳家；沉潛仁義，禮樂隨時；棱植綱常，文章冠世。宋代蘇軾、文同、張方平等曾親往老人村探訪，有詩文傳世。但自清初兵亂，西山臥龍關外，與瓦寺土司爲鄰的董卜韓胡趁機侵佔青城後山，王氏族人四散躲藏，在清道光以前的家學淵源一無所傳。近代，僅有王昌南（1839—1923？）有詩文集多部傳世，其中尤以《老人村竹枝詞百詠》最爲著名。

稽考焦氏、王氏家學傳承斷綫原因，後人的目光鎖定在自明末萬曆年間四川播州宣撫司楊應龍（1551—1600)、天啟年間永寧宣撫司奢崇明（？—1629）相繼叛亂開始，至清康熙二十年（1681）平定“三藩之亂”，其間將近百年的戰亂。

明末兵燹，梓澤丘墟，四川各地，“民無遺類，地盡拋荒”①，灌邑孑遺之民，如賈、苟、董、焦、王、李、孟、傅等世族大姓，西入山中，僑寓松、理、茂、汶等山區，寄學籍於當地。乾隆初年，世道寧謐，始陸續返歸故居。因此，清初百年間，灌邑原住民十不存一，文獻凋殘。張增編纂的《永康軍志》等明代以前的鄉乘史志概毀於戰火，清代以前，有關灌縣學術流傳、成就記載的本邑鄉乘史志衹剩名目……

可喜的是，自乾隆五十一年（1786)，灌縣知縣孫天寧編撰的創修《灌縣志》刊印，至1991年羅樹凡先生總纂的《灌縣志》出版爲止，兩百多年間，共有四部《灌縣志》、一部《灌記初稿》、一部《灌縣鄉土志》以及《天馬鄉志》《柳街鄉志》等數十部鄉乘史志記載了灌縣歷代士子的學行，足資考鏡。近代以來，生活在嘉、道、咸、同、光、宣以至民國時期的許多學人的有關史事、詩文和傳記也通過各種方式留存下來，爲我們學習、研究和整理灌縣傳統學術著述及近代“蜀學”傳承、發展與學術演變軌跡提供了便利。

自漢代以來，儒家各學派之間的學術爭論有今文、古文之爭，齊學、魯學之爭，師法、家法之爭，官學、私學之爭以及漢學、宋學之爭等幾種情況。從近代灌縣的學術傳承來看，大致有師法、家法之爭和漢學、宋學之爭兩種情況。但由於史料缺焉不詳，且待日後研討。

移民、流寓、旅游學者和地方官的影響

由於歷史發展的多種原因，中國歷代移民、流寓文人、學者多次入川，他們的到來及其文化影響爲四川增添了南北各省的文化色彩，同時，也使灌縣因政治、歷史、地理和交通等多種因素而形成別具特色的文化傳承。所以，灌縣“蜀學”

---

① 轉引自童書業《中國手工業商業發展史》（齊魯書社1981年版）一書第283頁倒數第十二行引文，未注明出處；又見劉正剛:《清前期四川和臺灣移民政策之比較》(《四川大學學報》（哲學社會科學版）1996年第1期)。劉文注明係抄録自《明清史料》丙編第10本。

事業的傳承發展，除了本地歷史文化的傳承積澱外，還依賴於歷代移民與游學、流寓的國内外無數學者和地方官員的身教言傳及其著述所帶來的文化的潛移默化的影響，時至今天，杜甫、岑參、賈島、黄庭堅、陸游、范成大等大詩人流寓或任職四川時對都江堰、青城山的吟唱，四川人乃至旅游者們仍然念念不忘。這是包括灌縣在内的四川的寶貴歷史文化遺產。

讀萬卷書，行萬里路，是中國古代學者求學成材的傳統經驗和有效途徑。孔子帶領其學生周游列國，風塵僕僕，既爲其從政尋找出路，也以此檢驗、豐富學識，奠定儒學基礎。縱觀歷代學者，無不通過讀書、旅行，促進了自身的發展。客觀上，他們的游歷，掀起一陣文化旋風，其所作詩、文及著書立説，形成一個文化品牌，既爲游歷之地作了廣告宣傳，產生了一定的文化影響，該地的學術水準也因此得以迅速提升。

歷史上，灌縣以山川形勝而名揚中外，在這裏，無數學者、著名人物留下了他們的足跡：司馬遷出使巴蜀，西瞻岷山及都江堰；蜀漢後主劉禪至觀阪駐蹕，觀看岷水東流；唐玄宗、僖宗入蜀避亂，也曾上青城；且此前的開元十八年（730），玄宗曾爲調解僧道去留青城一事而頒詔書，因此定“青城”之名；玄宗妹妹金華公主入青城修道、化鶴升天；據傳，李白也曾隱居青城……而自漢代到明代，張陵、范長生、趙昱、道仙、道因、杜光庭、符載、李浩、李真、來寧裕、唐求、張令問、詩僧惟鳳、詩僧真德、公實悟光、張愈、譙定等道、儒、釋學者先後隱居青城、流寓灌縣，著書立説，長眠於此；杜甫、岑參、章孝標、張籍、錢起、薛逢、賈島、前後蜀君臣、母子、後妃、宋祁、文彦博、李復、蔣堂、張方平、范純仁、張詠、趙抃、文同、蘇軾、吕大防、釋重顯、王十朋、陸游、范成大、趙汝愚、魏了翁、狄遵度、汪元量、李秉彝、楊慎、黄梓谷（黄華，楊慎妻弟）、郭莊等著名詩人、學者都曾先後遊覽青城、都江堰，賦詩作文，流傳至今，爲灌縣山水增色。

文同、蘇軾等人在游覽青城後曾取道泰安古鎮的花澤老路，前往老人村（今爲汶川縣水磨鎮）尋幽訪勝，撰寫詩文、碑記；張方平、王質、虞集、揭傒斯、危山曜、謝榛等有關都江堰、青城後山的詩文、筆記、碑銘等，在以上諸位學者的詩文集中，在五代趙崇祚的《花間集》、北宋李昉等人編纂的《太平廣記》、南宋王象之的《輿地紀勝》、《大元大一統志》和宋、元舊志，以及明末曹學佺的《蜀中廣記》等著名文史典籍中都可查考。而自唐五代至明代，韋皋、張詠、宋祁、范成大等曾任四川（益州、劍南、前後蜀等）地方官員及竇偎、張東之、冉實、楊志謙、楊珣、柳君慶、吴行魯、姜荊寶、封德潤、裴光叔、蒲思仁、薛錟、裴迪、李巨方、沈遐川（一作從簡）、楊濤、薛琦、楊洪、崔正規、吴廷庥（一作休）、莫廷乂（一作乂）、獨孤道濟、家季遵、楊曉、薛偉、裴僚、雷濟、高趙賓、徐太亨、于遵孝、張成、黄璟、李昊、何昭翰、趙抃、俞汝尚、吕大防、張伯振、高斯謀、王鵬、馬執中、涉弼、梁楚、柳佾、馮伉、李蘩、虞剛簡、劉綜、劉隨、虞夷簡、劉綜、禄堅復、杜廣心、安蕃、蘇在鎔、張震、王著、張增、史堯輔、宋瑺、文仔、家定國、張宏、汪繼祖、蒙代、胡光、張紀、周宏迪、王來聘、余應柱、雷叔聞、羅樹聲、蕭（民國《灌縣志·政績記》作“萬”）奇雄、左重、盧翊、阮朝東、施千祥、杜詩、王永康、陳萬言、何光裕、周冕、郭家麟、張愷等曾任灌縣（都安縣、青城縣、導江縣、鎮靜軍、永康軍等）縣令（縣尉、通判等）的著述、事跡中，有關灌縣的山川地理、文物古跡、文化傳承均有跡可循。凡此種種，都與蜀地文化傳承息息相關，灌縣明代以前的“蜀學”風貌也得以間接展現。典籍俱在，毋庸贅述。

明末兵燹，生靈塗炭，四川城鄉殘破，地廣人稀。灌縣原住民十不存一，文獻凋殘，傳統學術文化事業幾乎斷代。順、康、雍三代，灌縣如草昧初開，學術、科名，人物、成就，遠遜宋、明。

但是，畢竟都江堰、青城山聞名中外，自順治時期，就有學者來灌縣游覽或賦詩、作文寄慨，也因此給灌縣傳統學術文化帶來改革新風。康熙年間，著名學者王士禛（1634—1711）曾於康熙十一年（1672）、康熙三十五年（1696）兩次來四川主持鄉試，其詩有《望青城山》等。其《隴蜀余聞》中有關於明代正德年間，朝天寺出土前代碑碣詩文殘句的文字；在王士禛前後，有清一代來灌公幹、任職、旅游的著名人物如佟鳳彩、憲德、杭愛、王騭、碩色、戴三錫、雷教增、阿桂、何煥然、黄廷桂、李調元、蔡時田、竇垿、許儒龍、丁寶楨、黄雲鵠、黎庶昌、陳夔龍等數不勝數，他們或來視察都江堰，或賦詩作文，或題署楹聯、匾額在都江堰、青城山景區，增加了灌縣的學術文化氛圍，提高了灌縣的知名度。兹録馬璣等清代灌縣知縣、學官、縣吏政績，記載他們爲政清廉勤儉，以德化民，興教崇學，培養人才，編撰史志，表彰前賢，著録歷代詩文，傳承學術事業，促進灌縣經濟、文化發展的史事，既爲存史，也以見灌縣學術傳承之一斑。

縣政爲親民之官，鉅細皆當留意，務期平允。在古代中國，自春秋時期設縣以來，縣的最高主管官員（知縣、縣令、縣長、縣知事等），官階七品，在等級森嚴的中國官僚體系中品秩較低，但是，對於一個政權來説，知縣的作用卻非同小可。正如清代學者徐棟在《牧令書》中所言：“天下事莫不起於州縣，州縣理則天下無不理。”縱觀歷史，對於知縣的選拔與任用，歷朝歷代都極爲重視。灌縣地方史志，對歷任灌縣知縣人選、籍貫、出身（進士、舉人、貢生及蔭生等非科舉人士）、事跡等情況均予以著録。循良著績，史不絕書。

馬璣（生卒年不詳），直隸人，順治十六年（1659）己亥科三甲第一百一十九名進士。順治十八年（1661）被任命爲灌縣知縣，次年（康熙元年）到任，康熙九年（1670）離任，是至今所知的清代第一任灌縣知縣。

馬璣任職時，灌縣面積約1500平方千米，分爲周、金、陳、筏四個村，二十六甲，但人口卻很少。直到康熙六年（1667），馬璣奉命清點全縣承糧花戶——包括歷年來從川西北山上遷迴的原住民以及剛剛從兩湖、兩廣、贛、閩、黔等省前來插占的“湖廣移民”在內，全縣僅 1262 戶，約 6000 人。馬璣在任九年，勤於政事，巡訪原住民，招撫流亡，上書四川巡撫，要求國家頒佈優惠政策，鼓勵移民入川，恢復農業生產。此後五十年間，灌縣迅速恢復了生機，逐漸由人煙稀少發展到人丁興旺。在乾隆五十一年（1786），知縣孫天寧刊印的創修《灌縣志》上，以戶口計，灌縣已達三萬五千五百三十三戶，人口共一十二萬七千二百三十三人。其中，男，六萬五千三百六十六丁；婦（女），六萬一千八百六十七口。

爲了鼓勵湖廣移民們在灌縣安居樂業，馬璣任職期間，不辭辛勞，翻山越嶺，櫛風沐雨，維護地方安寧，指導百姓搞好生產。他增設書塾，鼓勵士子向學；他觀察風土人情，宣揚灌縣風物，結合灌縣是天府之源、處於交通要衝，歷史悠久、資源豐富，風光秀甲天下、佛道教盛行等人文、地理特徵，選定青城洞天、老人勝地、翠竹棲鳳、寒潭伏龍、離堆鎖峽、洞口生風、白沙晚渡、聖塔晨鐘、竹林夜雨和靈岩神燈等十個景點，每個景點題七律詩一首，命名爲“灌陽十景”。並在此基礎上，創作五言排律《灌陽十景詩》，以簡練明快的語句，對這“十景”加以綜述，在宣揚灌縣風物的同時，稱頌耕讀傳家、勤勞致富、懲惡揚善、造福後代的優良傳統。這些詩歌一出，即刻家喻戶曉，飲譽當時，對招徠“湖廣移民”、開發灌縣起了一定的宣傳作用。

范承德（生卒年不詳），直隸三韓（今屬内蒙古自治區赤峰市）人，進士，康熙九年（1670）任灌縣知縣，康熙十九（1680）年離任。在任期間巡訪原住民，招撫流亡，招徠“湖廣移民”，恢復經濟，興修水利，發展教育，利濟百姓。

滕兆棨（生卒年、出身不詳），滿洲漢軍正白旗人，乾隆二十八年（1763）任灌縣知縣，發展經濟，興修水利，在縣城東外創建岷江書院，以發展教育。

嘉慶（生卒年、出身不詳），滿洲鑲藍旗人，乾隆二十八年（1763）任灌縣知縣，次年兼護成都府水利同知。嘉慶在灌縣知縣任内，明於聽斷，奸猾斂跡；建武廟，繼滕兆棨續修岷江書院，培修城垣，縣政多所規劃，氣象一新。

孫天寧（生卒年不詳），字一樵，奉天承德（今遼寧省瀋陽市）人，乾隆二十年（1755）前後中舉，於乾隆四十一年至四十四年（1776—1779）、四十六年（1781）、四十八年至五十一年（1783—1786）三任灌縣知縣。其間，於乾隆四十六年（1781）兼護成都府水利同知（其辦公衙署在今都江堰市古城區）。

當乾隆四十一年（1776）孫天寧蒞任灌縣知縣時，逢省府檄各邑獻舊志鄉乘。而《永康軍志》等灌縣明代以前的鄉乘史志悉毀於明末兵燹，無舊志鄉乘可獻。於是，孫天寧親任總纂，約集灌縣教諭鄧堪、訓導李超、典史黄漣和灌縣士紳袁君黼[①]、孟其才[②]、楊喬湄[③]等本地學者採訪搜集、協助編撰，於乾隆五十一年（1786）刊行。

---

① 乾隆元年（1736）丙辰恩科舉人、原屏山縣儒學教諭。
② 乾隆三十五年（1770）庚寅恩科舉人。
③ 乾隆四十五年（1780）庚子科舉人。

孫天寧富有文學修養，在灌縣知縣任上曾撰詩文若干篇（首），民國《灌縣志·灌志文征》收録其《重修城隍廟碑》《重修太平橋碑》等幾篇，並在《政績記》中對其任職期間首撰縣志、興修文廟事跡予以褒揚。由於任職灌縣知縣期間，孫天寧鼎新文廟，爲灌邑“湖廣移民”後裔提供了進學機會，促進人才培養，因此蒙保卓異，加五級候升，後爲山西朔州知州。

鄧璂（生卒年不詳），四川南部縣人，舉人。乾隆四十年（1775）任灌縣教諭。在任協助知縣孫天寧纂修乾隆《灌縣志》。

李超（生卒年不詳），四川安縣人，舉人。乾隆四十九年（1784）前後，任灌縣訓導。在任協助知縣孫天寧纂修乾隆《灌縣志》。

黄漣（生卒年不詳），湖北漢陽縣（今屬武漢市）人，貢生。乾隆四十九年（1784）任灌縣典史。在任協助知縣孫天寧纂修乾隆《灌縣志》。

李桂林（1785—？），字道瓊，號丹岩，福建閩縣（今屬福州市）人。嘉慶十三年（1808）戊辰科二甲第五十二名進士，散館改知縣。嘉慶十六年（1811）來川，歷任羅江（今屬德陽市）、灌縣等縣知縣，資州（今資中市）知州、打箭爐同知、成都水利同知等職，在川中諸州、縣浮沉三十餘年，勤政廉潔，吏民親附，所在有稱。

在羅江知縣任上，李桂林主修《羅江縣志》三十六卷，於嘉慶二十年（1815）刊印①。嘉慶二十四年（1819），李桂林署成都府水利同知。道光元年（1821），李桂林轉任灌縣知縣，政務寬鬆，關心教育，深得士紳信任、支持。在任遷建灌縣岷江書院，培養人才：書院舊在城東門外太平街，車馬喧闐，難資靜養，不便學習。李桂林捐募錢糧，遷於縣署之北。士得優游誦習。因此敘績，升資州知州。

周因培（1789—1846），廣西臨桂人，嘉慶二十二年（1807）丁卯科舉人，道光六年（1826）丙戌科三甲第一百四十八名進士，道光七年（1826）任職四川慶符縣（今屬高縣）知縣，兩年後調署崇寧縣知縣，於道光十年（1830）和道光十五年（1835）兩任灌縣知縣。在任興教崇學，首任即重修奎光塔，以振興灌縣文風。道光十六年（1836），周因培離任後，灌縣父老感念他興教崇學的功德，將他在奎光塔旁所建“蜚英”文舍，改立爲生祠（後名周公祠）。目前，都江堰市已將周公祠建爲“奎光書院”，將奎光塔所在地建爲“奎光公園”。奎光塔已列入“全國重點文物保護單位”名録。

周因培的兒子周思益（1840—1896），字子謙，號次峰，榜名周益，咸豐六年（1856）爲縣學生。因避“太平天國”戰亂，從老家廣西臨桂奉母駱太孺人前來灌縣河西，投奔父親的門生故舊李芳、陳炳魁等士紳。咸豐七年（1857），就讀成都錦江書院，爲山長李惺（1785—1863）所賞識。因他非四川人，不能在成都應鄉試，李惺爲他集資，並代籌家用，助其入京應舉。次年，應順天府鄉試，爲戊午

---

① 今尚有同治四年（1865）刻本傳世。

科（1858）舉人，連捷己未科（1859）二甲第五十八名進士，授刑部主事。因母親尚滯留灌縣，於是請長假到灌縣侍奉老母。同治一朝十三年間（1862—1874），周益、周思晉及母親駱太孺人等都在灌縣生活。其間，周益應灌邑士紳請求，主持岷江書院，將其學術盡傳於灌縣學子。同時，他與當地名人周盛典（1834—1885）相識，認成本家，互有子女繼拜。今灌縣周姓人家尚有自稱爲周因培後人的。光緒初年，周益赴京復職。光緒二年至八年（1876—1882），出任湖北恩施、鍾祥、竹溪等縣知縣，在任清廉愛民，興教崇學。後因會審鄰縣余瓊芳命案，罣誤去職。晚年助教湖北經心書院。

周因培父子皆有文才，民國《灌縣志》收録有周氏父子詩文若干首（篇）。民國時期，周益後人編輯周因培父子的詩文集，取名《桂林周氏家集》（傅增湘題署書名），其中收録周因培著述《榕蔭書屋筆記》（蔡元培題署書名）一卷、周益著述《樹萱草堂文集》八卷、《樹萱草堂詩集》三卷、《意林補》二卷和《續漢書蒙釋》二卷等，今存。在《樹萱草堂文集》中有中江王乃徵爲他撰寫的《序》及傳記《周次峰公家傳》。

史致信（生卒年不詳），浙江余姚縣（今名余姚市，屬浙江省寧波市）人，貢生，道光二十二年（1842）任灌縣知縣，當年兼護成都府水利同知，道光二十三年、二十四年兩次再署成都府水利同知。民國《灌縣志·灌志文征》載有其文章。史致信慈惠愛人，在任倡建臨江書院，人民建碑頌德，顏曰“甘雨亭”。

臨江書院位於石羊鎮場鎮西南，創建於清道光二十四年（1844）甲辰之春，次年夏天建成。該書院由當地義士牟國洪與其子牟朝昆及陳、康、劉諸姓士紳出資創建，而以牟氏父子捐資最多：“計其建造經費及所施義田，共用錢三千三百五十八串有零。”史致信多次到石羊巡視，命名“臨江書院”，題寫院名，並將此事稟報朝廷，牟國洪因此受到褒獎：“賜以令御，錫之章服。”

恒保（生卒年不詳），字容齋，滿洲人，姓覺羅，道光二十八年（1848）任灌縣知縣，次年在水磨鄉（今屬汶川縣）興建儲秀書院。據民國《灌縣志·儲秀書院碑》記載，該書院原名儲秀義館，恒容齋巡視至當地，因其地與川西北藏羌地區緊鄰，當地人讀書不易，便捐募錢糧，改義館爲書院，延師主講，促進了山區人才的培養。

馮紹俊（生卒年不詳），浙江山陰縣人，監生，咸豐三年（1853）任灌縣知縣，當年署理成都府水利同知。

此前，灌縣無考棚，縣學考試在縣衙大堂上，考生自帶桌凳。馮紹俊在任倡募興建考棚，邑紳張朝清、唐慎修、官澤貴、梁宣泰等八人共捐銀六百餘兩，購北街“曾家花園”建成縣學考棚，增强教學設施，以利人才培養。

胡圻（生卒年不詳），字若川，浙江會稽縣（今紹興市）人，監生，同治十三年（1874）署灌縣知縣。在任浚離堆，增魁星閣，築江堤，擴建考棚，捐義塚，並詳減捐，輸實惠於民。

陳偉勳（生卒年不詳），字山銘，號山民，河南郾城縣人，光緒十八年（1892）壬辰科三甲第一百二十一名進士，與湯壽潛、張元濟、蔡元培、尹昌齡、趙熙、葉德輝、周鳳翔、蔣廷黻等名人爲同科進士。光緒二十三年（1897）任灌縣知縣。在任明於聽斷，案無留牘，尤喜獎勵後進。邑中月課考試，前吏皆循故事衹張榜公示，偉勳獨捐廉給獎，嚴定甲乙等第，勉勵學子上達。灌邑文風爲之一振。

莊思恒（生卒年不詳），江蘇武進縣人，監生，光緒八年（1882）任灌縣知縣。在任捐俸、募捐，籌款主持增修《灌縣志》的編撰事宜。

鄭琋山（生卒年不詳），四川榮昌縣人，附貢生。光緒六年（1880），任灌縣訓導。卸任後，於光緒十年（1884），應邀擔任光緒增修《灌縣志》總纂，光緒十二年（1886）刊印。

陸法言（生卒年不詳），江蘇元和縣人，監生，光緒九年（1883）任灌縣知縣。在任捐俸並主持增修《灌縣志》。

孫紹龍（生卒年、出身均不詳），浙江歸安縣人，光緒十年（1884）任灌縣知縣。在任主持增修《灌縣志》。光緒二十六年（1900），孫紹龍再任灌縣知縣，仍興教崇學。

繆延祺（生卒年不詳），順天大興縣人，監生，光緒十一年（1885）任灌縣知縣。在任主持增修《灌縣志》。

莊裕筠（生卒年不詳），字子佩，江蘇元和縣人，監生。光緒十二年（1886）署灌縣知縣，執法嚴明，强暴斂跡。在任捐俸並主持增修《灌縣志》及其刊印事宜。光緒六年（1880）、十年（1884）和三十四年（1908），曾三次署理成都府水利同知。

吴之英（1857—1918），字伯朅，號蒙陽漁者，四川名山縣（今雅安市名山區）人，優貢。光緒十八年至光緒二十九年（1892—1903）間，任灌縣訓導。對灌縣人才培養做出了很大貢獻。民國《灌縣志》稱他："爲人和易而峻潔，學尤深邃。卓然成家，迥邁流俗。居官廉介。訓迪學子，文行兼備，獲益者多。蓋不徒以言教也。"

秦宗藩（生卒年、籍貫、出身均不詳），光緒二十七年（1900）任灌縣知縣。在任興教崇學，性尤愛士，灌縣貧士欲赴成都應鄉試而乏資者，輒贈資若干以應秋闈。

鍾文虎（生卒年、出身、籍貫均不詳），光緒三十一年（1905）任灌縣知縣。當鍾文虎來任灌縣知縣時，清政府按"癸卯學制"要求，制定《部頒〈鄉土志例目〉》，要求各縣依據此綱要，編撰各自的《鄉土志》。他即當仁不讓，擔任主持人，籌糧籌款，征求耆宿的意見，聘請徐昱、高履和等灌邑學者按照《部頒〈鄉土志例目〉》着手編寫，半年後書稿編成，卻因他離任而未能刊印。即使如此，灌縣人仍然要感謝他留下的《灌縣鄉土志》這部珍貴的鄉乘史志。

何廷璐（生卒年、出身俱不詳），字伯璭，雲南人，光緒三十三年（1907）任灌縣知縣，治灌有政聲。縣屬竹園當者，舊例以糧民輪充當首，承辦堰工竹籠。官價不敷，每致破產，廷璐廉得其情。光緒三十三年（1907），爲稟大府，註銷前案，攤款於用水州縣，竹歸官辦。《灌縣鄉土志》編成，因主持此書編撰的知縣鍾文虎離任而不得付印。當他得知此事後，即以“斯《志》……有關於邑人學界前途者甚鉅且遠……速付手民”刊印，以爲“蒙學之津梁”，資邑生童學習，以增强對家鄉的認識。對灌縣的文化事業做出了貢獻。

張溥（生卒年不詳），字時園，甘肅人，舉人。光緒三十四年（1908）署理灌縣知縣，宣統元年（1909）復任。張溥爲政嚴恭有威，不苟言笑，嫉惡如仇，而又愛士如寶。奸宄無法倖免，端人則禮遇必隆。數月，士氣伸張，宵小斂跡。且籌辦新政，事必躬親。灌城南之實業所與農會，其所成立也。

此外，尚有黃俞、聶蔭吾、譚璉、李雲驌、張文藼、王宓、徐鼎、丁葵籀、吴昇、劭良、王夢庚、劉伯英、蔡成輅、英啟、王世勳、楊若鼒、錢璋、柳宗芳、黃毓奎、陸葆德、王宫午、朱錫瑩、王瑚、楊錫澍、喇世俊、盛光偉、劉映奎等清代灌縣知縣，在任均政績卓著，寬厚愛士，興教崇學，對灌縣人才培養做出了貢獻。

武昌起義，清政府被推翻，外籍遺老也多有寄寓灌縣者，與灌縣當地王昌麟、馬琨、彭錫疇等從任職地歸家的前清官員惺惺相惜，詩酒唱和，對灌縣學風有一定影響。例如浙江德化縣人吕承一（生卒年不詳），字貫三，光緒年間舉人，宣統朝曾官至江西廣信府（今江西省上饒市）知府。辛亥鼎革，流寓來川，經人介紹，在石羊紳士羅麟家中做家塾教師。他曾與本邑學者朱善堂等同游青城小峑華山，有《題朱善堂詩集》詩：“東雲西嶺適爭奇，得訪名山尚未遲。夜覺鬼神風雨告，山中人有至情詩。”民國初年石羊普陀寺重建，新修寺院大殿，重塑金身，雕刻巨型石佛，經人引薦，請吕承一爲普陀寺作碑記，文采斐然，寄寓着作爲清末“文化遺民”的吕承一遭家國之變，亂世流離、置身異鄉、寄人籬下的身世之感。

灌縣“蜀學”著述小輯

如前所述，自文翁創建“石室”，而“蜀學”肇興，灌縣人蜚聲庠序，二千年間，代有其人。昔有江源常氏、青城何氏、導江張氏、永康焦氏諸家族耕讀傳家，簪纓繼世，文脈綿長，史不絕書。延及有清、民國年間，題名錦江、尊經、國子監南學與川大、北大、中大、南開、中山、武大、復旦、華大及中央歷史研究院等高等學府的學者不下千人，其人或馳騁教壇、學界、政界，或效命疆場，並多令譽，且有以“名山事業”傳於後世者。

近代四川著名學者劉咸炘（1896—1932）在《蜀學論》一文中論述宋代以前

的蜀學成就，其結論是“（蜀學）少而貴……唐後史學，莫隆於蜀……蜀學崇實，雖玄而不虚……統觀蜀學，大在文史……”[①]而在事實上，這也是灌縣歷代“蜀學”的特點和成就。今按羅伯濟先生關於“國學”著述以“四庫全書”分類的精神、標準，擇要恭録自漢代以來灌縣有關“蜀學”著述、作者於次。

甲　經部

《左傳鈔》若干卷　常忌
《典言》若干卷　常寬
《蜀才易注》[②]十卷　佚名
《周易旨要》二十卷　戴淵
《張乖崖語録》二卷　李畋
《穀子》二十卷　李畋
《大同學發微》一卷　柏郁冬
《孝經口議》一卷　張垔
《四經歸極》若干卷　張垔
《經史入門》若干卷　張垔
《經説》若干卷　張垔
《冕弁冠服考》一卷　張垔
《釋奠儀注》一卷　張垔
《喪服種類》一卷　張垔
《引彀訓蒙》若干卷　張垔
《槐蔭課録》若干卷　張垔
《大中口議》一卷　宋履坦
《養正編注釋》若干卷　宋履坦
《家訓》一卷　楊喬湄
《四書講義》若干卷　劉驥
《端士習論》若干卷　劉驥
《增輯養正彙編》二卷　羅鳳藻
《增輯福善明征録》二卷　羅鳳藻
《增輯勸誡録》八卷　羅鳳藻
《綱鑒法戒録》若干卷　羅錦裳
《大中析解》一卷　潘懷珠
《論語析疑》一卷　彭洵
《觀省録》一卷　劉永璋
《周官通釋》八卷　王昌麟
《養正摘要》一卷　王昌麟
《經典釋文序録講稿疏》卷數不詳　曾義甫

乙　史部（地方志、人物志、地理志、碑目等）

《益州記》二卷　常寬
《蜀後賢傳》卷數不詳　常寬
《蜀後志》卷數不詳　常寬
《梁益篇》卷數不詳　常寬
《梁州巴紀姓族》卷數不詳　常忌
《漢史書》十卷　常璩
《蜀李書》九卷　常璩
《華陽國志》十二卷　常璩
《江源常氏士女志》一卷　張佳胤
《名賢姓氏相同録》一卷　杜光庭
《古今類聚年號》一卷　杜光庭
《古今類聚年號圖》一卷　杜光庭
《帝王年代州郡長曆》一卷　杜光庭
《續成都記》一卷　杜光庭

① 引文見成都古籍書店 1996 年影印出版的《推十書》中《推十文》卷一《蜀學論》，第二一〇〇頁。
② 《經典釋文》云：“不知何人作。”案，常璩《蜀李書》：“范長生隱居青城山，自號‘蜀才’。”

《青城山記》一卷　杜光庭[1]　　《洞天福地記》一卷　杜光庭
《兼明書》一卷　杜光庭　　《青城甲記》一卷　杜光庭
《二十四化圖》一卷　杜光庭　　《武夷山記》一卷　杜光庭
《歷代忠諫書》五卷　杜光庭　　《諫書》八十卷　杜光庭
《神仙傳》五卷　杜光庭　　《青城山記》一卷　皇甫士安
《青城乙記》一卷　范仲立　　《青城山方物志記》五卷　勾台符
《岷山異事》一卷　勾台符　　《前蜀書》一卷　李昊
《孟蜀先主實録》三十卷　李昊　　《孟蜀後主實録》八十卷　李昊
《蜀主經緯略》一百卷　李昊　　《孔子弟子傳》六十卷　李畋
《岷江渠堰譜》十卷　張譔　　《李冰治水記》一卷　李注
《離堆志》十卷　佚名　　《永康軍圖志》二十卷　虞剛簡
《永康軍志》卷數不詳　張增　　《李王實録》一卷　張灼
《瀆功能變數名稱山記》一卷　佚名　　《永康軍碑目考》一卷　王象之
《灌江備考》一卷　王廷玨[2]　　《蜀三神祠碑文》五卷　井虔
《孔子年譜》一卷　劉肇基　　《孔門諸賢解》一卷　劉肇基
《孟子實際》一卷　劉肇基　　《春秋戰國人品》一卷　劉肇基
《綱鑒摘要》八卷　劉肇基　　《闕里通載》若干卷　張璽
《灌江定考》一卷　王來通　　乾隆創修《灌縣志》十二卷　孫天寧
《江北廳志》卷數不詳　宋煊　　光緒增修《灌縣志》十四卷　鄭珶山
《(高氏)家譜》一卷　高溥　　《(羅氏)家譜》二卷　羅鳳藻
《光緒麟遊縣新志草》)十卷　彭洵　　《彝軍紀略》若干卷　彭洵
《灌記初稿》三卷　彭洵　　《青城山記》二卷　彭洵
《會理州續志》二卷　徐昱　　《會理州續志・藝文志》一卷　徐昱
《灌縣鄉土志》二卷　徐昱、高履和　　《大陸蹶涔》四卷　董虞琴
民國重修《灌縣志》三十六卷　羅駿聲　《青城山記補正》二卷　羅元黼
《(楊氏)家譜》一卷　楊蓁等　　《自述(楊氏)七代昭穆合傳》一卷　楊嵦
《循吏輯要》一卷　李天培　　《史事輯要》一卷　李天培
《名儒輯要》一卷　李天培　　《灌州金石録》四册　蒲仲薌
《灌縣都江堰興利除害計劃書》　官興文　《蜀西都江堰工志》　吴宏仁
《穆天子傳的研究》　黎光明　　《汲塚竹書考》　黎光明
《川康民俗調查報告》　黎光明、王元輝　《明末清初之四川》　黎光明
《中國近代史》　黎光明　　《嘉靖禦倭江浙主客軍考》上下編　黎光明
《〈中國地方志綜録〉質疑》　黎光明　　《中國歷代戰爭史》　黎光明
《灌縣紅十字會史略》一卷　楊子長等《朱(熹)氏年表》一卷　余定夫

①《文獻通考》作杜光庭撰,《宋史・藝文志》謂李常撰。
② 王廷玨輯,李先立編次,王來通刊行。

《史學六義》一卷　余定夫
《般若靈岩文史合輯》一卷　李啟明
《戰國策考辨》　繆文遠
《七國考訂補》　繆文遠
《戰國策新校注》　繆文遠
《話説縱横家》　繆文遠
《戰國史繫年輯證》　繆文遠
《戰國制度通考》　繆文遠
《〈戰國策〉譯注》（中華經典名著全本全注全譯叢書）　繆文遠
《洞天福地嶽瀆名山記全譯》　王純五
《袍哥探秘》一卷　王純五
《灌縣宗教志》一卷　王純五
《灌縣志·自然地理卷》一卷　王純五
《灌縣志·自然災害卷》一卷　王純五
《青城山志》十篇　王純五
《灌縣地名録》一卷　王純五
《洪門、青幫、袍哥》一卷　王純五

丙　子部

《道書二十四篇》　張道陵
《峨眉山神異記》三卷　張陵
《三天法師張君内傳》一卷　王萇
《青城山羅真人記》一卷　佚名
《化書》一卷　譚峭
《墉城集仙録》十卷　東瀛子
《道德經注》二卷　范長生
《集道德經三十家注》若干卷　張君相
《老子常清靜注》一卷　杜光庭
《道德經廣勝義疏》三十卷　杜光庭[①]
《道德經疏》二十卷　李畋
《老佛雜説》若干卷　戴淵
《茶譜》一卷　唐永泰
《野人閒話》若干卷　景焕
《牧豎閒話》若干卷　景焕
《龍證筆記》若干卷　景焕
《南皋筆記》四卷　楊鳳儀
《参同契方章通真義》三卷　彭曉
《陰符經注》一卷　彭曉
《参同契大易二十四氣修煉火丹圖》一卷　彭曉
《明鏡圖》一卷　彭曉
《参同契平明鏡訣》一卷　彭曉
《怡神論》一卷　申天師
《服氣論》一卷　申天師
《堪輿書》一卷　税昌麟
《参同契注並圖》一卷　張隨
《揲蓍志》一卷　青城山人
《乾象靈光集》一卷　宋樹森
《寒門要訣》一卷　楊朝典
《養生丹訣》一卷　皇甫士安
《入藥鏡摘注》一卷　徐昱
《丹旨韻言》一卷　徐昱
《删節陰符經注》一卷　徐昱
《讀老心解》一卷　易心瑩
《諸子學者集傳》一卷　帥淨民

丁　集部

《詩賦論議》二十餘卷　常寬
《大還丹詩百首》不分卷　李浩

① 在民國《灌縣志》上，杜光庭所著的有關道教類著述還有很多，限於篇幅，僅録幾篇存之。

《二十四化詩》一卷　杜光庭
《岷山集》若干卷　勾台符
《唐求詩集》一卷　唐求
《緑雨山房詩稿》一卷　羅春恩
《希淡園詩》三卷　易堪
《青城丈人詩》一卷　佚名
《符載集》十四卷　符載
《鈍齋集》若干卷　楊汾
《忠嘉集》若干卷　宋汝爲
《玉壘集》一百卷　僧可朋纂
《朝野新聲》　楊朝英
《雪山詩文全集》三十卷　焦維章
《雲橋塾鈔》若干卷　宋履坦
《墨居殘稿》一卷　李延伯
《小海岳樓詩》四卷　馬光型
《文法正宗》一卷　潘懷珠
《竹柏山房稿》一卷　羅鳳藻
《芝山詩草》一卷　馬蓮舫
《餘事吟》一卷　周澤溥
《春珊詩草》一卷　李芳
《萃松閣遺草》一卷　陳昭容
《輔廷文存》二卷　陳炳魁
《種書堂文集》若干卷　彭洵
《集古楹聯》一卷　彭洵
《霏玉草》一卷　彭洵
《征車吟》一卷　彭洵
《隨韻駢言》一卷　陳經
《遵訓録吟草》二卷　王昌南
《理茂紀行詩》二卷　王昌南
《松游小唱》一卷　董玉書
《月章詩草》一卷　姚濱洪
《紹伯詩抄》二卷　郭仲達
《宜雅集》一卷　陳仲遠

《唐詩静論》十卷　杜光庭
《臥雲編》三卷　勾台符
《宫詞百首》不分卷　花蕊夫人
《風雅拾翠圖》一卷　詩僧惟鳳
《白雲集》三十六卷　張愈
《岷山百景詩》若干卷　王寀
《梓潼集》二十卷　李堯夫
《歌詩雜文》七十卷　李畋
《桃溪集》一百卷　李蘗
《張達善文集》若干卷　張璺
《太平樂府》　楊朝英
《芸香詩草》四卷　曾懷玉
《離騷注解》一卷　宋履坦
《朋簪雜録》四卷　尹清臣
《槐黄集》一卷　馬光型
《雅言集》一卷　劉驥
《燼餘集》二卷　羅鳳藻
《西溪餘詠》一卷　周澤溥
《楊均遺詩》一卷　楊均後人輯録
《行餘偶録》一卷　李芳
《芸香閣詩草》二卷　田廷棟
《梅花閣集》若干卷　何汝源
《泥痕集》一卷　彭洵
《金石唾餘集》一卷　彭洵
《沁香吟館詩抄》若干卷　彭洵
《釋耒軒詩存》①四卷　陳桂林
《泉橋詩文集》二卷　游觀
《老人村竹枝詞百首》一卷　王昌南
《蔭香閣詩草》一卷　李自芳
《董湘琴先生遺著》一卷　董玉書後人輯録
《如對月軒詩草》一卷　劉璞
《何貞女詩征》二卷　王肇基輯
《膽石齋吟草》一卷　劉嗣勰

① 清代至民國期間，灌縣陳桂林、郭仲達、馬繼華、王昌麟、羅駿聲、張醒華等六人的詩歌分别有二十一、二十五、四十三、三十九、十九和十二首等入選楊析綜、劉君惠主編的《近代巴蜀詩抄》(執行編委楊啟宇、滕偉明)。

《友竹山房詩》一卷　賀星雲
《篤生集》一卷　楊開培
《寶瓶詩集》三卷　謝奉揚
《耕餘小草》二卷　徐增鋭
《東壁堂詩集》一卷　王竹峰
《訓世詩》一卷　劉鋆
《勸孝存（詩）》一卷　朱谷暘
《黄湘泠遺稿》一卷　黄湘泠後人輯録
《青城游草》一卷　趙金鑒
《龍山古聚》一卷　劉清彦
《養元堂詩文集》卷數不詳　羅錦裳
《適性集》四卷　尹席珍
《羅輯瑞文鈔》一卷　羅輯瑞
《青城遺稿》二卷　宋德之
《耦園詩文稿》二卷　徐昱
《聽香館詩存》四卷　陳耀光
《文學通論》四卷　王昌麟
《闇齋集》一卷　師表
《廖士彬詞》一卷　廖士彬
《静遠齋文集》二卷　羅駿聲
《北徵集》二卷　羅駿聲
《國學管窺集》一卷　羅駿聲
《邃廬詩文稿》四册　陳國祥
《東來吟草》一册　陳國祥
《淪性集》一册　陳國祥
《燼餘集》一册　陳國祥
《菊花天詩》一卷　謝元烈輯
《耕緑軒聯語》一卷　梁居西
《夫妻橋彈詞》一卷　雷靖逆
《蛾術山房文録》卷數不詳　余定夫
《蛾術山房聯語》卷數不詳　余定夫
《小鐵椎集》一卷　樊鳳林
《立達文稿》三卷　任覺五
《近西游副記》三卷　王元輝
《青城山宫觀楹聯選注》一卷　李啟明
《鴻泥集》一卷　劉肇堂
《玉堂場竹枝詞》一卷　謝奉揚
《盂蘭會竹枝詞》一卷　謝奉揚
《詠史詩》四卷　劉炳琦
《丁國仲遺詩》二卷　丁國仲後人輯録
《彭良卿遺詩》一卷　彭良卿後人輯録
《朱善堂詩集》一卷　朱善堂
《行役吟草》一卷　羅萬緯
《出山集》一卷　劉清彦
《歸山集》一卷　劉清彦
《桂庭集》一卷　朱霽軒
《片羽集》一卷　馬繼華
《逸園集》四卷　羅世勳
《桂庭集》若干卷　朱淩雲
《錢毓岷遺稿》一卷　錢毓岷後人輯録
《惜齋文録》一卷　王昌麟
《晴翠山房詩文集》六卷　王昌麟
《劫灰存璞》二卷　馬琨
《回憶詩草》卷數不詳　葉惠三
《雄風集》一卷　羅駿聲
《青城集》一卷　羅駿聲
《導江唱和集》一卷　羅駿聲輯
《望雲樓詩文稿》二册　陳國祥
《飄萍集》一册　陳國祥
《和聲集》一册　陳國祥
《三蘭詩集》一册　周守瑜
《耕緑軒吟草》一卷　梁居西
《耕緑軒談詞》一卷　梁居西
《蛾術山房詩録》四卷　余定夫
《蛾術山房劄記》卷數不詳　余定夫
《壽橋集》三卷　蔡香墀
《鸜鵒夜談》一卷　樊鳳林
《九十回顧》三卷　王元輝
《青城山叟詩文存》三卷　李啟明
《望雲樓詩鈔》一册　傅承烈

《望雲樓文學雜論》一册　傅承烈　　《傅承烈詩鈔》一册　傅承烈
《青城百詠》一册　傅承烈　　《青城山都江堰詩詞選》一卷　王純五
《飄萍心語》一卷　王純五　《中國民間文學集成·灌縣卷》一卷　王純五

近代灌縣“蜀學”代表人物

如前所述，明末兵燹，生靈塗炭，四川城鄉殘破，地廣人稀。灌縣原住民十不存一，文獻凋殘，傳統學術文化事業幾乎斷代。順、康、雍三代，灌縣如草昧初開，學術、科名，人物、成就，遠遜宋、明。

但是，自康熙元年（1662），馬璣履任灌縣知縣開始，歷任知縣及本邑有識之士皆傾心教育，創辦“岷江書院”，注重人才培養，灌縣的整體文化水準得以迅速提升。

乾隆中期以後，爲了能讓更多的學子讀書、進學，爲國家和地方培養人才，由公家出資或私人捐助，各種形式，不同規模的書院、義館、義學、私塾等，在灌縣城鄉如雨後春筍般應運而生。除“岷江書院”外，另有“岷江外館”“養正書院”“味江書院”“臨江書院”“臨江外館”“青城書院”“青城外館”“興仁書院”“壽江書院”“儲秀書院”“雲峰書院”“誠正書院”等。同時創辦了多所“義館”，如“七省義館”“經佘義館”“里仁義館”“敦本義館”“太平義館”“文昌宫義館”“天師廟義館”“正習義館”“舒文義館”“存誠義館”“果泉義館”“種芬義館”“經腴義館”“飲和義館”“啟蒙義館”“敷華義館”“同仁義館”“琢章義館”“培仁義館”“茹涵義館”“鳳池義館”“藻翔義館”“近仁義館”“元音義館”“味江義館”“萅材義館”“萃雅義館”“正始義館”“悟真義館”“文河義館”“擷秀義館”“資深義館”“經正義館”“誠正義館”等數十所。無數灌縣學子沐浴清化，學問、科名代有典型，皆學塾、學堂、義學、書院、義館之所裁成。書院、義館都有學田、廟產、捐款和税捐等收入，凡義學都免收學生學費。

清代，灌縣縣學文、武童生固定學額爲廩膳生、增廣生各二十名，三年歲、科兩試各取八名爲附學生。外撥成都府學學額一二名不等。廩生晉升貢生，三年一個名額，遇覃恩皇上、皇太后生日，廣施恩澤增一人。雍正十二年（1734），定灌縣拔貢六年一人；乾隆七年（1742），改爲十二年一選，灌縣一人；優貢三年一舉四川省總共四人，省試鄉榜額外爲副貢；隨征諸生有功者准作貢生，爲“功貢”；最初都可入國子監讀書，後，不復行。優貢、拔貢，以入京考取爲正途，且爲入仕之階。恩、歲、副等貢生，若不援例捐納，則不易得官……

爲了方便各鄉的學子進學，除在縣城岷江書院設有常設“官課”外，每年舉行多次縣學學生入學或晉升廩膳生考試外，還在石羊、太平、柳街、蒲陽、興仁

（今汶川水磨鎮）、崇義等鄉、鎮設有“大成”“青城”“大樂”“樂英”“臨江”“興仁”等“鄉課”，每年舉行一次縣學學生入學考試，擇優録取。

除書院、會館以外，灌縣更多的是進行啟蒙教育的私塾學塾。

神州自古以農立國，農家子弟，樸則耕，慧則士，“耕讀傳家”“書香繼世”，傳統優秀。在“湖廣移民”插占以前，遍佈灌邑城鄉的各類學塾就已開辦。學塾又稱私塾，乃民間啟蒙教育性質，開設於家庭、宗族或鄉村内部，多以宗祠、寺廟等爲教學基地，教師多爲本邑舉人、秀才或老童生。學塾注重對蒙童的教養教育，使之養成良好的道德品質和生活習慣，對少兒智力開發和本地人才的培養，其作用不可低估。由於尊師重教，道、咸以來，列名於民國《灌縣志·人物志》與《灌志文徵》等的塾師如郭伯達、黄宗幹、尹席珍等數不勝數。其中載有行述碑、教澤碑及墓誌等傳紀的塾師有劉繩武、宋履坦、傅秉經、傅秉常、陳儒珍、劉驥、魏光廷、羅鳳藻、高溥、潘懷珠、劉肇基、王春元、張晴嵐、陳炳魁、何汝源、余作新、羅錦裳、羅世勳、孟慶元、傅宗垕、尹昌奎、胡宗禮等三十餘人。

自隋唐以後開科取士，傳統學術文化事業與“科名”息息相關。一定程度上，某地“科名”人次的多寡可決定那裏的傳統學術文化事業是否昌明。灌縣作爲移民縣，有清一代，近三百年間，見於鄉乘的學者數以千計，而就科舉而言，民國《灌縣志》所著録的僅有六個進士、六十三個舉人和副貢、拔貢、思貢、歲貢、附貢等貢生以上秀才人數三百多個。六個進士分别爲李先達、高溥、董文炳、周盛典、苟春培、賀鴻基。其中，李先達是寄學籍於“保縣”[①]的本土原住民。而道光十五年（1835）後，高、董、周、苟、賀等五個進士都是移民後裔。六十三個舉人中，順治一朝十八年（1644—1661）中，無鄉試中舉者，康熙、雍正兩朝七十四年間（1662—1735）共六人（本土原住民），乾隆一朝六十年間（1736—1795）十五人（原住民與移民後裔約各一半），嘉慶一朝二十五年間（1796—1820）八人（移民後裔略勝），道、咸、同、光四朝八十二年間（1821—1902）有三十四人（多爲移民後裔）。三百多個秀才則分屬副貢、拔貢、恩貢、優貢、歲貢、廩貢、附貢等多個名類[②]。乾隆以後，約有兩百位灌縣秀才先後赴成都就學於“錦江”“尊經”兩個書院。

清初，灌縣分金村、周村、陳村、筏村四鄉，康、雍、乾三世百餘年間，“湖廣移民”陸續前來插占，乾、嘉以後，移民後裔漸次向學，書院、義館遍佈灌縣各鄉。而自古以來，進學、科名、文名等都與地域、學風及水準高、影響力大的

① 保縣，古縣名。明洪武六年（1373）置，治今四川省理縣東北薛城鄉，屬成都府。清雍正五年（1727）徙治今汶川縣，屬茂州直隸州。嘉慶六年（1801）廢。李先達（生卒年不詳）。明末，其先人避居威茂山區，所以，李先達考試時寄學籍於保縣（今屬汶川縣）。乾隆十六年（1751），李先達考中辛未科舉人，次年（1752）連捷壬申科三甲第 133 名進士。後來曾任山西靈石縣知縣。

② 尚有陳耀光、馬繼華、楊毓奎、吴顯廷、廖輝山、楊貫芝、羅秀山、張鵬霄、鍾玉槐、葉惠三、蒲春蔚、周維、張伯驤、王伯凝、陳國祥等數十個秀才未能入“貢”。

學者等因素緊密相關，其中地利、師承因素較爲重要。因此，金村遂得清代灌縣"蜀學"風氣之先。

金村所屬崇義、金馬、聚源，乃至蒲陽等河東地區，地近省會，交通便利，赴成都、彭州，去崇寧、郫縣，乃至温江學習的人很多，外地學者來灌縣講學、開館授徒，甚至長眠於此的也大有人在。例如，黎正訓（1715—1760）——著名學者黎庶昌（1837—1897）的曾祖父，乾隆二十一年（1756），游學西蜀，受聘於鹽商曾氏，開館授學於曾氏灌城北街家中，乾隆二十五年（1760），因病去世，享年四十有六。家山萬里，故土難歸，遂由曾氏葬其於灌城北外竹林寺旁的"清官山"。再如，中江學者黄梅，乾隆中期來灌縣講學，初開學塾於聚源天承寺，後來移居蒲陽開館授學。著名學者、教育家宋履坦（1768—1834）在乾隆四十六年（1781）前後，即從崇義鄉雲橋鄢家林家中帶上書籍、行李到蒲陽，師從黄梅，弱冠成秀才。黄梅夫婦卒，無嗣，餘一女，宋履坦爲之喪葬遣嫁，終身祭墓。

宋履坦學成後回到崇義，在海雲寺開館授徒，灌縣著名學者高溥、潘懷珠、董文炳，崇慶州（一説崇寧縣）學者山春等一百多人先後師從宋先生。其中高溥、董文炳相繼在道光十五年（1835）、二十四年（1844）考中進士，並分别任知縣於廣東澄邁縣、貴州永從縣等地，後來，都入祀該縣文廟的名宦祠；宋履坦、潘懷珠和高溥還先後入祀灌縣文廟的鄉賢祠[①]；宋履坦的再傳弟子苟春培、賀鴻基也分别於光緒十五年（1890）、二十年（1894）考中進士。又有金馬何志道一門，自乾隆末年開始，其孫輩何濟川及其後人何學典民國初年曾任四川鹽場知事，仁壽縣縣長等幾代人都赴成都純化街師從劉沅、劉咸滎等川内著名學者。

簡而言之，因爲得地利、人和之便，灌縣金村遂得清代"蜀學"風氣之先。自乾隆末年開始，除宋履坦及其弟子潘、董，再傳弟子苟、賀及周盛典諸人外，灌縣著名學者、岷江書院山長、塾師耆宿如任遜（保縣學籍）、孟其才、楊喬湄、孟文治（汶川縣學籍）、蒲聯芳、曾懷玉、劉繩武、馬光型、陳政典、羅鳳藻、何汝源、王孚廷、游觀、傅毓秀、徐昱、錢毓岷、黄宗幹、王昌麟等有功名、走上仕途者幾乎都家住金村。近代以來，劉繩武、傅秉經、宋履坦、高溥、羅鳳藻、潘懷珠、王昌麟等七人，還以"學行優異，垂範後學"入祀鄉賢祠，其中，傅秉經、高溥爲河西人士，劉、宋、羅、潘、王等五人都籍屬金村。

---

① 今都江堰市文廟鄉賢祠供奉有宋代以來的十七個鄉賢牌位，分别是：宋代，李畋、戴淵、張愈、鮮于大年、張綜；元代，張翌；明代，焦敏、焦韶、王伯、焦維章；清代（下及民國），劉繩武、傅秉經、宋履坦、潘懷珠、高溥、羅鳳藻、王昌麟。此外，清代同治以前，還供奉有宋代學者勾龍如淵的牌位，後因秀才苟正寅上書，説勾龍如淵依附秦檜，前人"清濁不分"，地方政府便將勾龍如淵的牌位撤除。又，清代以來，奉入文廟鄉賢祠的七人中，今僅見潘懷珠、高溥兩人入祀的記載。光緒二十八年（1902）農曆十二月初二日，四川總督岑春煊《奏爲江油縣已故鄉紳陳代芝並灌縣已故鄉紳潘懷珠請准循例入於鄉賢祠事》的奏摺，以及《光緒實録》，光緒三十二年（1905）四川總督錫良奏："已故四川候補知府孫家醇、廣東即用知縣（灌縣）高溥、請附祀名宦、鄉賢祠。下禮部議。"等史料。又，據民國《灌縣志》，高溥同時又入祀廣東澄邁縣文廟名宦祠。

同時，河西地近温江、崇慶，學風濃厚。也有陳九經、傅秉經、傅秉常、劉驥、傅宗垕、高溥、張鳳翀、李芳、陳炳魁、張晴嵐、高履和以及寄寓灌縣河西的廣西臨桂人周益等十多人曾先後出任岷江書院、臨江書院、味江書院、青城書院山長。其中，曾出任臨江書院、岷江書院山長的張晴嵐先生初授學於二江橋畔家中，近代灌縣著名學者董玉書、郭仲達、王昌麟等相繼出其門下。

特别需要指出的是，清代帝王大都雅愛書、畫，科舉考試亦非常重視書寫。自嘉、道之後，以書取士之風愈來愈盛，從縣上考取秀才的“童子試”以上，諸如鄉試、會試、殿試都成爲書法競技賽場。因此，有清一代，凡能躋身秀才、舉人、進士行列的灌縣學子數百人，其中留有書法作品於後世者，如曾輝山、馬光型、劉驥、高溥、李芳、彭洵、陳桂林、游觀、張星樓、周盛典、郭仲達、周維、徐昱、陳耀光、賈思徽、賀鴻基、張鵬霄、鍾玉槐、蔡培基、羅駿聲、蒲春蔚、陳國祥、王伯凝等，皆擅長書法，爲本土著名書法家。

自“西學東漸”，清末“興新學”，主張“中學爲體，西學爲用”，近代中國傳統學術文化在接受西學的同時，也在新的歷史環境中自我演進、改造和創造，由“舊學”走向“新學”。

辛亥鼎革，國家走向共和，民國政府在大陸的三十八年（1912—1949）間，灌縣本土學人中，張少棠（生卒年不詳）、任覺五（1900—1994）兩位先生都因學問優異、人格操守好、政聲卓異而被當局賞識，曾先後擔任四川省教育廳廳長。張少棠籍屬河西柳街，擔任四川省教育廳廳長是在民國初年、四川省大漢軍政府時期。那時國家由專制走向共和，百廢待興，軍政府也注重人才選拔、培養，張少棠於此也有建樹。任覺五籍屬河東蒲村，擔任四川省教育廳廳長始於民國三十六年（1947）五月。任先生勤懇朴質、實事求是，在任主持擬定了四川教育改革八年計劃、四個步驟：“一年立信，兩年改進，四年改造，八年定基。”後來，因政權更迭而計劃落空。三十八年間，在省教育廳廳長任上，灌縣學者張少棠開山，任覺五斷後，可謂巧合！

清末以來，就有很多灌縣學人出遠門求學，或進入内遷大學深造，將“蜀學”融進老師所傳授的學術中。例如，謝賡堂、楊念基、陳國祥先生曾相繼擔任灌縣高等小學堂（校）校長，其學生曾祥仁、帥淨民、羅紹文、王元輝、任覺五、黎光明等，以及稍後的王元樞、羅俊明、彭玉元、劉襄遵、張楷梯、王開池、衛純熙、李煦春、王代賢、傅承烈、繆文遠、易雲秋等數百人都先後到成都接受中等教育，再入成都或外地，乃至外國的大學，師承著名學者，從多方面接觸、學習現代科學。諸如哲學、邏輯學、政治學、社會科學、軍事教育，以及人文社會科學以外的物理、生物、數學等自然科學課程，思想更開闊，知識更豐富，對於現實社會、生活都具有實證性的理解，學有所成，多服務桑梓。其中，在傳承中華學術方面，曾祥仁、黎光明兩位先生較有代表性。

曾祥仁（1893—1949），家族派名本麒，字述之，縣城楊柳河街人。幼入家塾，從鍾撫琴、馬樸之兩位先生（從成都鐵路學堂辭歸）两位先生學，即嗜書如命，自號“書呆子”。性狷介，因號直君，晚年身體羸瘠，更署“太瘦生”。清光、宣之交（1908—1909）求學於灌縣高等小學堂，受教於羅駿聲、葉惠三、謝賡堂、陳國祥等先生。民國四年（1915），考入成都共和大學。其同學柏郁冬爲井研廖季平（1852—1932）入室弟子，遂轉入省立國學專科學校，宗奉廖季平先生，修今文經學，建構“蜀學”理論。民國六年（1917），自成都歸，復求學於羅駿聲、葉惠三等先生。當年，林景星（焜青）等爲傳承“蜀學”，保存國粹，組織“麗澤書社”，成立“敬業樂群社”，創“宏模學校”；民國十一年（1922）創“旬期講學會”。同時儕輩有楊向榮（子長）、楊超凡、余止善（定夫）、萬仲宣、廖鐵生、廖嘉言、李劍鳴等。民國十四年（1925），與余定夫等宣導發起“導江讀書會”，同年協助羅伯濟先生編撰《灌縣志》，與陳國祥、葉惠三、余定夫等擔任採訪工作。民國十七年（1928）創“戊辰書報社”。民國二十八年（1939），應西康建省委員會秘書長楊永浚叔明（1894—1961）先生之邀，遠赴康定。又由西康轉赴果州（今南充市），得識佛教唯識學大師王化中、王恩洋（1897—1964）先生。受其熏陶，乃隨緣和合，講學四方，有弟子數百人。民國三十四年（1945），李源澄先生創建靈岩書院，邀請曾祥仁講學，以學問賅博，出入經史，大受歡迎。越明年，灌縣同仁建“玉屏學會”，創《玉屏學報》爲會刊，得先生支持尤多。其意在以施教四方，長君子之道，振萎頹之習，樹“蜀學”之風。戊子（1948）秋，積勞成疾，次年春，仍應王化中先生之邀，赴成都羅家碾東方文教學院任文學教授，欲爲學生講授《劍南詩稿》。終因病篤，不得已返家，隨即病逝，士論惜之。同人多撰詩、文、聯悼念，《玉屏學報》第八期特辟“紀念曾直君專欄”。那時靈岩書院已經解散，師生均已離去，聞先生歿，多有投詩哀挽者，其中，崇慶縣學生鍾元靈（1924—1986）賦挽詩二首頗有代表性，轉録如下：

> 鄭重張珩遺鯉魚（張白珩先生，一作“伯珩”），高人奄忽訣家居。養生勞引嵇康論（年來多病，先生告予讀《養生論》），匡學終成顧絳書（疏證顧亭林《與友人論學書》草稿已定）。杜若疏麻芳未沫，列風淫雨色紛如。新詩改罷增惆悵，泉下南豐倘起予。
>
> 鼓琴回首出潛魚，建德鄉還久索居（曩者遊學靈岩，頌朱希真《樵歌》，先生適來，歎賞不絕）。肝膽甚憐三尺劍，詞章欲破五車書。種成桃李陰常在，絕去町畦意豁如。填海移山無限事，靈修浩蕩孰華予。

黎光明（1901—1946），字靜修，回族，縣城順城街人。年少時入灌縣高等小學校，畢業後就讀成都成華聯合中學，再到南京就學於國立東南大學，三年後南下廣州，入廣州中山大學歷史系，師承顧頡剛先生。讀書期間，參與中央研究院《史學月刊》的編輯，合作寫史學論文《明末清初之四川》，個人著作《明嘉靖倭寇入寇東南考征》《〈中國地方志綜録〉質疑》。1927年畢業，由於學業優良，即於次年被剛成立的中央研究院聘爲助理研究員，隨即在中央研究院下屬的歷史語言研究所從事對西南民族的調查研究工作。當年，即受中央研究院歷史語言研究所所長傅斯年先生派遣，與小學同學、天津北洋大學、廣州中山大學學生、黃埔軍校第五期學員、剛從北伐前綫勝利歸來的王元輝（1900—1992）先生一起到川西北考察民俗，完成十餘萬字的《川康民俗調查報告》。2004 年，該書由臺灣著名學者王明珂先生申請經費，更名爲《川西民俗調查記録：1929》整理出版。

黎先生在中央軍校星子特訓班和成都分校任教官時，著《中國歷代戰爭史》講稿，以史料翔實、脈絡清晰、論述精闢深爲聽課者稱道。其所撰《中國近代史》，爲史學界注目；他任綿陽中學校長時，學生考試成績居全省之冠。其所制定的綿陽中學教學計劃至今仍列於先進之列。其歷史學著作《嘉靖禦倭江浙主客軍考》至今仍是研究日本侵華史的必備之書，他也因此成爲國内外研究明史的著名歷史學學者。

民國時期，灌縣學人宗奉“筆墨當隨時代”精神，在傳播“新學”的同時，創建傳統學術文化同人學會，以發展傳承“蜀學”。就目前所知，那時有章程、名稱的學會有：敬業樂群社、麗澤書社、宏模學校、旬期講學會、導江讀書會、戊辰書報社以及玉屏學會等。這些學會的成員在三百人次以上。

還有一些定期、不定期的詩友、同人聚會，例如“壽客亭”的灌邑名流聚會，自清光緒三十三年（1907）開始，直至 1949 年，“壽客亭”主人謝丕承（1869—1949）去世而止。這個聚會沒有章程、學會名稱，不限人數、參加者多隨生命結束而終止，長期聚會於太平街上街“菊花天”後院、柏條河畔沙丘上“壽客亭”中。其中，郭仲達、尹聘之、馬繼華、賈思徽、王昌麟、張鵬霄、謝丕承、林焬青、蔡培基、葉惠三（春祺）、羅駿聲、高益齋、蒲春蔚、李大中、謝賡堂、張蔚秋、張鵬霄、陳國祥（皆前清秀才以上）、高瑞生、余定夫、劉質民等，都屬灌邑耆宿。正如王昌麟先賢在《壽客亭記》中所述：

> 亭臨北江分流處，秋湍箭馳，長風送浪，則足以刷蕩耳目，澡滌神明。北望靈岩諸峰，横于天際，宛若畫障。其煙雲起伏，陰晴萬象，令人目注而神與翔……
>
> 客人游賞其間，或倚欄，或據石，俯而茗啜，仰而賦詩，清香繚繞衣帶間，忽忽不知身在何境也……

同時，“壽客亭”主人謝丕承及其客人的作品被其後人謝元烈編撰爲詩集《菊花天詩》傳世。

民國三十六年（1947），余定夫主持“玉屏學會”，特聘“壽客亭”聚會的謝、葉、羅、高、李、張、高（瑞生）、陳等爲玉屏學會榮譽會員。

民國三十四年（1945），“靈岩書院”在灌城北面靈岩寺創建，書院吊牌由謝無量先生書寫。其創建者是被譽爲“蜀學後勁”的著名歷史學家李源澄、傅平驤兩位先生，書院教師極一時之選：現代新儒家的重要代表人物唐君毅、牟宗三，著名敦煌學家、紅學家潘重規，新月派著名詩人饒孟侃，著名希臘文學專家羅念生，著名學者朱自清，著名歷史學家、國學大師錢穆、彭雲生、蒙文通、賴高翔，以及本地學者曾祥仁……名流彙集，文風鼎盛。每期招收學生二十人左右，還辦有暑期班。其對振興灌縣學風作用很大。

總之，清代、民國時期，灌縣傳統學術成績巨大，在“蜀學”傳承中的名人不勝枚舉。限於篇幅，僅列舉近代以來，造就人才多、著述多、學術傳承成績較大的幾個灌縣著名“蜀學”學者於次。

一　馬光型

馬光型（1785—1855），號東橋，自號第五洞天居士，卒後誥封文林郎。先祖自元代宦游來蜀，子孫於明代留居灌縣漩口青雲沱。清初奉命插占金馬鄉八角廟（今爲天馬鎮二郎村），從此耕讀傳家。其父升梁，稟性質樸，雖讀書無成，卻能力田創業。馬光型自幼聰敏，未冠，即補弟子員，書法工秀嚴飭，詩文清逸華貴。嘉慶十五年（1810）中舉，爲副主考陶澍（1779—1839）所賞識，當時有國士之目，然三赴京城，皆名落孫山。自中舉後，近二十年間，三主岷江書院，從游者多舉人、監生、貢生（秀才），且多篤行之士。道光十四年（1834），先生歲屆“天命”，於灌城南（今都江堰景區内）置地一隅，將以築室休養。次年乙未（1835）大挑一等，簽任直隸晉州知縣。窮鄉多竊盜，他輕刑減賦，擒獲首惡，境内肅然。大府以爲能，調任巨鹿、臨晉，皆行善政。後歷任直隸滄州、清河、井陘、淶水、平谷等縣，咸著政聲。道光二十二年（1842）歸老家園。於當年置地江邊築“城南別墅”，詩酒自娱。著有《槐黄集制藝》《小海岳樓詩稿》傳世。其子鋆（1806—1879），字蓮舫，縣學諸生，著名學者，有詩集《芝山詩草》傳世。其孫輩輔臣、黼臣、梁臣多人，皆積學，以軍功、監生捐納等出任直隸、陝西知縣、縣丞等職，清正廉明，能紹其業。

二　劉韺

劉韺（1790—1855），字昂軒，灌南柏木岡人。年未弱冠，即受教於温江副貢周鵬沖先生，誠篤力學。嘉慶十一年（1816），入縣學，旋食餼。道光十五年（1835）赴京應順天府乙未鄉試，座主羅蘇溪（1793—1854）先生深賞其文，遂得中舉。雖裕經世之才，而三赴春闈不第，遂居鄉間，開館授徒，課以經，明修行，從游者近百人，後多有中舉者。其在鄉間，多有善舉。凡助族党，周鄉里，矜孤寡，表貞節，力所能及者，無不毅然爲之。數十年手不釋卷，研究四子六經之旨，旁及子史百家，以不言之教，示範後學，黑石、泊江一帶，農家子弟，欣然向學，蔚然成風。道光二十四年（1844），歲届甲辰，先生出任臨江書院首任山長，在灌縣河西人才培養方面，成績很大。當年，即以大挑二等，授職教諭，士論以“高才而任閒職”惜之。先生自言：“官無大小，稱職爲難。何可易視教職乎！”初署川南慶符縣，以風教自任。搜訪節孝三百餘名，倡建總坊。司鐸一年，解任歸。去官日，慶符士紳衣冠濟濟，獻詩捧觴，沿途餞送，路人歎爲盛事。再任廣元教諭，講求化導，談經講藝，尤於義利之分、公私之辨，反復指示。諸生來贄見，必勉以敦品勵學，又捐俸改修文廟崇聖祠。著《端士習論》，廣元知縣朱鳳枟爲之作序，刊存廣元學宮。廣元距省城路遠，有貧窮而難以應舉者，先生爲備文具、衣裝，資助生活費用，送往成都，諸生感德。廣元文教爲之一新，風俗丕變，時有經師、人師之目。咸豐五年（1855），歲次乙卯，先生以勞卒於廣元官舍。諸生咸太息長號：“泰山頹也！吾儕將安仰乎？！”皆執紼，送靈柩出境，至昭化縣界，猶哭慟不已，扶柩不忍去。百年間，廣元人士猶稱昂軒先生不衰。其道德文章足以維繫風化、垂範後學。著有《端士習論》《四書講義》等。光緒八年（1882），灌邑著名學者陳炳魁（1816—？）先生應鄉人之請，爲撰《劉昂軒先生墓表》，傳於後世。

三　彭洵

彭洵（1826—1896），字古香，號壽阝江漁子。其先輩由湖廣遷來四川灌縣順江鄉（今屬都江堰市柳街鎮）岷江河畔宣家渡。耕讀傳家，世代書香。束冠爲縣學廩生，以文才、書法聞名於世，卻累舉不第。先生熱心地方公務，爲保衛家鄉、建設地方出力不少。咸豐十年（1860），組織團練，保護父老鄉親，成都將軍完顔崇實奏保訓導。同治五年（1866），爲弘揚李冰造福蜀人偉大功績，與本地紳耆蒲鑫賢、戴嵩、申于笏、劉璞、張暉暘、張學海等同心協力，輔佐知縣曾寅光重建離堆通佑王（李冰）專祠（今伏龍觀）。察倫物、舉廢墜、通幽明、妥享祀，一舉而四善備焉。同治九年（1870），灌縣縣令晁耀南以孝廉方正舉於朝；崇州人、西北督糧道黃彝封（1831—1877）創“彝軍”，聘爲幕僚，參贊軍機。此行，彭洵受到西寧將軍金和溥器重，以籌劃邊防出身保舉升任知縣。兩年後，四川總督吴棠聘襄筆劄，舉薦爲直隸州知州補用，再派任合江縣教諭。同治十三年（1874）初夏，彭洵隨同灌縣知縣黃毓奎督率團練圍剿搶劫青城、中興、玉堂一帶的“山匪”。因功褒獎花翎，當年即以知縣簽掣分發陝西候補。此後二十年間，彭洵仕宦於陝西。在西安候補期間，彭洵與樊增祥（1846—1931）、譚西屏、萬伯舒、方黝石、顧耳山、李嘉績、李勤伯、萬方煦、毛鳳枝、謝威鳳、秦毓琪、劉開第、王權、席裕駟、趙元中等十餘人結“青萍詩社”，文宗六朝，詩學晚唐。大約自光緒七年（1881）開始，彭洵歷任麟游、三水（旬邑）、蒲城、商南等縣知縣。彭洵賦性剛直，耿介自持，不事干謁，卓著政聲。公餘輒潛心著述，成書十數種。有《麟游縣新志草》（十卷）、《彝軍紀略》《沁香館詩鈔》《泥痕集》《霏玉草》《征車吟》《金石唾餘》《種書堂文集》《集古楹聯》（《古近體詩集聯》）《束身録》《論語析疑》《灌記初稿》《青城山記》等十餘部著作傳世。其《灌記初稿》《青城山記》等爲都江堰市鄉乘史志的重要作品，對於後人研究本土歷史、風土人情有很大的社會、經濟價值。他去世後，樊樊山爲作《誥封朝儀大夫彭君墓誌銘》，以志兩人“同官秦省二十有餘年，文字論交，意氣最浹。每歲清寒結社，詩酒流連，知君之深，宜莫予若”之誼。

四　徐昱

徐昱（約1840—？），字介民，金馬鄉（今爲天馬鎮）二郎村人。自幼刻苦向學，師從同鄉何汝源（1820—1860）先生。弱冠即入縣學，爲廩膳生。隨即以縣學高才，入選“錦江書院”深造，同治十二年（1873）癸酉科中舉。三赴春闈不第，遂於光緒十年（1884）前後，出任岷江書院山長。主持教學，通經致用，講求實學，窮言盡義，汩汩滔滔，講學不輟，時間長達二十年，造就許多人才。

光緒十八年（1892），灌縣前輩學人、曾任岷江書院山長的李芳（1805—？）先生，年已八十有七，來游縣學。以《春珊詩草》出示縣學諸生。徐昱時爲岷江書院山長，熱情接待，敬仰有加，爲《春珊詩草》作序，使流傳後世。

光緒二十四年（1898），朝廷“變法維新”，四川學者宋育仁、廖平、吴之英等創辦《蜀學報》，以“引經術以圖治，興新法以利民”爲宗旨，振興“蜀學”。徐昱積極擁護，本“經世致用”觀點，撰《創辦煤油以存利權保蜀境論》，刊載於當年六月中旬出版的《蜀學報》第九期。

光緒三十年（1904），徐昱年逾六旬，大挑二等，出任會理州學正。受任總纂光緒《會理州續志》（知縣蔣金生任主修，有光緒三十一年刻本）和《會理州續志·藝文志》。次年返鄉，受灌縣知縣鍾文虎委託，按禮部頒發的《部頒〈鄉土志例目〉》（按禮部“癸卯學制”要求而制定），與高履和合作纂修《灌縣鄉土志》，撮邑乘之精華，爲蒙學之津梁，當年完稿，卻因知縣鍾文虎離任而未能刊印。光緒三十三年（1907），由新任知縣何廷璐批准出版。

徐昱學養深厚，爲人廉介，不言勢利，潛心學術，獎掖後進，工書法，善書畫，尤善畫竹。有《藕圓詩文稿》《入藥鏡摘注》《會理州續志》《會理州續志·藝文志》《灌縣鄉土志》（與高履和合撰）等多部著述傳世。民國《灌縣志》收録其詩文若干首（篇）。

五 王昌麟

王昌麟（1862—1919），家族派名正豫，字瑞徵，出生在灌縣柳街鄉（今都江堰市柳街鎮）。父名圖書（1810—1868），字小南，邑廩生，有文名。昌麟少孤，而性敏好學。光緒六年（1880）春，以縣學第一，“藍衫換卻舊鶉衣”，邁出“翰墨功名”第一步。次年（1881），以高材生選入尊經書院，從王闓運學。同學中來往密切的有資州駱成驤，名山吴之英，夔州楊仲聲，彭山周紫庭，新津胡藎臣、胡敬亭、周宇仁，成都方廉史，宜賓李華亭，崇慶州羅雲裳元黼，新都劉復先，華陽吕冀文，井研王渭漁，樂山王鏡芙，三台羅星榆，雅安李景福，秀山李瑤琴等數十人。

光緒十一年（1885），王闓運返湘，王昌麟收拾行李書籍，從學於湘，住湘綺樓二年。光緒十四年（1888） 戊子科中舉。次年赴京，春闈不第。適王壬秋先生寓居天津，又與秀山李瑤琴同赴津門，追隨王壬秋先生，聆聽教益。王昌麟師從壬秋先生，前後七年，學業日進，深得同輩尊崇。光緒十六年（1890），庚寅科會試仍下第，遂應戊子科房師、射洪縣知縣謝廷鈞（品峰）之聘，前往該縣講學。光緒二十年甲午（1894）考入國子監南學，得遍覽四庫全書。比及三年，學績課最，名聞公卿間。“甲午戰敗”，與在京學子“七上公車”（公車上書），以學行名動公卿。當時任國子監祭酒的張百熙，正是王昌麟當年參加四川鄉試時的正考官，對王昌麟的才華非常欣賞，甚至給皇帝的奏摺、應制之作[①]，亦多由王昌麟代筆。管理國子監大臣翁同龢及南書房徐郙等重臣聯名，以“碩學通儒”“才能卓異”奏薦，將擢用，卻先遇“戊戌政變”，再遇“庚子國難”。倉皇間，王昌麟得京城驛郵吏楊茂臣幫助，以驛馬傳送：蓬髮徒跣，逾太行，涉龍門，三墜其騎，四餐毛食，歷七晝夜，到達陝西，得以從金牛故道南歸。從此絕意仕進，灌、郫兩縣書院及川中各學校皆聘主講。講授經史、詩文、辭義，論述中國文學史略，竟委窮源，娓娓不倦，遠近受業者百餘人。當時科舉未停，有蔡培基、蒲春蔚、陳國祥、吴魯詹、張伯驤、張蔚秋等數十多人，“荷其裁成而騰驤口上”[②]。

宣統元年（1909），大挑二等，選授川東銅梁縣教諭。前後三遇覃恩，加級，由銅梁教諭調任省學教員兼法校監督，隨即被選爲四川省諮議局議員，積極獻言獻策，改革弊政。辛亥“保路運動”後，成都獨立，隨即，武昌革命起義爆發，成都“排滿”風潮已成燎原之勢，屠戮“旗民”的戰事一觸即發。先生説服四川省諮議局衆多的議員，形成與“旗民”“永以相安”的決議，因此使成都免於巷戰，生靈免於塗炭。

辛亥鼎革，先生成爲“勝國遺民”，民國元年（1912）春天，先生辭官返鄉，於城東金馬鄉易家大林（今屬胥家鎮大林村）贖回其王姓入川始祖插占老屋，建

① 如《題蘿施松圖》《詠畫牡丹》《題二十四孝圖》等七言絕句組詩。
② 見《晴翠山房詩集》所載蒲春蔚所作“序言”。

“玉壘山墅”。親朋來賀，所送聯文不合他心意，遂自題一聯，以資紀念：

收得二百年老屋，天邊去燕來歸，睇大好林泉，依然江左烏衣巷；讀將十萬卷奇書，海上翔鷗好狎，便自成馨逸，隱此河東緑野堂。

其“玉壘山墅”門前自題聯語：

登高舒嘯，臨流賦詩，耕釣樂餘閒，恰似淵明歸栗里；
崇山峻嶺，茂林修竹，田園娱晚景，居然逸少在山陰。

民國元年，有《壬子答綿州陳經佘同年》七律一首：年來臥病掩荊扉，寥落孤懷與世違。鼙鼓聲中軍國建，風雲散後客星歸。螟蟠東井貪爭桂，虎滿西山怯采薇。借問綿津陳博士，天公有耳是耶非？

在“玉壘山墅”，先生整理舊作，“與故舊朋輩子弟及門，談歷代興亡，先賢往事”，爲家鄉建設出謀劃策，爲維護都江堰建言上書，不遺餘力。曾有詩詠回家生活：待詔歸來臥翠巒，霜風繞屋夢魂安。偶傳梅訊迎朝發，伸手題箋玉臂寒。

民國六年（1917）春天，王先生患病臥床。次年，農曆戊午年臘月二十四（1919年1月25日），時乖命蹇、才不爲世用的他，長逝於“玉壘山墅”，享年五十有八，卜葬易家大林東南“金馬鄉之原”。四川著名學者宋育仁（1857—1931）先生爲作《故銅梁縣教諭王君墓誌》，王先生尊經書院同學、灌縣水利知事、雅州優貢李景福（1857—1925）書丹（今碑失文存，拓片也存）。雖有親朋故舊料理後事，仍然身後蕭條。百年後的今天，改天换地的運動使高山讓路，河流改道，陵谷變遷，林苑丘墟，已不知王先生墓地的具體位置，這也許是歷史留給我們的遺憾。

王先生的遺著有《周官通釋》《文學通論》（一名《國文講義》）、《晴翠山房詩文集》《惜齋文録》等，共十九卷。民國十四年（1925），王先生入祀本邑文廟鄉賢祠。

六　羅駿聲

羅駿聲（1873—1950），家族派名萬綸，榜名駿聲，字德輿，號伯濟，別號靜遠，灌縣崇義鄉（今都江堰市崇義鎮）人。羅先生家庭書香繼世，他啟蒙於家塾，稍長入本邑縣學，是著名學者鄭琊山、吴之英的學生。光緒十八年（1892）中秀才，後來求學於四川錦江書院，宗奉經世致用思想。光緒二十八年（1902），壬寅科鄉試中舉，次年赴開封參加會試[1]，春闈不第，初擬留京，已而厭倦賦歸，錯過了光緒三十年（1904）的甲辰科春闈。此後，清廷即興新學，廢科舉，羅先生任教於成都、灌縣等地。宣統元年（1909），赴京應孝廉方正科考選拔，未能中式，

① 北京貢院毁於庚子八國聯軍，因此貢士會試考場設在開封。

遂絕仕途之望。由此從教一生。清末，國政不振，列强窺伺，羅先生選《雄風集》，輯上下數千年愛國詩歌予以注解，以激勵學子。合江張森楷（1858—1928）先生爲作序，見其影響之深且遠也。

民國八年（1919），羅先生協助湯聘之總纂民國《松潘縣志》，並與不山山人（賈思徽）、蔡培基、葉惠三（春祺）等灌縣著名學者校閱全稿、作序；葉惠三並賦詩作文。在民國《松潘縣志》中，還收録了清光緒十五年（1890）庚寅科進士灌縣荀春培的《重修松潘文廟序》。

民國十年（1921），宋育仁總纂《四川通志》，羅先生任四川省通志局纂修，主選《禮俗志》。民國十四年（1925），羅先生擔任民國《灌縣志》總纂，經七年時間，撰成重修《灌縣志》三十六卷。抗戰期間，國民政府監察院院長于右任來灌縣，與羅先生一見如故，談學論藝，詩酒唱和，相見恨晚。民國三十三年（1944）春，黄炎培先生在灌縣豐都廟創辦都江實用職業學校初級農藝班，曾約于右任先生一同前往崇義拜訪羅先生。此行，于先生爲羅先生的《青城集》《北征集》題寫了書名，黄先生也爲羅先生《北征集》《青城集》題詩，其中有“吾思子雲筆，就學寫方言”等句。

羅駿聲先生是川内著名的文史學家、方志學家、教育家。通文字、聲韻、訓詁，於版本、古籍源流頗有心得，是乾嘉學派的最後一批守望者之一。先生誠樸淳厚，從教一生，尤重於身教。弟子遍蜀中，民國時期，灌縣文史學者多出其門，有能繼其衣缽、傳承蜀學者。其《北徵集》《青城集》《國學管窺集》《國學綜述》和《導江唱和集》等著作能奇跡般逃脱“劫火”，成爲“燼餘”僅存，靠的就是其學生陳夢龍、蔡香墀、余定夫、李炳南、傅承烈等先生及其再傳弟子李啟明先生和本邑的衆多文史愛好者的薪火相傳。

現代的灌縣“蜀學”名人

如前所述，自漢晉以來，巴蜀一直是文人薈萃、流寓之地。近百年來，西學東漸，灌縣本土學者外出，求新聲於異邦，匯中西於一爐；學成歸來，研究“國學”，務中華傳統文化之復興。“蜀學”已經融入更大範圍的傳統文化學術之中，從而促進了灌縣學術文化傳承、發展，與時俱進。亦鑒於篇幅所限，僅恭録出生於清末或民國時期，而1949年中華人民共和國成立以後仍然在世的陳國祥等幾位現代灌縣（都江堰市）“蜀學”傳承者簡況於後。

一　陳國祥

陳國祥（1884—1961），字夢龍，壯歲號岷江邃廬主人，晚號夢醒埜（野）叟，灌縣胥家鄉（今都江堰市胥家鎮）人。其父陳耀光（1844—1933），灌縣著名學者、書法家。陳先生幼承家學，及長，師事羅駿聲、王昌麟等灌縣著名學者，1903 年考中秀才。

自清末以來，陳先生是地方文化、教育界的知名人物。他一直熱心家鄉教育，積極參加社會公益事業。民國時期歷任灌縣第一高等學校校長、灌縣教育局局長（前後兩届）、紅十字會監事兼文牘、縣臨時參議會參議員、縣參議會參議員等職。與衛錫勳、李含菜三人爲灌縣第一所初級中學校創辦發起人之一，對灌縣教育事業做出一定貢獻，民國灌縣政府歷届縣長每遇縣上大事，多有請益、諮詢，倚爲長城，多有仰仗。他爲人正直，任俠仗義，敢作敢爲，常守孤抱以衛天下道義。故舉大事不畏其難，有功亦不自伐自矜。在縣參議會參議員任上，常爲百姓着想，多有提案，違忤當局旨意。蓋其人有性情之真，而少功名之念；有書生堅韌之習，無見風使舵之能。這也爲他後來在窮餓中因患“水腫”病而告别人世埋下了伏筆。

抗戰時期，黄炎培（1878—1965）先生來灌縣辦職業學校，多得陳國祥先生的鼎力相助，黄先生意存感激。因此，當 1950 年代初，四川省遴選省文史研究館館員時，遠在北京的黄先生知道陳國祥先生境況不佳，特地向主持川省權柄者鄭重推薦陳先生。上面派人下來瞭解相關情況，陳先生卻書生氣十足，賦五言古詩《東來吟》呈送四川省招聘（文史研究館館員）工作人員委員會，自述：

> 三世承儒術，勤勞攻簡編。文藝漸淹通，入彀稱時賢。蜀學方革新，調取若登仙。我年將入冠，問學期勉旃。中西粗諳達，課業奮爭先。三稔感駒過，結業名列前。縣學冀振興，禮聘登青氈。清季迄民國，濫竽十四年。兩次主黌序，陶鑄人百千……

最終，陳先生與省文史研究館失之交臂。此後，縣上主要領導根據上峰指示，將陳先生列入縣政協二、三兩届“特邀界”委員名單，以示關懷。

1958 年，因原民國《灌縣志》出版於民國二十一年（1932），陳先生奉命補撰民國二十一年至民國三十八年（1932—1949）間的《灌縣志》。撰成後，卻因各種原因而未獲通過[①]。他有詩《入城續編縣志四十詠》敘述其事：

> 戊戌當仲冬，黨政欲續志。召我赴城闕，命速從厥事。時截解放止，中虚十八歲。故事須網羅，兩月限完備。當辭力不逮，未邀首肯意。遂推讓葉翁名春祺，總輯作伊位。擇取僻靜室，政協即其地。電燈與火爐，欣得同安置。明窗暖室中，嚴寒竟無畏。採訪雖安排，人少稿難至。我先溯枯腸，遺軼頻頻記。癉惡彰善行，收巨不遺細。口誅筆代權，遑敢遙（邀）希冀。盛意感黨政，勞逸忘較計。兩月匆成書，疏陋實無諱。初稿送審查，尺度任取棄。潛德與幽光，恨爲時尚蔽（五人五傳，因審查人議論不同而

① 據説原稿尚存於今都江堰市地志辦。

擱置）。劇苦爲食糧，須我自取致。初來一二月，歸取猶足食。鄉社忽缺糧，繼取生差異。日給米六兩，僅午足支配。迭請略助糧，終不得意遂。早晚計莫何，逐市尋供億。黎明往啖粥，常遇人充肆。時先門未開，時後身無寄。神志饑餓驅，踉蹌乞丐比。風雨立階除，瑟縮酸心鼻。俯首溷人群，深念實無味。得買敢論錢，果腹遑辭費。食店奈多計，美物嗟屢易。數日食米貲，使人立盡既。因不取糧票，買者竟忘貴。我微有補助，日用常憂匱。欲急返蓬廬，意免滋忿忮。人勸宜慎行，鄉情更難思。侏儒與臣朔，饑飽命所畀。有言不可盡，即事生感喟。悚懼兼恐惶，俛仰失進退。無才忝秉筆，貽笑古今世。情懷難遽忘，濡毫詳紀識。

在灌縣“蜀學”傳承的鏈條上，陳國祥先生上承王昌麟、羅駿聲，下啟余止善、李啟明等，是其中最重要的一環。先生勤於筆耕，一生著述頗豐，今知其名者有《邃廬詩文稿》四册，《望雲樓詩文稿》二册，《東來吟草》《飄萍集》《淪性集》《和聲集》（各一册）等詩文集。卻因歷史原因而俱散佚。僅有《燼餘詩草》遺存[1]。

陳先生爲人和善，平生交游率以品德與治學相切靡，其生平及晚年生活於《燼餘詩草》中盡皆顯現，足可爲後輩學人探究傳統學問、考察當年社會現狀及其生平史事提供治學門徑、史事與學習借鑒。

二　余定夫

余定夫（1898—1957），譜名時中，字止善，號定夫。生於灌縣聚源鄉刺梨子樹，因避鄉間匪患遷居城關，後長期佃居於北街高家出租屋。先生幼聰穎，家雖貧而好學不倦。初入私塾，後入灌縣高級小學校（後爲北街小學），受業於吴毓崧、謝賡堂、羅駿聲、陳國祥等縣内名師，爲灌縣高級小學校校長陳夢龍先生所賞識。畢業後，工餘仍自學不輟。常與縣城内“敬業”“樂群”“正誼”“導江”“旬期”等學術社團文友切磋研習經史、博覽學社藏書、增進學識。因謀生計，應聘爲文廟街前清秀才張蔚秋（1885—1961）家私塾教師，以後相繼在汶川縣龍溪（現屬都江堰市）、彭縣敖平鎮任教，在本縣北街小學校任訓育主任。尤以深入淺出的教學藝術深受學生敬重，教學業績爲縣人所稱道。民國十四年至二十一年（1925—1932），應羅駿聲先生之邀，參與了民國版《灌縣志》的編纂工作，並與曾本麟先生一起負責全書三十六卷的校對。民國二十七年（1938）後，應學生家長之請，在家開設“樹人小學”（私塾）課徒直至1949年。民國三十六年（1947）夏，北街小學校友結社“玉屏學會”，被推選爲學會理事長。出版《玉屏學報》共九期，

① 他去世後，當年的“長年”爲他善後時保存下來的他人生最後延口掙扎四年間的手跡。後來，該“長年”輾轉交與李啟明先生保存，據説今存其子陳道興先生手中。

在爲本地培養人才的同時，營造了一種濃厚的傳承“國學”的學術氛圍。成爲當時灌縣著名的教育家、地方文史學者和社會活動家。

1950 年春，應縣長郭平邀請，在縣人民政府文物保管委員會工作，整理和搶救了大批的文物、文獻、文史資料。從此歷任灌縣各界人民代表大會代表，縣人委會委員，縣政協一、二届委員、常委、駐會副主席等公職。他盡忠職守，團結各界人士積極爲社會主義新中國的建設事業建言獻策。

余先生善書法，各體皆能，小楷尤精妙，爲近代灌縣第一人。著作有《蛾[①]術山房詩録》《蛾術山房文録》《蛾術山房劄記》《蛾術山房聯語》《今方言》等傳世；《説文定聲考》《朱（熹）氏年表》《六家源流疏》《史學六義》《音學四表》等，先生辭世後多亡佚。

三　李啟明

李啟明（1916—2012），都江堰市張家灣（今屬都江堰市濱江街道辦事處）人，1949 年後，灌縣“蜀學”的重要支柱，對“蜀學”在灌縣的繼承和傳播做了應有的貢獻。

先生年少時，家境清寒，酷嗜詩書，艱難求學，先後師事張煦齋、余止善、陳國祥諸先生，得余先生幫助最多。先生祖述王湘綺，崇拜趙堯生、林山腴等成都“五老七賢”，以及王昌麟、羅駿聲、陳國祥、余止善諸先生，轉益多師，自學成才。羅駿聲先生曾讚譽道：“李生啟明好讀書，輟學而商，猶不釋卷，他山攻錯，斐然成章。”

抗戰時期，董壽平先生一家數口避居灌縣，李先生主動協助出售書畫事宜，爲董家籌措辦理米糧、菜油及其他生活用品，以保證董家全年生活開支。如遇書畫款未收回，還須向外借貸，多遇棘手，仍勉力任之。因此與董先生成爲忘年交。由董先生介紹，李先生得以問學於林山腴（思進）、謝無量、彭舉（雲生）、向仙樵（楚）、龐石帚（俊）等蜀中耆宿。又因小學同學劉襄遵先生引薦，李先生得以在“華大”課堂内旁聽。並在課堂内外，與白敦仁、王文才、梁文俊等同輩學者相知相契，結下終生不渝的友誼。

李先生爲灌邑著名地方文史學者，通曉儒、釋、道三家學問，精書法、詩詞、諸子、道學。其書法造詣精深，真、行、隸、篆四體俱能，小楷清雋秀逸，尤爲精到；行書結體謹嚴，筆式多姿，逸趣横生。董壽平先生譽其小楷“與年俱老，

① 蛾，音 yǐ，蟻。《禮記·學記》：一年視離經辨志，三年視敬業樂羣，五年視博習親師，七年視論學取友，謂之小成。九年知類通達，强立而不反，謂之大成。夫然後足以化民易俗，近者説服，而遠者懷之，此大學之道也。記曰：蛾子時術之，其此之謂乎。鄭玄注云：蛾（音蟻），蚍蜉也，蚍蜉之子，微蟲耳。時術（音述），蚍蜉之所爲其功，乃復成大垤（音碟）。唐陸德明《經典釋文》云：蛾，魚起反，注同，本或作蟻。蚍音毗，蜉音孚，《爾雅》云：蚍蜉，大蟻。復，扶又反。垤，大結反，《毛詩傳》云：蟻塚也。

渾樸之處，殊爲可喜”。青城山、都江堰及省内外旅游景點，有先生所書匾額、楹聯及碑記三十餘通（篇）。1980 年代，先生年逾七十，成爲全國楹聯學會及省楹聯學會、省書協等學會會員，被聘任爲灌縣玉壘詩社、楹聯協會顧問,《灌縣志》編輯,《灌縣宗教志》副總編輯，負責有關宗教、詩文、地方文史資料等方面資料的搜輯、編撰工作。1980—1990 年代，李先生曾任青城山道教協會秘書長，曾多次赴北京參加全國道教協會與臺灣、香港等海内外道教同門共同舉辦的羅天大醮祈禱世界和平儀式，以及道教其他全國性會議，並常接待海内外道教同門、學者。有《青城山宫觀楹聯選注》、《青城山叟詩文存》(四卷)、《般若、靈岩文史合輯》等詩文、地方文史著作行世。其《青城山叟詩文存》於灌縣近代百年“蜀學”傳承史事、人物多有涉及，堪稱詩意化的近代灌縣傳統文化史，值得一讀。

要之，李先生從藝八十年，一生學術成果巨大，爲我們留下了那麼多純淨、淡泊、幽雅、精妙的墨寶和學術文字。在耄耋之年，他獨自支撑著都江堰市的蜀學和國學門戶。其立身行事爲世人所景仰。惜其淪於下層，學行不爲世人所知，蓋前人所謂“學問博通而聲名黯淡”之學者。

四　傅承烈

傅承烈（1925—2010），灌縣崇義鄉（今都江堰市崇義鎮）人，羅駿聲先生的關門弟子。1950 年，四川大學中文系畢業，先後任簡陽師範及簡陽中學教導主任、簡陽三中校長,《簡陽縣志》總編、簡陽教師進修學校高級講師、一級調研員等，1990 年退休。曾任四川省詩詞學會顧問、四川省楹聯學會顧問、四川省天府詩苑顧問、内江市詩詞楹聯學會榮譽會長。1998 年，被聘爲四川省文史研究館館員，是葉惠三（1872—1972）先生之後的都江堰市籍第二位四川省文史研究館館員。遺著有《望雲樓詩鈔》《望雲樓文學雜論》《望雲樓聯話》《傅承烈詩鈔》《青城百詠》等；另有詩詞選入《五四以來詩詞選》《當代百家詩詞鈔》《當代詩詞舉要》《當代七言律髓》等書。

五　繆文遠

繆文遠（1930—2012），家住灌縣志城鎮（今屬都江堰市灌口街道辦事處）中東街。1948 年，考入四川大學歷史系，1952 年畢業，被分配到甘肅省蘭州市某中學任教。1956 年夏，考回母校，爲攻讀先秦史專業碩士研究生，師從恩師徐中舒先生。1959 年畢業，再分配至甘肅教育學院，後調甘肅師範大學。1978 年調回母校任教，先後在歷史系、古籍整理研究所工作。曾爲吉林大學博導評議員、四川大學國際儒學研究院顧問、《全宋文》編委、《儒藏》及《巴蜀全書》學術委員。

繆先生在隴、蜀兩地高校任教五十餘年，先後爲歷史專業、檔案專業、民族學專業的本科生、研究生講授過中國通史、古代漢語、中國文學史、先秦史料學、中國古典目録學、戰國史專題研究等課程，爲國家培養了大批優秀人才。出版專著《戰國策考辨》《七國考訂補》《戰國策新校注》《話説縱横家》《戰國史系年輯證》《戰國制度通考》以及《戰國策》(中華經典名著全本全注全譯叢書)等十餘部，發表論文六十餘篇。所寫論著，多次獲得省部級以上學術獎勵。

六　王純五

王純五(1932—2000)，四川省閬中市人，著名文史學者、民俗專家。1950年4月，考入西南人民革命大學川北分校(校址在南充市)，畢業後在川北區委黨校工作。1952年川北區委黨校與西南人民革命大學成都分校合併，組建四川省委黨校，王純五先生到成都，1956年，調省民政廳。當年，奉派到灌縣(都江堰市)協助辦理紫坪埔電站的征地和移民工作，後被安排在灌縣文化館，從事民衆教育、宣傳普及文化知識等工作。從此在都江堰市工作和生活達四十四年之久，曾任《灌縣志》副總編、《中國民間文學集成·四川灌縣卷》主編、《成都民間文學集成》副主編等職。一生著作等身，以《灌縣宗教志》《灌縣志·自然地理卷》《灌縣志·自然災害卷》《青城山志》《灌縣地名録》《袍哥探秘》《洪門·青幫、袍哥》《青城山都江堰詩詞選》等方志學、宗教學、民俗學、文學著述最負盛名。

作者單位：四川省都江堰市教師進修學校

揚雄《琴清英》的樂府學價值

王輝斌

摘　要：揚雄《琴清英》是樂府詩批評史上的第一部批評專書。現所存見的《琴清英》爲清代學者所輯録。《琴清英》的樂府學價值，主要表現在對“前樂府”批評的高度重視，開創了“題解類批評”這一新的批評方式，因而對漢代及其後的樂府詩批評産生了相當大的作用與影響。

關鍵詞：《琴清英》；前樂府；樂府批評

揚雄（前 53—18 年），今四川成都人，以辭賦聞名於西漢文壇，一生興趣廣泛，著述豐碩。現所知所見揚雄的著作，除《揚子雲集》外，另有《太玄》《法言》《方言》《訓纂》等。自明至清，《揚子雲集》傳世者，以其卷次言，主要有三種，即三卷本（明汪士賢輯）、五卷本（《隋書·經籍志》）、六卷本（《四庫全書》）。2000 年 6 月，巴蜀書社所出版的鄭文箋注之《揚雄文集》（以下簡稱“鄭注本”），亦爲六卷本，其具體爲：卷一、卷二、卷三賦；卷四書等；卷五頌等；卷六箴。鄭注本另有附録十三篇，其中和有《琴清英》，但卻頗可注意。鄭注本將《琴清英》編入附録十三篇之末，也即編排爲全書的最後一篇，其顯然是將《琴清英》當作一篇文章以待的，實則爲誤。這是因爲，《琴清英》是一本著作，一本著眼於“琴類樂府”批評的專書，對此，《全上古三代秦漢三國六朝文》之《全漢文》卷五十四《揚雄小傳》有“《琴清英》一卷”者，即足以爲之證。作爲一種專書，《琴清英》之佚亡，最遲當在南宋中期前後[①]，故後人多不知其原委與始末。有鑑於此，本文特著眼於《琴清英》的性質特點、輯佚概況、文本辨識等，略作考察，並以“題解類批評”爲切入點，對其樂府學價值予以觀照與梳理。

一　《琴清英》與《琴清英》輯佚

《琴清英》成書於何時，因資料所限，現已不可考。作爲一種著作之名，“琴

① 從現有材料言，《琴清英》之於唐宋兩朝，先後引録者，有《文選》李善注，杜佑《通典》卷一四四《樂四》，李昉等編《太平御覽》《太平廣記》等，則其之佚亡，似在北宋江中期前後。雖然，南宋羅萍注《路史後紀》卷三亦引，但頗疑爲轉引。要之，《琴清英》之佚亡，當在南宋初、中期之際。

清英”重在一個“琴”字。據許慎《説文解字》，“琴”古通“禁”，屬弦類樂器。這種樂器，傳説爲上古的神農氏所發明，也有認爲是伏羲氏所作，今本《琴清英》（此指《琴清英》佚文，詳下）第一條之所主，即爲神農説，故其開首乃有“昔者神農造琴”云云。而“清英”二字之所指，則爲清華、精華、精英之意。所以，“琴清英”實際上是一部關於“琴之精華”的著作，即舉凡琴事、琴辭、琴樂、琴演奏技巧等，乃皆包含於其中。琴作爲一種樂器，在先秦時期廣爲流傳，故當時士人大都能演奏，所謂“撫琴而歌”者，即爲其例。請看《琴苑要録》引《伯姬引》之所載：

> 伯姬，魯女也，爲宋共公夫人，公薨，伯姬執節守貞。魯襄公三十年，宋宫滅，伯姬在焉……伯姬之遇災，援琴而歌曰：“嘉言潔兮行彌章，托節鼓兮令躬喪。歇欽何幸遇斯殃，嗟嗟奈何罹斯殃。”①

其中的“援琴而歌”，不僅爲“琴”與“歌”的有機結合，而且也是商、周時期“琴類樂府”的一種主要創作方式。又如應劭《風俗通義·佚文》有云：“百里奚爲秦相，堂上樂作，所賃浣婦，自言知音，呼之，搏髀援琴，撫弦而歌者三。”所謂“撫弦而歌”，即“援琴而歌”之謂，其所反映的是，“浣婦”在當時也能“撫弦而歌”。類似之載者，拙著《商周逸詩輯考》所輯所考甚多，可參看，此不具述。

《琴清英》佚亡於南宋後，歷元、明而至清，有三位輯佚家對其進行了輯録，其依序爲王謨（1731—1817）、嚴可均（1762—1843）、馬國翰（1794—1857）。王謨所輯之《琴清英》佚文，編在其《漢魏遺書鈔》，現藏國家圖書館之嘉慶三年刻本第二集中之第二十二種，即爲《琴清英》（以下簡稱“王輯本”）。嚴可均所輯之《琴清英》佚文，編在其《全上古三代秦漢三國六朝文·全漢文》卷五十四之末，有中華書局1958年影印本（以下簡稱“嚴輯本”）。馬國翰所輯之《琴清英》佚文，編在其《玉房山房輯佚書》之《經編·樂類》第三種，有廣陵書局2005年、2008年影印本（以下簡稱“馬輯本”）。三人所輯之《琴清英》佚文，所依文獻雖不盡相同（詳下），但卻均爲五條，且文字基本相同。鄭注本共收《琴清英》四條（認爲另一條是僞作，未收），並進行了相關語詞方面的注釋，但遺憾的是，其卻未能就王輯本、嚴輯本、馬輯本之佚文輯録略作交代與介紹，此不能不謂其箋注之失也。值得注意的是，馬輯本將《琴清英》編入“樂類”，並歸入《樂書十三種》之列，表明《琴清英》乃爲一部樂書。馬國翰的這種認識，勘之書名“琴清英”三字，可知其不僅正確，而且較之王謨等人的純輯佚而言，確屬是要高明許多的。王謨據以輯録之書籍，依序爲李昉等《太平御覽》、酈道元《水經注》、歐陽詢《藝文類聚》、《文選》李善注（每種輯本所依文獻重復者不計，下同）；馬國

① 馮唯訥《古詩紀》前集卷四引《琴苑要録》，轉引自拙著《商周逸詩輯考》下編《東周逸詩》，黄山書社2012年版，第243頁。

翰據以輯録者，依序爲李昉等《太平御覽》、吴淑《事類賦》、《路史後紀》羅苹注、酈道元《水經注》、歐陽詢《藝文類聚》、李昉等《太平廣記》、《文選》李善注；嚴可均據以輯録者，則依序爲杜佑《通典》、李昉等《太平御覽》、酈道元《水經注》、歐陽詢《藝文類聚》、郭茂倩《樂府詩集》、《文選》李善注、馬驌《繹史》。三者去其重，可知王謨等人所輯録之《琴清英》佚文，主要源於酈道元《水經注》、《文選》李善注、杜佑《通典》、吴淑《事類賦》、歐陽詢《藝文類聚》、李昉等《太平御覽》、李昉等《太平廣記》、郭茂倩《樂府詩集》、《路史後紀》羅苹注、馬驌《繹史》，凡整十種。這一實況所反映的是，揚雄《琴清英》在唐宋時期[①]，曾多爲學者所引録，則其在當時的影響之大，藉此即可窺之一斑。

二　《琴清英》文本與文本辨識

如上所述，現所知所見之《琴清英》，雖有三種版本，但皆爲清人輯佚所致，凡五條，且題作“一卷”。爲便於認識與討論，兹據嚴輯本，將五條佚文抄録如次，並用王輯本、馬輯本略作校勘與箋注。具體爲：

（一）昔者神農造琴，以定神，齊婬僻，去邪欲，欲反其真者也。舜彈五弦之琴而天下治，堯加二弦，以合君臣之恩也。

校箋：“齊婬僻”，王輯本、馬輯本皆作“禁婬僻”。“欲反其真者”，王輯本、馬輯本俱無“欲”，“真者”作“天真者”。“天下治”，王本作“天下化”。

（二）尹吉甫子伯奇至孝，後母譖之，自投江中。衣苔帶藻，忽夢見水仙賜以美藥，思唯養親，揚聲悲歌。船人聞而學之。吉甫聞船人之聲，疑似伯奇，援琴作子安之操。

校箋：“自投江中”，馬輯本無“中”。“衣苔帶藻”，王輯本、馬輯本俱作“衣荷帶藻”。“思唯養親”，王輯本作“唯念養親”，馬輯本作“思唯念親”。“船人聞”，王輯本作“船人聞之”。又，此條佚文本無題目，後人如鍾惺、譚元春者，則作《子安操》，也有作《祝牧歌》的。（説詳下）

（三）《雉朝飛》操者，衛女傅母之所作也。衛侯女嫁于齊太子，中道聞太子死，問傅母曰：何如。傅母曰：且往當喪。喪畢，不肯歸，終之以死。傅母悔之，取女所自操琴，於冢上鼓之。忽有二雉俱出墓中，傅母撫雉曰：女果爲雉耶？言未畢，俱飛而起，忽然不見。傅母悲痛援琴作操，

① 在上述十種載籍中，《繹史》的作者馬驌（1621—1673）雖爲明末清初人，但《繹史》（160卷）實屬博引他書而成者，故其雖引揚雄《琴清英》，並不能表明《琴清英》於明末清初之際尚流傳於世。

故曰《雉朝飛》。

校箋：“衛侯女”，馬輯本作“衛女”。“終之以死”，王輯本作“終之已死”。

（四）晉王謂孫息曰：子鼓琴能令寡人悲乎？息曰：今處高臺邃宇，連屋重戶，藿肉漿酒，倡樂在前，難可使悲者。乃謂少失父母，長無兄嫂，當道獨坐，暮無所止，於此者，乃可悲耳。乃援琴而鼓之。晉王酸心哀涕曰：何子來遲也。

校箋：“何子來遲也”，馬輯本作“子來何遲也”。“當道獨坐，暮無所止”，馬輯本作“當道獨居，暮無所止”，並引《文選》卷二十七《苦寒行》李善注，認爲“當道二句，止作宿。”復次中華書局影印本《文選》卷二十七《苦寒行》，其中有云：“迷失故路，薄暮無宿棲。”李善注云：“揚雄《琴清英》曰：當道獨居，暮無所宿。”

（五）祝牧與妻偕隱，作琴歌云：天下有道，我黼子佩。天下無道，我負子戴。①

校箋：此條佚文原無題目，後人或作《偕隱歌》，或作《祝牧歌》（説詳下）。

在這五條《琴清英》佚文中，鄭注本認爲第四條乃爲僞作，理由是“考子雲之前，無有稱晉王者，其非子雲之作無疑。”但上引《文選》卷二十七《苦寒行》之李善注，已是極清楚地寫明爲“揚雄《琴清英》”的，則李善所見者本應如此。又，王輯本、嚴輯本、馬輯本之於此條，主要是輯録於《太平御覽》卷五七五，而《太平御覽》乃官修之類書，是專門供“御覽”的，則其是絕不可將一篇僞作收入其内的。綜勘之，此條當非爲僞作，而是開首的“晉王”，或本爲“晉侯”，而爲抄工抄寫時所致誤，若此説不誤，則“僞作”之説即可冰釋。要之，存疑待考可也。

餘下四條，第二條所載“尹吉甫子伯奇至孝”云云，與蔡邕《琴操》卷上《履霜操》之“尹吉甫之子伯奇”，在文字與内容方面有著很大的不同。爲便於討論，兹將蔡邕《琴操》卷上所載之《履霜操》，抄録其全文如下：

《履霜操》者，尹吉甫之子伯奇所作也。吉甫周上卿也，有子伯奇。伯奇母死，吉甫更娶後妻，生子曰伯邦，乃譖伯奇于吉甫，曰：“伯奇見妾有美色，然有欲心。”吉甫曰：“伯奇爲人慈仁，豈有此也？”妻曰：“試置妾空房中，君登樓而察之。”後妻知伯奇仁孝，乃取毒蜂綴衣，領伯奇前持之。於是吉甫大怒，放伯奇于野。奇編水荷而衣之，采楟花而食之。清朝履霜，自傷無罪見逐，乃援琴而鼓之。曰：“履朝霜兮采晨寒，考不

---

① 以上所引《琴清英》佚文五條，均載《全上古三代秦漢三國六朝文·全漢文》卷五十四，中華書局影印本，第 421-422 頁。

明其心兮聽讒言。孤恩别離兮摧肺肝，何辜皇天兮遭斯愆。痛歿不同兮恩有偏，誰説顧兮知我冤。”宣王出遊，吉甫從之，伯奇乃作歌，以言感之于宣王。宣王聞之，曰：“此孝子之詞也。”吉甫乃求伯奇于野，而感悟，遂射殺後妻。①

文中對於“伯奇至孝”的描述，不僅較爲具體細緻，而且還交待了《履霜操》爲伯奇所作，以及對《履霜操》全文的引録等，内容甚爲豐富。正因此，其文字量乃幾倍於《琴清英》之“尹吉甫子伯奇至孝”。雖然如此，但還應注意的是，《琴清英》佚文寫尹吉甫“聞船人之聲，疑似伯奇”後，乃作“子安之操”，也即尹吉甫當時即作了一篇《子安操》，而《琴操》之“《履霜操》者”一條，則對此無隻字之載。兩相比較，《琴清英》此條佚文若非僞作，就表明蔡邕《琴操》之所載，乃爲“尹吉甫子伯奇至孝”的另一種版本，即其是故事情節較《琴清英》更爲完整的一種版本。大約正是因此，郭茂倩《樂府詩集》卷五十七即將“《履霜操》者”一條進行了全文引録。就現所存見之有關“尹吉甫之子伯奇”的材料言，還不能證實《琴清英》的這條佚文爲僞作，則《琴操》之所載者，就當爲蔡邕在《琴清英》佚文基礎上所進行的一次再加工。總之，《琴操》與《琴清英》雖然都載有“伯奇至孝”這一故事，但二者在文字量、故事情節、人物描寫等方面，卻是具有很大的區别的。這一實況表明，《琴清英》與《琴操》對於“伯奇至存”故事的記載，乃是各有所憑藉的。

再看第三條。第三條爲“《雉朝飛操》者”，其與第二條所不同者，是此條的文字、内容，較之蔡邕《琴操》之“《雉朝飛操》者”，要具體詳細許多。爲便於認識，兹將二者抄引如次，以供參考。

《雉朝飛操》者，衛女傅母之所作也。衛女嫁于齊太子，中道聞太子死，問傅母：“何如？”傅母曰：“且往。”當喪畢，不肯歸，終之以死。傅母悔之，取女自操琴於塚上，鼓之。忽二雉俱出墓中。傅母撫雌雉曰：“女果爲雉。”即言未畢，俱飛而起，忽然不見。傅母悲痛，撫琴作操，故曰《雉朝飛》。

——揚雄《琴清英》

《雉朝飛操》者，齊獨沐子所作也。獨沐子七十無妻，出新於野，見飛雉雌雄相隨，感之。撫琴而歌曰：“雉朝飛，鳴相和，雌雄群游于山阿。我獨何命兮未有家，時將暮兮可奈何？嗟嗟暮兮可奈何？”

——蔡邕《琴操》

① 蔡邕《琴操》卷上，《續修四庫全書》本，上海古籍出版社 2002 年影印本，第 1092 册，第 149 頁。

二者的區別甚爲明顯，具體表現在四個方面：① 二者的作者不同，《琴清英》爲"衛女傅母之所作"，《琴操》爲"齊獨沐子所作"；② 二者所述寫故事的主人公不同，《琴清英》人物多至四人，且以衛女爲主，《琴操》則衹有獨沐子一人；③ 二者的故事内容不同，《琴清英》所言爲"衛女嫁于齊太子"，而《琴操》則爲獨沐子因"七十無妻"而"感之"；④《琴清英》的故事屬於"單一式"，《琴操》則是故事與曲辭俱有，屬於"並録式"。此四者的存在表明，《琴操·雉朝飛朝》與《琴清英·雉朝飛朝》的材料來源，乃是各不相同的，因而纔導致了如此明顯之區别。而此，衹是問題的一個方面。問題的另一個方面是，蔡邕編撰《琴操》時，有可能發現了揚雄《琴清英》於《雉朝飛操》的内容有誤，因而纔採用了"齊獨沐子所作"説及其故事本文，而《琴操》所載《思歸引》的故事與《琴清英》之《雉朝飛操》相同者，又可爲之佐證。如此，則後出的《琴操》較之前的《琴清英》而言，乃是明顯地要更勝一籌的。

最後看第五條，即"祝牧與妻偕隱"一條。《琴清英》雖然全文引録了此條的文字，但於此"琴歌曰"並無題目。鍾惺、譚元春《古詩歸》卷二，沈德潛《古詩源》卷一，在引録此"琴歌"時，乃皆作《偕隱歌》。而據王應麟《困學紀聞》卷十所考，又知此"琴歌"最初出自《莊子》（逸文），凡六句，且字句略異，陳仁錫《潛確類書》卷七十九、杜文瀾《古謠諺》卷七十一，皆據而引録之，詩題則逕作《祝牧歌》。此則表明，《琴清英》佚文的這條"琴歌曰"，乃是揚雄據流傳於當時的《莊子》一書以爲。

三 《琴清英》的樂府學價值

如果將"晉王（侯？）謂孫息"一條包含於内，《琴清英》五條佚文之所述寫，雖然是以"琴"爲重點，實則是揚雄對此前"琴類樂府"的一種批評。揚雄之前的這種"琴類樂府"，其實就是拙著《商周逸詩輯考》所言之"前樂府"[①]，也即漢武帝"乃立樂府"之前的樂府詩。揚雄之前有"琴類樂府"，郭茂倩《樂府詩集》對此已作出了極明確之回答，因爲其之於四卷（卷五十七至卷六十）《琴曲歌辭》中，就收有近三十首揚雄之前的樂府詩。這些"前樂府"依序爲：殷箕子《箕子操》、周文王《拘幽操》、周文王《文王操》、周武王《克商操》、宋微子《傷殷操》、周公旦《越裳操》、周成王《神龍操》、伯夷《采薇操》、尹伯奇《履霜操》、介子推《士失志操》（四首）、齊犢子《雉朝飛操》（以上卷五十七）；孔子《猗蘭

① 關於對"前樂府"的提出與界定，具體可參見拙著《商周逸詩輯考》之《自序》（第 1-4 頁）、《凡例》（第 1-2 頁），以及拙著《中國樂府詩批評史》第一章（第 1-39 頁）。前者由黄山書社 2012 年出版，後者由武漢大學出版社 2017 年出版。

操》、孔子《將歸操》、魯處女《處女吟》、商陵牧子《别鶴操》、燕荊柯《渡易水》（二首）、楚項籍《力拔山操》、劉邦《大風起》、四皓《采芝操》（以上卷五十八）；百里奚妻《琴歌》（五首，以上卷六十）。其中，除卷五十九外，餘三卷共收録了二十題二十九首“前樂府”。這些“前樂府”的存在，雄辨地證實了在揚雄之前的商、周時期，不僅誕生了樂府詩，而且這些樂府詩還在社會上流傳。

正因爲揚雄之前已有了樂府詩，故而揚雄纔著眼於批評的角度，在《琴清英》中對一些“琴類樂府”進行了批評。《琴清英》中的這些樂府詩批評，就於批評的類型言，主要是屬於“題解類批評”①，即主要是藉其“本事”所進行的批評。在上引《琴清英》的五條佚文中，除第一條爲對“琴事”的述寫外，其餘四條全屬“題解類批評”。一般而言，樂府詩“題解類批評”的著眼點，主要爲“四本”，即對樂府詩“本題”“本事”“本義”“本文”的稽考與勾勒，而“本事”則又爲其重點所在。如佚文第二條所寫，雖爲“尹吉甫子伯奇至孝”，其實所介紹的是《子安操》的“本事”（蔡邕《琴操》之“尹吉甫之子伯奇”云云，則爲《履霜操》的“本事”）。第三條佚文的内容，儘管與蔡邕《琴操》之“齊獨沐子所作”有别，但其所箋所釋，實則爲“《雉朝飛操》”的“本事”。第四條佚文亦屬如此，即對“援琴而鼓”之所“鼓”這一樂府詩“本事”的交待。雖然此條佚文自始至終並未出現該樂府詩的題目，但從“援琴而鼓”四字則略可窺知，祇是揚雄在此省略了所“鼓”之辭（“本文”）而已。第五條之述寫，與第二至第四條均有所不同，即其既對《偕隱歌》（此爲《古詩歸》所擬之題，詳上）之“本事”作了簡要交待，又於《偕隱歌》的“本文”進行了引録，因之，這一“題解類批評”，乃屬於融“本事”與“本文”於一體者，也就不言而喻。這一實況所表明的是，揚雄之於《琴清英》中對“前樂府”的“題解類批評”，其形式乃是相當豐富的。

在樂府詩批評史上，商周時期的一些樂官（或者與“樂”關係密切者）雖然曾對本時期的樂府詩進行了程度不同之批評，但其批評方式或者説批評類型，主要爲“整理類批評”與“選擇類批評”②。以前者言，如《國語·魯語下》之所載，即爲其例。其云：“昔正考父校商之名頌十二篇于周太師，以《那》爲首。”③正考父爲宋國大夫，是孔子的七世祖，其既曾“校商之名頌十二篇于周太師”，自然也就是一位“前樂府”的批評者了，但從類型的角度審視，其之“校商之名頌十二篇”者，則爲典型的“整理類批評”。“選擇類批評”之於先秦，著名的“孔子刪詩”説，便是這方面的一條顯例，其樂府學價值之不容忽視，也就甚爲清楚。

---

① 關於“題解類批評”的定義與批評範圍等，具體可參見拙著《中國樂府詩批評史》第一章第三節，第36-39頁。
② 關於商周時期的樂府詩批評，具體參見拙著《中國樂府詩批評史》第一章各節。
③ 左丘明：《國語·魯語下》，上海古籍出版社1978年版，第216頁。

要而言之，《琴清英》的樂府學價值，主要表現在以下幾個方面。

其一是對“前樂府”的高度重視。據《漢書》卷八十七下《揚雄傳下》所載，揚雄生於漢宣帝甘露三年（前 53 年），其時距漢武帝“乃立樂府”已有約百年左右，即“乃立樂府”後的各種各類樂府詩，斯時其數量、品類既多，在社會上流傳亦甚久（具體參見沈約《宋書·樂志》），但揚雄於《琴清英》中卻以先秦“琴類樂府”進行批評的舉措，充分反映了其對於“前樂府”的高度重視。揚雄的樂府認識觀，即因此而得以突顯。從樂府詩批評的角度審視，揚雄此舉，不僅使《琴清英》成爲樂府詩批評史上的第一書，而且也使得其本人成爲漢代重視“前樂府”的第一人，其樂府學意義之大，自是不可低估的。

其二是開樂府詩“題解類批評”之先河。如上所述，漢以前的樂府詩批評，如夏、商、周時期的樂府詩批評，雖然具有一定的成就與特點，但其批評的類型，主要是“整理類批評”與“選擇類批評”。而《琴清英》之於《雉朝飛操》等“前樂府”的批評，則以“題解類批評”（佚文第一條除外）而爲，且既有“單一式”的“本事”批評，又有融“本事”與“本文”於一體的“二元式”批評，這是頗值注意的。“題解類批評”因重在對樂府詩的“本題”“本事”“本義”“本文”予以箋解或勾勒，而成爲正確理解與把握樂府詩“原旨”最關鍵的一種手段，所以，大凡研究樂府詩者，都在“題解”上下功夫，且以“四本”爲其主要的箋解對象。在樂府詩批評史上，揚雄則爲著眼於“題解”的角度進行樂府詩批評的首創者。這是一種新型的批評樣式，其之問世，既豐富了樂府詩批評的類型，又拓展了其批評的組織結構體系，因而對樂府詩的批評從初始階段走向成熟，乃是具有極大的助推作用的。

其三是對後世樂府詩批評的影響。樂府詩批評自揚雄《琴清英》始，即發展迅速，蔚爲壯觀，僅以漢代言，即有司馬遷、班固、蔡邕等人，且各具成就與特點。司馬遷《史記》所涉及的樂府詩批評，主要表現在三個方面：一爲著眼於“整理類批評”，引錄與保存了不少樂府詩；二爲對“前樂府”的重視，這從《吴太伯世家第一》《樂書第二》《孔子世家第十七》等所涉皆爲“前樂府”者，即可準確獲知；三即從功能的角度論述了“前樂府”的價值所在，對此，《樂書第二》顯得尤爲突出。班固《漢書》之於樂府詩的批評，主要爲《禮樂志第二》《藝文志第十》與《百官公卿表第七上》，這二“志”一“表”，除首次對樂府詩進行了定義外，還重點記載了先秦樂府機構的設置，全文引錄了《安世房中歌》十七章、《郊祀歌》十九章等“前樂府”，開創了樂府詩“整理類批評”的新格局。凡此，均與《琴清英》甚爲關聯。[①]蔡邕《琴操》與《琴清英》的關係就更爲密切，對此，

① 具體參見拙著《中國樂府詩批評史》第二章第一節，第 40-50 頁。

拙著《中國樂府詩批評史》第二章第二節在論及蔡邕的“前樂府”認識觀時，已曾涉及，此兹罷論。至於《琴清英》對漢以後樂府詩批評的影響，郭茂倩《樂府詩集》卷五十七全文引録《雉朝飛操》題解的實況，藉之即可窺其一斑。

總體而言，《琴清英》作爲樂府詩批評史上第一部批評類專書，自清代中期以來，雖然僅存佚文五條，但其中所藴含的揚雄對“前樂府”的認識觀，以及首創“題解類批評”與所獲成就等，都是值得首肯與稱道的。《琴清英》的這種樂府詩批評，歷史地承擔了由先秦向漢魏過渡的文學使命，因而更具有樂府學價值與意義。

作者單位：湖北文理學院文學院

揚雄儒家文論觀的特質

——以《法言》爲中心

王曉燕

摘　要: 西漢蜀郡人揚雄，是繼司馬相如之後著名的辭賦大家，但他在賦體觀念上卻與司馬相如有著不同的立場。揚雄堅持儒家征聖、宗經思想，將言志與美刺作爲考察文學功用的標準，以諷諫價值作爲文體選擇的依據；其析“五隩”之文爲聖人之文，既在文辭與内容之間尋求平衡，又因“聲之眇”“形之美”別於“衆人之耳”“世俗之目”而講求深邃，維護經典的雅正地位；同時，在因“聲”求意的層面上，將“言”與“書”作爲辨析主體思想的依據，爲“言不盡意”“以意逆志”説作了新的注腳。

關鍵詞: 諷諫之用；“五隩”之文；由“形”取“義”；《法言》

蜀人有一種定性，既不因世俗之趨而旅進旅退，亦不因人生沉浮而隨遷其志。其縱覽經史，終能自成一家；身處廟堂之上，亦能初衷不改。眉山文人蘇軾如此，成都文人揚雄亦是如此。揚雄，生於漢宣帝甘露元年（前 53 年），卒於王莽天鳳五年（公元 18 年），壽七十一歲。他的一生經歷了宣帝、元帝、成帝、哀帝、平帝及王莽新政五個歷史時期。其在家鄉蜀郡成都（今四川成都郫都區）讀書學習的四十二年，在長安大司馬王商門下爲吏的兩年，於成帝、哀帝、平帝時期任黃門郎的二十餘年以及在王莽新政時期擔任太中大夫的十年，是他人生的四個階段。揚雄自視頗高，卻始終以儒家思想爲根基，雖有數部擬作，卻始終在擬古中尋求創新，很早就表現出不趨世附利的獨立人格與博覽而好思的個性。正如《漢書・揚雄傳》中所言，他在少年時期“默而好湛深之思”“不汲汲於富貴，不戚戚於貧賤，不修廉隅以徼名當世”[①]。已表現出某種不同流俗的特質。

然而班固《漢書・揚雄傳》言其“恬於勢利，實好古而樂道，其意欲求文章成名於後世。以爲經莫大于《易》，故作《太玄》；傳莫大於《論語》，作《法言》；史篇莫善於《倉頡》，作《訓纂》；箴莫善於《虞箴》，作《州箴》；賦莫深於《離騷》，反而廣之；辭莫麗於相如，作四賦：皆斟酌其本，相與放依而馳騁云”[②]。

① [漢]班固:《漢書・揚雄傳》卷八十七，中華書局 2007 年版，第 859 頁。
② [漢]班固:《漢書》卷八十七，中華書局 2007 年版，第 859 頁。

班固所言“恬於勢利，實好古而樂道”是事實，但認爲揚雄的仿古，是“意欲求文章成名於後世”，實與事實相乖謬。北宋以後的歷史對他也有頗多誤讀，或認爲其思想保守囿於仿古模擬，或認爲其侍王莽新朝，背叛漢家正統。而實際上這樣的評論與事實乖違。以《太玄》《法言》爲例。《太玄》作於漢哀帝時，宦官、外戚擅權，衆人趨附，思想蕪雜，揚雄作此，意在持守“仁義”。《法言・問神》篇中明確記載："或曰：述而不作,《玄》何以作？曰：其事則述，其書則作。”[①]“或曰：《玄》何爲？曰：爲仁義。曰：孰不爲仁？孰不爲義？曰：勿雜也而已矣。”[②]“作”，是在並不違背“事”（史實）的前提下，既依其本，亦發其論，在西漢末具有特殊的思想意義，故不能簡單以思想保守囿於仿古模擬視之。另則，《法言》亦出此期，實以應對當時譭謗聖人、乖謬於經的諸子雜説。《法言・問明》中“不作苟見，不治苟得，久幽而不改其操”的蜀人莊君平，正是揚雄自身的人格寫照，此亦與班固筆下“欲求文章成名”存異。二書的成型，不僅是揚雄儒家人格志趣的體現，更是他堅定地維護儒家正統地位的積極實踐。其對《易》《論語》《倉頡》《虞箴》《離騷》以及相如賦的推尊與仿寫，乃是以世事之變爲釋義中心，具有現世觀照的襟懷，亦是在最高標準的基礎上繼續推進與完善儒家的思想體系，從而也實現“立言”的人生旨趣，故其頗能見出揚雄自身的心力。學者張震澤在《揚雄集校注》中指出：“所謂他的仿古，並非爲奴爲僕，亦步亦趨，而是要超越前人，壓倒古典，故擇古籍之尤卓著者而以己意重作之。其雄心壯志是可欽佩的。”[③]這一評價是中肯的。

揚雄的文學見解主要見於《法言》一書。此書的寫作目的是維護和宣揚儒家學説，這種學説與思想也鮮明地貫穿到他對文學書寫原則、方式、尺度等問題的探討中，並在西漢末年形成自己相對獨立的儒家文論觀，對東漢及以後的儒家思想及文學創作產生了重要影響。歸結起來，揚雄儒家文學觀的獨特因素主要體現在以下三個方面：一是始終將文學諷諫的實用價值放在首位，對用於諷諫的文體選擇和判斷，不趨附時俗，能彰顯獨立思想；二是以文辭的深邃作爲對應“宗經”的標準，以别於“衆人之耳”“世俗之目”，在西漢末年具有特殊的意義；三是以“言”與“書”作爲反觀作者儒家思想的依據，豐富了《周易》的“言不盡意”説以及《莊子》的“得意忘言”之論。以下就此三方面逐一論之。

一 明指“諷諫”之用:去辭賦而創新體

儒家文學觀最突出的一點是注重文學的地位與作用。《論語・泰伯》言：“興

---

① [漢]揚雄:《法言》，中華書局 1985 年版，第 14 頁。
② [漢]揚雄:《法言》，中華書局 1985 年版，第 14 頁。
③ 張震澤:《揚雄集校注》，上海古籍出版社 1993 年版，第 10 頁。

於詩，立於禮，成於樂。”[①]《論語・子路》又言：“誦《詩》三百，授之以政，不達；使於四方，不能專對；雖多，亦奚以爲？”[②]《毛詩序》對“風刺”與詩教關係作出説明，言“風，風也，教也；風以動之，教以化之”“上以風化下，下以風刺上，主文而譎諫，言之者無罪，聞之者足以戒，故曰風”。將詩教論納入政教論的體系，《詩》也成爲政教釋意的隱喻。而在“興、觀、群、怨”的詩“用”層面上，“怨”即是“怨刺上政”、犯顔諫爭之意。然而在漢代，賦作爲最具典範意義而被帝王認同的文體，雖也一度被認爲具有諷諫的作用，但終因“極麗靡之辭，閎侈钜衍”[③]，反使帝王“縹縹有淩雲之志”[④]，而止於“勸百諷一”的格局。漢成帝時期，揚雄曾效司馬相如創作了大量的賦，但最終也衹是“皇帝不覺，爲之不止”[⑤]的結局，並未達到諷諫的目的。

對此，揚雄不僅有清醒的認識，且表示了不滿。《法言・吾子》記載：“或曰：賦可以諷乎？曰：諷乎！諷則已；不已，吾恐不免於勸也。”[⑥]並進一步對作賦表示否定：“或問：吾子少而好賦？曰：然，童子雕蟲篆刻。俄而曰：壯夫不爲也。”[⑦]《法言・君子》中更對司馬相如賦在諷諫方面的嚴重不足予以直陳，言其“文麗用寡”[⑧]。《漢書・揚雄傳》記録了他的思想變化過程：

> 雄以爲賦者，將以風也，必推類而言，極麗靡之辭，閎侈钜衍，競於使人不能加也，既乃歸之於正，然覽者已過矣。往時武帝好神仙，相如上《大人賦》，欲以風，帝反縹縹有淩雲之志。由是言之，賦勸而不止，明矣。又頗似俳優淳於髡、優孟之徒，非法度所存，仙人君子詩賦之正也，於是輟不復爲。[⑨]

正如其在《法言・吾子》中所言：“詩人之賦麗以則，辭人之賦麗以淫。如孔氏之門用賦也，則賈誼升堂，相如入室。如其不用何？”[⑩]孔門不用，不符合征聖、宗經的標準，賦寫得再好也無意義。

既然賦體文學，尤其“辭人之賦”，不能實現良好的諷諫作用，那麼就必得有一種“合於古詩諷興之義”[⑪]的文體來代替，揚雄開創“連珠體”正出此意。沈約《注制旨連珠表》論：“竊尋連珠之作，始自子雲，放《易》象《論》，動模經誥，班固謂之命世，桓譚以爲絕倫。”劉勰《文心雕龍・雜文篇》亦論：“揚雄

---

① [南宋]朱熹：《論語集注》，商務印書館2015年版，第158頁。
② [南宋]朱熹：《論語集注》，商務印書館2015年版，第212頁。
③ [漢]班固：《漢書・揚雄傳》卷八十七，中華書局2007年版，第859頁。
④ [漢]班固：《漢書・揚雄傳》卷八十七，中華書局2007年版，第860頁。
⑤ [漢]王充：《論衡校注》，上海古籍出版社2013年版，第294頁。
⑥ [漢]揚雄：《法言》，中華書局1985年版，第5頁。
⑦ [漢]揚雄：《法言》，中華書局1985年版，第5頁。
⑧ [漢]揚雄：《法言》，中華書局1985年版，第38頁。
⑨ [漢]班固：《漢書・揚雄傳》卷八十七，中華書局2007年版，第860頁。
⑩ [漢]揚雄著，李守奎、洪玉琴譯注：《揚子法言譯注》，黑龍江人民出版社2003年版，第17頁。
⑪ [梁]蕭統選，[唐]李善注：《文選・演連珠》，商務印書館1936年版，第1202頁。

覃思文闊，業深綜述。碎文瑣語，肇爲連珠。辭雖小，而明潤矣。”徐師曾《文體明辨・序説》對此亦有論述：“蓋自揚雄綜述碎文，肇爲連珠，而班固、賈逵、傅毅之流受詔繼作，傅玄乃雲興于漢章之世，誤也。”[①]連珠一體，實自揚雄首創，其諷諫意旨正全面滲透在《連珠》之中，如云：“臣聞天下有三樂，有三憂焉。陰陽和調，四時不忒；年豐物遂，無有夭折；災害不生，兵戎不作，天下之樂也。聖明在上，禄不遺賢，罰不偏罪；君子小人，各處其位；衆人之樂也。吏不苟暴，役賦不重；財力不傷，安土樂業，民之樂也。亂則反焉，故有三憂。兼聽獨斷，聖王之法也。古之令主所以統天者，不遠焉。”[②]相較於漢代大賦的“勸百諷一”，意旨更加鮮明。

揚雄連珠，其“諷諭”重在對現世功用的測度。其對用於諷諫的文體選擇與判斷，不因時文所趨而隨波逐流，頗能彰顯其獨立的儒家文學思想。東漢以來效仿者甚衆，如杜篤、賈逵、班固、傅毅、劉珍、潘勗等。《文心雕龍》批評他們説：“欲穿明珠，多貫魚目。”正是看到了後世之仿連珠與揚雄連珠在諷諭精神内裏上的差異。

二　崇“五隩”之文：源於宗經抵禦流俗

蘇軾在《答謝民師書》一文中，曾對揚雄行文的“艱深”予以批評，言：“揚雄好爲艱深之辭，以文淺易之説；若正言之，則人人知之矣。此正所謂雕蟲篆刻者”“終身雕蟲，而獨變其音節，便謂之經，可乎？”[③]蘇軾的否定，一則出於對揚雄文字艱澀難曉的不滿；二則與蘇門學派在北宋中後期崇尚簡淡、清曠的文學思想有一定關聯。

然而，揚雄要求爲文深邃（不等於蘇軾所言之“艱深”）的根底，卻並非力求文字難曉、刻意製造閲讀的障礙。他的主張，是行文簡約而有深意，並在文與意之間達成平衡，形成一種範式，不流於淺俗。《法言・吾子》載：“或問：君子不尚辭乎？曰：君子事之爲尚。事勝辭則伉，辭勝事則賦，事辭稱則經。”[④]文辭與事實相符是形成典範的根本，二者相符，並不意味著淺易，而是要求“文義至深”“不詭于聖人”。

《法言・問神篇》記載：“或問：聖人之經不可使易知與？曰：不可。天俄而可廢，則其覆物也淺矣；地俄而可測，則其載物也薄矣。大哉！天地之爲萬物郭，

---

① 《文選》陸機《演連珠》，李善引傅玄《敘連珠》曰：“所謂連珠者，興于漢章之世，班固、賈逵、傅毅三子受詔之作。其文體辭麗而言約，不指説事情，必假喻以達其旨，而覽者微悟，合於古詩諷興之義，欲使歷歷如貫珠，易看而可悦，故謂之連珠。”張銑注亦云：“連珠者……漢章帝時，班固、賈逵已有此作。”

② [漢]揚雄著，張震澤校注：《揚雄集校注》，上海古籍出版社 1993 年版，第 236-237 頁。

③ [宋]蘇軾：《與謝民師推官書》，《蘇軾文集》卷四十九，中華書局 1986 年版，第 1418 頁。

④ [漢]揚雄：《法言》卷二，中華書局 1985 年版，第 8 頁。

五經之爲衆説郛。”[①]《淵鑒類函》引《法言》佚文又載：“或曰：辭達而已矣。曰：聖人以文，其隩也有五：曰元、曰妙、曰包、曰要、曰文。幽深謂之元，理微謂之妙，數博謂之包，辭約謂之要，章成謂之文。聖人之文，成此五者，故曰不得已。”將孔子所言“辭達而已”聖人之文，也納入闡釋的範疇，言其同樣具備“文”的簡約和深意，以“元、妙、包、要、文”之“五隩”闡釋了聖人之文的幽深、理微、數博、辭約、章成的特質。這似已具有“六經注我”的思想格局。而《漢書·揚雄傳》更引桓譚語，對揚雄文義深邃、追摹聖人的思想本質作了總結，其載：“時大司空王邑、納言嚴尤聞雄死，謂桓譚曰：‘子嘗稱揚雄書，能傳於後世乎？’譚曰：‘必傳。顧君與譚不及見也。凡人賤近而貴遠，親見揚子雲禄位容貌不能動人，故輕其書。今揚子之書文義至深，而論不詭于聖人，若使遭遇時君，更閲賢知，爲所稱善，則必度越諸子矣。’”[②]“文義至深，論不詭于聖人”，是其“書”之根本特質；然爲時人所輕，又與其禄位容貌不顯、時君賢知不閲、凡人賤近貴遠等諸多因素有關。儘管如此，在桓譚、班固看來，其“書”之特質不會因此而被遮蔽。

而面對世人對深邃文字的不解與質疑，在《解難》中，揚雄亦予以回擊：“大味必淡，大音必希，大語叫叫，大道低回。是以聲之眇者不可同於衆人之耳，形之美者不可棍（混）於世俗之目，辭之衍者不可齊於庸人之聽。”[③]“衆人之耳”“世俗之目”“庸人之聽”爲其所鄙棄，未嘗不體現出承聖之心；又言“鍾期死，伯牙絶弦破琴而不肯與衆鼓”[④]“師曠之調鐘，俟知音者之在後也；孔子作《春秋》，幾（冀）君子之前睹也。老聃有遺言，貴知我者希，此非其操與！”[⑤]更有引聖人爲知音，並期同道者的用意。

歸結起來，其“聖人之經不可使易知”、聖人之文亦具五隩的觀念，一方面與其征聖宗經思想有關。《法言·序》有言：“聖人聰明淵懿，繼天測靈，冠乎群倫，經諸範，譔《五百》”[⑥]“仲尼以來，國君將相、卿士名臣參差不齊，一概諸聖”[⑦]。《法言·問神》又論：“書不經非書也，言不經非言也。言、書不經，多多贅矣。”[⑧]揚雄認爲聖人聰慧而淵深懿美，承天意知神意，絶倫超群，立法度成模範。正因如此，文章應合於聖人之經，言論應合於儒家思想；如若不合，再多也是有害。

爲此，他也曾多次與人辯論，《解難》是一典型，《法言·學行》篇也有類似記載：“孔子習周公者也，顔淵習孔子者也，羿、逢蒙分其弓，良舍其策，般投

① [漢]揚雄：《法言》卷四，中華書局 1985 年版，第 13 頁。
② [漢]班固：《漢書·揚雄傳》卷八十七，中華書局 2007 年版，第 860 頁。
③ [漢]揚雄著，張震澤校注：《揚雄集校注》，上海古籍出版社 1993 年版，第 199 頁。
④ [漢]揚雄著，張震澤校注：《揚雄集校注》，上海古籍出版社 1993 年版，第 201 頁。
⑤ [漢]揚雄著，張震澤校注：《揚雄集校注》，上海古籍出版社 1993 年版，第 201 頁。
⑥ [漢]揚雄：《法言·序》，中華書局 1985 年版，第 1 頁。
⑦ [漢]揚雄：《法言·序》，中華書局 1985 年版，第 1 頁。
⑧ [漢]揚雄：《法言》卷四，中華書局 1985 年版，第 14 頁。

其斧而習諸，孰曰非也？或曰：此名也，彼名也，處一焉而已矣。曰：川有瀆，山有岳，高而且大者，眾人所不能逾也。”[①]面對“此名也，彼名也，處一焉而已”的陋識偏見，揚雄堅決予以回擊，明確指出儒學的高深與廣大，絕非衆人可以輕易超越。其所言“一鬨之市不勝異意焉，一卷之書不勝異説。一鬨之市必立之平，一卷之書必立之師”[②]，更要求設立經師博士，維護儒學的至高地位。

與此同時，西漢末年儒學與讖緯之説並爲一談，王莽亦利用讖緯説助其篡權，而此時傳統經學抱殘守缺，趨於保守，世人思想流於浮乏，揚雄之擬《論語》等書，正有維護儒家正統之意。文字的深邃正呼應著“宗經”的旨趣。正如韋政通先生所指出的那樣：“揚雄在中年以後，也就是思想定型以後，他的所有努力都圍繞著振興儒學。《太玄》衹是實現這一目的的重要過渡，而《法言》則是他一生學術思想的總結。”對歷史與社會現實的清醒認知，使這種繼承儒學的使命感變爲頗高的自視，使這在儒學範疇内的更新具有了超越的意義。“自有大度，非聖哲之書不好也。非其意，雖富貴不事也。”[③]乃是他征聖、宗經而獨得其“意”的形象寫照。從這一層面上講，他極力主張經書以深奥之貌示人，就並非是語言的偏頗，而是要維護儒學正統的地位與不墮流俗的命運。

簡而言之，事辭相稱、“文義至深”“不詭于聖人”三方面特質的總和，纔能較客觀地概納揚雄文辭觀的基本面貌。蘇軾言其“好爲艱深之辭，以文淺易之説”“終身雕蟲，而獨變其音節，便謂之經”，在旨趣、方式與涵義上，對揚雄文辭觀的認識實有所偏頗，應予以辨清。

三　由“形”取“義”：以言辭之見爲判定思想的依據

《周易》“言不盡意”，與《莊子》“得意忘言”相結合，引申出一個關於言、意關係問題的討論。而後，南朝鍾嶸《詩品序》又論“文已盡而意有餘”，劉勰《文心雕龍·隱秀》篇亦云“義生文外”，繼續從讀者接受的層面闡釋言、意之間的多重關係。然而從思想生發的角度，對語言文字作追源式的分析判斷，將“言”與“書”，聲、畫之形，作爲反觀爲“文”者儒家思想的依據，揚雄則是典型代表。

在《法言·問神》篇中，揚雄指出：

> 言不能達其心，書不能達其言，難矣哉！惟聖人得言之解，得書之體，白日以照之，江河以滌之，灝灝乎其莫之禦也。面相之，辭相適，抒中心之所欲，通諸人之嚍嚍者莫如言；彌綸天下之事，記久明遠，著古昔之㫰

① [漢]揚雄：《法言》卷一，中華書局 1985 年版，第 2 頁。
② [漢]揚雄：《法言》卷一，中華書局 1985 年版，第 2 頁。
③ [漢]班固：《漢書·揚雄傳》卷八十七，中華書局 2007 年版，第 861 頁。

> 唔，傳千里之忞忞者莫如書。故言，心聲也；書，心畫也。聲畫形，君子小人見矣。聲畫者，君子小人之所以動情乎！[①]

"言"與"書"，作爲主體心聲而呈現，雖在客觀上，彼此之間存在某種不對稱性，言難以達其心，書難以達其言，但"言"與"書"作爲心的呈現，實可依此窺察主體的情志。反言之，心聲所體現的境界，又可作爲評價語言文字的標準。在這一層面上講，揚雄的文學判定，乃是以書寫者的思想境界作爲最重要的尺度。在《法言・吾子》篇中，他曾以雅樂與鄭聲的不同來闡釋中正與邪辟的内在差異，其言："或問交五聲十二律也，或雅或鄭，何也？曰：中正則雅，多哇則鄭。請問：本。曰：黄鐘以生之，中正以平之，確乎，鄭衛不能入也。"[②]這即是説，黄鐘滋生五聲十二律，以中正情志爲根基，惟去邪辟之心纔能放鄭聲。确切地説，他所指向的正是書寫者的思想境界，而這思想境界的核心要素正是儒家思想。簡言之，揚雄是將儒家思想作爲衡量文學的重要標準。《法言・吾子》記載："門牆之戶不可勝入矣。曰：惡由入？曰：孔氏。孔氏者，戶也。曰：子戶乎？曰：戶哉！戶哉！吾豈有不戶者矣。"[③]又言"學者審其是而已矣。或曰：焉知是而習之？曰：視日月而知衆星之蔑也，仰聖人而知衆説之小也。"[④]指出孔子儒學是通大道的門戶。在《法言・問神》篇中，更直接將"心""神"指向聖人之道："或問：神。曰：心。請問之。曰：潛天而天，潛地而地。天地神明而不測者也。"[⑤]又言："敢問潛心於聖。曰：昔乎仲尼潛心于文王矣，達之。顔淵亦潛心于仲尼矣，未達一間耳。神在所潛而已矣。"[⑥]將潛心深入纔能把握的神，與文王、孔子之道相提並論。他在論述"書"的尺度時，也仍是以禮法作準繩，《法言・吾子》記載："或曰：女有色，書亦有色乎？曰：有！女惡華丹之亂窈窕也，書惡淫辭之淈法度也。"[⑦]"淫辭"，即指不合禮法的言辭，"法度"正是指向儒家思想的根基。

值得注意的是，揚雄所論説的"聲畫形，君子小人見矣。聲畫者，君子小人之所以動情"，在儒家文論觀上解決了兩個根本問題。前者在一定意義上，彌補了孟子"以意逆志"説在方法論上的不足。一方面，孟子僅言"逆志"，即返回作者的意義世界，卻未對這個意義世界作出界定；揚雄明指"志"之本質與評定標準，在一定意義上彌補了"逆志"説的不足。另一方面，孟子所言之"意"，語義不明，既可理解爲讀者心意，也可解讀爲古人之意。若以讀者之"意"推求作者之"志"，實爲不妥；而以作者之"意"考察作者之"志"又是矛盾，在方

① [漢]揚雄：《法言》卷四，中華書局 1985 年版，第 14 頁。
② [漢]揚雄：《法言》卷四，中華書局 1985 年版，第 7 頁。
③ [漢]揚雄：《法言》卷二，中華書局 1985 年版，第 8 頁。
④ [漢]揚雄：《法言》卷二，中華書局 1985 年版，第 8 頁。
⑤ [漢]揚雄：《法言》卷四，中華書局 1985 年版，第 13 頁。
⑥ [漢]揚雄：《法言》卷四，中華書局 1985 年版，第 7 頁。
⑦ [漢]揚雄：《法言》卷二，中華書局 1985 年版，第 5 頁。

法論上有所缺陷，在釋義上也存歧義。揚雄論“聲畫形，君子小人見矣”則將推求作者之“志”的路徑限定在“言”與“書”之上，使“逆志”具有了方法論的意義。揚雄自比孟子，曾言：“古者揚、墨塞路，孟子辭而闢之，廓如也。後之塞路者有矣，竊自比於孟子。”[①]孟子著書立説以開闢阻塞儒家思想之路，揚雄直指作者之“心”，在詩教道路上繼續推進，兩者思想脈絡實有密切聯繫。

後者所言“聲畫者，君子小人之所以動情”，探討語言與心聲的關係，此雖是先秦西漢以來一個已有的命題，如《毛詩序》言“在心爲志，發言爲詩，情動於中而形於言”，既將“情”統攝於“志”，又將二者統攝於“心”，體現著儒家詩教的特質，但“情”畢竟在儒家文論中尚不具備獨立性。直到西晉陸機在《文賦》中對“言”“意”關係進行再度思考，言及“恒患意不稱物，文不逮意”[②]時，提出“詩緣情而綺靡，賦體物而瀏亮”的觀點，“緣情”論纔有了依託，人們也多認爲這是“緣情”論的首次出現。然而，考察揚雄《法言》，可以看到他對“心”之論，雖十分强調儒家思想的根基及其重要影響，如上文所引《問神》篇：“惟聖人得言之解，得書之體，白日以照之，江河以滌之，灝灝乎其莫之禦也。”[③]《法言·學行》亦言：“學，行之上也，言之次也，教人又其次也”[④]“天之道，不在仲尼乎？仲尼駕説者也，不在茲儒乎？如將復駕其所説，則莫若使諸儒金口而木舌。”[⑤]力行修身應在“立言”之先，今諸儒修身，也正在於對孔子儒家思想的繼承。然而與《毛詩序》不同的是，他不局限於“志”的表述，恰是更側重“情”的價值，其情，實包含著對先秦以來情、志二分的統一，推進了《毛詩序》統情於志的思想。其正視情在言説與書寫中的作用，方纔可以由“言”與“書”反觀書寫者主體思想的内質。

歸結起來可以看到，揚雄作爲繼司馬相如之後著名的辭賦大家，在賦體觀念上卻與司馬相如有著不同的立場，他堅持儒家征聖、宗經思想，將言志與美刺作爲考察文學功用的標準，以諷諫價值作爲文體選擇的依據；析“五隩”之文爲聖人之文，既在文辭與内容之間尋求平衡，又因“聲之眇”“形之美”別於“衆人之耳”“世俗之目”而講求深邃，維護經典的雅正地位；在因“聲”求意的層面上，將“言”與“書”作爲辨主體思想的方式，爲“言不盡意”“以意逆志”説作了新的注腳。

作者單位：四川大學錦城學院文學與傳媒學院

① [漢]揚雄：《法言》卷二，中華書局 1985 年版，第 6 頁。
② [晉]陸機撰，張少康集釋：《文賦集釋》，上海古籍出版社 1984 年版，第 1 頁。
③ [漢]揚雄：《法言》卷四，中華書局 1985 年版，第 14 頁。
④ [漢]揚雄：《法言》卷一，中華書局 1985 年版，第 1 頁。
⑤ [漢]揚雄：《法言》卷一，中華書局 1985 年版，第 1 頁。

王褒對《文心雕龍》成書的貢獻[①]

王萬洪

摘　要:《文心雕龍》是我國古代文學理論和寫作學理論的巔峰之作，漢代蜀地文學家王褒以其傑出的各體創作、文學成就對《文心雕龍》的成書做出了重要的貢獻，這些貢獻貫通全書，在樞紐論、文體論、創作論、批評論中都有重量級的體現。王褒作爲《文心雕龍》闡釋作家作品、創作得失、文學批評的經典代表，具有重要的地位。

關鍵詞: 王褒；《文心雕龍》；成書；貢獻

引　言

成書於南朝齊梁之際的《文心雕龍》是我國古代寫作學理論[②]的巔峰之作。通觀《文心雕龍》全書，在多個篇章中多次直接論述到了漢代蜀地文學家王褒，這些論述每每出現於全書“文之樞紐”“論文敘筆”“剖情析采，籠圈條貫”的重要位置，王褒作爲《文心雕龍》全書作家作品、創作得失與理論批評的經典代表，其辭賦成就與散文創作是劉勰創作該書的重要取材物件。但在以往的“龍學”研究中，對王褒的傑出貢獻還沒有專門的論著出現過[③]，故本文對此略做探討，以求拋磚引玉，將王褒對《文心雕龍》成書所做出的貢獻揭示出來。

---

① 本文是教育部規劃基金專案《寫作學理論視野下的〈文心雕龍〉及其當代價值研究》、教育部人文社科重點基地重點專案《巴蜀學者與〈文心雕龍〉》、四川省社科聯規劃項目《〈文心雕龍〉雅麗思想研究》、四川省哲社重點基地重點專案《儒家文藝思想對〈文心雕龍〉成書的影響》《四川思想家與〈文心雕龍〉》的階段性研究成果。

② 關於《文心雕龍》一書的性質，是“龍學”研究長期爭論的一個問題。曾有文學理論著作、文學批評著作、子書、審美心理學著作、哲學著作、藝術學著作、寫作學理論著作等多種不同的說法。根據其包含數十種文體且絕大部分爲應用文體裁、討論有關寫作的方方面面的問題等基本內容，筆者比較認可王運熙、王志彬、潘興和、萬琦等先生主張的“寫作理論”說。其餘多種說法也是很值得參考的研究意見。

③ 2012 年 12 月初，湖南大學嶽麓書院舉行首屆“湖湘文化與巴蜀文化高層論壇”，筆者提交長篇論文《漢代巴蜀文學三傑與〈文心雕龍〉》，其中部分內容涉及王褒。但這方面的專文與專著尚未出現過。

一　王褒生平與創作簡介

王褒，西漢辭賦家，字子淵。蜀地資中（今四川省資陽市雁江區昆侖鄉墨池壩）人，資陽三賢[①]之一，是我國歷史上著名的辭賦家，官至諫議大夫。生卒年不詳。在巴蜀文學史上，王褒是繼司馬相如之後的又一位大家，他的文學創作活動主要在漢宣帝（前 73—前 49 年在位）時期，約卒於漢宣帝晚年。王褒工歌詩，善辭賦。漢宣帝提倡歌詩音律，王褒受益州刺史王襄推薦，被召入朝。常從帝游獵。所幸宮館，則令歌頌。不久，擢爲諫議大夫。後方士言益州有金馬碧雞之寶，宣帝命他前往祭祀，病死道中。後葬於家鄉，墓在今資陽市雁江區墨池壩。

漢諫議大夫王褒像

今資陽墨池壩王褒墓

① 資陽三賢：指孔子老師萇弘，今資陽市雁江區忠義鎮高岩山人；西漢著名辭賦大家王褒，今資陽市雁江區昆侖鄉墨池壩人；西漢經學大師董鈞，今資陽市雁江區保和鎮東安鄉桐子壩人。王褒、董鈞故居與墳墓隔沱江而望，可惜均已被毀，僅存殘跡而已。筆者老家就在鄰近，尚能目睹之。

《漢書・藝文志》著録有王褒辭賦十六篇，今存《洞簫賦》《九懷》《聖主得賢臣頌》《甘泉宮頌》《碧雞頌》《責須髯奴辭》等，另有《僮約》等名文。《隋書・經籍志》有《王褒集》5 卷，已佚。明代張溥輯有《王諫議集》，收入《漢魏六朝百三家集》。

因爲王褒在歷史上的名聲沒有司馬相如等人顯赫，所以，爲了更好地介紹他，且《漢書》所載王褒本傳篇幅並不算長，故選擇性地摘録於下：

> 王褒字子淵，蜀人也。宣帝時修武帝故事，講論六藝群書，博盡奇異之好，征能爲《楚辭》九江被公，召見誦讀，益召高材劉向、張子僑、華龍、柳褒等待詔金馬門。神爵、五鳳之間，天下殷富，數有嘉應。上頗作歌詩，欲興協律之事，丞相魏相奏言知音善鼓雅琴者渤海趙定、梁國龔德，皆召見待詔。於是益州刺史王襄欲宣風化於眾庶，聞王褒有俊材，請與相見，使褒作《中和》、《樂職》、《宣佈》詩，選好事者令依《鹿鳴》之聲習而歌之。時，汜鄉侯何武爲僮子，選在歌中。久之，武等學長安，歌太學下，轉而上聞。宣帝召見武等觀之，皆賜帛，謂曰："此盛德之事，吾何足以當之！"
>
> 褒既爲刺史作頌，又作其傳，益州刺史因奏褒有軼材。上乃征褒。既至，詔褒爲聖主得賢臣頌其意。褒對曰：……是時，上頗好神仙，故褒對及之。
>
> 上令褒與張子僑等並待詔，數從褒等放獵，所幸宮館，輒爲歌頌，第其高下，以差賜帛。議者多以爲淫靡不急，上曰："'不有博弈者乎，爲之猶賢乎已！'辭賦大者與古詩同義，小者辯麗可喜。辟如女工有綺縠，音樂有鄭、衛，今世俗猶皆以此虞説耳目，辭武比之，尚有仁義風諭，鳥獸草木多聞之觀，賢於倡優博弈遠矣。"頃之，擢褒爲諫大夫。
>
> 其後太子體不安，苦忽忽善忘，不樂。詔使褒等皆之太子宮虞侍太子，朝夕誦讀奇文及所自造作。疾平復，乃歸。太子喜褒所爲《甘泉》及《洞簫》頌，令後宮貴人左右皆誦讀之。
>
> 後方士言益州有金馬碧雞之寶，可祭祀致也，宣帝使褒往祀焉。褒於道病死，上閔惜之。[①]

王褒少孤，家貧，事母至孝，以耕讀爲本。桑梓墨池就是他洗筆硯之處。縣城南書臺山，是他另一個攻書的地方。他精通六藝，嫻熟《楚辭》，崇敬屈原而作《九懷》，初露才華。爾後，他游歷成都、湔上（今都江堰市玉壘山）等地，博覽風物，以文會友。王褒少年時期就善於寫詩，工於作賦，在音樂方面也有較高的修養。漢宣帝時，益州刺史王襄得知王褒是位很有才學的人，就請他來到成都作客，在此期間，他寫下了《中和》《樂職》《宣佈》詩，主人將他寫的詩配上音樂，

---

① [漢]班固：《漢書》（影印本），中華書局 1997 年版，第 2821-2830 頁。

命僮子依古樂演唱，大爲成功，由此聲名四播。王褒又爲王襄作傳，故深得其賞識，上奏推薦王褒有過人之才。當時的漢宣帝是一個十分喜愛文學與音樂的皇帝，自己也會創作，因而經常徵召各地在這方面有造詣的文士到長安。漢宣帝立即下令召見王褒。在刺史的舉薦下，他得到宣帝的召見，擔任皇家的文學、音樂方面的“待詔”。旋擢諫大夫。

王褒進京之後，漢宣帝就出了個題目，要他寫一篇《聖主得賢臣頌》。這篇文章怎麼寫，王褒是頗費了一番斟酌的。構思時他想到了馬，所以文中便出現了馬跑的“情景”：“縱馳騁騖，忽如景靡。過都越國，蹶如歷塊。追奔電，逐遺風，周流八極，萬里壹息。何其遼哉，人馬相得也！”王褒以寫馬寫出善禦者六轡在手，操縱自如，意在用良禦禦駿馬比喻聖主得賢臣，從一個側面反映了漢宣帝勵精圖治的景象。這篇文章是王褒散文的代表作，描述十分生動，音樂也頗爲急促，使人如見其馬，如聞其聲。故深得漢宣帝好感，王褒得到了他的重視。

王褒在京中任職了一段時期後，漢宣帝聽信方士之言，要他回益州去祭祀傳聞之中的“金馬碧雞之寶”。不料竟在途中染病，未得醫治即死於旅途之中。

王褒還寫有《四子講德論》，也是歌頌當時朝廷的作品，文采也很富麗，有“夫鴻均之世，何物不樂”等句，即指天下太平。他的《九懷》是比較重要的作品，爲追思屈原之辭。王褒對偉大的愛國詩人屈原是崇敬的，對其不幸遭遇是同情的，所以《九懷》寫得既有情感又有文藻，頗有《離騷》的風格。後來劉向編定《楚辭》，王逸作《楚辭章句》，都收入了此文，明代楊慎的《全蜀藝文志》也著録了全文。

王褒又寫有《僮約》，這是他最有特色的文章，記述他在四川時所親身經歷的事。神爵三年（前 59 年），王褒到“煎上”，即湔上（今四川彭州市一帶）時，遇見寡婦楊舍家發生主奴糾紛，他便爲這家奴僕訂立了一份契券，明確規定了奴僕必須從事的若干項勞役，以及若干項奴僕不准得到的生活待遇。這是一篇極其珍貴的歷史資料，其價值遠遠超過了受到漢宣帝讚賞的《聖主得賢臣頌》之類的辭賦。在《僮約》中有這樣的記載——“膾魚炰鱉，烹茶盡具”“牽犬販鵝，武陽買茶”，這不僅是我國，也是全世界最早的關於飲茶、買茶和種茶的記載。由這一記載可以知道，四川地區是全世界最早種茶與飲茶的地區之一；武陽（今四川彭山）地區是當時茶葉主產區和著名的茶葉市場。此外，他所描述的當時奴僕們的勞動生活與奴伴關係，是研究漢代四川社會情況的極爲重要的材料，可以使人從中瞭解到西漢社會生活的一個側面。

王褒特別善於寫詠物小賦，他是漢代寫詠物小賦的代表作家，以《洞簫賦》最爲著名。《洞簫賦》是第一篇專門描寫樂器與音樂的賦，爲王褒首創，蓋與西漢中期樂府音樂之盛有關，同時，也與宣帝太子（即元帝）喜歡洞簫有關。《文選·三都賦》劉楠林注：“漢元帝能吹洞簫。”《洞簫賦》的取材深受《七發》第一段的影響，但王褒將之發展爲全賦，這無疑擴大了漢賦的題材範圍，開了後世的詠物賦和音樂賦的先河。《洞簫賦》中所描寫的自然景色，與《七發》第一段的類似描寫相比，是更爲主觀化和浪漫化的，因而也是一個進步。《洞簫賦》雖多用騷體句，但雜以駢偶句，這也是首開其端的。自此以後，辭賦中的駢偶句也像散文中一樣，漸漸地多了起來。總之，這篇賦在各個方面都頗有獨創性。

王褒是漢代最具有文學情趣的賦家。他的賦往往並不追求政治上的諷諭規誡，而是辟如“女工有綺縠，音樂有鄭衛”，顯現出唯美的“辯麗可喜”，娱悦耳目，“有鳥獸草木多聞之觀”的純文學屬性，因此不符合當時儒家言志尚用的標準，但卻更具作爲語言藝術陶冶性情的審美價值。這從《漢書》本傳所載“太子體不安，苦忽忽善忘，不樂。詔使褒等皆之太子宫虞侍太子，朝夕誦讀奇文及所自造作。疾平復”可見一斑。隨著社會文明的不斷發展，人類的精神需求、美感享受也必定趨向多元化。其實早在春秋後期，儒家學派的創始人孔子已經注意到了這點。他的“《詩》，可以興，可以觀，可以群，可以怨”的著名論斷就是證據。從這一意義上講，王褒賦所自覺表現出的唯美意識，不僅在當時賦壇獨樹一幟，而且符合文學自身發展的客觀規律。

王褒和他的作品對後世是有影響的。明代楊慎不僅在他編輯的《全蜀藝文志》裏選有王褒的作品，還專門作了《王子淵祠》一詩，詩云：“偉曄靈芝發秀翹，子淵擒藻談天朝。漢皇不賞賢臣頌，只教宫人詠洞簫。”該詩用比喻的手法，讚譽了王褒的才華——文采秀發，擅長辭賦，談耀一代；全詩對王褒表示惋惜，對漢主予以諷刺。

比較一下：司馬相如能最終成名，是因爲漢武帝賞識他的作品，在楊得意的推薦下，相如來到長安，可以直接見到皇帝，並隨侍左右；王褒能最終成名，也是因爲漢宣帝在益州刺史王襄的推薦下賞識王褒的文學才華，王褒進京之後，深受重視。由此可知，在古代，一個地方性的文人，本領再大，影響也有限；如果進京，得到皇帝賞識，身份、地位、影響等，立刻就大大提升了。司馬相如和王褒都是如此。

總之，作爲一個著名賦家，王褒沒有司馬相如那種磅礴的氣勢和批判精神，無法達到相如“廣博宏麗，卓絕漢代”的巨大成就；但他善於觀察生活，善於描寫那些獨具特色的事物。在漢賦的題材開拓、手法創新和語言錘煉等方面，都做出了自己的貢獻，仍然不愧爲一代名家。他那詼諧幽默的語言風格，乃是巴蜀人民樂觀開朗性格的外在表現，在中國文學史、巴蜀文學史上產生了不可忽視的影響。

二　《文心雕龍》的王褒評論

王褒在文體創作的多樣性、作品數量以及辭賦理論和辭賦影響上都不如司馬相如，入選《文心雕龍》的作品主要是《洞簫賦》和《責須髯奴辭》（按：實則爲《僮約》，後文將有所論及），所以書中對他的論述不多，前後共計七次。但他作爲向前繼承司馬相如、向後銜接揚雄的蜀地著名作家，其承前啟後的過渡作用是非常明顯的，而且，其作品的獨特性極爲鮮明，在文學史上的地位非常高。《文心雕龍》論述王褒的七次内容如下。

1.《辨騷》：若能憑軾以倚《雅》《頌》，懸轡以馭楚篇，酌奇而不失其貞，玩華而不墜其實，則顧盼可以驅辭力，欬唾可以窮文致，亦不復乞靈於長卿，假寵於子淵矣。

2.《銓賦》：觀夫荀結隱語，事數自環；宋發誇談，實始淫麗。枚乘《菟園》，舉要以會新；相如《上林》，繁類以成豔；賈誼《鵩鳥》，致辨於情衷；子淵《洞簫》，窮變於聲貌；孟堅《兩都》，明絢以雅贍；張衡《二京》，迅拔以宏富；子雲《甘泉》，構深偉之風；延壽《靈光》，含飛動之勢：凡此十家，並辭賦之英傑也。

3.《書記》：券者，束也。明白約束，以備情僞，字形半分，故周稱判書。古有鐵券，以堅信誓；王褒"髯奴"，則券之諧也。

4.《比興》：夫"比"之爲義，取類不常：或喻於聲，或方於貌，或擬於心，或譬於事。宋玉《高唐》云："纖條悲鳴，聲似竽籟"，此比聲之類也；枚乘《菟園》云："猋猋紛紛，若塵埃之間白雲"，此則比貌之類也；賈生《鵩賦》云："禍之與福，何異糾纆"，此以物比理者也；王褒《洞簫》云："優柔温潤"，"如慈父之愛子也"，此以聲比心者也；馬融《長笛》云："繁縟絡繹，范、蔡之説也"，此以響比辯者也；張衡《南都》云："起鄭舞"，"繭曳緒"，此以容比物者也。若斯之類，辭賦所先；日用乎"比"，月忘乎"興"：習小而棄大，所以文謝于周人也。

5.《時序》：越昭及宣，實繼武績：馳騁石渠，暇豫文會；集雕篆之軼材，發綺縠之高喻。於是王褒之倫，底禄待詔。

6.《才略》：王褒構采，以密巧爲致，附聲測貌，泠然可觀。

7.《才略》：然自卿、淵已前，多役才而不課學；向、雄以後，頗引書以助文：此取與之大際，其分不可亂者也。

總體上看，王褒的作品體裁和數量遠不及司馬相如和揚雄，也沒有被《文心雕龍》直接徵引的寫作理論，但是，劉勰對王褒極爲推崇，不僅在《才略》篇中將其視爲漢代文學"役才而不課學"與"引書以助文"的前後分界的四位代表作家——司馬相如、王褒、劉向、揚雄（按：這四位元作爲漢代文學分界標誌的作家有三位元出自蜀地）——之一，更在《辨騷》篇中將其與司馬相如並列，作爲整個文學史上最著名的辭賦作家代表看待。因此，王褒在《文心雕龍》中的地位甚高！

三　王褒對《文心雕龍》成書的具體貢獻

（一）《辨騷》論樞紐，王褒爲模範

《文心雕龍》“文之樞紐”的五篇專論，以《宗經》爲核心，確立了“道——聖——經”的文學發展脈絡，提出了“正緯”“辨騷”的辯證新變觀念。五篇結束，必然有一個文學基本觀念的總結，否則“樞紐”之説無法成立。筆者以爲，具體到寫作實踐層面，“文之樞紐”在《辨騷》篇中總結提出。

劉勰在《辨騷》篇中極力讚美《楚辭》，指出：“固知《楚辭》者，體憲於三代，而風雜于戰國，乃《雅》《頌》之博徒，而詞賦之英傑也。觀其骨鯁所樹，肌膚所附，雖取鎔《經》旨，亦自鑄偉辭。”[①]《楚辭》是折中諸家、正確新變的產物，最大的特點是自成一體，偉辭驚豔，“故能氣往轢古，辭來切今，驚采絕豔，難與並能矣”。因此，看《文心雕龍》論述文學的基本態度，應該特别注意《辨騷》。劉勰對《楚辭》的讚美有三：一是“取鎔《經》旨”，以儒家經典爲創作思想指導；二是“風雜于戰國”，受戰國時代縱橫家與陰陽家思想及其奇詭富麗之言説的影響，絕非儒家雅正之作；[②]第三，最重要的是，楚辭能夠不受諸家限制，正確新變，從而“自鑄偉辭”“驚采絕豔”。劉勰在此表明了自己在雅正基礎上的崇麗文學觀念。在此基礎上，他總結“文之樞紐”，提出指導全書文體論、創作論、批評論的總原則是：“若能憑軾以倚《雅》、《頌》，懸轡以馭楚篇，酌奇而不失其貞，玩華而不墜其實，則顧盼可以驅辭力，欬唾可以窮文致。”[③]這一原則折中《詩》《騷》，推崇雅麗，堅守思想準則，鼓勵大膽創新，是《文心雕龍》“驅辭窮文”的指導思想，是全書的“樞紐”所在。[④]

王褒與司馬相如、揚雄三位蜀地作家一起，成爲“樞紐”論中舉證的最重要的經典作家。首先，在論述到屈原《楚辭》的重大影響時，劉勰指出：“枚賈追風以入麗，馬揚沿波而得奇：其衣被詞人，非一代也。”受屈原影響最深、學《楚辭》最成功的漢賦四家中，蜀占其二；而且“馬揚沿波而得奇”，體現了鮮明的巴蜀地域文化特徵：奇思縱逸，精妙絕倫。其次，在闡釋完文章寫作的“樞紐”論之後，劉勰認爲衹要注意到了雅麗結合、奇正結合的折中原則，就可以很輕鬆

---

① 楊明照：《增訂文心雕龍校注》，中華書局 2000 年版，第 51 頁。

②《文心雕龍·才略》篇對此有較爲細緻的界説：“春秋以後，角戰英雄；六經泥蟠，百家飆駭。方是時也，韓魏力政，燕趙任權；五蠹、六虱，嚴于秦令；唯齊、楚兩國，頗有文學。齊開莊衢之第，楚廣蘭台之宫；孟軻賓館，荀卿宰邑：故稷下扇其清風，蘭陵鬱其茂俗。鄒子以談天飛譽，騶奭以雕龍馳響；屈平聯藻于日月，宋玉交彩于風雲：觀其豔説，則籠罩《雅》《頌》。故知暐燁之奇意，出乎縱横之詭俗也。”筆者曾就此寫作過長篇讀書筆記，結論以爲除劉勰所論，楚辭之奇詭與荊楚地域文化密不可分。漢代巴蜀辭賦創作領銜全國，與巴蜀地域文化奇思縱逸、巫道盛行同樣密不可分。

③ 楊明照：《增訂文心雕龍校注》，第 51 頁。

④ 王運熙先生稱這一原則爲創作論的總綱。從全書來看，這一原則可以歸納爲雅麗文學思想，在文體論、創作論、批評論中均居於主導地位，是《文心雕龍》一以貫之的基本文學思想，即全書“文之樞紐”。

地寫作文章而不會出現差錯，“亦不復乞靈於長卿，假寵於子淵矣”，表面上是在説不需要向司馬相如和王褒學習寫作了，實際上是在間接地告訴讀者：司馬相如和王褒就是歷代最優秀的作家，寫東西就得向他們的作品學習。

這是對王褒，也是對巴蜀作家的最高讚美！於是，王褒成爲《文心雕龍》在全書展開論述後的標杆作家。

（二）論文敘筆：文學創作與文獻價值

文體論部分從《明詩》到《書記》，共計二十篇，每一篇均以“原始以表末，釋名以章義，選文以定篇，敷理以舉統”的結構原則爲主要脈絡構成。王褒在這一部分中佔據了重要的位置，除了在《銓賦》篇中爲劉勰的辭賦評論提供創作支援與理論支撑，在《書記》篇中的文體創造和文學理論也有精彩的表現，特别是《僮約》一文，對我國古代茶葉貿易的史學文獻價值十分重要。

1.《銓賦》高峰，辭賦三傑

王褒與司馬相如、揚雄三位蜀中辭賦名家在《銓賦》篇中連袂出場，星光燦爛，影響至今。

劉勰以爲辭賦“受命於《詩》人，而拓宇于《楚辭》”，是中和《詩》《騷》之後形成的文學新體裁，學者荀子是賦體文學的創造者。發展到西漢一朝時，賦體已有八大名家：“陸賈扣其端，賈誼振其緒，枚馬播其風，王揚騁其勢；皋朔已下，品物畢圖。繁積于宣時，校閲于成世，進御之賦，千有餘首。討其源流，信興楚而盛漢矣。”[①]具體而言，這八大名家是陸賈、賈誼、枚乘、司馬相如、王褒、揚雄、枚皋、東方朔，蜀中三傑赫然在列。而從“討其源流，信興楚而盛漢矣”的結論來看，辭賦與《詩經》顯然並無源流關係，《楚辭》纔是漢賦真正的源頭，因此，辭賦之麗與《楚辭》之麗具有前後相承的因果關係。[②]在具體討論了京苑大賦與抒情小賦兩類辭賦作品及其特徵之後，劉勰又對先秦兩漢賦體文學史進行了一次大閲兵：

> 觀夫荀結隱語，事數自環；宋發誇談，實始淫麗。枚乘《菟園》，舉要以會新；相如《上林》，繁類以成豔；賈誼《鵩鳥》，致辨於情衷；子淵《洞簫》，窮變於聲貌；孟堅《兩都》，明絢以雅贍；張衡《二京》，迅拔以宏富；子雲《甘泉》，構深偉之風；延壽《靈光》，含飛動之勢：凡此十家，並辭賦之英傑也。[③]

① 楊明照：《增訂文心雕龍校注》，第 96 頁。

② 漢代辭賦與儒家經典的前後繼承關係很不明顯，更多的是對屈原《楚辭》的繼承，這在《辨騷》篇中有清楚的論述：“枚賈追風以入麗，馬揚沿波而得奇：其衣被詞人，非一代也。”劉勰以爲漢賦受《詩》之影響，主要是因爲《宗經》觀念的支配，“賦頌歌贊，則《詩》立其本”，文出五經，勢在必行，因此不免牽强附會。

③ 楊明照：《增訂文心雕龍校注》，第 96 頁。

引文中一共列出了十位最著名的辭賦作家——荀況、宋玉、枚乘、司馬相如、賈誼、王褒、班固、張衡、揚雄、王延壽，劉勰稱之爲“辭賦之英傑也”，蜀中三傑繼續位居其中。如此，不論是前文斷代爲西漢的八家，還是通觀賦體文學史的十家，三傑均名列其間。司馬相如《子虛賦》《上林賦》開啟了京苑大賦的創作；揚雄模仿學習之後，《蜀都賦》等名作繼往開來，在這一題材上繼續發揚光大；王褒作爲上承司馬相如、下接揚雄的名家，其代表作《洞簫賦》則開創了漢代抒情小賦的先河。從漢賦開創之功與創作成就來看，即使再將人數壓縮一半，蜀中三傑也依然會穩居其中。

王褒與司馬相如和揚雄的不同在於：除了辭賦的題材差異外，王褒沒有留下辭賦理論，實爲憾事。

2. 《髯奴》《僮約》，散文經典

《書記》篇是《文心雕龍》文體論中的大雜燴，與其他篇章主要論述一種或兩種文體及其變體不同，本篇涉及三十餘種具體的應用文體裁。劉勰首先對其中主要的體裁進行了應用對象與體裁歸屬的分類説明：

> 夫書記廣大，衣被事體；筆劄雜名，古今多品。是以總領黎庶，則有譜、籍、簿、録；醫曆星筮，則有方、術、占、式；申憲述兵，則有律、令、法、制；朝市征信，則有符、契、券、疏；百官詢事，則有關、刺、解、牒；萬民達志，則有狀、列、辭、諺：並述理於心，著言於翰；雖藝文之末品，而政事之先務也。[①]

在具體展開對每一種文體的介紹和例證説明時，劉勰認爲：“券者，束也。明白約束，以備情僞，字形半分，故周稱判書。古有鐵券，以堅信誓；王褒‘髯奴’，則券之諧也。”[②]他論述到王褒的《髯奴》一文，並以之爲幽默諧趣的代表。《髯奴》，全稱《責須髯奴辭》，其文曰：

> 我觀人須，長而復黑，冉弱而調，離離若緣坡之竹，鬱鬱若春田之苗。因風披靡，隨身飄飄。爾乃附以豐頤，表以蛾眉，發以素顏，呈以妍姿，約之以緦線，潤之以芳脂。莘莘翼翼，靡靡綏綏，振之發曜，黝若玄珪之垂。於是搖鬢奮髭，則論説虞唐；鼓鬠動鬣，則研核否臧。内育環形，外闡宫商。相如以之閑都，顓孫以之堂堂。
>
> 豈若子髯，既亂且赭；枯槁禿瘁，劬勞辛苦，汗垢流離，污穢泥土，傖囁穰擩，與塵爲侶；無素顏可依，無豐頤可怙，動則困於惣滅，靜則窘於囚虜。薄命爲髭，正著子頤，爲身不能庇其四體，爲智不能禦其形骸。癩須瘦面，常如死灰。曾不如犬羊之毛尾，狐狸之毫氂。爲子須者，不亦

① 楊明照：《增訂文心雕龍校注》，第374頁。
② 楊明照：《增訂文心雕龍校注》，第374頁。

難哉！①

《責須髯奴辭》首載於《古文苑》，本篇署名黃香。但爲嘲謔俗賦，且嘲謔對象爲髯奴，與《僮約》類似，則本篇亦出王褒無疑。《初學記》收載署“漢王褒”，故後人多從之，認爲是同出於王褒的姊妹篇。由《僮約》“買夫時戶下髯奴便了”一語來看，《責須髯奴辭》中“須髯奴”疑即髯奴便了。文分二段，先揚一般人須髯之美爲反襯，再抑而誚責須髯奴須髯之醜“曾不如犬羊之毛尾，狐狸之毫氂”，但同時認爲這是“劬勞辛苦”“污穢泥土”所致，故亦從側面反映了奴隸的生活命運。結構上似受啟發於宋玉《風賦》“雄風”“雌風”之對比，修辭上善用比喻，描寫時動靜結合，雖亦諧謔之作，然文字較《僮約》文雅，清麗可誦。“王侯須若緣坡竹，哦詩清風起空谷”，黃庭堅不僅受《僮約》啟發而爲《跛奚移文》，又愛本文而用其典實。

王褒雖是宮廷賦家，但能注意到下層奴隸的生活，不僅在漢賦作家中僅見，即在所有古代賦家中也屬少有，他的貢獻是值得重視的。

但是，劉勰在這裏犯了一個錯誤：《責須髯奴辭》不是“券”體，真正的“明白約束，以備情僞”的王褒著作，是“以堅信誓”的《僮約》。說到《僮約》，這可是一篇在歷史上大大有名的應用文。現録其文曰：

> 蜀郡王子淵，以事到湔，止寡婦楊惠舍，惠有夫時奴，名便了。子淵倩奴行酤酒，便了拽大杖，上夫塚嶺曰：“大夫買便了時，但約守塚，不約爲他家男子酤酒。”子淵大怒曰：“奴寧欲賣耶？”惠曰：“奴大忤人，人無欲者。”子淵即決買券云云，奴復曰：“欲使，皆上券。不上券，便了不能爲也。”子淵曰：“諾。”
>
> 券文曰：神爵三年正月十五日，資中男子王子泉，從成都安志里女子楊惠買夫時戶下髯奴便了，決賣萬五千。奴從百役使，不得有二言。晨起早歸，食了洗滌；居當穿臼，縛帚裁盂。鑿井浚渠，縛落鉏園，斫陌杜埤，地刻大枷。屈竹作把，削治鹿盧，出入不得騎馬載車。其坐大呶，下床振頭；垂釣刈芻，結葦臘糸盧。汲水酪，佐【酉且】【酉莫】。織履作麤，黏雀張鳥；結網捕魚，繳雁彈鳧。登山射鹿，入水捕龜。後園縱養雁鶩百餘，丘逐鴟鳥，持梢牧豬，種薑養芋，長育豚駒。糞除常潔，餵食馬牛；鼓四起坐，夜半益芻。二月春分，陂堤杜疆；落桑披棕，種瓜作瓠。別茄披蔥，焚槎發疇；壟集破封，日中早熁。雞鳴起舂，調治馬驢，兼落三重。舍中有客，提壺行酤，汲水作，滌杯整案。園中拔蒜，斫蘇切脯，築肉霍芋，膾魚炰鱉。烹茶盡其，已而蓋藏；關門塞竇，喂豬縱犬，勿與鄰里爭鬥。

① 轉引自[清]嚴可均輯：《全漢文》卷四十二。內收王褒傳世作品十餘篇。本文又載《古文苑》卷一七，《四部叢刊》本。學友梁啟勇發表有《責須髯奴辭校注》一文，載《湖北成人教育學院學報》2010 年 04 期，可參。

奴但飯豆飲水，不得嗜酒；欲飲美酒，唯得染唇漬口，不得傾盂覆鬥。不得晨出夜入，交關伴偶。舍後有樹，當裁作船，下至江州上到湔，主爲府掾求用錢。推訪惡敗棕索，綿亭買席，往來都洛，當爲婦女求脂澤，販於小市。歸都擔枲，轉出旁蹉，牽犬販鵝。武陽買茶楊氏池中，擔荷往來市聚，慎護奸偷。入市不得夷蹲旁臥，惡言醜罵。日作刀弓，持入益州，貨易牛羊，奴自交精慧，不得癡愚。持斧入山，斷槧裁轅，若殘當作俎機木屐及彘盤。焚薪作炭，壘石薄岸，治舍蓋屋，書削代牘。日暮以歸，當送於薪二三束。四月當披，五月當穫，十月收豆。掄麥窖芋。南安拾粟采橘，持車載輳。多取蒲苧，益作繩索。雨墮如注甕，披薜戴子公。無所爲當，編蔣織箔。植種桃李，梨柿柘桑，三丈一樹，八赤爲行；果類相從，縱横相當。果熟收斂，不得吮嘗。犬吠當起，驚告鄰里。棖門柱戶，上樓擊鼓；荷盾曳矛，還落三周。勤心疾作，不得遨遊。奴老力索。種莞織席；事訖欲休，當舂一石。夜半無事，浣衣當白；若有私斂，主給賓客。奴不得有奸私，事當關白。奴不聽教，當笞一百。

讀券文適訖，詞窮咋索，仡仡叩頭，兩手自搏，目淚下落。鼻涕長一尺，審如王大夫言，不如早歸黄土陌，丘蚓鑽額，早知當爾，爲王大人酤酒，真不敢作惡。①

王褒的《僮約》雖是游戲性的文字，但由於它選材的獨特，描寫的生動形象，尤其是刻畫奴僕形象非常成功，使它同當時其他文人的作品相比有著自身不可忽視的價值。茶爲貢品、爲祭品，已知在周武王伐紂時或者在先秦時就已出現。而茶作爲商品，則時下知道要在西漢時纔出現。

西漢宣帝神爵三年（前 59 年）正月裏，資中（今四川資陽）人王褒寓居成都安志里一個叫楊惠的寡婦家裏。楊氏家中有個名叫“便了”的髯奴，王褒經常指派他去買酒。便了因王褒是外人，替他跑腿很不情願，又懷疑他可能與楊氏有曖昧關係，有一天，他跑到主人的墓前傾訴不滿，説：“大夫您當初買便了時，衹要我看守家裏，並沒要我爲其他男人去買酒。”王褒得悉此事後，當時就氣不打一處來，一怒之下，在正月十五元宵節這天，以一萬五千錢從楊氏手中買下便了爲奴。便了跟了王褒，極不情願，可也無可奈何，但他還是在寫契約時向王褒提出：“既然事已如此，您也應該向當初楊家買我時那樣，將以後凡是要我幹的事明明白白寫在契約中，要不然我可不幹。”

王褒爲了教訓便了，使他服服貼貼，便信筆寫下了一篇長約九百八十字，題爲《僮約》的契約，列出了名目繁多的勞役專案和幹活時間的安排，使便了從早到晚不得空閒。契約上繁重的活兒使便了難以負荷。他痛哭流涕向王褒求情説，如是照此幹活，恐怕馬上就會累死進黄土，早知如此，情願給您天天去買酒。

① 轉引自[清]嚴可均輯：《全漢文》卷四十二。[唐]歐陽詢輯《藝文類聚》卷三十五録此文，文句多有不同之處。

《僮約》所記之衆多勞役雜事

從文辭的語氣看來，《僮約》不過是作者的消遣之作，文中不乏揶揄、幽默之句。但王褒就在這不經意中，爲中國茶史留下了非常重要的一筆。

《僮約》中有兩處提到茶，即“膾魚炰鱉，烹茶盡具”和“武陽買茶，楊氏擔荷”。“烹茶盡具”意爲煎好茶並備好潔淨的茶具，“武陽買茶”就是説要趕到鄰縣的武陽（今成都以南彭山縣雙江鎮）去買回茶葉。

結合《華陽國志·蜀志》“南安、武陽皆出名茶”的記載，則可知王褒爲什麼要便了去武陽買茶。從茶史研究而言，茶葉能夠成爲商品上市買賣，説明當時飲茶至少已開始在中產階層流行，足見西漢時飲茶已相當盛行。

便了應該是史上最早具有維權意識的打工者，主動要求和雇主簽下勞動合同。但是這個雇主比“周扒皮”還狠，他當下寫下一份長約九百八十字的《僮約》，列出了名目繁多的勞役專案和幹活時間的安排，對便了提出了十分嚴厲而苛刻的要求：從天不亮起床灑掃到半夜給牲口添飼料，從田間勞作、養豬喂牛到登山射鹿；從結網捕魚、栽種果樹到夜間防盜，從洗衣做飯燒茶到給客人沽酒，他承擔了王褒所能想到的一切勞動，並且在生活上還設立了種種限制，不能騎馬不能坐車不得嗜酒，果子熟了不得品嘗，不能藏私房錢，如果不聽話，就打一百鞭子。

這哪裏是把便了當奴僕來使？分明是把便了當超人。便了必須兼清潔工、養殖工、獵手、漁夫、果農、挑水工、廚師、保安等多工種於一身，並且不睡覺不吃飯不上廁所，二十四小時像機器人一樣不停地幹活，還不能生病，纔能完成王褒所佈置的工作。便了讀完《僮約》，心裏頭只能罵一聲：“算你狠!”而表面上，還要做出很不爭氣的悔改模樣，向王褒不停叩頭，眼淚如雨下，鼻涕流了一尺長，説：“如果按這上面的做，不如早點把我送進墳墓吧，早知如此，爲王大夫買酒，真不該發牢騷啊!”

兩千年前風流且不免殘忍的書生王褒，根本沒有想到，他爲中國茶業和中國茶文化史留下了最早、最可靠的文字史料。《僮約》中有兩處提到茶，即“膾魚炰鱉，烹茶盡具”和“武陽買茶，楊氏擔荷”。武陽，可能是中國歷史上第一個被文字記載的買賣茶葉的市場。美國茶學權威威廉·烏克斯在其《茶葉全書》中説："5 世紀時，茶葉漸爲商品。"但《僮約》的寫作時間是在公元前 59 年，從"武陽買茶"可看出，那時候茶就是一種商品了，這比威廉·烏克斯的説法整整提前了五個世紀。

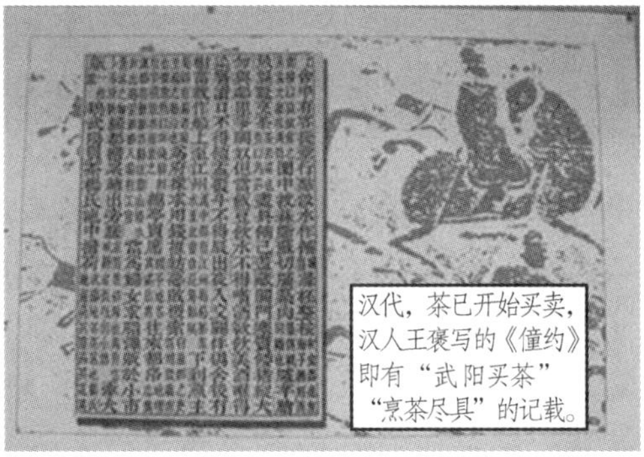

《僮約》爲茶文獻之祖

王褒所作之《僮約》，記奴婢契約事，後以"僮約"泛稱主奴契約或對奴僕的種種約束規定。《僮約》是王褒最有特色的文章之一，在煩瑣冗雜的條款規定中頗具詼諧之趣，劉勰以之爲信誓旦旦之鐵券中的另類，"券之諧也"，在明文約束中不乏生動。他所描述的當時奴僕們的勞動生活與奴伴關係，是研究漢代四川社會情況的極爲重要的材料，可以從中瞭解到西漢社會生活的一個側面。但本文冗雜煩瑣，非常死板，有冷幽默之諧趣在，故而清趙翼《僮約》詩曰："僮約雖頒十數條，守門奴已出游遨。"梁實秋先生《雅舍小品• 僕人》也諷刺其煩瑣古板所帶來的反面幽默。

（三）剖情析采：《比興》抒情，修辭代表

《文心雕龍》下篇共二十五篇，從《神思》到《總術》的十九篇一般稱爲創作論，主要探討文學寫作的思維、風格、審美、通變、情采、修辭技法、主體修養等問題，這些專題又可以劃分爲思維論、風格論、修辭論等專題板塊，涉及從前寫作到後寫作的方方面面。王褒在創作技法論中做出了突出的貢獻，並成爲劉勰論述創作得失的重要作家。

《比興》篇集中論述比喻和起興的修辭方法，《文心雕龍》認爲：

> 比者，附也；興者，起也。附理者切類以指事，起情者依微以擬議。起情故"興"體以立，附理故"比"例以生。"比"則畜憤以斥言，"興"則環譬以托諷。觀夫"興"之托諭，婉而成章；"稱名也小"，"取類也大"。何謂爲"比"？蓋寫物以附意，颺言以切事者也。①

---

① 楊明照：《增訂文心雕龍校注》，第 456 頁。

比、興二法是《詩經》“六義”中最常用的兩種句子寫作手法。劉勰認爲比喻方法共有四個大類：“或喻於聲，或方於貌，或擬於心，或譬於事。”具體到辭賦作品中，又可以分爲“比聲之類、比貌之類、以物比理、以聲比心、以響比辯、以容比物”六個小類，其中，“王褒《洞簫》云：‘優柔温潤’，‘如慈父之愛子也’，此以聲比心者也”，是漢代抒情小賦的代表作。現録其文曰：

原夫簫幹之所生兮，於江南之丘墟。洞條暢而罕節兮，標敷紛以扶疏。徒觀其旁山側兮，則嶇嶔巋崎，倚巇迤靡，誠可悲乎其不安也。彌望儻莽，聯延曠蕩，又足樂乎其敞閑也。托身軀於後土兮，經萬載而不遷。吸至精之滋熙兮，稟蒼色之潤堅。感陰陽之變化兮，附性命乎皇天。翔風蕭蕭而徑其末兮，回江流川而溉其山。揚素波而揮連珠兮，聲磕磕而澍淵。

朝露清冷而隕其側兮，玉液浸潤而承其根。孤雌寡鶴，娛優乎其下兮，春禽群嬉，翱翔乎其顛。秋蜩不食，抱樸而長吟兮，玄猿悲嘯，搜索乎其間。處幽隱而奥屏兮，密漠泊以猭。惟詳察其素體兮，宜清靜而弗喧。幸得謚爲洞簫兮，蒙聖主之渥恩。可謂惠而不費兮，因天性之自然。

於是般匠施巧，夔妃准法。帶以象牙，掍其會合。鎪鏤離灑，絳唇錯雜；鄰菌繚糾，羅鱗捷獵；膠致理比，挹抐擫鑷。於是乃使夫性昧之宕冥，生不睹天地之體勢，闇于白黑之貌形；憤伊鬱而酷，湣眸子之喪精；寡所舒其思慮兮，專發憤乎音聲。

故吻吮值夫宫商兮，龢紛離其匹溢。形旖旎以順吹兮，瞋以紆鬱。氣旁迕以飛射兮，馳散涣以逫律。趣從容其勿述兮，騖合遝以詭譎。或渾沌而潺湲兮，獵若枚折；或漫衍而絡繹兮，沛焉競溢。惏栗密率，掩以絶滅，霵曄踕，跳然複出。

若乃徐聽其曲度兮，廉察其賦歌。啾咇而將吟兮，行鍖銋以和囉。風鴻洞而不絶兮，優嬈嬈以婆娑。翩綿連以牢落兮，漂乍棄而爲他。要復遮其蹊徑兮，與謳謡乎相和。

故聽其巨音，則周流汜濫，並包吐含，若慈父之畜子也。其妙聲，則清靜厭瘱，順敘卑達，若孝子之事父也。科條譬類，誠應義理，澎濞慷慨，一何壯士，優柔温潤，又似君子。

故其武聲，則若雷霆輘輷，佚豫以沸渭。其仁聲，則若颽風紛披，容與而施惠。或雜遝以聚斂兮，或拔摋以奮棄。悲愴怳以惻惐兮，時恬淡以綏肆。被淋灑其靡靡兮，時橫潰以陽遂。哀悁悁之可懷兮，良醰醰而有味。

故貪饕者聽之而廉隅兮，狼戾者聞之而不懟。剛毅强暴反仁恩兮，嘽啴逸豫戒其失。鍾期、牙、曠悵然而愕兮，杞梁之妻不能爲其氣。師襄、嚴春不敢竄其巧兮，浸淫、叔子遠其類。嚚、頑、朱、均惕複惠兮，桀、蹠、鬻、博儡以頓顇。吹參差而入道德兮，故永禦而可貴。時奏狡弄，則彷徨翱翔，或留而不行，或行而不留。憚怳瀾漫，亡耦失疇，薄索合遝，罔象相求。

故知音者，樂而悲之；不知音者，怪而偉之。故聞其悲聲，則莫不愴然累欷，撇涕抆淚；其奏歡娛，則莫不憚漫衍凱，阿那腲腇者已。是以蟋蟀蚸蠖，蚑行喘息；螻蟻蝘蜒，蠅蠅栩栩。遷延徙迤，魚瞰鳥睨，垂喙轉，瞪瞢忘食，況感陰陽之和，而化風俗之倫哉！

亂曰：狀若捷武，超騰逾曳，迅漂巧兮。又似流波，泡溲泛，趨巇道兮。哮呷喚，躋躓連絕，淈殄沌兮。攪搜捎，逍遙踊躍，若壞頹兮。優遊流離，躊躇稽詣，亦足耽兮。頹唐遂往，長辭遠逝，漂不還兮。賴蒙聖化，從容中道，樂不淫兮。條暢洞達，中節操兮。終詩卒曲，尚餘音兮。吟氣遺響，聯綿漂撇，生微風兮。連延絡繹，變無窮兮。[1]

《洞簫賦》對後來馬融《長笛賦》、嵇康《琴賦》諸作均有一定的影響。馬融在《長笛賦》序文中闡述其創作動機時說："追慕王子淵、枚乘、劉伯康、傅武仲等簫、琴、笙頌，唯笛獨無，故聊復備數，作長笛賦。"由此可見其影響。談到《洞簫賦》必然要提到枚乘，據《文選》記載，枚乘應是最早寫音樂賦的作者，但他的《笙賦》早已亡佚，所以無從考證。而他的《七發》第一部分就描寫了音樂，結構上主要是從琴的取材、製器、樂聲等方面來展開的。王褒的《洞簫賦》基本上可以看作對《七發》中相關的片斷的擴充，但《七發》並不以音樂命名，而且音樂也衹是其一部分，所以《洞簫賦》應是現存最早的、以音樂爲題材的賦體作品，後人稱之爲"諸音樂賦之祖"。

《洞簫賦》的結構佈局具有相對的完整性，作者詳細地敘述了簫的製作材料的產地情況，然後寫工匠的精工細作與調試，接著寫樂師高超的演奏，隨後寫音樂的效果及其作用。基本上通過"生材、製器、發聲、聲之妙、聲之感、總贊"的順序來寫洞簫這件樂器，這也成爲後來音樂賦的一個固定模式。漢代以前，橫吹、豎吹的管樂器統稱爲笛或篴，所稱簫者應該是排簫，所以《洞簫賦》之簫應爲排簫。從賦中"吹參差而入道德兮，故永槩而可貴"中的"參差"也可知此處洞簫爲排簫，因爲古時洞簫又有別稱"參差"。排簫即洞簫或簫，據《爾雅・釋樂》郭璞注曰大簫"編二十三管"，小簫"十六管"。下面以《洞簫賦》的結構順序來對其進行全面的分析。

1. 生材。"原夫簫幹之所生兮，於江南之丘墟。"此句指出了簫竹的產地，即江南的土山坡上。《丹陽記》曰："江寧縣慈母山臨江生簫管竹。"由此其產地也得到了印證。接下来文章用大段的文字來描寫簫竹所處的環境："徒觀其旁山側兮，則嶇嶔巋崎，倚巇迤靡，誠可悲乎其不安也。彌望儻莽，聯延曠蕩，又足樂乎其敞閑也。托身軀於後土兮，經萬載而不遷。吸至精之滋熙兮，稟蒼色之潤堅。

---

① 轉引自[清]嚴可均輯：《全漢文》卷四十二。又載[唐]歐陽詢輯《藝文類聚》卷四十四。

感陰陽之變化兮，附性命乎皇天。翔風蕭蕭而徑其末兮，回江流川而溉其山。揚素波而揮連珠兮，聲礚礚而澍淵。朝露清冷而隕其側兮，玉液浸潤而承其根。孤雌寡鶴，娛優乎其下兮，春禽群嬉，翺翔乎其顛。秋蜩不食，抱樸而長吟兮，玄猿悲嘯，搜索乎其閑。處幽隱而奧庰兮，密漠泊以獤。惟詳察其素體兮，宜清靜而弗喧。”此段寫到了山、水、猿、禽，也衹有這樣的環境纔會產出適合作簫的竹子，突出簫竹吸收天地之精華而成材的環境。

2. 製器。“於是般匠施巧，夔妃准法。帶以象牙，掍其會合。鎪鏤離灑，絳脣錯雜；鄰菌繚糾，羅鱗捷獵；膠致理比，挹抐擫𢷭。”此句主要描寫了簫的製作，寫到了巧匠魯班製器，夔、妃來定律數，並鑲嵌上象牙作爲裝飾，以及各種文飾，可見其製作的工序煩瑣、細緻，就其外形來説也會有很高的欣賞價值。

3. 發聲。這一部分寫到了盲者由於“寡所舒其思慮兮，專發憤乎音聲”，所以纔能做出“故吻吮值夫宮商兮，龢紛離其匹溢”的音樂，這也是古代之所以有很多盲人樂師的主要原因。在後面緊接著寫到了吹奏者吹奏時身體的動作（“形旖旎以順吹兮”）以及面部的動作（“氣旁迕以飛射兮”），這種臉頰和咽部“一鼓一縮”的技巧動作應該是古代的吹奏方法，在現在看來這種方法應該是不科學的。此部分還運用了比喻的手法來描寫樂聲的特點，如“或渾沌而潺湲兮，獵若枚折”等。

4. 聲之妙。這一部分主要描寫了樂聲的美妙效果，“要復遮其蹊徑兮，與謳謠乎相和”寫到了人聲與簫聲的和諧相伴所產生的藝術效果。以下幾句“故聽其巨音，則周流氾濫，並包吐含，若慈父之畜子也。其妙聲，則清靜厭瘱，順敘卑迏，若孝子之事父也。科條譬類，誠應義理，澎濞慷慨，一何壯士，優柔溫潤，又似君子。故其武聲，則若雷霆輘輷，佚豫以沸渭；其仁聲，則若颽風紛披，容與而施惠”，分別描寫其巨聲、妙聲、武聲、仁聲的特點，並運用通感的描寫方法來闡述不同“樂聲”的特點。寫到“巨聲”，以“慈父之畜子”這樣的形象來描述其人聲和簫聲和諧的特點，用“孝子之事父”來形象地表述“妙聲”清和流暢的特點。“武聲”則以“雷霆輘輷”的意象來表述。至於“仁聲”的特點，就以“颽風紛披，容與而施惠”，即以和緩的南風吹拂萬物的景象來表現。

5. 聲之感。這一部分主要描寫聽者的感受。“故貪饕者聽之而廉隅兮，狼戾者聞之而不懟。剛毅強暴反仁恩兮，嘽唌逸豫戒其失”寫到不同的人聽到這樣的音樂後的反應，來説明此音樂的感化教化作用。“鍾期、牙、曠悵然而愕兮，杞梁之妻不能爲其氣”的描寫雖然有些誇張，但也同樣表現了音樂的美妙所達到的藝術感染力。“故知音者，樂而悲之；不知音者，怪而偉之。故聞其悲聲，則莫不愴然累欷，擎涕抆淚；其奏歡娛，則莫不憚漫衍凱，阿那腲腇者已。”此則從“知音”和“不知音”者內心的感受及“悲”“歡”之音所造成的不同的情感衝擊來描寫不同的聲音感受。再後來則描寫“是以蟋蟀蚸蠖，蚑行喘息：螻蟻蝘蜒，蠅蠅栩栩。遷延徙迤，魚瞰鳥睨，垂喙蜿轉，瞪瞢忘食”，即以蟋蟀、蚸蠖、螻蟻、蝘蜒等動物的表現從另外的角度描寫對樂聲的不同感受和音樂引人入勝的效果。

6. 總贊。這一部分寫到了簫聲音色豐富的特點，描寫聲音强、弱、高、低不同的效果，並運用比喻的後發來進行描繪。

王褒故里，簫友畢至

漢武帝在思想文化界首開“罷黜百家，獨尊儒術”的政策，確立了儒家思想的正統與主導地位，使得專制“大一統”的思想作爲一種主流意識形態成爲定型。結合作者的生平來看，作者比較注重對儒家音樂思想的闡發，以儒家所推崇的君子仁人之德來比擬音聲，展現了作者的儒家意識，這是對儒家音樂思想的發揮。從文章中讀者時時能夠感受到儒家文化對他的影響。

總的來説，《洞簫賦》開音樂賦固定寫作模式的先河。在王褒以後，其他賦家紛紛效仿，從而使這種模式的地位得以確立。從另一方面講，《洞簫賦》的這種“取材、製器、發聲……”的模式基本囊括了此樂器所能涉及的諸多方面，這與漢武帝確立的“大一統”的思想不無吻合之處，而從以下的細節方面，讀者同樣可以看到儒家思想的影響。

1. 取材方面：在描寫這一部分時，作者强調了簫竹所處環境的險峻、淒寒，即“江南丘墪”“嶇嶔巋崎”，同時也寫到了選材的要求，在文中則體現爲“洞條暢而罕節兮”的描述，這些正與儒家推崇逆境造才、爲才是用的思想相吻合。當然作者也沒有忘記“聖主”的作用，從而體現了階級觀念。

2. 製器方面：要求做到“挹抐擫鑷”，即中制、符合禮制規格，這與禮樂制度的等級觀念不無關係，而且從洞簫的外形來看，它也是非常符合禮制的。

3. 聲音的描述方面：在描述不同的聲音時，特别是描寫巨聲和妙聲時，用“慈父畜子”和“孝子事父”的仁義道德表現來形象地展現其聲音的特點。

4. 聲音作用方面：這一部分集中地體現了儒家音樂思想中所推崇的教化作用。“嚚、頑、朱、均惕複惠兮，桀、蹠、鬻、博儡以頓顇”此句説頑固兇殘的丹朱、商均、夏桀、盜蹠、夏育、申博聽了以後都受到震驚而醒悟過來，改變自己的惡性而陷入自我反省之中。“吹參差而入道德兮，故永禦而可貴”則説吹奏洞簫就能把人引入感化之道，所以長久地使用它的作用就很可貴了。所以説此部分所體現的儒家音樂思想的教化作用還是很明顯的。

《洞簫賦》還很好地體現了漢代“以悲爲美”的社會審美趣向。據蔡仲德先生的論斷來説，漢代所説的“悲”應該是指“悲樂”，而不是説音樂感動人而使人產生撇淚流涕的表現。首先取材方面，通過“孤雌寡鶴”“秋蜩不食”“玄猿悲嘯”這些物象以説明簫竹生長環境的悲，從而爲簫的製作奠定了悲的基調。然後又提到盲樂師因爲生下來就不見光明，心中鬱結了很多憂愁悲憤，衹有通過音樂來表現出來，所以纔會有“寡所舒其思慮兮，專發憤乎音聲”的表現。對於樂聲的感受和作用，文中提到“故知音者，樂而悲之；不知音者，怪而偉之”，即認爲衹有那些體會到悲樂感情的人纔能稱之爲“知音者”，説明作者以能欣賞悲樂爲其音樂審美的標準，這也是漢代音樂審美的一大特色。

總之，《洞簫賦》爲後來音樂賦的寫作提供了一個很好的典範，在描寫方面它運用多種手法，爲讀者展現了一幅色彩鮮豔的圖畫，其中既有高山流水，也有樂師盡情的表演，更有對於樂聲的生動的描述，給讀者以美的享受。在音樂思想方面，此賦涉及很多儒家音樂思想的内容，這也是漢代“大一統”思想影響的表現，但是文中有很多内容涉及“聲音”的描寫，所以使音樂固有的娱樂性凸現出來，這一點也是他的賦作的一個很重要的特點。文中也很好地體現了漢代“以悲爲美”的審美趣向，從而更加全面地展現了漢代大文化背景對作者的影響。

王褒的創作標誌著漢賦由京苑大賦向抒情小賦的轉變與過渡。因爲辭賦“日用乎比，月忘乎興”，崇盛鋪排比喻，語言鋪張揚厲，外向激蕩之風遠勝含蓄比興之義，劉勰評論其“習小而棄大，所以文謝于周人也”。《騷》不如《詩》，後不及前，今不如古，這在《情采》《誇飾》《物色》等篇中有多層次多角度的論述，比如《情采》認爲“詩人什篇，爲情而造文；辭人賦頌，爲文而造情”，《物色》以爲“詩人麗則而約言，辭人麗淫而繁句”。劉勰所持之論，是揚雄“麗淫麗則”説的反復體現。這既有《文心雕龍》以儒家思想爲主導的指導思想限制，也有辭賦壯麗華美而雅正不足、規諷有限的功能限制。劉勰之論，應該説是比較公正的。

（四）籠圈條貫：知音批評，斷代名家

從《時序》到《程器》這五篇一般稱爲批評論，主要是宏觀地對文學發展史、文學鑒賞、作家才略、道德修養等文題進行整體探討。創作論與批評論的二十四個專題，涉及從前寫作到後寫作的方方面面，王褒在這一部分内容中有突出的貢獻。

《時序》篇是古代文論史上的第一篇文學史論，對先秦至齊梁“九代文學”的“文質之變”做出了從現象到本質的深度闡釋。在漢代，蜀中三傑引領時代風尚，成爲著名的文學家。

越昭及宣，實繼武績：馳騁石渠，暇豫文會；集雕篆之軼材，發綺縠之高喻。於是王褒之倫，底禄待詔。……亦已美矣。①

西漢一朝，文學發展昌盛，作家作品燦如星漢，王褒躋身於當時最著名的文學家之列，作爲巴蜀文學的傑出代表，在全國居於第一流作家的行列。西漢文學的創作整體上以辭賦爲主，包括王褒，根源主要是在《楚辭》，所以劉勰準確地指出：“爰自漢室，迄至成、哀，雖世漸百齡，辭人九變，而大抵所歸，祖述《楚辭》，靈均餘影，於是乎在。”文學發展有自身繼承前代的規律性特徵，漢賦對《楚辭》的繼承就體現了這一特徵。不同時代的文學體裁與創作時尚，又鮮明地體現當時代的社會風尚與哲學思潮，乃至與帝王政治關係密切，漢賦興盛的背後，與漢王朝氣象雄渾、富庶强盛、文治武功冠絶天下密切相關，與漢武帝尊崇儒術、好大喜功也有直接的關係。這又是漢賦於繼承前代之外，當下新變的一面，所以劉勰説“質文沿時，崇替在選”，漢賦巨麗，因爲時代氣象之巨麗。

《才略》篇既是對《體性》篇風格理論的補充，也是對歷代著名作家的一次全面比較，王褒在劉勰點評的歷代著名作家中地位極爲顯赫：

王褒構采，以密巧爲致，附聲測貌，泠然可觀。②

王褒開漢代抒情小賦之先河，精美可觀，獨立於世，成爲漢賦最優秀的代表之一。

在點評完兩漢數十位著名作家之後，劉勰將王褒等蜀中三傑進一步上升爲兩漢文學的斷代標志：

然自卿、淵已前，多役才而不課學；向、雄以後，頗引書以助文：此取與之大際，其分不可亂者也。③

王褒與司馬相如“多役才而不課學”，才華横溢，獨步當世，主要憑藉的是先天天賦，而後天學習，特别是向經典的學習還不夠；自劉向與揚雄“引書以助文”、徵引經典開始，漢代作家改變了仗氣使才而欠缺學習的不足。這既是巴蜀文學在漢代的前後變化，也是整個漢代文學在創作上的分水嶺。王褒作爲劉勰舉證的四位最著名作家中的一員，是歷史上最優秀的辭賦大家之一。

蜀中三傑之所以在文學史上各占高標，主要是因爲他們在賦體文學發展史上各開先河之功與所在領域最高的創作成就。無論是他們身前還是身後，無論是《文

① 楊明照：《增訂文心雕龍校注》，第540頁。
② 楊明照：《增訂文心雕龍校注》，第574頁。
③ 楊明照：《增訂文心雕龍校注》，第576頁。

心雕龍》還是當代評價，都是如此。可以説，沒有蜀中三傑——尤其是揚、馬二人的創作成就、學術貢獻與理論推動，《文心雕龍》不僅將失去最值得依賴的徵引取材物件，而且提不出貫通全書樞紐論、文體論並指導創作與批評實踐的雅麗文學思想。因此，以蜀中三傑爲代表，佔據了《文心雕龍》半壁江山的辭賦創作與辭賦理論，對《文心雕龍》的產生有重大影響。

結　語

綜上所述，漢代蜀地文學家王褒以其傑出的各體創作、文學成就對《文心雕龍》的成書做出了重要的貢獻，這些貢獻貫通全書，在樞紐論、文體論、創作論、批評論中都有重量級的體現。王褒作爲《文心雕龍》闡釋作家作品、創作得失、文學批評的經典代表，具有重要的地位。

作者單位：西華大學人文學院

東坡精神的當代詮釋

潘殊閑　陳　豔

摘　要： 蘇軾是一個在衆多領域都有卓越建樹與貢獻的曠世奇才與偉人，具有永恆的人格魅力與文化魅力。尋覓這些魅力，不能不承認，蘇軾的身上具有一種跨越時空的“東坡精神”，這就是：愛書善思的學習精神、義無反顧的擔當精神、不落窠臼的創新精神、厚德載物的大愛精神、淡泊利禄的名節精神、隨緣自適的樂觀精神。這些精神是千百年來中華優秀道德品質與文化基因在蘇軾身上的凝聚與呈現，同時，又融貫了蘇軾成長的家族傳統、地域文化與具有傳奇色彩的人生仕履，它們在蘇軾這個個體身上持續發酵提醇，最終成就了蘇軾這個人間不可無一難能有二的“奇跡”。

關鍵詞： 蘇軾；魅力；精神；詮釋

蘇軾被林語堂稱爲“人間不可無一難能有二的人物”，這個點評非常到位。在中國歷史上，被稱爲文學家、政治家、書法家、畫家、美食家、養生家的不算少，但將這些頭銜匯聚一身且至今爲人稱道的並不算多；在中國歷史上，名人很多，在世時“粉絲”多，去世之後直到現在仍有無數“粉絲”的並不算多；在中國歷史上，名人大多會宦游四海，但每到一處都能留下名聲佳話，至今幾乎生前所到之處都建立了各類研究會、學會、詩會等組織並將其列入當地歷史名人予以保護與開發的並不算多……類似這樣的枚舉還可羅列下去，但似乎能夠囊括這些殊榮的歷史名人屈指可數，而蘇東坡則是其中特別耀眼的一位。是什麼力量讓這位從西蜀眉州走出的文人，擁有如此經久不衰的永恆魅力？在筆者看來，蘇東坡的魅力不是外人强加給他的，而是他身上所自帶的，筆者用“東坡精神”概括。本文試圖站在今天的角度，對這位九百多年前風靡海内外，至今仍魅力無窮的曠世偉人的“精神”作一詮釋。

一　愛書善思的學習精神

蘇軾一生在衆多領域都有卓越的貢獻，其所以能如此優異卓著，跟他一生熱愛學習、善於觀察、勤於思考，有非常大的關係。

1. 書香眉山的熏陶。蘇軾的家鄉眉山地處成都平原的南邊，屬於都江堰灌區。從大禹治水、開明治水，到李冰修建都江堰，成都平原的自然生態得到徹底的優化。再加上文翁化蜀，一時“蜀學比於齊魯”，蜀中的文化生態得到巨大的改善。自秦並巴蜀以來，蜀中向爲移民之地，特別是安史之亂、唐末五代以來，蜀中接納的中原望族大家移民特別多。眉山在西蜀中心城市成都的南邊，距離中心城市不遠，又山川形勝，接納移民尤多。歷代的移民融合，進一步改善了這裏的人口素質。至宋代，西蜀眉州雖爲小州，但已卓然屹立，分外耀眼。表現在：這裏讀書人多，蘇軾説西蜀在仁宗時代“釋耒耜而執筆硯者，十室而九”；教育機構多；書商書販多，晁公遡在《今歲試士竟置酒起文堂延主司且作詩送之》中寫道：“吾州俗近古，他邦那得如。飲食猶俎豆，傭販皆詩書。今年屬賓興，詔下喧里閭。白袍五千人，崛起塞路衢……”；藏書樓多；參加科舉考試的人多；科舉成功率高，故宋徽宗稱道“西蜀惟眉州學者最多”；社會崇尚讀書，尊重知識，形成良好氛圍。《修譙樓記》載眉山：“其民以詩書爲業，以故家文獻爲重，夜燃燈，誦聲琅琅相聞。”故“孕奇蓄秀當此地，鬱然千載詩書城”（陸游《眉州披風榭拜東坡先生遺像》），這是書香眉山的歷史寫實。

2. 書香家庭的暈染。“門前萬竿竹，堂上四庫書”（蘇軾《答任師中家漢公》）是蘇軾對自己家的形象描繪；蘇轍則直接説“我家亦多書”。蘇家還有不少“自編教材”：蘇洵就曾潛心攻讀經史百家之書，並親自輯校數千卷書作爲教材教育蘇軾、蘇轍兩兄弟。而蘇軾的伯父蘇渙則是開風氣之先的人物，他不僅打破了蘇氏五代不仕的局面，且爲鄉里開闢出了由科舉而仕宦的康莊大道。而蘇渙爲政的清廉幹練，還爲蘇氏子弟樹立了從政的榜樣。蘇軾、蘇轍都對伯父充滿敬意，蘇轍在其《墓表》中說：“蘇氏自唐始家於眉，閱五季皆不出仕。蓋非獨蘇氏也，凡眉之士大夫，修身於家，爲政於鄉，皆莫肯仕者。天禧中，孫君堪始以進士舉，未顯而亡，士猶安其故，莫利進取。公於是時獨勤奮問學，既冠，中進士乙科。及其爲吏，能據法以左右民，所至號稱循良。一鄉之人欣而慕之。學者自是相繼輩出。至於今，仕者常數十百人，處者常千數百人，皆以公爲稱首。……公忠信孝友，恭儉正直出於天性，好讀書，老而不衰。平居不治產業，既沒，無以葬。善爲詩，得千餘篇。……其爲吏，長於律令，而以仁愛爲主，故所至必治，一時稱爲吏師。……轍幼與兄軾皆侍伯父，聞其言曰：‘予少而讀書，師不煩。少長爲文，日有程，不中程不止。出遊於途，行中規矩。入居室，無惰容。非獨吾爾也，凡與吾遊者舉然。不然，輒爲鄉所擯曰：是何名爲儒？故當是時，學者雖寡，而不聞有過行。自吾之東，今將三十年，歸視吾里，弦歌之聲相聞，儒服者於他州爲多，善矣。爾曹才不逮人，姑亦師吾之寡過焉可也。’皆再拜曰：‘謹受教。’”①

---

① [宋]蘇轍:《伯父墓表》,《欒城集》卷二十五，陳宏天、高秀芳點校:《蘇轍集》，中華書局 1990 年版，第 414-417 頁。

3. 嗜書尚學的癖好。蘇轍稱讚其兄蘇軾“平生無所嗜好，以圖史爲園囿，文章爲鼓吹”(《子瞻和陶淵明詩集引》)，説他自己“圖史紛滿前，展卷輒忘睡”(《讀書》)，二蘇從小養成了刻苦用功的習慣，嗜書成癖，《春渚紀聞》卷六云：“秦少章言：公(蘇軾)嘗言觀書之樂，夜常以三鼓爲率。雖大醉歸亦必披展至倦而寢。”[①]《春渚紀聞》卷六“筆下變化”條云：“晁丈無咎言：‘蘇公少時，手抄經史，皆一通。每一書成，輒變一體，卒之學成而已。乃知筆下變化，皆自端楷中來，爾不端其本，而欺以求售，吾知書中孟嘉，自可默識也。’”[②]明張醜《真跡日録》卷五也云：“蘇長公手録《漢書》全部及《金剛經》。”[③]

這些勤奮的學習，爲蘇軾打下了扎實的功底。它讓蘇軾知識豐富，底蘊深厚，爲日後接過歐陽修文壇大旗奠定了堅實的基礎。而終生的學習思考，則大大減少了蘇軾的偏激與狹隘，確保他推行的各項政策措施能夠接地氣，少折騰，百姓得到更多實惠。即使是在謫籍中，這些知識也很快轉變爲一種智慧，讓蘇軾因地制宜、因時制宜，惠及所到之處，造福黎民百姓，也讓自己有了戰勝各種困難的底氣與力量。

二　義無反顧的擔當精神

1. 以“賢良方正直言敢諫”自我砥礪。蘇軾不僅非常年輕就進士及第，還考中了“制科”中的“賢良方正直言敢諫”，且入三等(宋代最高等)，這種身份決定了蘇軾敏鋭的政治觀察力和糾偏補弊的政治意識。蘇軾在一篇文章中曾明確提出過“言必中當世之過”的理論：

> 昔吾先君適京師，與卿士大夫游，歸以語軾曰：“自今以往，文章其日工，而道將散矣。士慕遠而忽近，貴華而賤實，吾已見其兆矣。”以魯人鳧繹先生之詩文十餘篇示軾曰：“小子識之。後數十年，天下無復爲斯文者也。”先生之詩文，皆有爲而作，精悍確苦，言必中當世之過，鑿鑿乎如五穀必可以療饑，斷斷乎如藥石必可以伐病。其游談以爲高，枝詞以爲觀美者，先生無一言焉。其後二十餘年，先君既沒，而其言存。士之爲文者，莫不超然出於形器之表，微言高論，既已鄙陋漢、唐，而其反復論難，正言不諱，如先生之文者，世莫之貴矣。[④]

這雖是一篇文章，但其中提出的“言必中當世之過”的理論，具有重要的現實意義和深刻的理論意義，換成今天的話説，就是作家及其文章應該干預生活，干預政治，敢於對現實生活中的重大錯誤和缺點進行批評、揭露，以有補於國家

① [宋]何薳撰，張明華點校：《春渚紀聞》卷六，“著述詳考故實”條，中華書局1983年版，第88頁。
② [宋]何薳撰，張明華點校：《春渚紀聞》卷六，中華書局1983年版，第94頁。
③ [明]張丑：《真跡日録》卷五，文淵閣四庫全書本。
④ [宋]蘇軾：《鳧繹先生詩集敘》，孔凡禮點校：《蘇軾文集》卷十，中華書局1986年版，第313頁。

社會民生。正是堅持這樣的政治理念，所以，蘇軾有“明知山有虎，偏向虎山行”的政治勇氣，這不僅使他遭受新黨的排擠打擊，舊黨也一點沒有放過他。爲此，他可以説受盡了挫折，他也有不再寫詩作文譏誚時政的懊悔，但最終他還是沒有這樣做。綜觀蘇軾的一生，確是以忠諫爲砥礪，敢於處“盛世”而作“危言”，知其不可爲而爲之。王安石掌權的時候，決意變法，蘇軾明知自己“若少加附會，進用可必”，但是，他“不忍欺天負心”，於是“上疏六千餘言，極論新法不便”，以致得罪下獄。[①]司馬光上臺後，不顧一切盡廢新法，蘇軾這時從一貶再貶中驟遷回京，做了大官，可是由於他從各地民間實踐中親眼看到新法的某些方面比舊法利多弊少，因而採取了有所維護的態度，認爲原來“交契最厚”的司馬光一些極端做法又成了“當世之過”，又不惜與之力爭，惹得司馬光大怒，終於再被舊黨排斥出去。蘇軾曾坦言：“昔之君子，惟荊是師。今之君子，惟温是隨。所隨不同，其爲隨一也。老弟與温相知至深，始終無間，然多不隨耳。”[②]這裏的“荊”，指荊公王安石；“温”，指温公司馬光。蘇軾不願做沒有操守和原則的隨風倒，哪怕在關係身家性命的大是大非問題上，也一點不含糊。蘇軾對自己的這種信念是如此之堅定，他有一段頗有代表性的話：

> 嗟夫，餘天下之無思慮者也。遇事則發，不暇思也。未發而思之，則未至。已發而思之，則無及。以此終身，不知所思。言發于心而沖於口，吐之則逆人，茹之則逆餘。以爲寧逆人也，故卒吐之。君子之于善也，如好好色；其於不善也，如惡惡臭。豈復臨事而後思，計議其美惡，而避就之哉！是故臨義而思利，則義必不果；臨戰而思生，則戰必不力。若夫窮達得喪，死生禍福，則吾有命矣。[③]

這真是對蘇軾自我的形象刻畫。多少年後，其弟在亡兄《墓志銘》中有這樣的概述：

> 初公既補外，見事有不便於民者，不敢言亦不敢默視也，緣詩人之義，托事以諷，庶幾有補于國。言者從而媒孽之……其於人，見善稱之，如恐不及；見不善斥之，如恐不盡；見義勇於敢爲，而不顧其害。用此數困於世，然終不以爲恨。[④]

結合蘇軾的自言和人生仕履，可以肯定地説，這不是蘇轍的粉飾和虛譽，而是實録。因爲蘇軾自己在送呈皇帝的劄子中就這樣坦誠“交待”過：“臣愚惷無狀，常不自揆，竊懷憂國愛民之意，自爲小官，即好僭議朝政，屢以此獲罪。然

---

① [宋]蘇軾：《杭州召還乞郡狀》，孔凡禮點校：《蘇軾文集》卷三十二，中華書局 1986 年版，第 912 頁。

② [宋]蘇軾：《與楊元素》，孔凡禮點校：《蘇軾文集》卷五十五，中華書局 1986 年版，第 1655 頁。

③ [宋]蘇軾：《思堂記》，孔凡禮點校：《蘇軾文集》卷十一，中華書局 1986 年版，第 363 頁。

④ [宋]蘇轍：《亡兄子瞻端明墓誌銘》，《欒城後集》卷二十二，陳宏天、高秀芳點校：《蘇轍集》，第 1120、1127 頁。

受性於天，不能盡改。”[①]這種天性，亦成就了一位非凡的士人，也難怪《宋史·蘇軾本傳》作者這樣慨歎：“嗚呼！軾不得相，又豈非幸歟？或謂：‘軾稍自韜戢，雖不獲柄用，亦當免禍。’雖然，假令軾以是而易其所爲，尚得爲軾哉？”[②]

2. 愛恨分明，無怨無悔。蘇軾疾惡如仇，遇有邪惡，則“如蠅在食，吐之乃已”；其對弱勢群體與普通民衆充滿深情，而對邪惡勢力則毫不留情。比如：

元豐五年（1082）蘇軾謫居黃州，王殿直天麟自武昌來，言“岳鄂間田野小人，例只養二男一女，過此輒殺之，尤諱養女，以故民間少女，多鰥夫。初生，輒以冷水浸殺，其父母亦不忍，率常閉目背面，以手按之水盆中，咿嚶良久乃死”。對此，蘇軾“聞之酸辛，爲食不下”，他寫信給鄂州守朱壽昌，建議明立賞罰以變此風，並倡儀捐助其貧甚不能舉子者。蘇軾説他雖然貧，亦當出十千。[③]

元祐八年（1093）十月，蘇軾到定州任，發現定州近歲軍政不嚴，邊備小弛，比如，“甲仗庫子軍人張全，一年之間，持仗入庫，前後盜銅鑼十二面，監官明知，並不申舉。又有帳設什物庫子軍人田平等，二年之間，盜帳設什物八百餘件，銀二百五十餘兩，恣意典賣。軍城寨人戶采斫禁山，開耕爲田，公然起稅，住坐者一百八十餘家。城中有開櫃坊人百餘戶，明出牌牓，召軍民賭博”。因此之故，致法令不行，禁軍日有逃亡，聚爲盜賊，民不安居。爲此，蘇軾大膽整飭軍政，懲治貪官污吏，“張全、田平等皆以付獄按治。侵斫禁山人逐次舉覺，依法勘斷張德等九人。其多年侵耕已成永業者，別作擘劃處置，申樞密院次，開櫃坊人出榜，召人告捉。有王京等四十家，陳首改業，其餘並走出州界。軍民自此稍知有朝廷法令，逃軍衰少，賊盜亦稀”。[④]

東坡身邊的僕夫也對蘇軾充滿崇敬：

> 東坡在雪堂，一日讀杜牧之《阿房宫賦》凡數遍，每讀徹一遍，即再三諮嗟歎息。至夜分，猶不寐。有二老兵，皆陝人，給事左右，坐久，甚苦之。一人長歎，操西音曰：“知他有甚好處？夜久寒甚不肯睡，連作冤苦聲。”其一曰：“也有兩句好。”西人皆作吼音。其人大怒曰：“你又理會得甚底？”對曰：“我愛他道天下人不敢言而敢怒。”叔党臥而聞之。明日，以告。東坡大笑曰：“這漢子也有鑒識。”[⑤]

---

① [宋]蘇軾：《辨賈易彈奏待罪劄子》，孔凡禮點校：《蘇軾文集》卷三十三，中華書局 1986 年版，第 936 頁。

②《宋史》卷三百三十八，第 8651 頁。

③ 參見[宋]蘇軾：《與朱鄂州書》，孔凡禮點校：《蘇軾文集》卷四十九，中華書局 1986 年版，第 1416-1417 頁；蘇軾：《黃鄂之風》，孔凡禮點校：《蘇軾文集》卷七十二，中華書局 1986 年版，第 2316 頁。

④ [宋]蘇軾：《乞降度牒修定州禁軍營房狀》，孔凡禮點校：《蘇軾文集》卷三十六，中華書局 1986 年版，第 1021 頁。

⑤ [宋]佚名：《道山清話》，《宋元筆記小説大觀》，上海古籍出版社 2001 年版，第 2931 頁。

“我愛他道天下人不敢言而敢怒”這句話出自一個僕人之口，的確感人，難怪蘇軾誇他有“鑒識”。

3. 有勇有智的責任意識。熙寧十年（1077）二月，蘇軾改知徐州，七月十七日，黄河在澶州曹村埽決口，八月二十一日，洪水直淹徐州城下，到九月二十一日，城下水深達二丈八尺九寸，水高於城中平地有至一丈九寸者。蘇軾看到被捲入洪水急流中的男女老幼蔽川而下，便“使習水者浮舟檝，載糗餌以濟之，得脱者無數”①。蘇軾看到城内一些富豪大賈怕死偷生，紛紛爭出避水，他反而愈加增强了與城民共存亡的决心。他率軍民持畚鍤以出，築起東南長堤，使水不及城，“民心乃安”。蘇軾不僅勸禁卒盡力，且在危急情況下，“廬於城上，過家不入”，日夜指揮吏民，分堵而守，築長堤九百八十四丈，又發公廩，濟困窮，經過七十餘天的奮戰，終於戰勝洪濤，保全了全城人民的生命財産。爲此，舉城吏民擺宴歡慶，載歌載舞。神宗皇帝也特予嘉奬。在拯救徐州城的抗洪鬥爭中，蘇軾自始至終，總以“已坐迂踈來此地，分將勞苦送生涯”②砥礪自己。可以説，這兩句話準確地寫出了他當時抗洪救災時的心境。正因爲蘇軾爲徐州人民做了實實在在的大好事，所以，徐州人非常感謝他。當他調離徐州時，徐州人民扶老攜幼爲其送行。父老鄉親拉著他的馬韁繩，流著淚水爲他祝壽説：“洗盞拜馬前，請壽使君公：前年無使君，魚鱉化兒童。”而蘇軾則很謙卑，感歎道：“水來非吾過，去亦非吾功。”③

嘉祐六年（1061），二十六歲的蘇軾作鳳翔府簽判時，就著手改善“民貧而役重”的情況。有年冬天，他晨起觀雪，對貧苦農民的缺吃少住表現了無限的憂慮和哀惋：“誰憐屋破眠無處，坐覺村饑語不囂。”④在《上韓魏公論場務書》中，蘇軾備言民貧役重、富國必先富民的道理，爲此提出“官榷與民”的辦法⑤，以減輕人民的沉重負擔。

熙寧七年（1074），蘇軾到密州上任剛剛二十餘天，發現“民以蒿蔓裹蝗蟲而瘞之道左，累累相望者，二百餘里，捕殺之數，聞於官者幾三萬斛。……而京東獨言蝗不爲災，將以誰欺乎？郡已上章詳論之矣”，於是迫不及待地上書丞相韓絳，首陳蝗災宜量捐秋税或與倚閣青苗錢；論方田均税之患；請京東、河北免榷

① [宋]蘇轍：《黄樓賦並敘》，《欒城集》卷十七，陳宏天、高秀芳點校：《蘇轍集》，中華書局1990年版，第335頁。

② [宋]蘇軾：《有言郡東北荊山下，可以溝畎積水，因與吴正字、王户曹同往相視，以地多亂石，不果。還，游聖女山，山有石室如墓而無棺槨，或云宋司馬桓魋墓。二子有詩，次其韻，二首》之一，[清]王文誥輯注：《蘇軾詩集》卷十五，中華書局1982年版，第769頁。

③ [宋]蘇軾《罷徐州，往南京，馬上走筆寄子由五首》之二，[清]王文誥輯注：《蘇軾詩集》卷十八，中華書局1982年版，第936-937頁。

④ [宋]蘇軾：《十二月十四日夜微雪，明日早往南溪小酌至晚》，[清]王文誥輯注：《蘇軾詩集》卷四，中華書局1982年版，第184頁。

⑤ 孔凡禮點校：《蘇軾文集》卷四十八，中華書局1986年版，第1395頁。

鹽。[①]同年，蘇軾再上奏狀，縱論河北、京東盜賊爲害，乞體量放税、免税。[②]當時由於連年饑荒，很多窮人無力撫養孩子，忍痛丢棄孩子的事情屢屢發生。蘇軾看到這種情況後，便安排官府收養這些被丢棄的孩子，然後再將這些棄兒交給那些沒有子女的百姓收養，同時，將官府平常作應急用的“勸誘米”，拿出一部分作爲收養棄兒的專項補助。他採取的辦法是，誰家收養棄兒，誰家每月就可以得到定量的補助。這樣，棄兒有人收養，窮苦百姓的生活也得到改善。[③]

三　不落窠臼的創新精神

蘇軾性格豪爽，不喜循規蹈矩，善於求變創新。這種特性在很多方面都得以淋漓盡致地展現。嘉祐二年（1057），蘇軾參加由歐陽修主持的省試，在所作的《刑賞忠厚之至論》這篇文章中，無所藻飾，一反險怪奇澀之“太學體”，贏得梅堯臣、歐陽修一片驚賞。文中提到的皋陶曰“殺之三”，堯曰“宥之三”，連主考官也不知出於何書。待問其出處，蘇軾的回答相當“放肆”：“想當然耳。”對於關乎自己終生大事的省試之文，蘇軾如此“率意”，足見其自信與自如，所以，歐陽修感歎道：“此人可謂善讀書，善用書，他日文章，必獨步天下。”[④]從西南偏僻一隅走出的蘇軾，最終能夠成爲一代文宗師伯，在很大程度上取決於他卓爾不凡的創新意識。這種創新意識源於尚變的民族審美心理的潛移默化，源於四川地域文化的影響，源於蘇氏家族門風的濡染，源於時代風會的熏陶，源於前輩名公的獎掖扶持，源於其性格稟賦和後天的造化，源於其坎壈的人生遭際。一句話，是民族、地域、家族、時代、伯樂、個人性格、後天努力和人生遭際等綜合鍛造了蘇東坡，使其成爲穿越古今、生命永恆的文化巨擘。[⑤]

林語堂先生説蘇東坡是“人間不可無一難能有二的人物”，“是個秉性難改的樂天派，是悲天憫人的道德家，是黎民百姓的好朋友，是散文作家，是新派的畫家，是偉大的書法家，是釀酒的工程師，是假道學的反對派，是瑜珈術的修煉者，是佛教徒，是士大夫，是皇帝的秘書，是飲酒成癖者，是心腸慈悲的法官，是政治上的堅持己見者，是月下的漫步者，是詩人，是生性詼諧愛開玩笑的人”。[⑥]其實，這樣的概括也遠不夠全面，蘇東坡當之無愧的榮譽頭銜還應有：經學家、子

① [宋]蘇軾：《上韓丞相論災傷手實書》，孔凡禮點校：《蘇軾文集》卷四十八，中華書局 1986 年版，第 1395-1398 頁。

② [宋]蘇軾：《論河北京東盗賊狀》，孔凡禮點校：《蘇軾文集》卷二十六，中華書局 1986 年版，第 753-757 頁。

③ 參見蘇軾《與朱鄂州書》云：“軾向在密州，遇饑年，民多棄子，因盤量勸誘米，得出剩數百石别儲之，專以收養棄兒，月給六鬥。比期年，養者與兒，皆有父母之愛，遂不失所，所活亦數千人。”孔凡禮點校《蘇軾文集》卷四十九，中華書局 1986 年版，第 1417-1418 頁。

④ [宋]楊萬里：《誠齋詩話》，丁福保：《歷代詩話續編》，中華書局 1983 年版，第 148-149 頁。

⑤ 參見潘殊閑：《論蘇軾創新意識的形成原因》，《南昌大學學報》（人文社科版），2011 年第 3 期。

⑥ 林語堂：《蘇東坡傳・原序》，百花文藝出版社 2000 年版，第 5-6 頁。

學家、醫藥學家、養生家、美食家、文藝評論家、文物鑒賞家、建築設計師，等等。像這樣全面的人才，不要説在宋代，就是在整個中國歷史上也屬少見。這種“雜家”，其生活起居、舞文弄墨、仕履行蹤，處處都顯出“學問”，亦處處都氤氳著濃郁的文化氛圍。蘇軾身上衆多的頭銜便是敢於創新、善於創新的結果。

在政治上，蘇軾的仁政愛民情懷並非簡單的同情、援助，而是充滿了智慧的“創意”。如元祐五年（1090），蘇軾在杭州任上，目睹西湖水中多葑（淤泥），有必廢之漸，有五不可廢之憂，於是奏乞利用賑災餘緡並特别撥款，修浚被稱爲杭州之眉目的西湖。蘇軾招募饑民，興功開西湖，包括疏浚茅山、鹽橋二河及修六井，將葑泥築成八百八十丈長的長堤，把“内湖”與“外湖”連結起來，使這一工程充分發揮了航運、灌溉、飲水、環保、休閒娱樂等功能，同時也讓“數千人得食其力以度此凶歲”[①]。這是一項深得人心的民心工程，是一個造福子孫後代的偉大工程，也是一舉數得的“創意”工程（以工代賑，讓饑民自食其力，有臉面地獲得酬勞，兩全其美），因而也成爲中國歷史上各級地方官實施仁政惠民、科學治城的典範。

四　厚德載物的大愛精神

蘇軾一生充滿大愛，無論順境還是逆境，蘇軾都樂此不疲地做善事，做好事。

1. 深厚的民本思想。蘇軾深受孔孟“民爲邦本”“民貴君輕”思想的影響，主張仁政愛民。其22歲參加禮部考試，所作《省試刑賞忠厚之至論》，從“愛民”“憂民”出發，主張“廣恩”“慎刑”，集中表達了他一生堅持以儒家“仁政”思想治國安邦的政治主張。他甚至認爲“天下者，非君有也，天下使君主之耳”。[②]

蘇軾有强烈的民本思想，所到之處，皆有能聲善政，故在民間，老百姓對他懷有深刻的崇敬心情。據文獻記載，蘇軾在杭州，民間“家有畫像，飲食必祝。又作生祠以報”。[③]元符三年（1100），蘇軾離儋北還時，儋州人“爭致贍遺”，相送於舟次。[④]而北上船隻抵達常州，當地百姓又於運河兩岸，人頭攢動，爭睹蘇軾風采。

李僩言：東坡自海外歸毗陵，病暑，著小冠，披半臂，坐船中。夾運河岸，千萬人隨觀之。東坡顧坐客曰：“莫看殺軾否？”其爲人愛慕如此。[⑤]

① 參見[宋]蘇軾：《杭州乞度牒開西湖狀》《申三省起請開湖六條狀》，孔凡禮點校：《蘇軾文集》卷三十，中華書局1986年版，第863-872頁。
② [宋]蘇軾：《御試製科策一道並策問》，《蘇軾文集》卷九，中華書局1986年版，第299頁。
③ [元]脱脱：《宋史》卷三百三十八《蘇軾傳》，中華書局1999年版。
④ [宋]蘇軾撰，孔凡禮點校：《蘇軾文集》卷五十八《與歐陽晦夫二首》之二，中華書局1986年版。
⑤ [宋]邵博：《邵氏聞見後録》卷二十，中華書局1983年版。

《清波雜志》在上述之後還有這樣一行文字："則素知彼民愛慕，坡亦眷眷此地而不忘。强伯屍而祝之之意出此。"[①]

2. 關心弱勢群體。與蘇軾民本思想相通的就是蘇軾特別關注關心弱勢群體，多做雪中送炭之事，少盡錦上添花之舉。費衮的《梁溪漫志》還記載了一件令人感佩的蘇軾軼事：

> 建中靖國元年，東坡自儋北歸，卜居陽羡，陽羡士大夫猶畏而不敢與之游，獨士人邵民瞻從學於坡，坡亦喜其人，時時相與杖策過長橋，訪山水爲樂。邵爲坡買一宅，爲錢五百緡，坡傾囊僅能償之。卜吉入新第。既得日矣，夜與邵步月，偶至一村落，聞婦人哭聲極哀，坡徙倚聽之，曰："異哉，何其悲也！"豈有大難割之愛，觸於其心歟？吾將問之。遂與邵推扉而入，則一老嫗，見坡泣自若。坡問嫗，何爲哀傷至是？嫗曰："吾家有一居，相傳百年，保守不敢動，以至於我。而吾子不肖，遂舉以售諸人。吾今日遷徙來此，百年舊居，一旦訣别，寧不痛心？此吾之所以泣也。"坡亦爲之愴然，問其故居所在，則坡以五百緡所得者也。坡因再三慰撫，徐謂之曰："嫗之舊居，乃吾所售也。不必深悲，今當以是屋還嫗。"即命取屋券，對嫗焚之；呼其子，命翌日迎母還舊第，竟不索其直。坡自是遂還毗陵，不復買宅，而借顧塘橋孫氏居暫憩焉。是歲七月，坡竟歿于借居。前輩所爲類如此，而世多不知，獨吾州傳其事云。[②]

蘇軾偉大的人格，於此洞見。

元祐四年（1089），蘇軾到杭州任。時杭州地區大旱，饑疫並作，蘇軾請於朝，免本路上供米三之一，復得賜度僧牒，易米以救饑者。明年春，又減價糶常平米，多作饘粥藥劑，遣使挾醫分坊治病，活者甚衆。蘇軾説："杭，水陸之會，疫死比他處常多。"於是，"裒羡緡得二千，復發橐中黄金五十兩，以作病坊，稍畜錢糧待之"。[③]紹聖三年（1096），蘇軾在惠州，曾推廣秧馬（木制插秧機），意在減輕農民插秧的勞苦。又介紹四川的水力碓磨，促進生産發展。還力助博羅大火災的善後事宜。建議廣州爲人民改良飲水。

在儋州，蘇軾除課堂教學、授徒誦讀外，還十分關心儋耳地區的風土人情。他親自采松製墨，籌措書籍，研究當地物產、氣候、醫藥、衛生，直至作物品種、名勝古跡。他熱情寫詩作文，勸説黎漢之間平等相待，和睦共處，宣傳破除迷信思想，讚美祖國邊疆綺麗風光。他勸農開墾荒地，多植稻穀；移植中原優良品種、推廣先進耕作方法。他開鑿井泉，改變當地飲用河塘污水的不衛生習慣；他還研究當地物産花木、親嘗百草，製成藥劑並托來貴重藥物散給群衆，以提高當地人

① [宋]周煇撰，劉永翔校注：《清波雜志校注》卷三，中華書局1994年版。
② [宋]費衮撰：《梁溪漫志》卷四"東坡卜居陽羡"條，《宋元筆記小説大觀》（三），上海古籍出版社2001年版，第3379頁。
③ [元]脱脱等撰：《宋史》卷三百三十八《蘇軾本傳》，中華書局1999年版，第8646頁。

民的健康水準。他還宣傳破除迷信、改變陋習，反對殺牛祭鬼、燒香拜佛，規勸儋耳父老改變“坐男使女”的土風俗。[①]

蘇軾在海南化育生民的事跡和文學創作成就成爲海南社會進步和文化發展的寶貴史料和永遠的精神財富，他們認爲，“儋耳爲漢武帝元鼎六年置郡，閱漢魏六朝至唐及五代，文化未開。北宋蘇文忠公來瓊，居儋四年，以詩書禮樂之教轉移其風俗，變化其人心”，使儋州地區“書聲琅琅，弦歌四起”，成爲當時海南文化的中心。[②]

3. 獎掖扶持後進。蘇軾門庭廣大，除人所共知的“蘇門四學士”“蘇門六君子”外，還有“蘇門後四學士”，以及衆多追隨者。胡應麟曾列舉與蘇軾善者和從蘇軾游者之名單，多達四十一人。蘇軾愛護人才，獎掖後進，從不以導師自居，對朋友和後輩，總是嘉善而矜不能，凡有寸長片善，四處宣揚，見到短處，則善爲譬喻，耐心開導。《漫浪野録》曾載云：“蘇子瞻泛愛天下士，無賢不肖，歡如也。嘗自言：‘上可以陪玉皇大帝，下可以陪卑田院乞兒。’子由晦默，少許可。嘗戒子瞻擇交。子瞻曰：‘吾眼前見天下無一個不好人。’”[③]這樣的性格決定了蘇軾門風是相當自由歡暢的，蘇門之人沒有拘束和壓抑感，蘇門也因此“門庭若市”，格外興旺。查閱相關文獻可以清楚地看到，無論蘇軾走到哪兒，也無論蘇軾是榮升還是貶謫，總有一群人願意彙聚在其身邊，對此，趙翼曾經這樣感歎：“東坡才名，震爆一世。故所至傾動，士大夫即在謫藉中，猶皆慕與之交，而不敢相輕。……至於林下交遊，更有相從患難，至死而不悔者。”

紹聖四年（1097），蘇軾在海南，克服各種意想不到的困難，大力傳播中原文化，嘔心培育地方才俊。蘇軾剛到儋耳，軍使張中便不計蘇軾身份，禮之如上賓，“別飾官舍”，與其論文長敘，飲酒賦詩。受其影響，郡中才俊如黎子雲兄弟、符林、王霄等當地讀書人，還有遠從數百里、數千里之外慕名相從的年輕人，如潮州的吴子野、瓊州的姜唐佐等人就漸次聚集在蘇軾周圍，形成一個論文講學的知識分子小團體。後來又取《漢書・揚雄傳》“載酒問字”典故，興建“載酒堂”用於講學。在此基礎上，蘇軾多方宣傳，四處勸學，大力宣導教學之風。

五　淡泊利禄的名節精神

蘇軾從小就受到名節教育，加上個人成長中的種種影響，所以，一生淡泊利禄，坦蕩爲人，赢得後世景仰。

---

① 以上參見[宋]蘇軾：《和陶勸農六首》《蒼耳録》《與程全父書》《書柳子厚牛賦後》《書杜子美詩》等篇。

②《重修儋州志敘》，轉引自朱玉書《蘇東坡在海南島》附録《蘇軾與儋縣文化》，廣東人民出版社 2006 年版，第 197-206 頁。

③ [元]陶宗儀撰：《南村輟耕録》卷二十轉引，中華書局 1959 年版，第 249 頁。

1. 家庭的熏陶與培養。蘇軾的祖父輩是聞名鄉里的賢達。蘇洵在《蘇氏族譜》中敘述他的祖父蘇杲"最好善，事父母極于孝，與兄弟篤于愛，與朋友篤于信，鄉閭之人，無親疏皆敬愛之"。敘述他的父親蘇序"薄於爲己而厚于爲人，與人交，無貴賤皆得其歡心。見士大夫曲躬盡敬，人以爲諂，及其見田父野老亦然，然後人不以爲怪"。敘述他的祖父蘇杲"好施與"，且不事張揚，即"施而尤惡使人知之"。其父蘇序"族人有事就之謀者，常爲盡其心，反復而不厭"，凶年嘗鬻其田以濟饑者，既豐，人將償之，曰："吾自有以鬻之，非爾故也。"卒不肯受。蘇杲、蘇序都爲人低調，蘇洵説是"力爲藏退之行，以求不聞於世。然行之既久，則鄉人亦多知之，以爲古之隱君子莫及也"[①]。這種家庭的影響是潛移默化的。在蘇軾的成長中，母親扮演了非常重要的角色。她不僅勇於挑起家庭的經濟重擔，讓丈夫蘇洵安心向學、安心游學，且承擔了蘇軾、蘇轍的教育責任。關於母親對蘇軾的名節教育，還有這樣的故事：

> 公生十年，而先君宦學四方。太夫人親授以書，聞古今成敗，輒能語其要。太夫人嘗讀《東漢史》，至《范滂傳》慨然太息。公侍側曰："軾若爲滂，夫人亦許之否乎？"太夫人曰："汝能爲滂，吾顧不能爲滂母耶？"公亦奮厲有當世志，太夫人喜曰："吾有子矣！"[②]

范滂是後漢時著名的清節之士。當時冀州大饑，盜賊四起，官吏卻置百姓生死於不顧，巧取豪奪。朝廷派范滂去查處貪官。兩年後，范滂因政績卓著，被任命爲光禄勳主事。漢靈帝建寧二年（169 年），宦官專權，大誅黨人。作爲清流派人物的范滂早已罷官在家。當時督郵吴導奉詔索拿范滂，來到汝南，竟伏床大哭。范滂知道吴是爲自己而來，遂投案。臨行前，與老母訣別，希望母親不要過分悲傷。范母堅强地安慰兒子："汝今得與李杜齊名，死亦何恨（指李膺、杜密，皆當時名士，亦同時被征身亡）。既有令名，復求壽考，可兼得乎？"范母如此胸襟，范滂如此從容，千載流芳。少年時代母親所給予的這種名節教育，在蘇軾的心中産生了深遠的影響，這可以從蘇軾一生"微官敢有濟時心"[③]的偉大抱負和"不以一身禍福，易其憂國之心"的人生實踐中看到母親程夫人的教育之果。正如《宋史·蘇軾傳》所云："自爲舉子至出入侍從，必以愛君爲本，忠規讜論，挺挺大節，群臣無出其右。"[④]

2. 清廉的思想與實踐。"清"指水的純淨透明，看不到雜質。《説文解字》解釋爲"腺也，澂水之貌"，腺即朗，明亮、瑩潔。澂，即澄，清澈之意。廉，含

---

① [宋]蘇洵著，曾棗莊、金成禮箋注：《嘉祐集箋注》，上海古籍出版社 1993 年版，第 385-386 頁。

② [宋]蘇轍：《亡兄子瞻端明墓誌銘》，《欒城後集》卷二十二，陳宏天、高秀芳點校：《蘇轍集》，中華書局 1990 年版，第 1117 頁。

③ [宋]蘇軾：《次韻柳子玉過陳絶糧二首》之二，[清]王文誥輯注，孔凡禮點校：《蘇軾詩集》卷六，中華書局 1982 年版，第 275 頁。

④ [元]脱脱：《宋史》卷三百三十八，中華書局 1999 年版，第 8650 頁。

義很多，有側隅（堂屋的側邊）、狹窄、斂、自檢斂、清、潔、不濫濁、方正、剛直、察、節儉、節約、低廉、便宜、遜讓等含義。《周禮·天官·小宰》：“以聽（意謂“平治”）官府之六計，弊（意謂“判決”）群吏之治：一曰廉善，二曰廉能，三曰廉敬，四曰廉正，五曰廉法，六曰廉辨。”注云：“既斷以六事，又以廉爲本。”這是考察一個官員的六項標準，與我們今天的“德能勤績廉法”是相吻合的。有意思的是，蘇軾對此專門撰有一篇《六事廉爲本賦》，稱“事有六者，本歸一焉。各以廉而爲首，蓋尚德以求全。官繼條分，雖等差而立制；吏功旌別，皆清慎以居先。器爾衆才，由吾先聖。人各有能，我官其任。人各有德，我目其行。是故分爲六事，悉本廉而作程；用敕庶官，俾厲節而爲政……績效皆熉，清名至美”。從水的清，到人的品德的清，這是古人“比德”的自然推演。蘇軾這裏提到的清慎、清名，就是這種情感與境界的流露。更有意思的是，曾得到蘇軾大力讚揚並爲之作神道碑的趙抃，曾四次入川爲官，走到今天成都的青白江時，曾指著江説：“吾志如此江清白，雖萬類混淆其中，不少濁也。”青白江（實際是清白江）由此得名。趙抃一生以清廉名世，被稱爲“鐵面御史”，卒謚“清獻”。蘇軾深受影響，在寫廬山《三泉》時有云：“皎皎岩下泉，無人還自潔。不用比三星，清光同一月。”有意思的是，因蘇軾反對王安石新政，王安石的親戚兼隨員謝景温，挾私誣告，説蘇軾兄弟運父靈柩乘船回蜀途中，濫用官家的衛兵，購買傢俱瓷器，偷運私鹽從中牟利。官方於是派人到蘇氏兄弟運靈柩所經各地，向船夫、兵卒、儀官搜集證據，結果一無所獲。從此之後，蘇軾的政敵再也不敢以廉潔來詆毁他了。

的確，蘇軾一生浩氣凜然，從無諂媚取悦。故道德文章，足令萬世景仰。陸游感歎道：“公不以一身禍福，易其憂國之心。千載之下，生氣凜然。忠臣烈士，所當取法也。”①

毋庸諱言，蘇軾一生大起大落，這種起伏並不是他的過錯，而是黨爭的傾軋。在新舊黨輪番執政中，他絕無投機取巧之心，也不是爲了自己的烏紗帽，而是出於對國家、民族、百姓和社會的理性思量與權衡。依蘇軾的智慧，如果他能如某些勢利之人“審時度勢”，他就不至於有這樣坎壈的人生。但如果是那樣，他就已經不是我們今天崇敬的蘇東坡了。對此《宋史·蘇軾傳》結尾有這樣的議論：“嗚呼！軾不得相，又豈非幸歟？或謂軾稍自韜戢，雖不獲柄用，亦當免禍。雖然假令軾以是而易其所爲，尚得爲軾哉！”而對利的認識，可用《赤壁賦》的這句話概括：“苟非吾之所有，雖一毫而莫取。”

蘇軾從年輕起就熱愛書畫，曾經爲之瘋狂。後來蘇軾幡然穎悟，從自己薄富貴與輕生死中得到啟示，辯證地處理好“吾樂”與“吾病”的關係：

凡物之可喜，足以悦人而不足以移人者，莫若書與畫。……始吾少時，

---

① [宋]陸游：《跋東坡帖》，《渭南文集》卷二十九，四部叢刊初編本。

嘗好此二者，家之所有，惟恐其失之；人之所有，惟恐其不吾予也。既而自笑曰：吾薄富貴而厚於書，輕死生而重於畫，豈不顛倒錯繆失其本心也哉？自是不復好。見可喜者，雖時復蓄之，然爲人取去，亦不復惜也。譬之煙雲之過眼，百鳥之感耳，豈不欣然接之，然去而不復念也。於是乎二物者常爲吾樂而不能爲吾病。①

這真是一種大智慧。古人云“玩物喪志”，或許有深刻道理。

3. 崇尚簡樸的生活方式。蘇軾在《六事廉爲本賦》中說：“功廢於貪，行成于廉。”在治國理政、選人用人的過程中，蘇軾主張“循理無私”。蘇軾曾醉書這樣的大白話：“處貧賤易，耐富貴難；安勞苦易，安閒散難；忍痛易，忍癢難。人能安閒散，耐富貴，忍癢，真有道之士也。”（《春渚紀聞》卷六）英宗治平三年（1066），父親蘇洵逝世，雖然兄弟兩人均已爲官，但並沒有對葬禮大操大辦。

崇尚節儉既是一種美好的品德，又是一種人生的智慧。蘇軾在給李公擇的信中曾說：“口體之欲，何窮之有，每加節儉，亦是惜福延壽之道。”②少私寡欲，就少貪念；貪念少，失落就少，内心的不安亦少，因此，就會活得輕鬆。

蘇軾在黃州就有著名的“三養”說：“東坡居士自今日已往，不過一爵一肉。有尊客，盛饌則三之，可損不可增。有召我者，預以此先之，主人不從而過是者乃止。一曰安分以養福，二曰寬胃以養氣，三曰省費以養財。”③源於“一爵一肉”的節儉，蘇軾發現了其中的三種境界——養福、養氣與養財，而三種境界的背後則是安分、寬胃與省費。雖然這是蘇軾在黃州困難時期的自白，但從中亦深刻反映了他的人生智慧。

在蘇軾看來，不僅個人需要簡樸，城市建設也沒有必要鋪張誇飾。蘇軾《送陳伯修察院赴闕》詩有云：“爲報年來殺風景，連江夢雨不知春。”自注：“來詩有‘芍藥春’之句。揚州近歲，率爲此會，用花十萬餘枝，吏緣爲奸，民極病之，故罷此會。”揚州盛產牡丹，前任太守仿效洛陽，也作萬花會，勞民傷財。宋哲宗元祐七年（1092），蘇軾任揚州太守，正逢歷年舉辦花會的時候，他當即下令停辦，揚州百姓無不拍手稱快。他給友人王定國寫信說：“花會用花千萬朵，吏緣爲奸，已罷之矣。雖殺風景，免造孽也。”

六　隨緣自適的樂觀精神

蘇軾一生大起大落，無論是順境還是逆境，他都能做到隨緣自適，樂觀面對。這種心態，使他生命更有張力，心境更加平和，也就更少憤激、偏激，客觀上阻

---

① [宋]蘇軾：《寶繪堂記》，孔凡禮點校：《蘇軾文集》卷十一，中華書局 1986 年版，第 356-357 頁。
② [明]茅維編，孔凡禮點校：《蘇軾文集》卷五十一《與李公擇十七首之十》，中華書局 1986 年版，第 1499 頁。
③ [宋]蘇軾撰，王松齡點校：《東坡志林》卷一，中華書局 1981 年版，第 12 頁。

止了犯難、犯法甚至犯罪的產生。在蘇軾看來，安與和是保持這種心境的關鍵：“安則物之感我者輕，和則我之應物者順。”（蘇軾《問養生》）的確，蘇軾走到哪裏就説自己是哪裏人，這並非他移情別戀，而是隨緣自適的表現。即使在謫籍中，也能安然自怡，絕少埋怨。蘇軾到哪裏，就聲稱自己是那裏的人，我們可以從衆多的詩文中看到他的這種心路歷程：“日啖荔支三百顆，不辭長作嶺南人”①“我本海南民，寄生西蜀州。忽然跨海去，譬如事遠遊”②。在海南，由於條件有限，找不到洗澡陶盆（“陶匠不可求，盆斛何由足”），於是，受《雲笈七籤》啟示，睡前用雙手揩摩身體，享受“幹浴”的快意與自足，並風趣地以老雞與倦馬作比：“老雞臥糞土，振羽雙瞑目。倦馬輾風沙，奮鬣一噴玉。垢浄各殊性，快愜聊自沃。”③這樣的隨緣自適，是培育良好心境的秘笈鎖鑰，它減少了憤世嫉俗的戾氣，減少了鋌而走險的毒氣，減少了自殘自傷的怨氣，而代之以祥雲瑞氣。用蘇軾自己的話説是“任性逍遙，隨緣放曠”。有這種心態，他就沒有跨不過的坎，沒有趟不過的河，於是，他會釋然地自我安慰：“茫茫海南北，粗亦足生理。”④他會自我解嘲地爲自己點贊：“他年誰作輿地志，海南萬里真吾鄉。”⑤他會在簡陋、窮困中去營建美，欣賞美。不妨來讀一讀他的這首《次韻子由三首》之一《東亭》：

> 仙山佛國本同歸，世路玄關兩背馳。到處不妨閑蓟築，流年自可數期頤。遥知小檻臨廛市，定有新松長棘茨。誰道茅簷劣容膝，海天風雨看紛披。⑥

蘇軾確如他自己所説，喜歡“到處不妨閑蓟築”。即使這樣遠謫海南，他還是喜歡營造之樂。這個東亭臨近市廛，又狹小，蘇軾用“劣容膝”形容，雖有誇張，但頗爲形象。蘇軾駐足小亭，一個浩大的世界不禁在眼前敞亮、放大，那就是“海天風雨看紛披”。建築的小與海天的大形成强烈對比；物質的困窮、仕路的坎坷、人生的失意，與作者精神的富足、胸襟的宏大和生命的張力形成强烈對比。“海天風雨”，既是亭中所見實景，亦是作者心中的象喻。作者的言外之意甚明：人生無常，世路難料，但有彈性的生命，任由海天風雨的紛披，那倒是一

① [清]王文誥輯注，孔凡禮點校：《蘇軾詩集》卷四十《食荔支二首並引》之二，中華書局 1982 年版，第 2194 頁。
② [清]王文誥輯注，孔凡禮點校：《蘇軾詩集》卷四十三《別海南黎民表》，中華書局 1982 年版，第 2363 頁。
③ [清]王文誥輯注，孔凡禮點校：《蘇軾詩集》卷四十二《次韻子由浴罷》，中華書局 1982 年版，第 2302 頁。
④ [清]王文誥輯注，孔凡禮點校：《蘇軾詩集》卷四十一《和陶止酒並引》，中華書局 1992 年版，第 2246 頁。
⑤ [清]王文誥輯注，孔凡禮點校：《蘇軾詩集》卷四十一《吾謫海南，子由雷州，被命即行，了不相知，至梧乃聞其尚在藤也，旦夕當追及，作此詩示之》，中華書局 1992 年版，第 2245 頁。
⑥ [清]王文誥輯注，孔凡禮點校：《蘇軾詩集》卷四十一《次韻子由三首》之一《東亭》，中華書局，1992 年版，第 2267 頁。

種難得的風景，大可以盡情享受。[①]

這種心境在《獨覺》一詩中也有鮮明的表現：

瘴霧三年恬不怪，反畏北風生體疥。朝來縮頸似寒鴉，焰火生薪聊一快。紅波翻屋春風起，先生默坐春風裏。浮空眼纈散雲霞，無數心花發桃李。翛然獨覺午窗明，欲覺猶聞醉鼾聲。回首向來蕭瑟處，也無風雨也無晴。

該詩最後兩句在蘇軾《定風波》詞中曾出現過。該詞寫於元豐五年（1082），即蘇軾貶謫黃州第三年。十多年後，蘇軾在詩中再次使用這兩句，頗有意味。黃州、惠州、儋州，是蘇軾自嘲的平生功業所在。同樣是貶謫，同樣是人生的低潮，蘇軾卻在心中蕩漾起同樣的心緒。蕭瑟也即風雨，蘇軾有詩"夜雨何時聽蕭瑟"（《辛醜十一月十九日既與子由別於鄭州西門之外馬上賦詩一篇寄之》）爲證。這是蘇軾嘉祐六年（1061）初次爲官赴鳳翔與弟蘇轍在鄭州西門之外話別後在馬背上所作。最後六句是："亦知人生要有別，但恐歲月去飄忽。寒燈相對記疇昔，夜雨何時聽蕭瑟。君知此意不可忘，慎勿苦愛高官職。"對床夜雨是蘇軾、蘇轍兄弟往昔讀韋應物詩"寧知風雨夜，復此對床眠"時的憧憬與相約，二人一生都在渴盼夢想著這美好的人生時光。蘇軾初次爲官，就告誡弟弟蘇轍"慎勿苦愛高官職"。其實，這與其説是蘇軾對蘇轍的告誡，不如説是蘇軾自己爲官的真實心態。所以，當命運捉弄蘇軾兄弟二人遠謫南國，隔海相望，那疇昔的憧憬，如今都已幻化成泡影。因此，"也無風雨也無晴"，其實就是一種幻象。陰晴風雨本是人生的常態，無風無雨無陰無晴，就是對人生的超越。而"瘴霧三年恬不怪，反畏北風生體疥"，又一次表明蘇軾對貶謫之地海南的適應與喜愛，而來自北方的寒風，反而讓蘇軾不習慣了。這種反差既是一種自然的生理反應，也是一種心理的感覺。

所以，當恩赦量移北還時，蘇軾對自己三年的儋州生活無怨無悔，心情竟如天容海色般的澄清：

參橫鬥轉欲三更，苦雨終風也解晴。雲散月明誰點綴，天容海色本澄清。空餘魯叟乘桴意，粗識軒轅奏樂聲。九死南荒吾不恨，兹游奇絕冠平生。（《六月二十日夜渡海》）

"九死南荒吾不恨，兹游奇絕冠平生"，何其壯偉！三年的海南之謫，在蘇軾看來不過是人生的一次旅行，而且是一次絕冠平生的旅行。雖"九死其猶未悔"的心態，讓蘇軾在痛苦中發現了美，發現了人生的真諦，正所謂"天容海色本澄清"。

綜上，蘇軾是一個在衆多領域都有卓越建樹與貢獻的曠世奇才與偉人，具有

① 參見潘殊閑：《快意雄風海上來：試論蘇軾海南詩詞的"海"味》，《重慶師範大學學報》（哲社版），2013年第4期。

永恆的人格魅力與文化魅力，尋覓這些魅力，不能不承認，蘇軾的身上具有一種跨越時空的“東坡精神”，這就是：愛書善思的學習精神、義無反顧的擔當精神、不落窠臼的創新精神、厚德載物的大愛精神、淡泊利禄的名節精神、隨緣自適的樂觀精神。這些精神是千百年來中華優秀道德品質與文化基因在蘇軾身上的凝聚與呈現，同時，又融貫了蘇軾成長的家族傳統、地域文化與具有傳奇色彩的人生仕履，它們在蘇軾這個個體身上持續發酵提醇，最終成就了蘇軾這個人間不可無一難能有二的“奇跡”。

作者單位：西華大學地方文化資源保護與開發研究中心、西華大學人文學院

宋代蜀中著名理學家傅耆考述[①]

胡傳淮　陳名揚

摘　要： 宋代理學家傅耆是濂溪先生周敦頤的蜀中門人，與濂溪講學甚多、書信不絕。傅耆還有與伊川先生程頤游，二人同出濂溪門下，互爲珍重。長期以來，因傅耆著述不傳，學界未能窺其全貌。實則，宋刻本《元公周先生濂溪集》中存有傅耆六封書信、濂溪《與傅耆伯成書》及傅耆唱和濂溪詩等珍貴文獻。今筆者試從傅耆字號、籍貫、著述的考證出發，以宋刻《元公周先生濂溪集》爲基礎，對傅耆之學行作一考述。

關鍵詞： 傅耆；蜀中；理學；考述

傅耆，字伯成，北宋蜀學家、理學名儒，嘉祐六年（1061）進士，遂州遂寧縣（今重慶市潼南區）人。英宗治平間（1064—1067），任校書郎；神宗熙寧元年（1068）前後，爲嘉州平羌縣令；哲宗元祐三年（1088）到紹聖二年（1095），任成都靈泉縣令；元符三年（1100）前後，任朝奉大夫、知資州；其後，遷朝議大夫、知漢州。入元祐黨籍。著有《長慶集》，惜今不傳。

傅耆爲理學開山祖師濂溪先生周敦頤的蜀中門人，與濂溪講學甚多、書信不絕，濂溪曾將《姤説》《同人説》等精髓寫示之。傅耆還有與隨父珦入蜀的伊川先生程頤游，二人同出濂溪門下，互爲珍重。朱子在《跋度正家藏〈伊川先生帖〉後》言傅耆與濂溪、伊川的交往："傅君周旋周程師弟子間，知所主友，而伊川先生手剌謁謝，爲禮亦恭。"晦庵先生評傅耆云："其人之賢，不問可知。"[②]全謝山先生評傅耆云："蜀中學派，當首先生。"[③]

長期以來，因傅耆著述不傳，僅存文字亦不詳載諸書，學界未能窺其全貌。言傅耆者，多在做濂溪學術研究時附論，迄今未有專論。實則，宋刻本《元公周先生濂溪集》中存有傅耆六封書信、濂溪《與傅耆伯成書》及傅耆唱和濂溪詩等

---

① 本文撰寫受到粟品孝教授《現存兩部宋刻周敦頤文集的價值》一文的啟發，誠在此感謝。粟文依據宋刻《元公周先生濂溪集》考出了《全宋文》失收之文及收録不全或有明顯差異者，載《四川大學學報》（哲學社會科學版），2010 年第 3 期，第 62-69 頁。宋刻《元公周先生濂溪集》書存《北京圖書館古籍珍本叢刊》（第八八册）、《宋集珍本叢刊》（第八册）和《中華再造善本叢書》。

② [宋]朱熹撰：《晦庵集》卷八十四，載《文淵閣四庫全書》第 1145 册，第 749 頁。

③ [明]黄宗羲原本，黄百家纂輯，[清]全祖望修定：《宋元學案》卷十二濂溪學案下，清道光刻本。

珍貴文獻。今筆者試從傅耆字號、籍貫、著述的考證出發，以宋刻《元公周先生濂溪集》爲基础，對傅耆之學行作一考述，冀爲蜀學研究添加綿薄努力。

一 傅耆字號、籍貫、著述考

（一）傅耆字號考

關於傅耆的字，學界所論三種。其一，言傅耆字“伯成”，以雍正《四川通志》①、乾隆十二年《遂寧縣志》②、嘉慶《漢州志》③、民國《新修合川縣志》④等爲代表；其二，言傅耆字“伯壽”，《蜀學編》《古城三臺概況》⑤持此見；其三，言傅耆既字“伯成”亦字“伯壽”：《全宋詩》（1992）云“傅耆，字伯壽，一字伯成”⑥；《中國文學家大辭典》（2004）云“傅耆（生卒年不詳），字伯成，一字伯壽”⑦；《全宋文》（2006）云“傅耆，字伯成，一云字伯壽”⑧；《湖湘學案》（2013）云“傅耆，字伯成（一説字伯壽）”⑨。那麼，以上哪一種觀點爲確實呢？

嘉慶《四川通志》卷六十載傅耆北宋元符三年（1100）《資州東崖題名》，該文爲傅耆撰寫，自稱“朝奉大夫、知州事、遂寧傅耆伯成”⑩，傅耆本人之言當爲確信。又度正（1166—1235）嘉定六年（1213）《書晦庵《〈太極圖解〉後》云“遂寧傅耆伯成”⑪；度正嘉定十四年（1221）《書〈文集・目録〉後》云“先生語及周子在吾鄉時，遂寧傅耆伯成從之遊”，且提“伯成”四次⑫；度正在《正伏承澤深僉判學士賢友以正生朝寵貺佳篇輒次元韻》中亦言“遂寧傅耆伯成從濂溪於合陽”⑬，皆云傅耆字“伯成”。“伯壽”首次出現在《晦庵集》卷八十四《跋度正家藏〈伊川先生帖〉後》⑭。該文由三部分組成：第一爲伊川先生謝傅耆手謁；第二爲度正於伊川先生手謁後之跋；第三爲朱子於度正跋後之跋。伊川在手謁中並未稱傅耆爲“伯壽”，“伯壽”乃出於度正之跋，度正云“大夫公諱耆，字伯壽，名在元符

① （雍正）《四川通志》卷九上人物直隸潼川州，載《文淵閣四庫全書》第559册，第391頁。
② [清]田朝鼎修，周彭年纂：《遂寧縣志》卷五人物，乾隆十二年（1747）刻本。又見[清]孫海等修，李星根纂：《遂寧縣志》卷四藝文，清光緒五年（1879）刻本。
③ [清]劉長庚修，侯肇元、張懷泗纂：《漢州志》卷二十職官志中傅耆，清嘉慶二十二年（1817）刻本。按：該傅耆傳疑抄雍正《四川通志》，但有考證登第時間。
④ 鄭賢書修，張森楷纂：《新修合川縣志》卷五十八流寓，民國十年（1921）刻本。
⑤ 四川省三臺縣城鄉建設環境保護委員會編：《古城三臺概況》，第23頁。
⑥ 北京大學古文獻研究所編：《全宋詩》第10册，北京大學出版社1992年版，第6812頁。
⑦ 曾棗莊主編：《中國文學家大辭典》，中華書局2004年版，第869頁。
⑧ 曾棗莊、劉琳主編：《全宋文》第八四册卷一八三一傅耆，上海辭書出版社2006年版，第211頁。
⑨ 陳代湘主編：《湖湘學案》，湖南人民出版社2013年版，第102頁。
⑩ 曾棗莊、劉琳主編：《全宋文》第八四册卷一八三一傅耆，上海辭書出版社2006年版，第213頁。
⑪ [北宋]周敦頤撰：《元公周先生濂溪集》（宋刻本）卷三，載《北京圖書館古籍珍本叢刊》第88册集部・宋別集類，書目文獻出版社1998年版，第85-87頁。
⑫ [北宋]周敦頤撰：《元公周先生濂溪集》（宋刻本）卷八附録雜文，載《北京圖書館古籍珍本叢刊》第88册集部・宋別集類，書目文獻出版社1998年版，第195-196頁。
⑬ [宋]度正撰：《性善堂稿》卷三，載《文淵閣四庫全書》第1170册，第172-173頁。
⑭ [宋]朱熹撰：《晦庵集》卷八十四，載《文淵閣四庫全書》第1145册，第748-749頁。

黨籍”。朱子跋於慶元三年（1197）七月，度正文中傅光來信時間爲慶元二年（1196）秋，度當跋此間。在度正其後有關傅耆的文字里未再稱傅耆爲“伯壽”，皆稱“伯成”。《二程文集》在編撰過程中，從《晦庵集》中摘録了《跋度正家藏〈伊川先生帖〉後》文的第一部分，且題爲《謝傅耆伯壽手謁》，此爲“伯壽”的第二次出現[①]。“伯壽”未見於其他原典。沿用《晦庵集》和《二程文集》之見有如：光緒《潼川府志》引《度正家藏〈伊川先生帖〉後跋》云傅耆字“伯壽”[②]；《宋元學案》原載傅耆字“伯成”，其後王梓材在案中云“《二程遺書・附録》有伊川《謝傅耆伯壽手謁》稱‘長官秘書’，是先生當字伯壽”[③]。伊川手謁載《二程文集》非《二程遺書》，爲其一誤；未考“伯壽”來源，且以孤例叛定，爲其二誤。

綜上可知，“伯壽”應爲度正筆誤或刊誤，其後又因《二程文集》而將傅耆字“伯壽”之誤流傳開來，以致《蜀學編》《全宋詩》等認爲其本字“伯壽”或“伯壽”與“伯成”二字並存。傅耆當字“伯成”，非字“伯壽”。

傅耆之號未見載諸史。曾超教授在《白鶴梁題刻易學文化考察》中稱涪陵白鶴梁題刻名人衆多，其中有不少爲易學家或易學人士，其中就有傅耆，且在文中詳述傅耆與濂溪在合州的交往[④]。筆者考與白鶴梁題刻有關諸書，未見有“傅耆”字樣的題刻照片或拓本，僅在《水下碑林白鶴梁》一書中發現編號爲“100（60）”的拓本，上鐫“遂寧傅端卿遊此”[⑤]。“傅端卿”之名不見史册，若僅以此推之，衹能判定此人或爲遂寧宋代地方望族傅氏的族人，不能證其確爲傅耆。

（二）傅耆籍貫考

傅耆之籍貫，學界對此有二論。其一，傅耆是遂寧人，以《蜀中廣記》[⑥]、《宋元學案》、乾隆十二年《遂寧縣志》、嘉慶《漢州志》、光緒《新修潼川府志》、民國《新修合川縣志》等爲代表；其二，傅耆是梓州人，此説見於《蜀學編》和今書《古城三臺概況》。

度正在嘉定六年（1213）《書晦庵〈太極圖解〉後》、嘉定十三年（1220）《跋〈賀傅伯成手謁〉》[⑦]、嘉定十四年（1221）《〈濂溪先生周元公年表〉序》[⑧]和《書〈文集・目録〉後》中均稱傅耆爲遂寧人。傅耆元符三年（1100）在資州東崖題名，

---

① [宋]程顥、程頤撰，[宋]胡安國原編，[元]譚善心重編：《二程文集》附録卷上，載《文淵閣四庫全書》第 1345 册，第 745 頁。
② 何向東、習光輝等校注：《新修潼川府志校註》下册，巴蜀書社 2007 年版，第 773 頁。
③ [明]黄宗羲原本，黄百家纂輯，[清]全祖望修定：《宋元學案》卷十二濂溪學案下，清道光刻本。
④ 曾超：《白鶴梁題刻易學文化考察》，載《重慶師範大學學報（哲學社會科學版）》，2015 年第 4 期，第 8 頁。
⑤ 陳曦震主編：《水下碑林白鶴梁》，四川人民出版社 1995 年版，第 103 頁。
⑥ [明]曹學佺撰：《蜀中廣記》卷九十一著作記第一經部，清文淵閣四庫全書本。
⑦ [北宋]周敦頤撰：《元公周先生濂溪集》（宋刻本）卷六，載《北京圖書館古籍珍本叢刊》第 88 册集部・宋别集類，書目文獻出版社 1998 年版，第 154-155 頁。
⑧ [宋]度正撰：《濂溪先生周元公年表》，見《元公周先生濂溪集》（宋刻本），載《北京圖書館古籍珍本叢刊》第 88 册集部・宋别集類，書目文獻出版社 1998 年版，第 15-16 頁。

自稱“朝奉大夫、知州事、遂寧傅耆伯成”，知傅耆確爲北宋遂寧人。

又，今之遂寧在北宋的行政建置爲遂州，下轄小溪縣、遂寧縣、蓬溪縣、長江縣、青石縣。小溪縣位今之遂寧市船山區，爲遂州州治，北宋遂寧縣爲遂州屬縣。那麼，傅耆是北宋小溪縣人還是遂寧縣人？“遂寧”在東晉桓温平蜀後被命名，伊始即爲郡，其後爲州、爲府、爲縣。在遂州因是宋徽宗藩邸而升爲遂寧府前，北宋之“遂寧”多指“遂寧縣”（南宋則多指遂寧府）。故，傅耆應爲北宋遂寧縣人（今重慶市潼南區；潼南一地 1914 年始得名“潼南”，1958 年方最終劃出遂寧，歷史上一直爲遂寧轄地；傅耆祀於遂寧之賢祠近千年）。《全宋詩》和《全宋文》同此觀點①。而梁紹輝先生之《周敦頤評傳》和《中國文學家大辭典》均未分明北宋遂州的行政區劃②。因遂州在北宋屬梓州路，故可稱傅耆爲梓州路遂州遂寧人。《蜀學編》載傅耆籍貫爲“梓州”而非“梓州路”，致《古城三臺概況》誤認傅耆爲三臺人。

另，據筆者推斷，傅耆及其後人應長住於遂州州治小溪縣。理由有四。第一，傅耆知遇於時任遂州小溪縣縣丞陸某（名未詳，以下稱“陸君”）。度正在《濂溪先生周元公年表》中云，嘉祐二年（1057，即濂溪僉判合州第二年），“先生妻黨陸丞自小溪解官東歸，過合陽，爲先生言傅之爲人”③。因陸君的推薦，濂溪始致信傅耆，濂溪之蜀中學脈乃誕生。傅耆在《與周茂叔書（一）》中云：“又得知陸丞，沿流一無驚擾，平達荊渚，良辰計至，輦轂欣躍之至，弗可勝。”耆又在《與周茂叔書（三）》中云：“又得聞陸丞已抵荊渚，諸況安吉。”④知陸君實爲傅耆知遇之人，兩人交往甚密，則傅耆因長期生活於小溪而獲與陸君較多的切磋機會之可能爲大。第二，濂溪在著名的《與傅耆伯成書》中提及“遂州平紋紗”⑤，並請傅耆代買一匹來合州。小溪縣爲當時遂州政治、經濟中心，平紋紗之產亦在小溪，傅耆身在小溪而辦事較便。第三，南宋遂寧人趙汝淵嘉定元年（1208）在《雁塔

---

①《全宋詩》言傅耆爲“遂寧（今四川潼南）人”；《全宋文》言“遂州遂寧（今四川潼南）人”。

② 梁紹輝在《周敦頤評傳》中言“傅耆是遂寧人（今四川遂寧縣）”，見梁紹輝著：《周敦頤評傳》，南京大學出版社 1994 年版，第 82-85 頁；《中國文學家大辭典》云“遂寧（今屬四川）人”。

③ 對“先生妻黨陸丞自小溪解官東歸”一句的理解，學界見兩種説法。其一認爲濂溪“妻黨”即名爲“陸丞”，乃爲小溪縣令：乾隆十二年《遂寧縣志》言“時周濂溪判合州，小溪令陸丞言於濂溪，而伯成因與之遊，講明理學”；民國《新修合川縣志》沿襲《遂寧縣志》之説，云“小溪令陸丞，其妻黨也，與耆善，知耆志趣高尚，可與適道。會令秩滿，解組東歸，過敦頤所，爲言耆之爲人。”其一則將濂溪之“妻黨”喚作“陸小溪”：雍正《四川通志》言“時周濂溪判合州，因陸小溪知耆，以書通訊”；嘉慶《漢州志》襲《四川通志》，言“周濂溪判合州，因陸小溪知耆，遂以書通訊”。考度正《濂溪先生周元公年表》，“先生初娶職方郎中陸參之女，封縉雲縣君”，濂溪夫人姓陸，“陸丞”當爲濂溪夫人的族兄。傅耆在《與周茂叔書》中兩次稱“陸丞”，則“陸丞”不可能是濂溪夫人族兄的名字，祇能言其姓陸。又根據“自小溪解官東歸”，知其當爲遂州小溪縣縣丞。所謂“陸丞”爲人名説不合文書習慣，爲誤；“陸小溪”之名因其官於小溪，以此稱之爲通。

④ [北宋]周敦頤撰：《元公周先生濂溪集》（宋刻本）卷六，載《北京圖書館古籍珍本叢刊》第 88 册集部·宋别集類，書目文獻出版社 1998 年版，第 151-152 頁。

⑤ [北宋]周敦頤撰：《元公周先生濂溪集》（宋刻本）卷六，載《北京圖書館古籍珍本叢刊》第 88 册集部·宋别集類，書目文獻出版社 1998 年版，第 150-151 頁。

題名序》中言“武信文物郡，嘉祐間鄉大夫傅公耆作《題名記》”①，傅耆爲北宋遂州名賢，作有《雁塔題名記》於遂州學宫，耆應身在文化中心小溪縣。第四，度正在《跋〈伊川先生帖〉後》中言：“正爲遂寧户掾，友人王君世垕，數數爲正言城西傅君光家，藏先正韓、范諸公手跡甚富。”度正乃爲遂寧府户掾，傅光爲傅耆之孫，傅家在小溪城西，則傅耆或早家於此。

（三）傅耆著述考

1.《同人卦説》並非傅耆著述

《全宋文》（2006）言傅耆“著有《同人卦説》《長慶集》”。曾超《白鶴梁題刻易學文化考察》（2015）言傅耆“著有《同人卦説》《長慶集》，今已佚”。

考曹學佺《蜀中廣記》卷九十一有“傅耆《同人卦説》”一條，並謂“耆，遂寧人。有俊才，十四薦於鄉。朱晦庵常屬門人度正訪其家，求《同人卦説》。詳見《濂溪年譜》及《性理書》。”②朱彝尊《經義考》卷六十九云：“傅氏耆《同人卦説》：一篇，佚。”③竹垞之説或抄自《蜀中廣記》，他不僅肯定了《同人卦説》爲傅耆所撰，還增度正之語以佐證之。《欽定四庫全書考證》卷四十六又同《經義考》之説④。乾隆十二年《遂寧縣志》云：“朱晦庵常屬其門人度正訪於子孫，求《同人卦説》，載在《性理書》。”明顯抄自《蜀中廣記》。民國《新修合川縣志》云：“州人度正學於朱熹，熹囑正訪耆家，求其《同人卦説》，不得，而得敦頤帖及程頤手剌。”則抄自《遂寧縣志》。傅增湘《宋代蜀文輯存》從《經義考》卷六十九中單獨引出度正的話，並題爲《跋傅耆〈同人卦説〉》⑤。至此，傅耆著有《同人卦説》之論便流傳開來。

然，上論皆誤。度正《濂溪先生周元公年表》云，濂溪治平四年（1067）秋“攝邵州事。九月，先生自邵陽發遞，以改定《同人説》寄傅伯成，傅時知嘉州平羌縣。明年，傅復書云：‘蒙寄貺《同人説》，徐展孰讀，較以舊本，改易數字，皆人意所不到處，宜乎使人宗師仰慕之不暇也。’”⑥傅耆信中一個“貺”字便點明了濂溪寄傅耆的乃是濂溪自己新改定之《同人説》，非傅耆之《同人説》。嘉定十四年（1221）度正在《〈濂溪先生周元公年表〉序》中明言“始仕遂寧，聞其鄉前

① 曾棗莊、劉琳主編：《全宋文》第301册卷六八八五趙汝澗，上海辭書出版社2006年版，第417頁。

② [明]曹學佺撰：《蜀中廣記》卷九十一著作記第一經部，清文淵閣四庫全書本。

③ [清]朱彝尊撰：《經義考》卷六十九，清文淵閣四庫全書本。

④ [清]王太嶽等纂輯：《欽定四庫全書考證》卷四十六，乾隆四十七年（1782）抄本，載《文淵閣四庫全書》第1498册，第644頁。

⑤ 傅增湘原輯，吴洪澤補輯：《宋代蜀文輯存校補》第五册卷七十六度正，重慶大學出版社2014年版，第2441頁。

⑥ [宋]度正撰：《濂溪先生周元公年表》，見《元公周先生濂溪集》（宋刻本），載《北京圖書館古籍珍本叢刊》第88册集部·宋別集類，書目文獻出版社1998年版。又見熊治祁編：《湖南人物年譜》第1册，湖南人民出版社2013年版，第4-13頁。

輩故朝議大夫知漢州傅耆，曾從先生遊，先生嘗以《説姤》及《同人説》寄之，遂訪求之。”曹學佺認爲傅耆撰有《同人卦説》乃是錯誤，其後朱彝尊、傅增湘更是沿襲此説。《經義考》卷六十九所載度正之語乃省自《濂溪先生周元公年表》：“濂溪先生攝邵州事，以改定《同人説》寄傅伯成，伯成復書云：蒙寄《同人説》，改易數字，皆人意所不能到，宜乎使人宗師仰慕之不暇也。”删後之言亦未有傅耆著有《同人卦説》之意。從傅耆作爲濂溪蜀中傳人，並濂溪有寄解卦之説與傅耆之事實視之，傅耆亦當有解卦之説，不過不是曹學佺等所誤讀的《同人卦説》罷了。

2. 傅耆《長慶集》

據度正《跋〈伊川先生帖〉後》，其爲遂寧戶掾時，通過友人王世垕，發現了傅耆與濂溪的交往關係。經反復訪求，終見傅耆書稿。度正在嘉定六年（1213）《書晦庵〈太極圖解〉後》中感喟曰：“在吾鄉時，傅嘗有書謝其所寄《姤説》，其後在永州又有書謝其所寄改定《同人説》。但傅之書稿無恙而周子之《易説》則不可復見耳。”可知，傅耆之著述直至南宋仍保存完好。

度正在嘉定十三年（1220）《跋〈賀傅伯成手謁〉》中提及《傅氏家集》一書，言“按《傅氏家集》，濂溪在吾州嘗以《姤説》示之，其後在零陵又寄所改《同人説》，二説當即所謂《易通》者。”《傅氏家集》或傅耆文集或遂寧傅氏之總集。其後一年，度正在《〈濂溪先生周元公年表〉序》中云：“先生嘗以《説姤》及《同人説》寄之，遂訪求之。僅得其目録及《長慶集》，載先生遺事頗詳。”闡明了濂溪《説姤》《同人説》二文確實存在，但僅存書名，不見内容。《長慶集》“載先生遺事頗詳”，當爲傅耆之撰著。宋刻《元公周先生濂溪集》中所載傅耆的《與周茂叔書》（五篇）、《答盧次山書》及《和周茂叔席上酬孟翱太博》《周茂叔送到近詩數篇，因和渠閻裴二公招隱詩》二詩均應轉載自《長慶集》。

那麽，作爲傅耆專集的《長慶集》約莫由哪幾部分構成呢？其一，前文已言，傅耆作爲濂溪蜀中弟子，當有不少説易之作。雖無一傳，但從濂溪將自己融通之見《姤説》《同人説》等寫示傅耆來看，傅耆的易學修養必是頗高的，説易之文在《長慶集》中或爲主要。其二，《長慶集》應載有不少傅耆與當時名公來往之詩書，其中與濂溪往來之部分爲最重要，並保存至今。其三，《長慶集》中還應有傅耆所撰之記、序、題刻等雜文：南宋嘉定元年（1208）遂寧趙汝淍《雁塔題名序》中稱傅耆曾於嘉祐間作《雁塔題名記》（佚）；王象之《輿地紀勝》載傅耆在治平間撰有《普淨院記》（佚）[①]；曹學佺《蜀中廣記》載傅耆撰有《磐石遷治記》（存殘句）[②]；嘉慶《四川通志》卷六十載傅耆元符三年（1100）撰有《資州東崖題名》（存）。

---

① [宋]王象之撰：《輿地紀勝》卷四涪州碑記。又見[明]周復俊編：《全蜀藝文志》卷五十二；[清]倪濤撰：《六藝之一録》卷一百八石刻文字八十四；（雍正）《四川通志》卷二十六古跡。

② [明]曹學佺撰：《蜀中廣記》卷八川西道資縣，清文淵閣四庫全書本。

傅耆在《與周茂叔書（四）》中言："惟識中下，又爲時事所役，不克專一於道。日來復多作雕刻無益之詞，以混吾常習。嗚呼！其不得已也。"[①]傅耆所言之"雕刻無益之詞"乃是應酬之作；傅耆之"常習"應指以濂溪之學爲核心的"正學"；"不得已也"，則因宦跡所累。宋末四川戰亂，人民流離，士人東徙，文獻多喪。傅耆之《長慶集》亦未能倖免於難。

二　傅耆與濂溪先生周敦頤

一代理學宗師晦庵先生朱熹至爲推崇濂溪先生周敦頤，晦庵《先生像贊》云"道喪千載，聖遠言堙。不有先覺，孰開我人。書不盡言，圖不盡意。風月無邊，庭草交翠"，極言濂溪繼前聖續後學的轉折意義。理學大儒南軒先生張栻贊濂溪"於惟先生，絕學是繼。窮原太極，示我來世"[②]。周子爲理學之開山祖師，至此成爲定論。濂溪嘉祐元年（1056）至五年（1060）仕於蜀之合州，與蜀中學人往來甚密，講道論誠朝夕不斷。任大中曾在《送周茂叔赴合州僉判》中即寄語濂溪"一帆風雪別南昌，路出涪陵莫恨長。綠水泛蓮天與秀，蜀中何處不聞香"[③]。後果其然。朱子在《先生事狀》中云"蜀之賢人君子，皆喜稱之"[④]。蜀人從濂溪游者甚衆，濂溪在蜀之門人最著者當爲遂寧人傅耆。

（一）傅耆《與周茂叔書（一）》

度正《濂溪先生周元公年表》有云："遂寧傅耆伯成，少有俊才，年十四薦於鄉。"知傅耆自幼穎異。據前所考，傅耆作爲遂州遂寧縣人，與遂州小溪縣令陸君相交頗密，深爲後者賞識。濂溪嘉祐元年（1056）"以太子中舍僉署合州判官事"，"十一月至合州"。嘉祐二年（1057），"先生妻黨陸丞自小溪解官東歸，過合陽，爲先生言傅之爲人"。陸君解官東歸，以濂溪妻子族兄的身份向濂溪隆重引薦了傅耆。在得知傅耆之德才後，"先生致書於傅"，則是濂溪先致信於傅耆。《周敦頤的生平行跡》中有"結識少年才俊傅耆"一節，云濂溪"主動結識少年俊傑傅耆，充分顯示出他的愛才之心"[⑤]。濂溪寄給傅耆的第一封信已不可考，但從傅耆回信中可窺濂溪心意。傅耆在接到濂溪信後，迅速回信，即爲《與周茂叔書（一）》[⑥]。

---

① [北宋]周敦頤撰：《元公周先生濂溪集》（宋刻本）卷六，載《北京圖書館古籍珍本叢刊》第88册集部·宋別集類，書目文獻出版社1998年版，第151-152頁。

② [北宋]周敦頤撰：《元公周先生濂溪集》（宋刻本）卷八附録雜文，載《北京圖書館古籍珍本叢刊》第88册集部·宋別集類，書目文獻出版社1998年版，第189-190頁。

③ [北宋]周敦頤撰：《元公周先生濂溪集》（宋刻本）卷七附録雜詩，載《北京圖書館古籍珍本叢刊》第88册集部·宋別集類，書目文獻出版社1998年版，第167頁。

④ [北宋]周敦頤撰：《元公周先生濂溪集》（宋刻本）卷八附録雜文，載《北京圖書館古籍珍本叢刊》第88册集部·宋別集類，書目文獻出版社1998年版，第189-190頁。

⑤ 載永州市人民政府網站：http://www.yzcity.gov.cn/art/2015/7/7/art_2465_406757.html。

⑥ [北宋]周敦頤撰：《元公周先生濂溪集》（宋刻本）卷六，載《北京圖書館古籍珍本叢刊》第88册集部·宋別集類，書目文獻出版社1998年版，第151-152頁。

傅耆在信中言“昨辱急步至，傳誨筆，且審公餘，起居百福，封君尊候康寧”，濂溪在信中不僅介紹了自己，還介紹有家庭情況（“封君尊候康寧”）。傅耆贊濂溪：“蓋執事以濟眾爲懷，神所勞賚，故得高士與施至術，而心朋遠寓名方，豈不盛哉！”濂溪在信中抒發了“濟眾”之志，且言及交游往來。“心朋”一詞，度正認爲“意似指二程”[①]，然“心朋”之意更似指他賢。“又得知陸丞，沿流一無驚擾，平達荊渚，良辰計至，輩轂欣躍之至，弗可勝。”知濂溪信中還談及陸君已在下瞿塘赴荊渚的船上。“輩轂欣躍之至”，凸顯了傅耆與陸君的情誼。濂溪在首次與傅耆的信中毫無保留地書寫了個人思想及私事，可見他對於妻兄推薦之人極爲信任，濂溪之懷抱可見。傅耆在意識到一位思想鉅子降臨身旁之時，欣喜之至，甚至手足無措。他在信中表達了對濂溪的崇慕之情：“賤子聞之，弗勝喜蹈。”傅耆言“既慨未克趨，見增鬱耳”，因不能在接信後即下合州與濂溪會面，實爲之“增鬱”。傅耆與濂溪的第一次通信成爲了傅耆一生的轉捩點。

（二）傅耆《與周茂叔書（二）》

傅耆在與濂溪第一次通信後不久，又接到濂溪來書。傅耆在《與周茂叔書（二）》[②]中稱：“邇者石照公皂回，嘗具短書，少致敘謝之，懇諒。”並謂“已塵清，視日來”，傅耆已做好了赴合州問學濂溪的準備。傅又言：“耆居里中亦常式，但違遠高賢，倏已浹日，鄙吝之懷又復萌芽矣。”再抒親近“高賢”濂溪之志意。進言“所幸驟接高論，固多餘意，行思坐誦，默有所得，俾不遂溺於時習，而失於古道也。”濂溪前所遞來之書，多論思想見解，傅耆爲之心懾，乃至“行思坐誦，默有所得”。傅耆言通過習濂溪之論方得以不失於古道，則濂溪之說或已涉太極之論。傅耆在信末言“然必待再卜，言侍以卒其業焉”，全然拜師之意。

（三）傅耆《與周茂叔書（三）》

據《濂溪先生周元公年表》，傅耆《與周茂叔書（三）》[③]亦作於嘉祐二年（1057）。度正所云“時傅已來合陽見先生矣”，當在《與周茂叔書（二）》後，《與周茂叔書（三）》前。傅耆在再次接到濂溪信後不久，便乘漲水之季，沿涪江順流而下抵達合州，始得見濂溪真顏。《與周茂叔書（三）》首有云“兩旬不偶”，則傅離合與濂溪別已近一月；末有云“霜寒加甚”，知作於秋冬之季。推知，傅耆在合州與濂溪相處的時間大概有一月左右。“傾想，兵卒至，忽捧來教”，傅耆在回遂後不久，濂溪又寄來書信。耆復書云“且幸聞公介萬福，得聞封君雅候甚平復；又得聞陸丞已抵荊渚，諸況安吉；又得聞短序有踈脱處。”傅耆云：“是皆可喜事，感刻感

① [宋]度正撰：《濂溪先生周元公年表》，見《元公周先生濂溪集》（宋刻本），載《北京圖書館古籍珍本叢刊》第88冊集部·宋別集類，書目文獻出版社1998年版。

② [北宋]周敦頤撰：《元公周先生濂溪集》（宋刻本）卷六，載《北京圖書館古籍珍本叢刊》第88冊集部·宋別集類，書目文獻出版社1998年版，第151-152頁。

③ [北宋]周敦頤撰：《元公周先生濂溪集》（宋刻本）卷六，載《北京圖書館古籍珍本叢刊》第88冊集部·宋別集類，書目文獻出版社1998年版，第151-152頁。

刻!”則濂溪在信中提及了夫人的身體狀況、妻黨陸君已安全抵達荊渚以及和友人寫示詩文諸事。《濂溪先生周元公年表》嘉祐五年(1060)條云:“按嘉祐二年,傅與先生書云:‘封君尊候康寧。’又云:‘聞封君雅候甚平復。’當是素抱疾,故門人書問及之,然竟以不起。”可知,傅耆在合期間,濂溪還照顧着病弱的夫人,實屬不易。此信中最重要一語爲“兼承寵示《説姤》”,度正即以此及傅耆《與周茂叔書(五)》中“又蒙寄貺《同人説》”一句,證實濂溪《説姤》《同人説》的存在,從而推論濂溪之《通書》爲《易通》,“則六十四卦疑皆有其説”,“則其書之散逸亦多矣”[①]。濂溪《説姤》一文當附在傅耆回遂後不久與傅信中。傅耆高度激賞濂溪《説姤》,贊云:“意遠而不迂,詞簡而有法。以之雜於元次山集中,能文之士觀之,亦不能辨其孰周而孰元也。”據傅耆《答盧次山書》,知傅耆得《説姤》後,即抄示友人盧次山諸友。盧次山回傅耆稱濂溪之文“辭淳義密,如軻之文”,傅歎曰“真知言也”。通過傅耆主動在學術圈内傳播濂溪思想來看,傅耆儼然已爲濂溪門人。然,根據濂溪與傅耆來往書信語氣,濂溪似未“正式”收傅耆爲弟子。但,再三細揣之,傅耆與濂溪實已爲亦師亦友的關係。傅耆接《説姤》後有云:“若耆小子,屢得觀雄文,以爲模範,豈不幸之大乎!”傅耆自第一次接到濂溪來信後,便執以弟子禮,後到合州與濂溪相處長達一月左右,更是建立起他們一生師友情的基石。

傅耆在合州問道之時,濂溪常帶他一起參與合州同人之宴飲、雅集。傅耆《和周茂叔席上酬孟翱太博》[②]一詩即反映了當時以濂溪爲核心的合州同人圈之往來情境。傅耆此詩雖爲和濂溪酬孟翱太博之作,但細玩文字,卻多是説與濂溪聽的。“古人務樂善,見士即推轂。今也多忌才,對面遠吴蜀”,該句嘆濂溪神才未獲大用。“顧予嘗喜學,幽室未偶燭。幸會才翹翹,深慚識碌碌”,言逢師之喜。“升堂聽高論,惟愁日景促。經義許叩擊,詩章容往復”,爲傅耆在合州問學濂溪之最直接寫照。“荷公引重語,玞瑉變良玉”,實人生之轉折。“遠聞落帽節,賓朋相追逐。剩摘籬下黄,痛飲盃中醁”,酬孟翱太博之日應在重陽或其前後。“畢力爲徒弟,强勉攀高躅”,内心早爲濂溪弟子。“異時公行道,其勢不可獨。首願策疲蹇,助公施蘊蓄。舒張太平策,散作蒼生福”,誓隨濂溪弘道之意。在傅耆回遂之後,濂溪亦常將新詩寫示傅耆,耆亦多有和作。合州遂州,鴻雁不絕。傅耆在《周茂叔送到近詩數篇,因和渠閬裴二公招隱詩》[③]中贊濂溪“不欲塵埃作苟容”,誠高士也。末聯云“明逸招歸豹林谷,樂天邀入香爐峰”,“明逸”即種放,該句是否暗示了濂溪之師承,我們不得而知,但濂溪爲傅耆學行之師範,則可知之。傅耆在《與

---

① [北宋]周敦頤撰:《元公周先生濂溪集》(宋刻本)卷三,載《北京圖書館古籍珍本叢刊》第88册集部·宋别集類,書目文獻出版社1998年版,第85-87頁。

② [北宋]周敦頤撰:《元公周先生濂溪集》(宋刻本)卷七附録雜詩,載《北京圖書館古籍珍本叢刊》第88册集部·宋别集類,書目文獻出版社1998年版,第167頁。

③ [北宋]周敦頤撰:《元公周先生濂溪集》(宋刻本)卷七附録雜詩,載《北京圖書館古籍珍本叢刊》第88册集部·宋别集類,書目文獻出版社1998年版,第167頁。

周茂叔書（三）》中云“唱和詩《濟川集》皆已寫訖”,《濟川集》當爲濂溪在蜀與友人、門生唱和之集，乃囑傅耆完整抄録。傅耆因擔心寄達過程中“不能護惜”，未能立即付上，誠見文字之重。信末云“前所告者二集，因便切希借示”，此“二集”似指濂溪之文。

（四）濂溪《與傅耆伯成書》

《元公周先生濂溪集》中《與傅耆伯成書》①作於嘉祐三年（1058）三月四日，爲濂溪與傅耆衆多書信中迄今僅存的一封。度正嘉定十四年（1221）《書〈文集・目録〉後》有云“最後又得其在吾鄉時所與傅伯成手書”，該信爲度正幾經周折方尋得。濂溪信末言“急遣人探新守次，走筆不謹”，度正《濂溪先生周元公年表》云濂溪“因遣人至遂寧，探問新合州使君，有書寄傅”，知濂溪是在遣人到遂寧（應指州治小溪）探問合州新守的情況下致信傅耆的。又濂溪在信首稱“昨日飯會上，草草致書，不識已達否？”濂溪一連兩日致信傅耆，交往之密可見。濂溪進而言“自春來，郡事併多。又新守將至，諸要備辦。稍有一日空暇，則或過客，或節辰，或不時聚會。每會必作詩，雅則雅矣，形亦勞瘁，故尚未有意思爲足下作策問。”該句反映了濂溪在合州事務之忙、活動之多。當時傅耆正積極準備科舉考試。從濂溪“尚未有意思爲足下作策問”，可知傅耆常請濂溪代作“策問”範文，受濂溪指點甚厚。其後濂溪言：“遂州平紋紗輕細者，此中人喚作‘漫（去聲）紗’。染得好皂者，告買一疋，自要作夏衫。並買𣗳蒲、綾袴段二箇。”濂溪之請皆極私之事，而托傅耆在遂州代爲購買，最爲直接地反映了傅耆與濂溪二人的關係，所謂亦師亦友於此全見。《〈濂溪先生周元公年表〉後記》載度正因眼疾“不能多作字”，在編撰濂溪年表時，“皆口授子弟執筆從旁書之”。當寫到《與傅耆伯成書》中濂溪請傅耆購買平紋紗、衫材、𣗳蒲、綾袴段之時，執筆子弟問度正“不太苛細否？”度正答曰：“此固哲人細事，如食之精、膾之細、魚之餒、紺緅之飾、紅紫之服、當暑之絺綌,《鄉黨》皆備書之。今讀之如生於千載之前，同堂合席也，豈可忽乎？”②知聖人之細末，後生方得以親近。

（五）濂溪《賀傅伯成手謁》

嘉祐五年（1060）六月九日，濂溪解職東歸。嘉祐六年（1061），傅耆赴京趕考。二月辛未，仁宗御崇政殿試禮部進士。三月癸巳，賜進士王俊民等一百三十九人及第，傅耆中第三十名進士③。此時，濂溪亦在汴梁。在得知傅耆進士及第後，濂溪於三月十二日致手謁祝賀，文云：“從表殿中丞、前合州從事周惇實，專謁賀

① [北宋]周敦頤撰：《元公周先生濂溪集》（宋刻本）卷六，載《北京圖書館古籍珍本叢刊》第88册集部・宋别集類，書目文獻出版社1998年版，第150-151頁。

② [宋]度正撰：《濂溪先生周元公年表》，見《元公周先生濂溪集》（宋刻本），載《北京圖書館古籍珍本叢刊》第88册集部・宋别集類，書目文獻出版社1998年版，第15-16頁。“後記”題爲筆者加，文接《〈濂溪先生周元公年表〉序》。

③ [宋]度正撰：《濂溪先生周元公年表》。

新恩先輩傅弟。三月十二日手謁。”[①]傅耆能進士及第，濂溪授業之功最大。前文所言，濂溪在合州與傅耆相與交流高標之論，並爲之作有應試“策問”，傅耆獲益不可估量。從《與傅耆伯成書》和《賀傅伯成手謁》均可看出，濂溪在與自己的門生相交時，從未以尊長身份處之，全然平易可親的形象。傅耆所得全在濂溪提攜，他收到濂溪手謁時，必當感動之至。

（六）傅耆《與周茂叔書（四）》

度正未言傅耆《與周茂叔書（四）》[②]作於何時，他衹截録了該信的片斷。信中有云“又爲時事所役，不克專一於道”，傅耆此時應已爲官；又云“彌益思念，後訊切希”，知其與濂溪通訊已非便。又據《濂溪先生周元公年表》，《與周茂叔書（五）》作於熙寧元年（1068），故《與周茂叔書（四）》應作於嘉祐六年（1061）後熙寧元年（1068）前。據“獻歲發春”，則作於春日。傅耆在此次與濂溪遠別後的通信中，言及近況：“日來復多作雕刻無益之詞，以混吾常習。嗚呼！其不得已也。”言己爲宦跡所累，致正學不精進。傅耆再言以濂溪爲師範：“借覝以爲規範，則後進生之懷抱，愈有所開發矣。”通過該信，我們還知濂溪近來多有詩作：“又聞邇辰甚多詩章，新吟以匆遽，未暇寫示。”此信乃回書，“忽捧執事誨筆，副以《二何詩集》”，濂溪此先已主動寄信與耆，並將《二何詩集》與之分享。耆謝曰：“且喜且讀，併釋煩悶。若盛暑沃冰雪，何快如之！”師友相惜矣。濂溪傾心傳道之志亦顯。

（七）傅耆《與周茂叔書（五）》

傅耆登第後不久即回蜀任職。嘉定元年（1208）遂寧趙汝潤《雁塔題名序》云“武信文物郡，嘉祐間鄉大夫傅公耆作《題名記》”。傅耆作遂寧《雁塔題名記》當在嘉祐六年後（1061—1063）。據王象之《輿地紀勝》，傅耆在治平間（1064—1067）任校書郎，曾爲坐落在涪陵江北的普淨院撰記，即《普淨院記》。

《濂溪先生周元公年表》載，治平四年（1067），宋神宗登極，濂溪遷朝奉郎、尚書駕部員外郎。是年秋，濂溪攝邵州事，“九月，先生自邵陽發遞，以改定《同人説》寄傅伯成，傅時知嘉州平羌縣”。熙寧元年（1068）春，時知嘉州平羌縣的傅耆在收到濂溪信後即回書，即《與周茂叔書（五）》[③]。此信爲傅耆與濂溪間最後一次交往記録。傅耆與濂溪業已數年未見，雖相隔甚遠，神交從未離散，故云“發而伏讀，詞與意厚，雖在數千里外，若奉高標大論，其欣快何如哉！”該信現存完整，然諸書流傳的僅是片斷，即《濂溪先生周元公年表》中引用之句：“蒙寄

① [北宋]周敦頤撰：《元公周先生濂溪集》（宋刻本）卷六，載《北京圖書館古籍珍本叢刊》第88册集部·宋別集類，書目文獻出版社1998年版，第154-155頁。
② [北宋]周敦頤撰：《元公周先生濂溪集》（宋刻本）卷六，載《北京圖書館古籍珍本叢刊》第88册集部·宋別集類，書目文獻出版社1998年版，第151-152頁。
③ [北宋]周敦頤撰：《元公周先生濂溪集》（宋刻本）卷六，載《北京圖書館古籍珍本叢刊》第88册集部·宋別集類，書目文獻出版社1998年版，第151-152頁。

貺《同人説》，徐展孰讀，較以舊本，改易數字，皆人意所不到處，宜乎使人宗師，仰慕之不暇也。”細玩可知，濂溪久前即有《同人説》，且曾寫示傅耆，此次是將新改定的《同人説》寄之以供再論，以獲共鳴。

關於濂溪治平四年致信傅耆並寄贈《同人説》的史實，在度正筆下還有兩種説法。嘉定六年（1213）度正在《書晦庵〈太極圖解〉後》中云：“在吾鄉時，傅嘗有書謝其所寄《姤説》，其後在永州又有書謝其所寄改定《同人説》。”此句表達頗混亂，似傅耆曾在永州並回信濂溪。嘉定十三年（1220）度正在重慶所書之《跋〈賀傅伯成手謁〉》云：“按《傅氏家集》，濂溪在吾州嘗以《姤説》示之，其後在零陵又寄所改《同人説》，二説當即所謂《易通》者。”謂濂溪是在零陵寄《同人説》與傅耆。事實上，這兩種説法都是錯誤的。度正在搜集濂溪遺事的過程中不斷更新認識，最終憑藉載在傅耆《長慶集》中的《與周茂叔書（五）》弄清了濂溪《同人説》的來龍去脈。

傅耆在《與周茂叔書（五）》中還抒發了在蜀中缺少師友親近的無奈：“耆兹粗如老幼，幸無恙，惟是書策筆硯，不敢少輟，但寡師友磨之耳。”一如前信，濂溪依然附上了詩文近作，耆謙言：“濂溪詩文，皆當世名公所爲，自顧頑鈍，未敢措手，或時强爲，皆未能脱俗氣，故遲疑蓄縮，久而未敢塵聽也。”陵陽韓職方來嘉州求船，“計必如期南下”，傅耆或托他將復信代給濂溪。蜀湘千里之遙，師門牽念滿懷。傅耆感慨云：“伏想知悉西南，相遼未涯。”並冀望先生“爲宗社自壽！”千年至今，似有遺響。

三　傅耆與伊川先生程頤

程珦（1006—1090），字伯温，洛陽人，明道、伊川二先生之父。曾知龔、鳳、磁、漢四州，官至太中大夫。在《中國哲學大辭典》（2010）中，程珦與傅耆二人被認爲是“濂溪學派”的代表。①程珦慶曆間爲南安通守，與濂溪游，而二程始受業於濂溪。②

治平四年（1067）到熙寧三年（1070）間，程珦知漢州，伊川先生隨父入蜀。③此間，同爲濂溪門人的傅耆與伊川游。時傅耆任嘉州平羌縣令，即度正所言“爲邑西川”之時。今存二人的交往記録爲伊川《謝傅耆伯成手謁》（前文已考，“伯壽”當爲“伯成”）。

伊川《謝傅耆伯成手謁》原藏遂寧傅氏，爲傅耆的子孫所珍存。度正在《跋〈伊川先生帖〉後》中敘述了在訪問濂溪遺跡過程中發現與濂溪在蜀中交往最密切

① 張岱年主編：《中國哲學大辭典》，上海辭書出版社2010年版，第436頁。
② [明]黄宗羲原本，黄百家纂輯，[清]全祖望修定：《宋元學案》卷十二濂溪學案下，清道光刻本。
③ 粟品孝等著，《成都通史》編纂委員會主編：《成都通史》卷四五代（前後蜀）兩宋時期，四川人民出版社2011年版，第309頁。

之門生傅耆的經歷。度正時爲遂寧戶掾，友人王世垕（叔載）常對他說“城西傅君光家，藏先正韓、范諸公手跡甚富”。傅光，字用之，爲傅耆之孫。度正始得知“乃祖大夫公嘉祐初，實見濂溪周先生於合陽，求教先生，手書《家人》《艮》《遇》等説贈之”，大夫公即傅耆。不僅如此，傅耆還與伊川有交往：“其後程太中公知漢州，大夫公時爲邑西川，又得交伊川兄弟間，手筆相問，往往皆在。”當時度正、鶴山先生等認爲二程均莅臨蜀中，如鶴山云“蜀雖偏左，而先正大儒如濂溪周先生、河南二程先生，皆嘗不鄙而幸臨之”[①]。然據近人考證，明道當時在他地爲官，恐非在蜀。而傅耆與伊川的交往爲確實。

據《跋〈伊川先生帖〉後》文意，度正起先似未造訪傅家，而是委託王世垕“訪求周程諸先生手跡”。慶元二年（1196）正月四日，王君將傅光家藏的“伊川先生手狀”交予度正考訂，此即《謝傅耆伯成手謁》。《謝傅耆伯成手謁》爲傅耆集在日記册中，度云其形制内容：“此版起六月，終七月十六日，内載王氏父子、吕氏兄弟遷擢，蓋熙寧間日報作細字，背面皆滿，先生字處闕之，獨得不謾。”度正認爲，此正是伊川“入蜀時筆也”。度正問王君濂溪遺書，王曰“亡矣”。度正向王君表達了慕聖之志與存書之憂，其言：“今此紙幸脱於敗爛之中，然諸先生所以開示後世者，世方以爲奇貨，安知叔孫武叔輩見之不遂投之水火耶？爲我謝傅君，正奉藏之，俾勿壞。”據朱子《跋度正家藏〈伊川先生帖〉後》，及鶴山在《跋遂寧傅氏所藏濂溪、伊川真跡》中所言：“了翁偶獲窺見者，如濂溪先生帖、伊川先生手刺，則遂寧傅氏各藏其一。而合陽度周卿所藏程刺，亦得之傅氏也。”[②]知《謝傅耆伯成手謁》終爲遂寧傅氏贈與度正珍藏。

伊川《謝傅耆伯成手謁》共十九字，全文如下：“頤謹詣行館，拜謝長官秘書，十月日河南程頤狀。”從該帖可知，伊川爲主動拜訪傅耆，並因事謝之。伊川是在怎樣的情境下訪耆，又因何事謝之，今不得而知。然，極簡的文字卻顯照了二人交往之誠。伊川早年受業於濂溪，而傅耆爲濂溪蜀中最親密之門生，二人講談間，必云濂溪修養。故，朱子得知傅耆學行事跡後如此讚歎：“傅君周旋周程師弟子間，知所主友，而伊川先生手刺謁謝，爲禮亦恭，則其人之賢，不問可知。”當爲定論。朱子在鑒覽伊川帖後感慨不已，有云：“嘗讀明道先生《顔樂亭詩》，其卒章曰‘井不忍廢，圃不忍荒’。嗚呼，正學其何可忘！”[③]並勉勵弟子度正悉心訪求聖賢遺澤，以綿延正學於萬世。

四　蜀中學派，當首先生

清代史學大家謝山全先生在《宋元學案·知州傅先生耆》中認爲傅耆開啟了

---

① 何向東、習光輝等校注：《新修潼川府志校註》下册，巴蜀書社 2007 年版，第 1302 頁。
② 何向東、習光輝等校注：《新修潼川府志校註》下册，巴蜀書社 2007 年版，第 1302 頁。
③ [宋]朱熹撰：《晦庵集》卷八十四，載《文淵閣四庫全書》第 1145 册，第 748-749 頁。

以理學爲核心的宋代蜀學，其評傅耆云“蜀中學派，當首先生”。謝山在《宋元學案·濂溪講友》中稱濂溪之門人有二程（明道先生程顥、伊川先生程頤），然“不過少時師之”；平生“講學之友”計六人——胡宿、周文敏、傅耆、李初平、王虙、許渤，傅耆爲其一。謝山謂濂溪弟子甚少，二程見識乃“所自得者多”；其言傅耆則云“先生雖言論風旨不傳，然二百年後，度正從其家以求元公之遺墨，尚多有之，安得不列之《學案》中邪！”並謂傅耆作爲濂溪的四川弟子，實有啟發之功，言耆學於周子之後，“范淳夫學於司馬氏，譙天授、謝持正學於程氏，馬巨濟學於關中吕氏，以啟南軒、鶴山諸公之盛”[①]。

南宋巨儒鶴山先生在《跋遂寧傅氏所藏濂溪、伊川真跡》中云濂溪、伊川在蜀時“所聞未彰，而蜀人從之者已衆矣”。濂洛“遺墨多在蜀”，而“濂溪先生帖、伊川先生手刺，則遂寧傅氏各藏其一”。涪上幸有濂洛足跡，傅耆濂洛之緣深矣。聖賢遺澤，即使“只辭斷册”，亦萬世寶之，“貽之子孫，不敢失墜”[②]。怎奈宋末蜀亂，遺澤所存無幾。萬族紛紛出東川，不知傅家何處尋。

傅耆乃是遂寧理學第一人，世稱“理學名儒”，祀於賢祠，千年不絕。明陳中川公講在《遂寧修學記》中言遂寧宋代學術之盛則曰：“在宋日，養子弟員八百，進士表雁塔者幾半。若數理學如傅耆，文章如於至，諫諍如張述，氣節如馮康國，功業如楊輔、馮楫，彬彬乎多才足徵矣！”[③]新都楊廷和爲遂寧佘本實所請，撰《遂寧縣修學記》，載明弘治年間全遂上下一心振興學宫事爲詳。時武陵丁護任遂寧知縣，親自指揮修學事宜，“如營其家”。宫成，釋菜禮畢，丁護徵諸遂之故以勵諸生，言及傅耆則曰：“遂之先正又有傅公耆者，常受業濂溪之門，與聞性命之説，晦翁亦有慕焉，而屬其門人度正以訪於其子孫，今其流風餘韻或者尚在也。”言諸生勿“徒假之以取榮而終棄之”，勿“徒以科第而已”，當從正學，修己治國。[④]

吕半隱先生潛《高惕菴語録序》有云：“鄒魯既遠，言人人殊，惟河汾濂洛諸君子起，頗得千載已墜之緒。”[⑤]遂寧傅耆親炙濂溪，交游伊川，啟兩宋之蜀學，受朱子之推崇，榮耀殊甚。然世人知耆者鮮。民國《新修合川縣志》嘆曰：“今乃有不能舉耆之姓名者矣。豈獨代遠年湮，流風殆歇，無亦競爭權利，不暇及於講道論德之人與？”[⑥]

作者單位：四川省蓬溪縣政協、寧波大學人文與傳媒學院

---

① [明]黄宗羲原本，黄百家纂輯，[清]全祖望修定：《宋元學案》卷十二濂溪學案下，清道光刻本。

② 何向東、習光輝等校注：《新修潼川府志校註》下册，巴蜀書社 2007 年版，第 1302 頁。

③ [明]陳講等纂修：《潼川志》藝文志，明嘉靖二十九年（1550）修，民國抄本。

④ [清]常明、楊芳燦等纂修：《四川通志》卷七十八學校藝文。又見[明]陳講等纂修：《潼川志》藝文志，題名《遂寧修學記》。

⑤ （雍正）《四川通志》卷四十七，清文淵閣四庫全書本。

⑥ 鄭賢書修，張森楷纂：《新修合川縣志》卷五十八流寓，民國十年（1921）刻本。

宋詩僧北磵居簡故廬考

張仁康

摘　要： 南宋詩僧北磵居簡對日本五山文學影響甚著，然其里籍姓氏長期莫衷一是。居簡是一位世俗化的詩僧，其鄉情親情至爲深厚，詩文中頻頻提起故鄉，更是數次明確量化地指出了其故廬的相對位置。近年新刊資料《北磵禪師行狀》，爲居簡嗣法弟子物初大觀所撰，其説居簡生平當自可信，解決了居簡籍貫姓氏的爭議問題。由此出發，依據居簡詩文，考諸史志，推求地理，證明居簡故廬大體位置應在今射洪縣青崗鎮文化村的極小範圍之内，居簡曾於六十六歲之後重返故里。

關鍵詞： 蜀學；歷史人物；釋居簡；生平；故居

南宋詩僧居簡（1164—1246），字敬叟，潼川人。因寓杭州飛來峰北磵日久，人以北磵稱之。臨濟宗育王佛照德光禪師法嗣，歷住臺州般若院、臺州報恩光孝寺、湖州鐵觀音寺（鐵佛寺）、湖州西餘大覺寺、安吉州圓覺寺、寧國府彰教寺、常州顯慶寺、常州碧雲崇明寺、平江府常熟慧日寺、烏程道場山護聖萬歲院、杭州淨慈山報恩光孝寺諸寺。理宗淳祐六年（1246）示寂，世壽八十三，僧臘六十二。有《北磵文集》十卷，《北磵詩集》九卷，《北磵和尚外集》一卷，《北磵和尚續集》一卷及《北磵居簡禪師語録》一卷，對日本五山文學影響甚著。

居簡俗姓，按《武林梵志》《淨慈寺志》《靈隱寺志》《五燈全書》《五燈嚴統》《五燈會元續略》《續燈正統》《增集續傳燈録》等説姓龍，而《蜀中廣記》《南宋元明禪林僧寶傳》《補續高僧傳》《續指月録》《續傳燈録》《續燈存稿》並四庫全書本《北磵集序》等則説姓王。以上著録，皆非時人，其所稱引姓氏，雖未注明出處，要當因襲舊説，並非空穴來風，而使後來莫衷一是。2013 年，許紅霞輯著日藏宋僧詩文集《珍本宋集五種》出版，國内讀者得見《北磵和尚外集》並物初大觀詩文集《物初賸語》，其中《北磵禪師行狀》於居簡身世述之甚詳，至於父母姑嫂、兄弟師友，其云：“師名居簡，字敬叟，潼川通泉龍氏。”[①]而物初大觀作爲

① 許紅霞輯著：《珍本宋集五種——日藏宋僧詩文整理研究（上下）》，北京大學出版社 2013 年版，上册第 94 頁，下册第 98 頁。

居簡法嗣，隨侍日久，自言“某昔侍先師，每聽火爐頭話在衆時事”①，居簡亦稱“大觀從余遊久，惟余言是信”②，其説居簡生平，當自可信。故居簡俗家，當從大觀説，姓龍。

這也澄清了另一個含混不清的問題：居簡俗家，屬潼川通泉，即今四川省射洪縣人。唯可思慮者，究在射洪何處？

居簡是一代高僧，更是一位世俗化的詩僧，其鄉情親情，至爲深厚，於生活起居、詩書酬唱，往往鄉情流露，良難自已。有人還鄉，不免款曲叮嚀；送别好友，一再言及老家。居簡於家人感懷尤深。元宵佳節，恰是老母生辰，於是舉杯遙祝守夜，或種松祈福添壽；當自己生日，不免反思行跡，用是砥礪自勉。《佛眼侍者祖元血書華嚴八十卷以報母細而楷花石綱初得之藏諸塔寺後復失之復得之於京師》③中幾句，頗能道其心境：“靜想生初常反照，雱然母血知多少。一支餘瀝何足云，貝葉悉書酬不了。”因此，當運庵和尚母死，居簡唁詩發出了“臨喪不哀非曠達”的俗世情懷；當俗兄訃至，更是表達了“若教頻下淚，滄海也須幹”④的哀傷。甚至很是直白從俗地請父母官關照自己的家人：“泉山跨鼇碧，横江秀而整。吾親在其下，枌榆接封畛。家有老吟僧，河海借餘潤。”⑤以是詩文中頻頻提起“故山”“故廬”“故園”“故家”等，如：

> 獨有故廬山數曲，殷勤推月過溪來。⑥
> 爾向那邊重到此，爲吾拈卻故園春。⑦
> 故家門掩岷山雲，送江入海窺蓬瀛。⑧
> 故園一鉏地，道阻且長。朝夕以思，九折羊腸。⑨

居簡傳世文字中，有數次明確量化地指出了其故廬的相對位置：

① 許紅霞輯著：《珍本宋集五種——日藏宋僧詩文整理研究（上下）》，北京大學出版社 2013 年版，下册第 785 頁。
② [宋]釋居簡撰，紀雪娟點校：《北磵文集》卷第十《道場山北海禪師塔銘》，西南師範大學出版社 2016 年版，第 380 頁。
③ [宋]釋居簡撰：《北磵詩集》（清抄本）卷第四，載《宋集珍本叢刊》第 71 册，綫裝書局 2004 年版，第 285 頁。
④ [宋]大觀編：《北磵居簡禪師語録·寧國府彰教禪寺語録》，見《佛學世界·網路藏經閣》網站，http://www.suttaworld.org/Collection_of_Buddhist/Successive_Tripitaka/pdf/X69/X69n1365. pdf。
⑤ [宋]釋居簡撰：《北磵詩集》（清抄本）卷第五，載《宋集珍本叢刊》第 71 册，綫裝書局 2004 年版，第 297 頁。
⑥ [宋]釋居簡撰：《北磵詩集》（清抄本）卷第二，載《宋集珍本叢刊》第 71 册，綫裝書局 2004 年版，第 270 頁。
⑦ 許紅霞輯著：《珍本宋集五種——日藏宋僧詩文整理研究（上下）》，北京大學出版社 2013 年版，上册第 59 頁。
⑧ [宋]釋居簡撰：《北磵詩集》（清抄本）卷第六，載《宋集珍本叢刊》第 71 册，綫裝書局 2004 年版，第 310 頁。
⑨ [宋]釋居簡撰，紀雪娟點校：《北磵文集》卷第六《言歸》，西南師範大學出版社 2016 年版，第 380 頁。

> 《千佛院記》：距余故廬未逮一舍，縣曰東關。縣之西，崗阜秀整，龍矯鳳翥，一峰橫溪陰，作怒猊反擲石飛峙。其上層出千佛，莫知幾何年。巖間有刻，漫不可讀。里社禱水旱，禳疵癘，如響答。慶曆二年，彭氏造殿舍佛，號壽聖院。某年月日，改廣福。子原者，張氏子，早穎異。走南方，叩耆宿，執侍天童宏智覺禪師，爰得其旨。沉潛燕默，以晦其所有。余四五歲時，大父行輩指以示余曰："是有道者也。"①

南宋東關縣，屬潼川府，與通泉縣接壤，縣治在今鹽亭縣金雞鎮東。乾隆《鹽亭縣志》"東關故城"條引《齊志》云："西宕渠郡有東關縣，梁魏時廢，宋復置，元至正二十年併入鹽亭縣，今金雞場。"②今鹽亭縣金雞鎮西南两里許，猶存千佛寺地名並遺址，鄉人不能道其詳，山川風物邈非舊貌。筆者曾於遺址見石刻一窟，四壁殘缺，彩繪剥落，面目漫滅，唯"（釋）迦牟尼佛一鋪"字樣依稀可辨，當爲西方三聖像，而形體婀娜，大有唐風。乾隆年間鹽亭知縣董夢會紀行詩《舊東關縣》："里老雲是前東關，殘礎碎碑惜無那"③，正堪寫照。又古人行軍，三十里爲一舍。《左傳・僖公二十三年》："微楚之惠不及此，退三舍避之，所以報也。"杜預注："一舍，三十里。"東關縣距居簡故廬甚近，不到三十里，居簡四五歲時即從長輩出入其間，深受影響，信乎其紀實而已也！

> 《通泉廣福院記》：廣福皇覺院，制度小而寂古……吾廬距此僅一舍，淪棄江海，足跡未始至。端平改元秋，鄉州某寺某僧移書訪問生死，屬予紀歲月。④

通泉廣福院，按諸家載記並《北磵禪師行狀》，俱稱居簡"依邑之廣福院圓澄"得度，而居簡自稱對通泉廣福院"足跡未始至"，則此説自當存疑。或邑之所指，非止於縣。康熙《射洪縣志》："廣福院，在縣治東南六十里。宋熙寧間，更名聖壽院，後敕賜廣福院。元延祐間，僧人會安建立；成化二年，僧人圓正重修。"⑤該寺今已不存。據前引《千佛院記》，宋代東關千佛院亦號壽聖院、廣福院，其名與通泉廣福院僅"壽聖"與"聖壽"之別，而其沿革不同。蓋天下寺觀同名者既多，二寺地域銜接，相去不遠，易於混淆；復同隸潼川，謂其同邑，亦不爲過。居簡《千佛院記》篇末云，"余老矣，浩然有登樓之思，尚須杖策倚檻，遐眺幽尋"，亦似千佛院更能觸動思鄉情懷，邈非通泉廣福院所能及者。故居簡出家之廣福院，疑爲東關廣福院（千佛院），而非通泉廣福院。又康熙《射洪縣志》："黨家鋪，在

---

① [宋]釋居簡撰，紀雪娟點校：《北磵文集》卷第三，西南師範大學出版社 2016 年版，第 59 頁。
② [清]董夢會纂修：《鹽亭縣志》（乾隆二十八年刻本），載《故宫珍本叢刊》第 206 册，海南出版社 2001 年版，第 183 頁。
③ [清]董夢會纂修：《鹽亭縣志》（乾隆二十八年刻本），載《故宫珍本叢刊》第 206 册，海南出版社 2001 年版，第 271 頁。
④ [宋]釋居簡撰，紀雪娟點校：《北磵文集》卷第四，西南師範大學出版社 2016 年版，第 90-91 頁。
⑤ [清]唐麟翔纂修：《射洪縣志》卷五，載《歷代射洪縣志匯編》，四川省射洪縣地方志編纂委員會，1995 年 12 月版，第 40 頁。

縣東南六十里。”[①]廣福院與黨家鋪地理位置重疊，此則通泉廣福院當在黨家鋪（今射洪縣金鶴鄉，舊屬通泉縣），與居簡故廬差不多正好三十里之距。

> 《鹽亭藏經紀》：某年月日，梓之鹽亭雲溪洲渚間，黑月夕如晝。溪民惶惑，聞有司，使即光所自發而觀焉。才一尋許，得經一龕，貯般若、華嚴、寶積、涅槃，合八百四十卷，屬李友賢安奉於家，粘綴完輯，歸於圓覺精舍。道隆比丘造殿建藏，護持維謹……予先人弊廬，距此兩舍許。淪棄江海，未始見此殊勝莊嚴。[②]

雲溪，在鹽亭縣境。乾隆《鹽亭縣志》：“雲溪，源出負戴山飛龍泉，雲從龍，故溪以雲名，杜詩‘雲溪花淡淡’是也。流經城内蓮花、春穀、德星三橋下，至城外入彌江。”[③]又“負戴山，城西一里，高五里，自劍門南來，起伏四百里，至此而蹲。一名高山，杜詩‘高山擁縣青’是也。”[④]舊鹽亭縣治在負戴山東麓，雲溪穿城而過，是爲雲溪壩，今鹽亭縣城關鎮亦名雲溪。又云：“圓覺寺，治東一里寶連山麓。”[⑤]則鹽亭藏經之圓覺精舍，當在今鹽亭縣雲溪鎮，距居簡故廬大約六十里。

> 《書劉蜕文塚銘後》：“劉蜕文塚銘，巍然於梓之兜率寺，距吾廬不數舍。觀者莫不慨其所爲，嘉其志一而氣老，逶迤多態，言盡而意有餘。”[⑥]

梓州郪縣，治所在今三臺縣潼川鎮。宋徽宗重和時，以梓州爲潼川府，梓州路爲潼川府路，郪縣亦爲路府治所。明曹學佺《蜀中廣記·名勝記》“漢郪縣”條引《方輿勝覽》云“兜率寺，在南山，一名長壽寺，隋開皇中建……寺内有文塚銘云。”又“數”之爲數也，概指若干，總而言之不多，具體而論則三。《東觀漢記·張純傳》：“每有疑義，輒爲訪純，自郊廟、婚冠、喪紀禮儀，多所正定，一日或數四引見。”是則文塚銘所在之兜率寺，在今三臺縣城南，距居簡故廬不到九十里。

舊時計道路里程，皆緣官道。射洪舊縣治在今金華鎮，境内官道，光緒《射洪縣鄉土志》述之甚詳：“自本境治地起，出城之南，行十二里爲武南碥，又行八里爲首飾埡山，又行十里爲白衣庵，又行十里爲太和鎮……東與下重慶支路會，其支路東自蓬溪縣來，經官升鋪、黨家鋪、哨樓鋪、大榆鋪過涪水，行六十里來

① [清]唐麟翔纂修：《射洪縣志》卷一，載《歷代射洪縣志匯編》，四川省射洪縣地方志編纂委員會，1995年12月版，第22頁。
② [宋]釋居簡撰，紀雪娟點校：《北磵文集》卷第四，西南師範大學出版社2016年版，第101頁。
③ [清]董夢會纂修：《鹽亭縣志》（乾隆二十八年刻本），載《故宫珍本叢刊》第206册，海南出版社2001年版，第182頁。
④ [清]董夢會纂修：《鹽亭縣志》（乾隆二十八年刻本），載《故宫珍本叢刊》第206册，海南出版社2001年版，第181頁。
⑤ [清]董夢會纂修：《鹽亭縣志》（乾隆二十八年刻本），載《故宫珍本叢刊》第206册，海南出版社2001年版，第193頁。
⑥ [宋]釋居簡撰，紀雪娟點校：《北磵文集》卷第七，西南師範大學出版社2016年版，第232頁。

會本路。”“出城之北方，行十五里爲覃家鋪，又行十五里，逾南嶽廟山，至新興鋪出射洪界，與三臺縣路接。”“出城之東，行十二里爲連山灣，又行三里至神吼，又向東行十五里至東嶽廟，右與天仙支路會，左與復興場支路會，又向東行三十里出本境界，與鹽亭縣路接。”[①]又據乾隆縣志《射洪輿圖》[②]，官道自縣治南下，過太和鎮，越涪江，東經大榆渡、大金臺、小金臺、黨家鋪、青崗壩、通埡山、仁和鎮八十里交鹽亭界，出縣境十里許即金雞鎮。

綜合上引居簡所述並射洪、三臺、鹽亭各處相對位置，按圖索驥，則居簡故廬位置大體可定，在今射洪縣青崗鎮文化片區的極小範圍之内。其確切點位，則有待於田野考古的進一步發現。

同時，我們注意到，居簡不僅有《懷歸》詩四首，表達其“欲將全璧伴東還”[③]之情思；亦有《復老歸東嘉予亦治還蜀之裝賦别湖上》一章，盡顯“野馬空眯目，爝火謾騰耀”[④]，欲早歸故土之焦躁迫切；更有《夜泊故山》二首，描摹老家“稚松孫竹半蓁蕪”[⑤]之現狀。由此可以斷定的是，居簡雖然二十多歲即遵師命出蜀問道，其後“淪棄江海”，終其一生在江浙一帶生活修禪渡人，然生前確曾重返故廬。惜乎“復老”何人，已不可考。居簡有《送復書狀歸温州》詩：“玉幾兩年餘，詠歸何草草。曹溪一宿覺，知幾良不早”，題注“休庵首座”[⑥]；並《答復之書記》詞一章，題注“休庵”[⑦]。玉幾者，即玉幾山，在鄞、鄮間，此代指鄮峰阿育王寺，可證居簡在育王時，休庵首座名復（或字復之）者亦在育王掌書記，被居簡推爲知己，相與摩蕩，同參兩年有餘。又“湖上”，即西湖之上。《贈刀鑷工》云：“天臺刀簫工初來杭，余髮方壯……余間關四方，歸湖上，鬚髮俱槁。”[⑧]《字三子序》云“開禧丙寅（1206）仲春既望，予自鄮還西湖”[⑨]。按“復書狀歸温州”，幾與“復老歸東嘉”同義，若“復老”即休庵首座複書狀（復之書記），則居簡在西湖送别時，當在開禧丙寅（1206）仲春後，其還蜀亦當在此之後。

然《清明日聞杜鵑》云：“吴越清明四十年，可曾歸夢攬清眠。樓頭欲與仲宣

---

① [清]孫世奎編：《射洪縣鄉土志》，載《歷代射洪縣志匯編》，四川省射洪縣地方志編纂委員會，1995年12月版，第605頁。
② [清]沈詩杜纂修：《射洪縣志》，載《歷代射洪縣志匯編》，四川省射洪縣地方志編纂委員會，1995年12月版，第690頁。
③ [宋]釋居簡撰：《北磵詩集》（清抄本）卷第四，載《宋集珍本叢刊》第71册，綫裝書局2004年版，第288頁。
④ [宋]釋居簡撰：《北磵詩集》（清抄本）卷第五，載《宋集珍本叢刊》第71册，綫裝書局2004年版，第300頁。
⑤ [宋]釋居簡撰：《北磵詩集》（清抄本）卷第六，載《宋集珍本叢刊》第71册，綫裝書局2004年版，第270頁。
⑥ 許紅霞輯著：《珍本宋集五種——日藏宋僧詩文整理研究（上下）》，北京大學出版社2013年版，上册第28頁。
⑦ 許紅霞輯著：《珍本宋集五種——日藏宋僧詩文整理研究（上下）》，北京大學出版社2013年版，上册第44頁。
⑧ [宋]釋居簡撰，紀雪娟點校：《北磵文集》卷第六，西南師範大學出版社2016年版，第190頁。
⑨ [宋]釋居簡撰，紀雪娟點校：《北磵文集》卷第五，西南師範大學出版社2016年版，第125頁。

語，驀地一聲啼杜鵑。”[1]據《北磵禪師行狀》：“乃依邑之廣福院圓澄師……師薙染時，年二十一，澄曰：‘爾胡滯於此，盍南詢乎？’即束包下三峽，見別峰印、塗毒策於徑山。”按佛教規制，受具足戒滿五年後方可離依止師出游，則居簡出蜀時已滿二十六歲。經吴越清明四十年，尚祇歸夢攪清眠，似居簡當六十六歲清明之時，尚未重返故土。

開禧丙寅（1206）是南宋國運重大轉折的一年，是年春三月，宰相韓侂胄鋭意北伐，爲此在政治準備上大做文章，朝野風雨動盪，五月北伐，結果大敗，失地喪權辱國，耗盡了南宋朝廷最後一點陽氣，蜀地吴曦亦緊鑼密鼓走向叛亂。天下紛擾，道路維艱，居簡若自浙還蜀，確乎非其時宜。當其六十六歲，是爲紹定三年（1230），其時蒙、金在黄河流域互斫，各有勝負，南宋於夾縫中且得片時安寧，南方相對穩定，自己亦已名滿天下，正好衣錦還鄉。其後，大約是年春天，聞清明“驀地一聲啼杜鵑”而有歸心；在寒風乍起的乾燥初秋，收拾行裝準備還蜀；在一個雪後晴明的冬日黄昏，悄然回到了故廬。

作者單位：四川省射洪縣政協

① [宋]釋居簡撰：《北磵詩集》（清抄本）卷第一，載《宋集珍本叢刊》第71册，綫裝書局2004年版，第261頁。

南宋秦九韶《數書九章》在世界數學史上地位芻議①

王　彬

摘　要： 南宋秦九韶是中國歷史上著名的數學家，他所著《數書九章》一書對於“大衍求一術”和“正負開方術”的開創性研究，取得了卓越的成果。因此，其“大衍求一術”和“正負開方術”分别被稱爲“中國剩餘定理”和“秦九韶程式”，爲世界數學的發展做出了極大的貢獻。

關鍵詞： 秦九韶；《數書九章》；數學成就

一

南宋數學家、官員秦九韶（1202—1261），字道古，出生於普州安嶽（今四川省安嶽縣），與李冶、楊輝、朱世傑並稱宋元數學四大家。我國數學史家梁宗巨評價道：“秦九韶的《數書九章》是一部劃時代的巨著，特别是高次方程的數值解法‘正負開方術’和‘大衍求一術’，是中國古代數學研究的明珠，在世界數學史上佔有崇高的地位。”②

秦九韶出生在一個官宦之家，其父親秦季檟曾任南宋秘書少監兼國史院編修。秦九韶早年一直跟隨在父親身邊，因此有機會讀到非常珍貴的國家館藏書籍，加上他又聰穎好學，所以積累了非常豐富的基礎知識。家庭條件的優裕，使青年時期的秦九韶能夠與當時的天文曆法家、數學家、建築家等近距離接觸，從而學習了天文、曆法、數學、建築等知識。此外，他還廣采博覽，從自然科學到社會科學，從技術到文學，從游戲到武術，無不通曉，對星象、音律、算術以及營造等無不精研。但從其自序“嘗從隱君子受數學”中可以看出，他最愛的還是數學。這些外在條件讓秦九韶從小就積累了不少數學知識，爲他以後撰寫《數書九章》奠定了堅實的基礎。

南宋寶慶至紹定年間，秦九韶在鄞縣當“義兵首”（即一地維護治安的民兵

---

① 課題來源：四川省哲社重點研究基地“四川省武則天研究中心”2018 年度重點項目“四川歷史文化名人概說”（項目號：SCWZT-2018-1）階段性成果。

② 梁宗巨著：《世界數學史簡編》，遼寧人民出版社 1981 年版，第 418 頁。

頭目），參加了高稼提出以沔州爲主戰場的“蜀以三關爲門戶，五州爲藩籬”的反擊元兵保衛戰。在當時那個年代，氣候對屯兵戍邊、行軍交戰具有很大的影響。爲了屯兵的需要，必須觀測氣象、測量所下雨雪大小。然而以當時的條件，氣象觀測、雨雪測量都是難題。秦九韶運用數學原理，苦心研究，最後找出了計量降雨量、降雪量的方法，即後來《數書九章》中記載的“圓罌測雨”“天池測雨”和“峻積驗雪”“竹器驗雪”等内容，這些都是秦九韶在軍旅生涯的實踐中研究出的數學結晶。①

南宋理宗端平三年（1236）後，秦九韶在湖北一帶做官，南宋理宗淳祐四年（1244），升爲建康府（今江蘇省南京市）通判，當年其母病逝，秦九韶回湖州爲他母親守孝。守孝三年間，他終於可以拋開衙門裏的瑣碎事務，集中所有精力從事他自己感興趣的數學研究，並於淳祐七年（1247）完成了數學巨著《數術大略》，即《數書九章》。

二

《數書九章》之著述方式，大多由“問曰”“答曰”“術曰”“草曰”四部分組成。其中，“問曰”是從實際生活中提出問題；“答曰”給出答案；“術曰”闡述解題原理與步驟；“草曰”給出詳細的解題過程。該書共 18 卷，分爲大衍、天時、田域、測望、賦役、錢谷、營建、軍旅、市易九大類，每類用九個例題來闡明各種演算法。許多計算方法直到現在仍有很高的參考價值和實踐意義。

秦九韶在數學的許多領域内取得的成就都是非常巨大的，尤其在“大衍術”的理論上的概括與總結，在數學史上有著重要地位。

秦九韶在處理同餘問題的方法上，一是採用“大衍術”，二是“治理術”（治理演紀術）。“大衍術”是一次同餘式組問題的通常解法，而“治理術”則是專爲曆元推算設計的程式，兩者都是在“大衍術”基礎上實現的。秦九韶的大衍總數術並不是將剩餘定理推廣到模數上的兩兩非互素的一般形式，而是將模數轉化爲兩兩互素的情形，這在當時的歷史條件下是個非常棘手的問題。而秦九韶通過轉化元數爲定數的思路及演算法，成功地解決了這一問題，具有重大的歷史價值和意義。秦九韶的“大衍術”是對《孫子算經》題中的“物不知數”的演算法推廣，“大衍術”是求陣列的一般方法，秦九韶將其稱之爲“乘率”，他還注意到當除數都爲兩兩互素的現象、並且其個數也都僅限於三個才能求解的特例，還需要繼續探求更普遍的演算法，並給出了使一組資料轉化爲兩兩互素的方法，但當時中

① 吴芸：《秦九韶數學思想的歷史闡釋》，載《蘭臺世界》2013 年 8 月下旬，第 50 頁。

國還沒有互質及最小公倍數的概念，所以轉化起來較爲複雜。[①]

數學史研究可以證明，秦九韶的演算法準確無誤，並且論證十分嚴密。中國的現代數學家通過研究得出，秦九韶提出的“大衍術”，在某些方面和現代電腦程式的設計有著驚人的相似的地方，現代電腦程式中，就包含了程式設計的許多方法及技巧。在十八、十九世紀的國外，歐拉和高斯都同時對一次同餘組進行了論證和研究，並獨立地獲得了與“大衍術”相一致的結論。在歐洲最早接觸一次同餘問題的是義大利數學家列奧納多·斐波那契（約 1170—1250），他在《算盤之書》中給出了兩個一次同餘的問題，但是沒有相應的一般演算法。直到 18、19 世紀，才由數學家歐拉（1743）、高斯（1801）得出了與“孫子剩餘定理”相似的結論。所以，西方數學家將秦九韶這項重大的發現稱爲“中國剩餘定理”，是完全符合歷史史實的科學論斷。

中世紀數學的中心課題和難題就是尋求對高次方程問題的求解。秦九韶關於高次方程的數值解法，正是中國傳統數學的輝煌成績的出色總結。中國的傳統數學以重視其實用性爲最基本的特徵，所以，數學家們一致致力於高次方程的數值解法問題，即開方術的應用問題。早在漢代的《九章算術》裏面就有了對開方術系統和完整的探討，並成功運用開方法求解了二次方程問題。十一世紀北宋時期，賈憲、劉益推出了一般高次方程的數值解法，提出‘增乘開方法’，計算中隨乘隨加，簡便易行。秦九韶在《數書九章》中，多處使用了‘增乘開方法’並解決了高次方程求正根問題，他所設計的解題步驟，在高等代數學裏，稱爲“秦九韶法”。在秦九韶以前，包括賈憲在內的數學家認爲“實”是已知量，當然是正數，相當於常數項在等式的右端。

秦九韶經過大量的研究後，在《數書九章》中認爲“實”最好和未知數放在一起，正負相消，組成開方式，這樣就可以把增乘開方的隨乘隨加貫徹到底，因此他規定“實常爲負”。以這樣的開方式去計算方程，其中的係數可正可負，可以是整數也可以是小數，有的方程高達十次。即是說，秦九韶的方法可以求解任何數學方程的正根，他自己把這種方法稱爲“正負開方術”。這種高次數值解法實際上是對賈憲“增乘開方法”的發展，把僅能解二次方程的方法推廣成爲任意高次方程的數值解法。秦九韶在解題中演算法的特點還是隨乘隨加的方法進行的減根變化，這和現代求數學方程正根的方法基本一致，所以在現代計算數學中求代數方程的數值解的時候，人們把所流行的那種極其簡便的計算方法稱爲“秦九韶程式”。而西方數學關於高次方程求解的過程卻非常漫長，還延續著符號代數的方式，且以尋求解得公式爲目的，這在 15 世紀代數符號被普遍採用後纔逐漸發

① 吳文俊主編:《中國數學史大系》第五卷，北京師範大學出版社 2000 年版，第 335-336 頁。

展起來。

在 16 世紀，歐洲纔有了三次方程公式的求解，18 世紀纔開始了對方程論的研究，而在 19 世紀纔有對高次方程數值求解的探討。在 1804 年，意大利數學家羅飛妮創造出一種通過逐步近似求解數位高次方程的無理數根的近似值的方法。在 1819 年，英國的霍納發表的論文《連續近似求解任何次數方程的新解法》，纔正式提出了與宋代演算法中增開方法相同的演算步驟，這比秦九韶的方法要晚五六百年。

秦九韶的數學成就還表現在很多方面。在代數學方面，他繼承並改進了《九章算術》中的方程計算方式，尤其是在計算方法上進行了有效的改進。秦九韶在領悟《九章算術》中方程術的情況下，通過將題設中的 20 個資料列爲方程，來解四元綫性方程組，並將數據依次相乘和直除，並畫出 14 幅圖形詳細注釋變換中的因果關係，直到係數矩陣轉化爲單位矩陣纔算結束。其計算過程按部就班，準確無誤，是中國史料中完整地記載多元方程演算過程的實録。在幾何學方面，秦九韶發揚了《九章算術》和《海島算經》裏的測算方法，對勾股及"重差"的演算法進行了有效的闡述，尤其是其斜邊求積公式的推算與應用。我國古代還沒有素數的概念，秦九韶首創"連環求等"的方法，以實現幾個數的最小公倍數。在推陳出新方面，秦九韶模擬了《九章算術》中的以漆、漆題，衍爲易麥、踏曲題等，認爲提意出自於"盈不足"且不落窠臼，開闢了新的途徑，達到了另闢蹊徑、推陳出新的效果。秦九韶早於德國數學家高斯 500 多年，在大衍總數術中"用數"的互通及借貸關係中正確地且富有一定道理地説出了它們之間的聯繫，而現代人衹能通過採用現代數論的知識來考察其内涵。

秦九韶在幾何領域也爲中國傳統數學的研究填補了空白，其中的"三斜求積"就是著名的一例，而希臘哲學家海龍創造的用邊長來表示三角形面積的公式晚了好些年。秦九韶在數值解多項式方程方面也有所建樹，他創造出"投胎""换骨"的方法，並允許多項式方程的係數可以爲負數，其"興田求積"的草文是一典型的例子，説明數值解方程的方法已經達到了非常成熟的地步。這比五個世紀之後英國人霍納的類似方法在品質上都還要高。

三

秦九韶的《數書九章》作爲宋元數學代表中的典範，在許多重要的數學領域内都有傑出的成就，爲學術界廣爲流傳，並在世界數學史上獲得了公認地位，尤其是其"大衍術"的重要成果，在當時世界上絕對處於領先地位。德國著名數學史家康托爾（Cantor，1829—1920）高度評價了"大衍求一術"，他稱讚發現這一演算法的中國數學家是“最幸運的天才”。[①]

1973 年，比利時著名當代數學家利波萊希特出版了西方數學界第一本以秦九韶《數書九章》爲專題研究物件的論著，書名爲《13 世紀中國數學》，其出版社爲美國著名的麻省理工學院（MIT）出版社。從這本論著的主要研究内容來看，作者認爲秦九韶當之無愧是一位有著世界影響力的中國古代數學家。美國著名科技史專家薩頓在仔細品鑒完利波萊希特的這本論著後，對秦九韶給予了極高評價：“秦九韶對於他的民族、對於他所生活的時代，甚至是對於所有時代而言，都是中國乃至世界最偉大的數學家之一。”[②]

秦九韶的數學成就標志著中國古代數學的最高峰，在世界數學史上佔據了重要的地位，對以後中、外數學的發展都具有非常重要及深遠的影響。他是四川的一位重量級歷史名人。在全省大力貫徹“四川歷史名人文化傳承創新工程”之時，積極發掘秦九韶的數學成就，具有更加重要的價值與意義。

作者單位：四川師範大學數學與軟件學院

① 徐品方等著：《〈數書九章〉研究》，科學出版社 2016 年版，第 148-149 頁。
② 吴文俊主編：《中國數學史大系》第五卷，北京師範大學出版社 2000 年版，第 551 頁。

名儒重臣周洪謨之研究

周興福

摘　要： 本文主要探討周洪謨在明代歷史發展過程中的實質聯繫，弄清周洪謨的真實面貌。周洪謨是明代身居要職的朝内大臣，直接參議朝政大事，是一位有較大影響的人物。他的思想和言行在當代社會留下了廣泛的影響。根據相關史料，將他在政治、軍事、文化等方面融會貫通起來，進而使研究變成一種立體的系統的課題。從而恢復其在中國歷史長河中應有的地位，發揮他在四川旅游開發中獨具特色的重要作用。

關鍵詞： 周洪謨；政治生涯；歷史地位；影響

緒　論

周洪謨，四川宜賓長寧人，是明成化、弘治年間的中央重臣，明正統十年的榜眼，官至禮部尚書、太子少保。明代史學家稱他“歷官有聲、爲世名臣”“爲國名儒”。在《明實録》中保留著周洪謨的大量奏疏，既有隻言片語，亦有長篇大論，主要是關於教育改革和明朝禮制建設、地方穩定等内容。在維護地方穩定上，他最有建樹的事跡是僑置荊州、襄陽流民的見解和處理川南僰人的方案，起到了穩定荊襄、穩定川南、促進開發的重要作用。

周洪謨懷抱著以儒治國的傳統儒家思想，有獻身社稷的豪情。他遇事即言，敢於堅持真理，直面時弊，厲行改革。爲官四十六年，歷經正統、景泰、天順、成化、弘治五朝四帝，經歷“土木堡之變”“京師保衛戰”以及“奪門之變”，其所處之時，正是明朝歷史上的轉捩點，政治日趨黑暗，内有宦官亂政，外有强虜侵擾，他能在動盪的政治漩渦中有所作爲，受到敬重，這已是很不容易的了。

周洪謨退休後沒有回老家長寧，而是來到了家鄉所屬的敘州府，把他人生的最後熱血都奉獻給了當時著名學府“翠屏書院”。按照周洪謨的話説：教育既是爲了“有裨風教”，更是爲了“以正人心”。就是這樣一位儒學老人，照亮了宜賓的文化天空，往後的歲月中，有力地得到證明，翠屏書院始終是四川著名的文化聖地，英傑輩出，許多的青年俊才從這裏走出蒼茫的群山，改變了山外的世界。

周洪謨在湖北、西南一帶有很多口口相傳的神化故事，説他有撵山趕石的本領，要把長江截流；在報恩寺讀書掃地，菩薩都要給他讓路；騎著蜀南竹海的竹馬騰雲駕霧上北京早朝……種種傳説給人們以很多懸念，使人們感到無限神奇，因而驅使人們不斷地去瞭解他、研究他，試圖揭開其神秘的面紗，掀起了宣傳、研究周洪謨的熱潮。日本著名中國學者小野和子《明季黨社考》，明史學家毛佩琦教授《周洪謨所處的時代》，河北張嶔《被遺忘的盛世》，陳波《論周洪謨對山都掌人的土流分治策》，歷史學家蔡東洲教授《周洪謨現存著作研究》，西華師範大學歷史文化學院倪雯煒《周洪謨〈流民説〉及其實踐》，西華師範大學歷史文學院專業研究生向衛《明代鴻儒周洪謨》，四川大學教授周育才以及港臺地區的學者，相繼出了一些有關周洪謨的書籍，有了一定的研究成果，但總的來説不盡全面、具體，還有一些失誤。基於這些情況，很多有志之士聚集在一起研究周洪謨的學術思想及治國理念，考證周洪謨在全國各地的相關遺存，收集整理周洪謨的文獻、逸事趣聞。

周洪謨一生的著作有《南皋集》二十卷、《南皋子雜言》三卷、《辯疑録》三卷、《箐齋讀書録》十二卷、《群經疑辯録》三卷、《箐齋集》五十卷、《敘州府志》二十二卷、《禮賢録》一卷、《聖駕臨雍録》一卷、《南皋子詩存》一卷、《碑銘記序集》無卷數，這些著作涵蓋了周洪謨研究的儒經、歷史、地理、天文、宗教等範籌，是我們今天研究周洪謨儒家思想和學術成就的基本文獻資料，是當今巴蜀文化建設和旅游資源開發的寶貴遺產。周洪謨早在五百多年前，就提出了“峨嵋天下秀”這個享譽世界的口號。但他還有很多詠峨嵋山、巫山、瞿塘峽、雪山和綿陽平武、蜀南宜賓一帶的詩詞文賦尚未被今人所熟知和利用，諸如《敘州八景》《長寧八景》、平武《大報恩寺碑記》、馬湖府《重修天寧禪寺記》《翠屏山書院記》《富順文廟碑記》《涪翁祠記》《長寧重修縣廳記》《重修西明禪寺記》等，這些詩文對發掘川内文化資源尤有價值，更是蜀南宜瀘酒文化、旅游文化的基礎。

第一章　世系生平

一　蜀南魁首

周洪謨（1420—1491）字堯弼、堯佐[①]，號箐齋，四川敘州府長寧縣上長鄉二甲箐竹屋基周家山（灣）（今四川省宜賓市長寧縣梅白鄉白虎村）人，同輩們尊稱爲箐齋先生，自稱南皋子，是明朝天順、成化、弘治年間著名的政治家、史學家和思想家。周洪謨生於明成祖永樂十八年（1420），卒於明孝宗弘治四年（1491）[②]。

①《幹杉樹周氏宗譜》卷一・序記。
② [明]黄佐撰：《翰林記》卷十九《學士榮選》。

正統九年（1444）舉四川鄉試解元，第二年即正統十年（1445）復試禮部，名在前列，廷試獲一甲第二名，賜進士，授職爲翰林院編修。周洪謨一生，歷事正統（1436—1449）、景泰（1450—1456）、天順（1457—1464）、成化（1465—1487）、弘治（1488—1505）五朝四帝（其中英宗遭土木堡之變，由其弟朱祁鈺代位，稱太上皇，後英宗復辟改號天順），先後出任翰林院編修、侍講學士，兼署南京翰林院事、南京國子監祭酒、北京國子監祭酒、禮部右（左）侍郎、禮部尚書等職。曾參與《環宇通志》《英宗實録》的編纂工作。成化十七年（1481）升禮部尚書；成化二十年（1484）晉太子少保積階資政大夫。弘治元年（1488）十月致仕，弘治四年（1491）二月二十三日於敘府家中訂證《尚書蔡氏傳》，“乃草定凡例若干條，疾作，投筆端坐而逝”。[①]卒年七十二歲，謚文安。

周洪謨在明朝的大臣中以“博聞强記、善文詞、熟國朝典故”著稱[②]。史載“公少篤學，非有急務，手不釋卷”[③]。憲宗朱見深稱周洪謨“爲國名儒”，並讚揚他“貫通經史，識達天文，具忠愛之誠，啟沃兩京，傳我文明”[④]。徐溥（1428—1499）的《謙齋文録》記載：“平人尤喜著述，凡經史稍有疑，輒訂正之。其爲文簡直，不爲奇險語，而理致明白，粲然可愛。”李賢在《明一統志》裏盛讚周洪謨“歷官有聲，爲世名臣”。可見周洪謨在明朝政壇上的影響。

二　家學淵源

家族遺傳、成長環境以及童年生活，會深刻地影響一個人的價值取向。在這些要素之中，童年無疑是其最重要的環節。童年的經歷直接改變一個人的特質，並對個人未來的發展產生舉足輕重的影響。因此，要解讀周洪謨的一生，瞭解他的童年和家庭背景，是不容忽視的重要一環。毋庸置疑，周洪謨的家庭背景對他的性格塑造，可謂影響深遠。

永樂十八年（1420）夏四月十二日，周洪謨出生在四川宜賓市長寧縣梅白鄉五星村周家灣（今虎村）。周洪謨的先祖是從資陽遷徙到長寧。其五世祖周大一，於宋末紹興十八年（1148）戊辰由資陽遷敘州府長寧縣上長鄉二甲箐竹屋基，成爲長寧的始祖[⑤]。原來，長寧雖屬蠻荒邊陲，實乃富庶之鄉，山多林茂，土地肥沃，人口稀少，氣候宜人，風景如畫，實爲人類生息繁衍之寶地。周大一南遷選擇此地後，首居箐齋老屋，箐齋老屋是周姓繼資陽後第二發脈地，爲周姓望族中心，稱爲周川場。箐齋老屋有周洪謨和李永通、沈秀實、白廷憲、劉仰山、侯汝弼、

---

① [明]丘濬：《重編瓊台稿》卷二十三《太子少保禮部尚書謚文安周公墓志銘》。
② [明]丘濬：《重編瓊台稿》卷二十三。
③ [明]丘濬：《重編瓊台稿》卷二十三。
④《幹杉樹周氏宗譜》卷十《楊輯舟序本》。
⑤《幹杉樹周氏宗譜》卷五《世系》。

馬成成等互爲唱和[1]的周川埸八景，即“川埸古柏”“長灘還帶”“飛來仙境”“天生雁齒”“西潭夜月”“湖琩聳翠”“曲水文波”“魚影平峰”。屋後苦竹叢叢，屋前泓水悠悠，堪稱人傑地靈之寶地。據考證，周大一南遷之後，人丁興望，發展至今已四十餘代。周大一生二子周惠、周恕；周惠，字汝濟，宋末知長寧軍，生一子周寶；周寶生壽翁、壽南；壽翁元時本軍教授，生丙傳；丙傳長寧本軍教授，生世臣、世瑨、世祥，兄弟三人皆路教授、訓導；高祖周世祥，字季禎，築“東溪書院”，講學其間。朱元璋洪武初年，“以經明生修薦本學訓導，丰采俊而教法嚴，學者皆畏而則之”[2]；祖父周本源，號始峰，“十餘歲即通《五經》大義，於諸子百家之書，無不窺覽，洪武十九年（1386）以經明行修薦本學訓導，後調西安府學，又調池州、河間府學，召入内閣與修《永樂大典》”。本源生五子永禎、永隆、永享、永泰、永宗；父親周永隆，字竃匯，早先無意仕途，經里中長老勸説，三十八歲纔發奮讀書，成爲縣學，永樂十七年（1419）鄉試中舉，宣德五年（1430）授湖廣長陽縣學訓導，又署松藩學事。“公爲人和厚，樂易事親，孝處已敬，待物（以）誠，清心寡欲，重義輕利，宗族鄉黨，無老幼慕其忠信，人咸愛重之，平生樂於爲善，凡橋樑道路有圮，必率眾建之。嘗言：忠孝陰騭，君子終身由之可以也。自少嗜學，早夜研究《經》《史》，旁及釋老諸書，靡不涉獵。”[3]永隆生六子，洪肅、洪乂、洪哲、洪謨、洪晟、洪範。後來有人認爲，周洪謨能享高官厚禄，是前人積德“善報”的結果。這個“世儒”家族良好的品德，爲子孫樹立了模範，對子孫學識的提高和人格的發展，有著深遠的影響。

在周洪謨的成長歲月中，還有一位對他影響至深的人，即他的母親韓氏。周洪謨的母親出生於本縣薑山的富裕人家，她的父親韓琬是一位有學問、有道德的君子，不願入仕爲官，當地人稱之爲“薑山處士”。[4]出身書香門第的韓氏，是一位知書達理、賢淑温良的才女。他與周永隆一生中養育了六兒兩女，但她特别鍾愛老四周洪謨，其中有這樣的一段故事。周洪謨出生時又瘦又小，父親周永隆擔心其不好撫養，準備將他送給别人，但他的母親不舍，將他留了下來。三十八年後，已經是侍講學士，管理南京翰林院院事的周洪謨，在天順三年（1459）九月初二日寫給時任揚州知府王恕的信劄中詳細地記載了這件事：“予永樂庚子夏四月生，如有不育，先君子憂焉。”所以母親對洪謨特别鍾愛呵護就不難理解了。七歲以前的周洪謨一直在周川埸箐竹屋基故第中，由其母親教誦千字文、唐詩、宋詞和練習毛筆字，周洪謨大聲讀書的習慣保持了一生，就是當了祭酒，每天都要大聲地朗誦文章，“矻矻歲時，不忘誦讀”[5]。宣德二年（1427），八歲的周洪謨纔被送往古家河（今古河鎮）史家鋪報恩寺啟蒙讀書。他的先生是敘州府著名

① [明]周汝端：《文安公洪謨事略》。
②《幹杉樹周氏宗譜》卷三。
③《幹杉樹周氏宗譜》卷三。
④《幹杉樹周氏宗譜》卷三《碑銘》。
⑤ [明]徐溥：《謙齋文録》卷四。

的學者、書法家牟倫（周洪謨做官後，親筆爲牟家族譜寫序，以示不忘恩德，此譜保存完好。另外報恩寺立有榜眼啟蒙碑，毀於“文化大革命”時）。牟先生學規甚嚴，很喜歡勤奮的周洪謨。譜載“公以聰明、端勤稱于群弟子中”[①]。十一歲從古家河報恩寺轉入三元（今三元鄉）龍泉寺（今苦竹寺）讀書，直到十三歲從龍泉寺跟隨父親周永隆到湖廣長陽，松藩官所，並於當地就讀。在此期間，周洪謨深深地感受到了當地少數民族（僰、倮羅（今之彝族）、藏、羌）的純樸與勤苦，但缺乏教育的愚昧和野蠻也讓他震撼。他認爲造成這種局面的根本原因是文化的缺失和無人教化，必須興校辦學“明人倫，革人俗，成人材”“因俗以施教養之政”，使人人懂禮守法[②]，最終達到民族和睦，社會和諧。二十一歲時，周洪謨遭受了人生的第一次大變故。正統四年（1439），正在松藩府學任上的父親決定辭官不做，在上京請辭的路上客死成都。當時周洪謨正在長陽讀書，得到消息，他悲痛欲絕，當即告假返家料理後事。父親的靈柩由二哥周洪乂、五弟周洪晟扶歸長寧，並於正統七年（1442）三月，將父親安葬在長寧縣東四十里吉子林。周洪謨在守孝期間更加勤奮地學習，爲以後的鄉考做積極準備。正統九年（1444），周洪謨第一次參加四川鄉試，這一年周洪謨剛好二十五歲。對於這一次鄉試，周洪謨信心十足，他在游覽樂山時，寫下了一首豪情萬丈的七言詩《觀九頂山》，充分體現了他的自信：

九頂峰巒插太清，西戎屏障倚長城。
四時積雪舉關見，千里秋毫入眼明。
天簇蓮華朝白帝，地方鼇足奠蒼生。
我來坐嘯情無限，要得憑高望帝京。[③]

在此次鄉試中，周洪謨名列第一。他所寫的五篇策論，所有考官都贊不絕口。主考官湖廣監利縣教諭楊述對周洪謨更是大加讚賞，認爲：“此作辭理明贍，筆力高古，當冠多士。”既撤棘乃長寧周洪謨。[④]又贊之曰：“此奇士，他日必成大名。”[⑤]第二年（1445）二月全國禮部會試，數千舉人湧入北京，參加京試，主考官爲翰林學士錢習禮，副考官爲侍講學士馬愉。周洪謨以扎實的經學功底順利通過會考，並名列高等。三月十五日，英宗朱祁鎮親臨奉天殿策試天下舉人。三月十七日，英宗親閱舉人所作對策，對周洪謨的策論讚賞有嘉，意欲擢爲第一名，但觀其“身材不碩”[⑥]，拔爲第一甲第二名榜眼。狀員爲浙江會稽商輅，探花爲陝西寶雞的劉俊。[⑦]三月二十六日，擢第一甲進士周洪謨爲編修，完成了由民到官的

---

①《幹杉樹周氏宗譜》卷九《武事》。
②《明英宗睿皇帝實録》卷之二百三十七《廢帝郕戾王附録第五十五》。
③ 清嘉慶《長寧縣志》卷十五。
④ [明]許彬：《遼府右長史揚公述墓志銘》。
⑤ [明]王直撰：《遼府長史揚君墓碑銘》，《四庫全書·抑庵文後集》卷三十二。
⑥ [明]周汝端撰：《文安公洪謨事略》。
⑦《明英宗實録》卷之一百二十七。

角色轉換，從此步入了大明政壇，開啟了四十六年的仕宦生涯，這是他一生中最重要的里程碑。

第二章　政治生涯

一　安生民、攘外虜、勤修内治

正統十年（1445），二十六歲的周洪謨任翰林院編修，職掌文案諸事兼修國史，他從入仕到退休一直在中央供職。正統十三年（1447）升文林郎，此時他意氣風發，和英宗朱祁鎮講魚的故事，以魚躍龍門作比喻，對未來滿懷憧憬，“遭逢盛世，潤色大遒”，有了實現治國安邦的政治機遇，勸英宗“法帝王以敷政化、宏道德以致理”，而實現“唐、虞三代之治”①。正統十四年七月瓦剌兵侵擾大同，宦官王振鼓動英宗效法祖宗之法，御駕親征，周洪謨和諸大臣力諫不可親征，英宗不從。隨即敕派周洪謨巡視陜西、四川災情，考察兩省政務。八月初六日，下詔令郕王祁鈺監國，調侍郎于謙入朝鎮守。八月十五日，所率六師五十餘萬人大敗，英宗退至土木堡被蒙古瓦剌所俘，這就是明代恥辱的“土木堡之變”。九月二十二日，郕王即帝位，是爲景帝。景泰元年（1450）代宗帝將周洪謨詔回京，“水陸往返八千餘里，得見桃槐冬天開花，雷電交作，黄河決堤，海水迭嘯”，瘟疫流行，餓殍遍野，干老百姓疲憊不堪。作爲皇帝近臣，周洪謨寫下著名的《陳十二事疏》：近年以來，星變屢見，桃槐冬華，黄河泛溢，海水迭嘯，此皆上天譴告有司，嘗以上聞，太上皇帝雖自抑，畏天變未消。至於北征之時，大臣切諫以爲不可，而卒莫從；臣以爲若平昔，因災異之言而嚴修德，聽臣下之諫而免親征，則安有今日之患哉？今天下臣民以鑾駕未復，痛恨之深，切於肝腸，入於骨髓，所望者惟欲四聖在天之靈，以承太上皇帝之統者也。然而，今日之務在於外攘虜寇，内安生民而已，外攘之功既無不舉，内安之政豈容少緩。臣近捧詔陜西、四川水陸往返萬八千里，得見民之所以疲，政之所以敝者，實由内治之未修也，臣叨居侍近，不得不爲陛下言之，謹條十二事：一察吏治以示勸懲；一撫流民以妨奸宄；一興學校以惇風化；一慎科舉以求真才；一止苛斂以恤貧窮；一均賦役以蘇凋瘵；一糾武職以足兵食；一肅軍令以止劫奪；一謹防巡以禦賊寇；一恤吏員以廣仁惠；一省虛費以節民財；一設方略以遏横暴。②

這是周洪謨從政以來所上的第一道奏章，主要内容如下。

作爲皇帝，最可貴的是采納衆人的善言，並聖躬力行，像堯、舜、禹、湯、武王皆采衆善而盡力行之，致世太平，享國長久；加强軍隊的訓練，保障戍邊軍

① 清嘉慶《長寧縣志》卷十五。
② 《皇明經四文編》卷之四十四。

隊錢糧供給；親經筵講聖學，謹德政，絕游逸，杜淫樂，這些都是謹德之功，保政之要；正統國變，教訓慘痛，必須牢記，而當今的要務是外攘虜寇，内安生民，加强内治，防患未然。這道奏章，得到了代宗朱祁鈺的高度重視，當即詔集群臣會議，並付諸施行。

二　嚴學規、正風化、改革教育

周洪謨在國子監祭酒任上，認爲近年來士子"頃來大不如昔"，學風不正，學習懶散輕漫，嚴重破壞了歷朝培養選拔優秀人才的規矩。並且有的士子成天造謠生事，不務學業，必須嚴加革除，以整頓學風。憲宗帝説：太學是培養治國安邦人才的關鍵，今天這些士子這樣，"則禮儀坦蕩無存"[①]。此後周洪謨將洪武朝和補充的規章制度榜書於壁上，讓所有監生牢記，不得違犯。又將監生學的内容改爲四書五經和劉向的《説苑》《大明律令》、書、數、《御制大誥》等經世致用課本。他還以身作則，親監教舍，質問經史，組織學生會講、復講、背書，規定每天練習書法，以二王、智永、歐陽珣、虞世南、顔真卿、柳公權等各種書貼爲範本，習字二百個以上[②]。採用記分制的方法對學生進行考核，每次考試，文理俱優的得一分，理優文劣的得半分，紕繆的不得分，年内積八分的爲及格，給予貢士身份，不及格的仍然坐堂繼續學業[③]。當時，皇帝命西寧候宋愷、寧晉伯劉福入監學習，又令公、侯、伯承襲爵位和駙馬二十五歲以下的人全部要送監讀書，而崇信伯費淮很久都不到監習讀，周洪謨不畏權勢，上書劾之，皇上命令除去費淮的帽子和伯爵的制服，衹許穿一般學子的衣帽到國子監讀書，並停發半年的工資。周洪謨主政全國最高學府盡責盡力，使學風爲之一振，大大改善了以往"惰學"的不良局面。[④]

三　勤實踐、定氣朔、推崇科學

周洪謨的確是一個跨學科的一代大儒，他對其他知識領域的瞭解和研究在同時代的儒士中也是獨一無二的，比如在天文學中渾天儀的製作方面，表現了周洪謨"以儒治國"的爲官理念和對科學的執著追求，有兩件事可以具體説明。

第一，關於古代早已失傳的璿璣玉衡（即渾天儀，可旋轉，故曰璣，衡其横簫，所以視星宿也。以璿爲璣，以玉爲衡，蓋貴天象也）的製作再現，充分顯示了其博古通今的才能。按照唐書的記載，璿璣玉衡以對應七政，前代大儒蔡沈説

---

① [明]俞汝楫：《禮部志稿》卷六十九。
②《憲宗寶訓》卷二《正風化》。
③《明史》卷一百三十九《錢唐傳》。
④《明太學志》卷一。

璿就是美珠璣，璿璣就用美珠來裝飾璣，玉衡就是以玉爲管，七政是指：太陽、月亮、金、木、水、火、土五星。周洪謨認爲歷代的大儒不得其義，並一一考證，發現前後未免自相矛盾、不通，認爲“七政恐怕是指日、月、星和春、夏、秋、冬四時而言”[①]，所以堯命羲和，有日、月中星鳥，以殷仲春，永星火以正仲夏，霄中星虛，以殷仲秋日短，星昴以正仲冬，又因三百六十六天，以閏月來定四時，考證中星在二十八宿而後又以正四時，考證太陽、月亮會次於十二時辰而以後可以定氣朔……，“璣衡以齊日月星辰之運，而後可置閏法以齊春夏秋之歲，三光齊於上則天道正矣，四時齊於下則歲功成矣，自漢以來言天體者有周髀渾天儀之説，至於宋元益加精密，今欽天監儀象則因宋元之舊圖，可以推測度數……。其法以木爲架如箕筐狀，只高五尺六，高三尺三寸，以至銅爲環，廣五分置以附其兩柱，繞環書十二支八十四隅以准地面，而定四方，兩柱以鑿核以實，璣衡長六尺，徑二寸，北高象北極，出地三十六度，南低象南極，入地三十六度”。從古代舜帝到而今已三千七百多年，其製作方法早就失傳了，前漢時期的耿壽昌用鑄銅製造過一個樣板，而不合古代用珠爲璣之意，於是憲宗著令洪謨用珠、木製造，再現古代璿璣玉衡的原始風貌，周洪謨得令後衹用了短短的十天時間，以楠木爲架，凡三垣十二辰二十八宿都用不同大小的琥珀、珊瑚爲珠，用細銅綫連接起，分別定位於二十八股銅綫之上，以爲天體，製成高五尺、寬三尺三寸、長六尺，十二辰二十八宿旋繞太陽、月亮、火、水、木、土、金五星隨時而移附運行的，度次精准華麗珍貴的古制璿璣玉衡[②]。成化十五年（1479 年）四月二十日，憲宗皇帝命令將洪謨研製的璿璣玉衡置放於文華殿（文華殿是皇帝處理重大事情的地方，如宣佈太子繼位、任命高官、封侯進爵等，可見憲宗對璿璣玉衡有多看重），通知在京的文武百官到場，並叫欽天監通曉天文的專家驗證以珠爲日、月、星、辰之象，欽天監專家認爲：佈置於璣，定位準確，運行躔度測算精密，黃道、赤道、黑道設計合理，再現了前古用珠之制。憲宗皇帝很高興，獎勵給了三千帑幣和羊酒，諸大臣亦讚歎不已。周洪謨對璿璣玉衡的科學實踐，恢復了三千七百年前渾天儀用珠之制，以備授時預節。這反映了周洪謨敬天勤民的儒家傳統思想。

第二，周洪謨與直隸真定縣教諭俞正己有一場關於日全食和曆法的爭論。直隸真定縣的教諭俞正己，按照《經》傳所載的日月天行常度和月食、日食虧盈的道理來驗證自己編著的從成化十四年（1478 年）起，以後的八十八年的曆法。俞正己認爲成化以後三十三年的十一月初一日的戊辰、酉正、初刻合朔冬，太陽、月亮與天，同會於鬥宿七度，有日全食的現象發生，並且將自己修改編著的曆法，請求詔告天下通行。憲宗皇帝看到奏章後，馬上叫剛上任的禮部尚書周洪謨等“會欽天監掌監事太常寺卿童軒，集曆科官生與正已參考講論”。洪漠以豐富的天文知識和科學態度指出，“正已止據邵子《皇極經世》書及歷代天文志推算氣朔，

① [明]周洪謨：《正璿璣玉衡疏》。
② [明]周洪謨：《正璿璣玉衡疏》。

又祖述前代術家評論歲差之意，言：古今曆法俱各有差，曾不知歷代以來曆官考之象緯，驗之晷影，隨時修改以與天合，則雖當差而可使差”“正已講論曆法………每月俱以大小編排只有合朔並無弦望之日，于本年六月後作閏六月，臣等辯論，本年若閏六月，即今八月當作七月，觀數日以來，氣候豈七月令乎，且其言成化十四年（1478）戊戌爲章盡之年，當閏十月而不置閏，故冬至差一十二日，則知今曆冬至合朔閏月三者皆差”①。説如果是閏六月，即今年的八月就應該是七月，各位同僚可以驗證現在的氣候，是七月的天氣嗎……如果十四年（1478）是章盡之年，那麼今後的曆法，冬至合朔閏三月都會有很大差誤，日食和月食的現象到時肯定不會出現。按俞正已自己所説，則前後矛盾，況且“曆日乃正朔之書，借置閏或差，則寒署反易，農桑庶務皆失其候矣”②，那麼冬天和夏天不就顛倒過來了嗎？農村各項農務不就亂套了嗎？

天文學專家、欽天監的太常寺少卿童軒認爲周洪謨反駁得非常正確，並且説：現今所推算的日月交食，日時方位及所躔宿度，觀之於天，測之於器，都没有不靈驗的，衹是有些小的誤差，日食和月食的時間衹是分秒上的差異，這是由於南北地形高下引起的緣故……俞正已不知天有自然之運，而人有自然之數，“以區區小智，强合於天，與前之所言自相矛盾，切見禮部尚書周洪謨未曾深言，請敕法司以正其罪，以儆將來”③。

對中國來講，在當時這場爭論不是簡單的曆法爭論，因爲中國這個農業大國，注重的是農時，農業是根本，農業庶務不能失常失候，所以曆法不是隨便想改就可以改的。曆法大事關乎國計民生。因而到現在，中國當今使用的農曆紀年方法，可以説是最先進的天文資料和理論編算的曆法，是最徹底的定朔定氣的曆法。這場爭論最終使周洪謨聲動朝野而告終，使全國上下對這個個子瘦小的禮部尚書更加另眼相看。

四 維穩定、少内患、攘虜撫夷

有明一代，如何處理西南、西北少數民族關係的問題，一直困擾著明朝的當政者，没有一個有效的辦法，而周洪謨則較好地解决了這一難題。周洪謨的家鄉宜賓，地處西南邊陲，有蠻夷、僰、倮羅（今之彝族）、侗、瑤、羌等少數民族和漢人雜居，猶以大寨蠻，都掌蠻較多，以箐深爲隱弊，以懸崖爲屏障，經常搶物擾民，騷亂不斷。從洪武六年（1373）筠連縣滕大寨蠻編張叛亂，詐稱是雲南的部隊，佔據了湖廣幾個州，以及長寧縣、興文、筠連幾個縣城，朱元璋命令成都衛指揮袁洪進行討伐，討伐的部隊追到宜賓的慶符縣，攻破了清平關，活捉了蠻

① [明]周洪謨：《正璿璣玉衡疏》。
② [明]周洪謨：《正璿璣玉衡疏》。
③《大明憲宗純皇帝寶訓》卷三。

軍千戶李文質等人，編張聞訊逃走，馬上組織兵力攻打江安各縣。到了成化元年（1465），山都掌、大壩等處蠻人聯合攻劫江安縣。國子學書記官黄明善上奏説："四川山都掌蠻頻頻出沒，燒殺良民，景泰元年（1450）招撫後又判亂，天順六年（1462）安撫了又造反，前些時總兵李安命永寧（安撫司，治敘永縣，轄今敘永、筠連、古藺等縣），宣撫使奢貴去大壩招撫也無效，應該調集重兵，進行剿滅，不要造成邊患後，爲時就晚了。"當時總督兵事的尚書程信亦言：請發東川府（今雲會澤縣）、鎮雄、昭通、貴州、威寧各府的兵力，並在調湖廣永順，保靖等軍隊，以便征剿。周洪謨則認爲征剿不是解決西南少數民族叛亂的根本辦法，於是以禮部侍郎的身份向憲宗上疏："臣敘人也，知敘蠻情。戎（今興文縣）、珙（今珙縣）、筠（今筠連縣）、高（今高縣）諸縣，在前代皆土官，國朝始代以流，言語性情不相習。用激變，洪、永、宣、正四朝，四命將徂征，隨服隨叛。景泰初，益滋蔓，至今爲梗。臣向嘗言仍立土官治之，爲久遠計。而都御史，汪浩僥倖邊功，誣殺所保土官及寨主二百余人，諸蠻怨入骨髓，轉肆劫掠。及尚書程信統大兵，僅能克之。臣以謂及今順蠻人之情，擇其眾所推服者，許爲大寨主，俾世襲，庶可相安。"又言："白玀玀者，相傳爲廣西流蠻，有衆數千，無統屬。景泰中糾戎，珙苗，攻破長寧九縣，今又侵擾都掌。其所居，崖險箐深，既難剪滅，亦宜立長官司治之。地近芒部（今雲南省鎮雄市）宜即隸之。羿子者、永寧宣撫（宣撫司，治今敘永西南，轄今敘永、筠連、古藺等縣）所轄。而永寧乃云，貴要衝，南跨赤水，畢節六七百里，以一柔婦人制數萬强梁之衆，故每肆劫掠。臣以爲宣撫土僚，仍令宣撫奢貴治之。其南境寨蠻近赤水、畢節要路者，宜立二長官司，仍隸永寧宣撫。夫土官有職無俸，無損國儲，有益邊備。"①

周洪謨提出的這些以撫爲主的防邊之策，得到憲宗的採納，因而，西南人民避免了戰亂之苦，使這個地區的漢族和少數民族得以過上安居樂業的生活。然而，在周洪謨辭官後，主剿派意見占了上風，朝庭派兵鎮壓，直接造成了僰人的種族消亡，讓後人唏嘘不矣！

五　寬徭役、安生業、撫輯流民

對於荊、襄流民問題，歷來都是採用驅逐和武力鎮壓的辦法。成化元年（1465）四月，荊、襄劉千斤聚集流民起事，以撫寧伯朱永爲總指揮，兵部尚書白圭提督軍務和湖廣總兵李震聯合討伐，捕斬劉通的兒子劉聰和苗虎，劉通被活捉，苗龍等四十多人都被處殺，衹有石和尚，劉通的長子逃脱，六月，石和尚聚衆千多人，轉赴四川將夔州的通判王禎殺死。六年（1470）十月，劉千斤的餘黨李鬍子又聚衆起事。十一月，都御史項忠總督河南，湖廣軍務，斬首流民六百四十人，活捉

①《乾杉樹宗譜》卷三《碑銘》。

八百多人。……不數年流民又聚集在一起，這種聲勢浩大、驚心動魄的起事，被當政者武力鎮壓之後，荊、襄流民問題並未得到根本的解決，明朝從宣德開始流民日趨增多，至成化時規模空前，矛盾激化。山東、山西、河南、陝西等省“流民不下百萬，湧入荊、襄、安、沔之間”[①]。從景泰五年（1454）明政府以鄖陽爲中心，西到伏牛山，南到荊山設禁區，禁止入山墾荒。所謂流民，都是東北和中原地區，主要是由於土地兼併加劇，而失去土地，遭受天災，無依無靠的農民和一些生活無著失業的礦工，爲了活命，入山開墾種糧，尋找食物而聚在一起的勞苦大衆。周洪謨認爲驅逐鎮壓等高壓政策，衹能治標不能治本；衹有採取增設府、縣將流民登記附籍，纔是最有效的措施。

成化七年（1471），荊、襄流民百餘萬，有司逐之。當盛夏，渴死、疫死者過半，予聞之惻然，乃著説，曰：昔因修《天下地理志》，見東晉時，廬江、松滋之民流至荊州，乃僑設松滋縣於荊江之間，陝西雍州之民流聚襄陽，乃置南雍州於襄西之側。其後，松滋遂隸於荊州、南雍州併於襄陽。垂千餘年，寧謐如故。此前代處置荊襄流民者，甚得其道。若今聽其近諸縣者附籍，遠諸縣者設州、縣以撫之、置官吏、編里甲、寬徭役、使安生業，則流民皆齊民矣，何以逐爲。而後，松滋隸屬荊州，南雍合併於襄陽，一千多年來，安寧平靜，這就是前代處理荊襄流民的辦法，是很有道理的。如果現在把鄰近各縣的流民附籍造册，遠離諸縣的增設州、縣以安撫這些流民，加派官員，新編里、甲等行政建制，減免賦税和勞役，使他們安居生產。這樣生活有了保障，那麼現在的流民不就變成了良民嗎？爲什麼一定要驅趕他們呢？於是劃出竹溪、鄖縣、津縣的地方增設爲鄖西；劃出漢中的詢陽設白州，升西安的商縣爲州，而分其地爲商南、山陽二縣，分南陽的唐縣、汝州爲桐柏，南召、伊陽諸縣，流民和當地的土著融爲一體，升鄖縣爲鄖陽府，以統管六縣。這樣既維護了社會穩定，又在逐步培養新的税源，人民安居樂業，難道不是對國家、對人民都有益的大好事嗎？

“予惟：流民若流水也，在順其性而導之耳，使或逆之，則氾濫而壅潰矣！”如果沒引導好，那就會氾濫成災，垮岸決堤。往年劉千斤嘯聚襄陽，應當剿殺，而後當地政府還怕以後有效法劉千斤的人，對流民又行驅逐，然而剿殺殲滅秧及許多無辜，而驅趕的人，豈能杜絕他們永遠不會再來？這些都是失策於當初的處置不當，違背流民的引導原則。而今大會湖廣、河南、陝西撫按官招附籍的人，得十一萬三千多戶，人員四十三萬八千多口，而附籍的人基本免收田賦，民衆很是高興，流落的人有了居所，修養生息，“流人得所，四境人安”。[②]

---

① 《明憲宗實録》卷十九。

② 《明憲宗實録》卷十九。

六　廣積糧、賑災荒、利國重民

有明一代除了西北邊患、南面夷亂以外，還有嚴重的災荒問題。宣德五年（1430）二月，河南大災欠收，顆粒無收。宣宗朱瞻基有詩云："河南百州縣，七郡所分治，前歲農事缺，始旱澇復繼，食衣既無資，民生曷由遂？"先是乾旱後著澇起，老百姓沒有吃沒有衣，該如何來解決呢？宣德十年（1435）右副都御史陳鎰巡撫陝西，"北方饑民多流移就食……民用供億，秦中饑，乞蠲租十之四。……災害頻仍。景泰二年，陝西饑，軍民萬餘，願得陳公活我"。[①]天順五年（1460）劉孜以右副都御史巡撫江南，應天府饑……江北饑民甚衆。右副都御史謝士元言：（四川）歲太祲，流民趨就食。山西僉都御史葉淇奏屬府大饑，餓莩無算……[②]周洪謨根據前代的遭遇和現實的情況，給憲宗上了一道安天下第一要務策，奏請積穀備賑。他說：昔者舜命十二州牧，必以食爲先，箕子爲武王，陳王政亦以食爲首，王制三年之耕必餘一年之食，九年之耕必餘三年之食。以三十年之通計，雖有凶旱水溢，民無菜色，先王三重民如此，蓋民以食爲天，不可一日缺者，此誠天下之第一策也！[③]後世常平有義倉之設，大概都是源於先王的辦法吧？現今國家詔告天下所設的預備倉，與先王的注重民生是一樣的，但有些當權者執行得不好，假如突然遇到年饑，拿什麼賑救老百姓？應該硬性規定通行天下，凡是大豐收之年應多方積穀，如十里小縣，中豐年積三分之一，下豐年積三分之二，長久地實行，十里小縣可積十萬石，百里大縣可積百萬石，各省的巡撫都御史審核；其年有上、中、下的收成，穀有上、中、下三年，年終上報給吏部都察院，凡是府、州、縣各官任滿到北京的，吏部和都察院考核以別優劣，仍然在優秀的官員中，查核其積穀的數量。如符合規定的數量即提升任用；積穀大半而沒達所定數量者，亦作爲獎勵；如積穀太少，而虛編理由，則作降級處理；如果不幸遇到凶年，沒有積存，可以不上報，到半年再行補足。用這種綜合考核方法，對官員進行考核任用，官員就會積極主動存糧備賑。豐年既積存有糧食，假設不幸遇到各種自然災害，查實驗證人口，再行賑給，這樣人民就不會轉輾山野溝壑，散之四方去做强盜，更不會給社會帶來危害，乃信乎有備而無患矣。[④]國以民爲本，民以食爲天，周洪謨深知中國這樣一個農業大國、人口大國，民安則國興的道理，人民吃不飽，就不會擁護政權，國本就會動搖，提出"重民"，即以民爲本的思想，對所有府、州、縣的官吏，把積谷的數量作爲升遷考核的一項指標，這項舉措有其深刻的現實作用，對後世的吏治產生深遠的影響。

---

①《明史》卷一百五十九《陳鎰傳》。
②《明史》卷一百五十九《劉孜傳》。
③ [明]陳子龍輯：《皇明經世文編》卷之四十四《周文安公集》。
④ [明]陳子龍輯：《皇明經世文編》卷之四十四《周文安公集》。

七　禁酷刑、慎刑憲、法司禁約

在明代的司法過程中，東廠把政，酷吏橫行，抓人辦案，動輒嚴刑拷打，老百姓不勝苦楚。周洪謨深知這一現狀給國家、人民帶來的危害，多次奏請“慎刑憲，禁酷刑”。明代的刑法制度雖然比前代完備，但更加嚴酷，《大明律》《名例》一卷四十七條，包括五刑，即笞、杖、徒、流、死。雖然《大明律》規定了刑具的使用範圍，但錦衣衛等司法人員爲了邀功和增加自己的政績，大搞刑訊逼供，對犯人提問審訊，常使用鞭棍抽打，夾棍夾手指，鐵箍箍頭，用燒紅的烙鐵烙，吊燕飛兒，辣椒水灌鼻，竹簽釘手指……，試想在這種屈打成招的行爲下，全國會產生多少冤假錯案，會有多少冤魂野鬼。在成化十一年（1475）二月初五這天，時任國子監祭酒的周洪謨給憲宗皇帝上疏：“天下法司，審訊犯人，動輒使用夾棍等酷刑，百姓不勝苦楚，請敕法司禁約，除人命奸盜死罪外，其餘止用鞭樸，違者令風憲官論治。”①刑部都察院、大理寺、錦衣衛、東廠和西廠等掌管律法部門，抓人審案，動不動就使用夾棍、烙鐵等酷刑，老百姓苦不堪言，請下召司法部門嚴禁酷刑，除了殺人至死，姦淫犯、大盜外，一律停止用刑，違者命令監察御史糾治定罪，憲宗最終採納了他的建議，批准執行。試想，這種事發生在王權至上，法自君出，君要臣死，臣不得不死的封建社會，敢於上疏禁約，在那個特定的時代這無疑是個偉大的壯舉，沒有胸懷天下的大無畏精神和膽識，恐怕衹有緘默讓其氾濫下去吧！

八　正禮樂、厚風化、尊孔崇儒

成化十二年（1476），周洪謨奏請增改孔子祭祀言：“孔子自唐開元封爲文宣王，被以袞冕，樂用宮懸，當時袞冕雖通乎上下而宮懸者天子之樂也，樂既用天子宮懸，服必服天子之袞冕，是唐之奉孔子已用天子禮樂矣，宋承五代衰弊之制，至徽宗如冕爲十二旒，元時孔子廟貌遍於天下而被以天子袞冕，聖朝因之，則孔子服冕已用天子之禮，佾舞乃用諸侯之樂，以禮論樂則樂不備，以樂論禮則禮爲僭，乞敕廷臣計議增籩豆爲十二，佾數爲八，則佾舞與冕與服相稱，禮明樂備，可以格聖靈，厚風化，補前代缺略之典，備聖朝尊崇之制。”憲宗帝曰：“尊崇孔子乃朝庭盛典，宜從所言，其籩豆佾舞如數增用，仍通行天下悉遵此制。”②直到現在我國臺灣地區和外國華人社區祭祀孔子程序格局仍在沿用。

九　惜民財、惠蒼生、厘正祀典

周洪謨在最後的官場歲月裏，幹了一件大事——“厘正祀典”。所謂厘正祀

---

①《明憲宗純皇帝寶訓》卷三《申明酷刑之禁》。

② [明]俞汝楫：《禮部志稿》卷九十四《盛典備考》。

典，就是清理、糾正洪武以來“著於祀典”的神祇、封號，確定祭祀的規模、人數、規格以及財政預算，一句話就是完善制度，他認爲“祀典正則人心正”，自今以後“凡遇萬壽節，不令修建吉祥齋醮，或遇喪禮，不令修建揚齋醮”[①]。周洪謨當了近十年的禮部尚書，看到憲宗朱見深常年從事祭祀活動給人民帶來的沉重負擔，如果要皇帝廉潔自律，那是根本不可能的。解決這些問題必須要有完善的制度，因此年邁的周洪謨將其所有的心血投入到這部祀典修正中。他博引旁征，廢寢忘食，終於編製出一部節儉實用、莊嚴神聖的祀典，將“玉清元始天尊停遣祭告、北極中天星主紫微大帝、雷聲普化天尊、祖師三天扶教輔玄大法師真君、大小青龍神、梓潼帝君、北極佑聖真君、崇恩真君、隆思真君、金闕上帝、玉闕上帝”等祭祀罷免的罷免，停祭的停祭，削號的削號，祠廟拆毀的拆毀，至此以後，明朝皇帝的祭祀活動終於有了制度上的限制，抑制了以前想修廟就修廟，想占地的就占地的荒唐事，就是幾十年後那個信奉太上老君的“道癡”嘉靖皇帝，也迫於這部祀典的限制，不敢爲所欲爲肆意勞民傷財。周洪謨所著的這部祀典，不但是後世明朝諸君的祭祀規範，更成爲大清王朝的祭祀範本。就連 1916 年想做皇帝的袁世凱告天祭地的活動，都是嚴格照這種制度進行的。

第三章　周洪謨的學術思想

明朝建立初期，朱元璋出於加强封建王朝統治的需要，大力提倡理學。理學是鞏固封建統治的客觀唯心主義哲學，主要是程朱理學，它被統治者奉爲治國安邦的聖典。五十年後的永樂十三年（1415），明成祖朱棣親自主持編纂《四書大全》《五經大全》和《性理大全》三部大全，共計二百六十卷，其中《四書大全》三十卷、《五經大全》一百五十四卷、《性理大全》七十卷。這標誌著程朱理學思想統治及其獨尊地位的確立。當時一批很有影響的學者，如洪武時期的宋濂、方孝孺、解縉、曹端，正統時期薛瑄、吴與弼、周洪謨等理學家，崇尚理學，著書、講學、鞏固和强化程朱理學的正統地位，成爲官方的統治學術。朱元璋於洪武三年五月初一下詔：“自洪武三年八月爲始，特設科舉，以取懷材抱德之士，務在經明行修。”[②]規定：鄉試會試四書義以朱熹的“章句集注”爲準繩，强調“代聖賢立言”，不許自由發揮並且嚴格規定體例和字數，規定“非科舉，毋得與官”，[③]所以從朝廷國子監到地方書院，以至鄉村的私塾，無不進行程朱理學教育，形成“家孔孟而戶程朱”的局面，因而出現一批理學大師。其中薛瑄、吴與弼最爲著名，號稱“南北兩大儒”。明英宗正統以來，農民起義四起，瓦剌侵擾不斷，明朝的政治統治有所動搖，明王朝受到威脅。當時在學術思想上，薛瑄、吴與弼等認爲

① [明]俞汝楫：《禮部志稿》卷九十四《崇祀備考》。
② [明]王世貞《科試考一》。
③ [明]王世貞《科試考一》。

程朱之學已無發展餘地；但在政治上，薛瑄見于謙之死而不與論救，吴與弼又投石享門下，他們的這些行爲更爲士大夫所不齒。作爲與薛文清有師友之情的周洪謨，試圖尋找新的理論，做突破程朱理學的努力。成化十六年（1480）五月十五日，在《四書》《五經》兩部著作頒發五十餘年之後，時任禮部右侍郎的周洪謨又提出重新考訂《四書》《五經》的主張，並將兩部書中的内容按自己的學術觀點一一加以注解、訂正，得出“先儒訓釋有害經旨者二十四條；先儒訓釋有誤經旨者五十五條；先儒訓釋與經旨系協者二十五條”；又根據自己的學術觀點“發明先儒言外之意百又九條”；並聲稱“寧爲朱子忠臣，毋爲朱子佞臣”而冒天下之韙，寫成《辯疑録》一書，進獻給憲宗朱見深。

公恒對人言：“吾爲此録，發經書之藴；正先儒之失；破千載之惑，雖三公之尊，黄閣之榮，吾不與易也。”[①]但是這一主張遭到明憲宗的反對，他指出：“‘四書五經’漢唐諸儒訂釋已詳具有源委，永樂中儒臣奉敕考訂，自篡修悉取其不悖本旨，輯録之天下，學者誦習已久。”[②]以此爲由堅決反對對“四書”和“五經”進行修訂。明憲宗顯然是爲了維護程朱理學的權威。但周洪謨對程朱理學疑訂，大膽的思考，無疑是對聖典權威的挑戰，開啟了學術思想前進發展的先河。

從學術層面來看，他以“復性爲宗”，强調“刻苦窮經，力行禮道”。提倡“擯異端以崇理學，非以道爲治而見之踐履”，弘揚正氣，博古通今。同時又吸納了吴與弼講求道德修養的“崇仁之學”。即所謂“聖賢教人，必先格物致知以明其心，誠意正心以修其身，修身以及家而國，而天下不難矣”[③]。周洪謨兼具了二者的理學精髓，進一步闡明“學校之制，明人倫，革人俗，成人材”，又因地制宜“因俗以施教養之政”。而“以道學治天下”[④]“勤撫民庶”，進而指出：“是道於人，藴之心，則爲五性著之身（五性——薛瑄認爲：仁、義、禮、智、忠、孝即是性），則爲五倫，先王任修道之責，必使人人盡性明倫，以躋乎仁義中正之域。”[⑤]加强個人道德修養，“使人即遺經以明道而體諸身，事君必忠，事親必孝，處夫婦而和，別處兄弟而友愛，處朋友而敬信；斯道即明，彝倫攸敘，人俗以厚，人材以就”[⑥]。將修、齊、治、平一以貫之，“處則飭之身而行之家，出則推之國而達之天下”。真正做到修身而不忘世，無愧於聖賢之徒而成爲一名名副其實的真正的儒士。

周洪謨雖然沒有形成自己的學術派別，但是他的弟子遍天下，爲明代大儒，理學名家，有西川“小聖人”之稱。辭世後敘州的人們將他與周濂溪、程明道、程伊川、張横渠、朱晦庵等五位理學大師同列翠屏山五賢祠，配祀，永享香火。

---

① [明]丘濬：《重編瓊台稿》卷二十三。
②《禮部志稿》卷九十四。
③ [明]吴與弼：《康齋文集》卷十。
④ [明]周洪謨：《長寧縣志》卷九《長寧縣建修文廟碑記》，清嘉慶版。
⑤ [明]周洪謨：《長寧縣志》卷九《長寧縣建修文廟碑記》，清嘉慶版。
⑥ [明]周洪謨：《長寧縣志》卷九《長寧縣建修文廟碑記》，清嘉慶版。

第四章　歷代對周洪謨的評價

明代科舉考試中惟一連中“三元”的太子少保、吏部尚書、謹身殿大學士，浙江淳安人商輅（1414—1486），在《送祭酒周先生赴南雍詩序》中贊到：“（周洪謨）領袖師儒，表儀六館，推新得以及人，使士胄丕變，文風益振，將來布列中外，建功立業，重名宇宙間者，皆先生之徒也。”①

太子太保、文淵閣大學士、内閣輔臣，海南瓊山縣人丘濬（1421—1495）對周洪謨非常敬佩和尊崇，言：“公蜀人也，自古蜀多文學之士，皇朝以來自於茲，西蜀之名始大著於公……爲天下儒宗，稽古禮文之事多所建明，如清典，制外夷，朝聘與夫學校科貢之類，悉與成規，於邦禮之任，可謂克稱而無負者矣。國朝以來，既居顯位，有文名，而又深於經術者，一人而已。”②

太子太傅、戶部尚書兼武英殿大學士，首輔宰相，江蘇宜興人徐溥（1428—1499）也謂：周洪謨“整飭規矩，表率生徒，修祀事，廣倉儲，禁酷刑，減徵税，攘虜撫夷，推行了一系列治國惠民的政策。③

弘治四年（1492），江蘇宜興人，侍講學士、南京禮部尚書吴儼（1457—1519），得到周洪謨逝世的消息，當即寫下“入官己不爲身謀，壯歲聲名動冕旒，執法堅如于定國，活民多似富青州”的挽詩，把周洪謨與西漢時剛正不阿的丞相于定國、北宋一代名相富弼相提並論。並作祭文，高度讚譽周洪謨：

> 箐竹鍾靈，實孕鴻儒。篤生我公，兼資文武。
> 歷事四朝，帝之肱股。國之柱石，民之父母。④

成化二十年（1484）進士，長寧人，浙江處州知府沈秀實對周洪謨有著極高的評價：“箐齋先生有作人化俗之文，有撫夷治亂之武，有因時明禮之材，有援古正衡之藝。公生於道學大明之後，昔薛文清隨父于馬湖，築室東樓，公嘗從游習文學經理，卓然有悟，文章專主乎理，不尚華詞，信筆所書，文從理順，不爲詭語，滔滔千百言，俄傾立就……先生負經濟之學，以堯舜君民口心，天資雄邁，狀貌不驚，智識超卓，器度遠宏，臨死生禍福之際，有定見不容趨避，與人接往，貌莊氣和而親談當世綱紀不則感慨泣下，言及奸臣貪官怒氣勃然，忠君憂國，老而彌篤，然難敵於讒佞之口，愴然委曲，口口口口口口口口書法口草隸篆自成一體，端勁率直如其爲人，四方人多求之，爲文口口口口口口滔滔口竭，詩賦清奇古雅。”⑤

十六世紀的思想家鄭曉在評價弘治孝宗時言：“廟號孝宗，不以宜乎？即位

---

①《商文毅公文集》卷五·鄭應齡。
② [明]丘濬：《贈禮部尚書周堯弼致仕序》。
③ [明]徐溥：《謙齋文録》卷四。
④《乾杉樹周氏宗譜》·文録。
⑤ [明]沈秀實：《太子少保禮部尚書諡文安周先生行狀》。

之初，徐溥、劉建入閣，王恕入吏部，自是衆賢並進，周洪謨、李東陽、謝遷、丘濬、耿裕、倪嶽、馬文升、劉大夏……方是時朝多耆俊之臣，野無廢錮之彥；士修端静之節，人懷噪進之耻，吏鮮苛黷之風，民懷樂利之澤，洋洋乎，蔚蔚乎，有豐芑棫樸之化焉。”①

嘉靖年間的工部尚書雷禮指出：時四川蠻賊作亂，洪謨上書言禦寇方略，洪謨一家險遭滅門之禍，而洪謨不爲所懼，當“蜀寇作興長寧臨境，稔知其出没，設禦備之術甚悉，遂見擒而地方晏然”②。侍講學士廖道南（?—1547）贊曰：“予夙侍帝座，回翔天門，乃見洪謨所製璿璣圖者，張平子之靈憲，郭守敬之簡儀，後先若符。及讀《五經疑辨録》則又知其用心精密如此，非有本而能然乎？贊曰：堯授四時，舜齊七政，顯庇穹祇，潛探玄運，俗儒罔覺，誦習成書，承訛襲舛，白首紛如，矯矯周公，直窺象緯，璿璣製圖，宗祧析禮，文莊之銘，可謂知人，闡幽明微，以步芳塵”。③

明萬曆十四年進士，傑出的方志史學家、戶部右侍郎，福建泉州晉江人何喬遠（1558—1631），在史學上敢於秉筆直書、發表自己的獨特見解，對周洪謨高度讚譽：“洪謨自幼即有奇志，蜀人攻舉業求仕進，而洪謨獨注古學，蜀進士及第，自洪謨始。一時居顯位，有文名，深經術者，惟洪謨一人。”④

明張弘道、張凝道等在《皇明三元考》中盛讚：（周洪謨）“治《書》，年二十六未娶，少有奇質，歷官翰林，專心問學，文詞簡直有理致，尤熟國家典故，議論建白緣飾吏事，應對賓客，出入經史，爲卓爾不群之才”。⑤

明代文學家，浙江嘉興人沈德符（1578—1642）看到湯鼐彈劾周洪謨等大臣的奏章，尖鋭地反駁道：“按湯鼐此疏，彈劾閣部大僚凡六人，若劉博野（劉吉）因不足言，如周文安（洪謨）、倪文毅（岳）、馬端肅（文升）、丘文莊（濬）俱一代偉人，何至輕易暴殄？……意其人以搏擊樹威耳。”⑥

雍正朝保和殿大學士、太保、清朝明史總裁官張廷玉（1672—1755）稱讚：“周洪謨等以詞臣曆卿二，或職事拳拳，或侃侃建白，進講以啟沃爲心，守官以獻替自效。于文學待從之選，均無愧諸。”⑦

清康熙二十五年，馬湖府知府兼攝敘州府山陽何源濬，在 195 年後是這樣評價周洪謨的：“洪謨周公，永通李公師弟先後登鼎甲，周公官大宗伯掌邦禮，正璿璣玉衡蔡傳之論，改明七政，一時製作如祧廟文義具裁作精當，永爲定制，著《四書》《五經》辯難。《南皋子集》，以理學顯……發則出類拔萃。”⑧

① [明]鄭曉：《吾學編》卷六十九。
② [明]雷禮纂輯：《國朝列卿記》。
③ [明]廖道南撰：《殿閣詞林記列傳》，5 卷，第 348-353 頁。
④ [明]何喬遠著：《名山藏列傳》，3 册，第 329-333 頁。
⑤ [明]張弘道、張凝道同輯：《皇明三元考》，4 卷，第 173 頁。
⑥ [明]沈德符著：《萬曆野獲編》卷十九《台省》。
⑦ [清]張廷玉等撰：《明史》列傳第七十二。
⑧《長寧縣志》卷一・人物，清嘉慶版。

有明一代，在推動政治、經濟、綜合改革方面，其間多少有識之士，從憂國憂民之心出發，爲實現富國强兵之目的，不斷探索變改生產關係，發展社會經濟的良方妙藥，他們提出建議、主持設計，並會付諸實踐，它以不虧國計、不損民生爲根本。在宣導這些改革的有識之士中，除周忱、張居正而外，較具代表性的尚有：熙、宣時江西按察僉事夏時；宣德朝以吏出身的蘇州知府況鐘；成化朝祭酒周洪謨、副都御史原傑；弘治時都御史馬文升、戶部尚書葉洪……[①]

現代著名作家張嶔在《被遺忘的盛世》裏，用了極大的篇幅，對周洪謨的一生作了極高的評價。“周洪謨，四川長寧人，若沒有他那一紙奏摺，至少整個華中地區還要被農民起義烈火燒十年……

周洪謨狠抓教育，培養人才，他學問做得好，文才好，枯燥的奏摺照樣寫得聲情並茂，可以當美文看，連最怕批奏摺的朱見深都喜歡。科研工作也搞得好，在做好日常工作的同時，也主持研發了一批高科技，比如欽天監（天文臺）的許多儀器就是他改裝的，達到十五世紀世界尖端水準。

那些年裏，低調的他也做了很多事，如抵制權貴的土地兼併，配合地方官整治跋扈的採辦太監，勸説朱見深停止勞民傷財營造宫廟。在這個位置上，他做了一個有責任心的能臣可以做的一切，更重要的是，西南少數民族叛亂是在他的安撫政策下平定的，荊襄流民也是在他的建議下得以合理安置的，僅這兩條，他已功德無量。”

弘治四年二月，積勞成疾的周洪謨與世長辭，享年七十二歲。臨終前還心憂朝廷，爲朱祐樘上了《安中國定四夷十事疏》。噩耗傳來，朱祐樘深爲悲痛，特命官員前往致祭，並賜名爲“文安”。

而在離他千里之外的湖北省，根據勳陽都御史鄭時的上奏，周洪謨逝世的消息傳來時，“流民萬戶，盡做嬰兒啼”。

即使到今天，去四川、湖北或者廣西一些鄉鎮旅游時，游客們依然可以發現保存完好的周洪謨祠堂，而且歷經數百年，當地居民依舊時時拜祭，香火不絕。

在張欽所作的《被遺忘的盛世》一書中，他這樣寫到：雖然他（周洪謨）不是主角，但我依然在有限的篇幅中用儘量詳細的文字記録下這個人，祇因周總理曾説過的一句話：心裏，要裝著老百姓。[②]

結　論

周洪謨爲官四十六年，其能在動盪的政治漩渦中，做一個人臣能做的一切，當中官王振挾英宗親征的時候，他叩破頭力諫；汪直製造冤假錯案時，他極力阻

① 林金樹：《略論明中葉以後政治腐敗與經濟繁榮同時並存的奇特現象》。
② 張嶔：《被遺忘的盛世》。

止；傳奉官干涉朝政時，他拼命阻攔；他一生中從不和中官有任何私人瓜葛，雖然“詩文滿天下，而不與中官一字”[①]；皇親國戚圈地强佔時，他極力鬥爭。凡是對老百姓有益的好事，他都極力推行；凡是禍害老百姓利益的事，他都拼命反對。在他的努力下，土地兼併遭到抵制，採辦宦官的氣焰遭到打擊，許多無地的流民百姓得到安置，社會矛盾得到了緩和……周洪謨在明代享有盛名，而且位極人臣，卻也招到了意想不到的批評和抵毀。御史湯鼐批評周洪謨治家無法、黨附權臣，未與同鄉首輔萬安斷絕往還，説他妄議先皇詩文錯謬，庸愚無爲。對於這位“泥塑”尚書，這位在弘治朝初年飽受了諸多非議的官員，有的説他迂腐固執，不近人情，缺少名望。什麽是名望？所謂名望：勤政愛民者有名望；學術有成者有名望；謹言慎行者有名望。這些周洪謨兼而有之。這位今天依然被許多“歷史學家”評價爲“無能”的老臣，關於他的評價，上述的這一幕幕已足夠説明一切。

綜觀周洪謨一生，矜莊寡合，以“不求合於人，而求合於道，不求知於人，而求知於天”“一息尚存此志不容稍懈”[②]爲做人、做事的原則，處處以古代的聖賢作爲自己追求的終極目標。他是一個遇事即言的人，懷抱著以儒治國的傳統儒家思想，以“修身、齊家、治國、平天下”作爲爲官之道。他敢於堅持真理，直面時弊，厲行改革，是位忠君愛民、有著顯著影響的歷史人物。他爲經筵講官，不厭其煩地爲皇帝講解治國、施政、正心之道，希望皇帝成爲一代有道明君；他作爲全國最高學府的校長，推行教育體制的改革，興學校，惇民風，改革科舉，各地游學之士，不論鄉里籍貫，隨其所在地方，參加應試，使之成爲經常制度；他不畏權勢，整頓學風，哪怕是公、侯、伯等王公貴族，一律一視同仁；他希望所有學子“立德、立功、立言”，不爲良相，亦爲良師；他關心民生，推行富民政策，重視農業發展，時刻不忘中國這個農業爲本的人口大國，積糧備災，使人民不致餓莩，注重減輕賦税和徭役；他推行不拘一格的用人路綫，用人唯才唯賢，去不肖，旌忠良，罷冗職；他積極參與科學實踐，親自製造璿璣玉衡、渾天儀等天文儀器，使漢朝至明朝一千三百多年間早已失傳的天文儀器得以再現，而且渾大儀的製造再現，體現了中國當時最高的天文科技成就，也爲以後的天文學者諸如徐光啟、李之藻等提供了良好的科研借鑒；他糾正曆法誤差，準確四時二十四節，造福農桑；他改革、完善祭祀之典，增籩豆爲十二，佾數爲八，佾冕與服相稱，禮明樂備；他清理、糾正洪武以來“著於祀典”的神祇、封號，確定祭祀的規模、人數、規格以及財政預算，完善祭祀制度，認爲“祀典正則人心正”，他的這一改革一直被採用到民國早期；他還在禁酷刑、重禮儀和宣揚本土文化等方面都做出了積極的貢獻。在對邊境頻繁用兵的情況下，他始終堅持“和爲貴”的治國策略，總是冷静地觀察、分析時局，對於各類矛盾的出現，他總是力圖消滅化解而不是激化，在建議處理西南和西北邊陲民族矛盾上，始終堅持慎用兵、勤

① [明]周汝端：《文安公洪謨事略》。
② [明]丘濬：《周公堯弼致仕序》。

備戰、“選將帥、練士卒、理陣法、治兵器、足饋餉、靖邊陲”[①]、以防以撫爲主，用罷兵息民的懷柔策略，去代替一貫的軍事剿滅辦法，使得當地的漢族和少數民族得以安居生産生活，使人民免遭戰亂之禍，促進了民族團結，社會和諧。

周洪謨所處的時代，是英雄無力的時代，他的面前有太多的障礙與制約。就是在這種歷史條件下，周洪謨在理學、教育、禮樂、宗教、軍事（撫夷治亂）乃至自然科學等方面都有突出的成績和傑出的貢獻。就是他在臨終之前，想到的還是爲民請命，他已把自己的生命，貢獻給了國家和人民。“積民食，撫流民，弭强寇，備胡虜，剿廣寇，寬徭省刑，經制雲南境外地方，經制湖廣溪峒諸蠻，經制四川都掌大壩”，“以及征剿西南夷和吐蕃，征剿雲南邊境、安南、老撾等處”的事務，寫成十條國是上疏朝廷，這是周洪謨人生的最後一道“安中國，禦四夷”[②]的治國方略。當孝宗看到周洪謨的奏疏時，即命所司議處，而周洪謨已於前一日在家中辭世。四十六年以前，一位邊遠山區的少年，一路過關斬將，由府試、省試而入京會試、殿試，成爲新科榜眼；四十六年以後，這位榜眼回來，成爲功載史册的周文安公。

周洪謨作爲巴蜀的偉人，在事功、學術、文章三方面，都可説有顯赫的表現。他不僅是一位思想家、政治家、教育家，更是明代一位有大略的名儒，他重民之事，寬民之力，恤民之患，除民之害，强邦固本，是發揮過重要作用的治世名臣。

作者單位：宜賓學院

①《大明憲宗純皇帝實録》卷之二。
② [清]張廷玉等撰：《明史》列傳第七十二。

漁樵煙雲説楊慎

鄧經武

摘　要： 楊慎滿腹詩書的才子氣和大膽衝破既有藩籬的流氓氣，是完成“百科全書”式文化創造的性格基礎。而雲南社會各界的保護和支持，是他成就獲得的一個重要原因。他晚年對醫學的關注和實踐，則昭示著中國文化人自救和救人的傳統理念。

關鍵詞： 才子加“流氓”；大禮議；流放；雲南文化；中醫藥；漁樵人生

一　才子加“流氓”

楊慎（1488—1559）在中國文化發展史上的諸多創造性貢獻，被多個學科所重視；而在大衆層面，也因爲其名作《臨江仙》而廣爲人知。正德六年（1511），24 歲的楊慎高中狀元並授翰林修撰，讀卷官李東陽、劉忠、楊一清相與稱道其文筆“海涵地負，大放厥詞”，可見其才氣橫溢，文筆縱橫，眼界胸懷超乎常人，是個典型的才子。即《明史》本傳所説的“明世記誦之博，著作之富，推慎第一”，詩文之外，“雜著至一百餘種，並行於世”。所謂“流氓”，是説中狀元進入翰林院後，他常在北京城大街上，化裝微服，同那些官宦子弟們一起彈琴歌舞，通宵達旦狂歡。連宰輔李東陽也禁不住以“恩主”身份出面勸説他：“公子何必躬親絲竹。”在雲南時，他梳女性髮式，臉上塗抹脂粉，頭插鮮花，招搖過市。晚明時期沈自徽的雜劇《楊升庵詩酒簪花髻》所展示的，就是楊慎人生的一個真實方面。明代著名畫家陳洪綬（老蓮）的名畫《楊升庵簪花圖》（1637），表現的是楊慎醉酒蹣跚，臉上塗白粉，頭上插花，學生們抬著他，又有兩個女伎隨後，游行於街市。題款爲：“楊升庵先生放滇南時，雙結簪花，數女子持尊踏歌行道中，偶爲小景識之。洪綬。”正是因爲有“流氓”氣質，所以他纔能興趣廣泛且敢於創新，得以在諸多領域做出“百科全書”的貢獻。其爲人“天稟倔强”，這可以從其臨終時《自贊》的“臨利不敢先人，見義不敢後爲”看出。魯迅當年爲郭沫若畫像爲“才子加流氓”，雖有調侃之意，亦不乏贊許之情，故此借用。[①]

① 魯迅在《上海文藝之一瞥》1932 文中，爲郭沫若作了“才子加流氓”畫像，筆戰中雙方都極不客氣，但也常常惺惺相惜。論戰之後，魯迅也説“我有一件事要感謝創造社的，是他們‘擠’我看了幾種科學底文藝論，明白了先前的文學史家們説了一大堆，還是糾纏不清的疑問。”在逝世前夕，看到郭沫若的《中國古代社會研究》後，曾對人贊許過其史學研究“路子對頭”，值得大家效法。在《答徐懋庸並關於抗日統一戰綫問題》（1936）文中，特別提到：“我和郭沫若、茅盾兩位，或相識，或未嘗一面，或未衝突，或曾用筆墨相譏，但大戰鬥卻都爲著同一的目標，決不日夜記著個人的恩怨。”

當朝首輔的公子、本人的狀元身份、公衆視野中的青年才俊等，這些都奠定了他在正德、嘉靖兩朝的文壇泰斗和學界領袖地位。他早年的疏奏《丁丑封事》（1517）指責正德皇帝“輕舉妄動，非事而遊”，規勸皇帝“偏聽生奸，獨任成亂”，以“古之聖人必謀於眾”倡言社會民主等，顯示出參與國家大事的宏偉抱負。在思想文化領域，他首先批判了當時處於主流的程朱理學和心學，反對空談心性，主張從事物本身去尋求自然發展的變化。其次，他認爲客觀事物互相聯繫而又互相依存，認爲事物存在矛盾鬥爭，其結果必然是“剛勝柔，實勝虛”。再次，他主張用發展變化的觀點看事物，即“世變如輪，無暫停也；人心如波，無少平也”。他十分强調“勢”的作用，即從發展趨勢上看問題。他提出：“封建非聖人意也，勢也；郡縣非秦意也，亦勢也。窮而變，變而通也。”最后，他重視實踐經驗，認爲“見睫者不若身歷，勝口者不若目擊”。他肯定出於天性的生活欲望，及追求物質利益的勢利之心，這在其《性情説》中得到集中宣示：“故曰君子性其情，小人情其性。性猶水也，情波也，波興則水墊，情熾則性亂。波生於水，而害水者波也，情生於性，而害性者情也。觀於濁水，迷於清淵，小人也。肫肫其仁，淵淵其淵，浩浩其天者，君子也。合之則雙美，離之則兩傷。”這些都標志著中國人文主義思潮的氾濫，與當時西方文藝復興思潮相應和。楊慎在中國啟蒙思想發展歷程中的價值，被專家概括爲“推崇漢學，反對宋學，尤爲斥南宋朱熹，批判宋明理學之先聲”。稍後的明代思想家李贄曾寫下《讀升庵集》，表現自己强烈的共鳴，其《小序》説：“先生之人品如此，道德如此，才望如此，雖游其門者尚不能贊一詞，況後人哉。余是以竊附懸仰之私，欲考其生平始末履歷之詳，時時置幾案間，儼然如游其門，躡而從之。”

在文學美學思想上，他張揚文學的華美和創作靈感，推崇漢魏六朝詩的“高趣”和綺麗，是以《明詩別裁集》編者説其詩“過於濃麗”，卻不得不承認“升庵以高明伉爽之才，宏博絕麗之學，隨題賦形，一空依傍，於李、何諸子之外，拔戟自成一隊”。他在《畫品》卷一闡釋爲：“揮行毫之筆，則萬類由心，展方寸之能，而千里在掌，有象由之以玄，無形因之以生，妙將入神，靈能通聖。”楊慎在前七子宣導的復古風氣較爲流行的時候，能別張壘壁。他廣泛吸收六朝、初唐詩歌的一些長處，形成他“濃麗婉至”的詩歌風格，這當然還有著巴蜀文化“華美豔稌”美學傳統的制約。楊慎的文學地位，是站在時代的前沿，著述達100餘種，涉及史、詩、文、音韻、詞曲、戲劇、書畫、醫學、天文、地理、動植物等，有《升庵全集》，散曲有《陶情樂府》。《四庫全書總目提要》也肯定其“賅博圓通，究在諸子之上”。他所編纂的《全蜀藝文志》是今天研究巴蜀文化的基本資料。這就是一個“才子”之必然。

四川民間流傳的故事：四川不點狀元，陝西不招駙馬。前者是説四川人太過聰明，狀元楊慎死後報復皇帝，破壞王朝運行機制。雍正《四川通志》卷八記載，他死後，“黄安人帥子寧仁奔至滇。寧仁欲成喪（即運回成都舉辦盛大葬禮），安人以爲不可，止之曰：‘幸而謫終，天威尚難測。律以春秋大義，自當藁葬。’寧仁乃止。無何，世宗遣使啟棺，見青衣布袱。使還以聞，帝感動，賜還原官。”這段史料，其實就是民間傳説的底本。

以楊氏父子爲首的“大禮議”事件對明王朝的影響極爲深遠。登基三年，方18歲的嘉靖的地位穩固後，嘉靖三年（1524）七月十二日，他詔諭禮部，試圖爲父母封號加“皇”字，群臣譁然。楊慎振臂高呼：“國家養士一百五十年，堅守節操大義而死，就在今日。”九卿23人，翰林20人，給事中21人，御使30人等共200餘人的龐大隊伍，集體跪在左順門外要求皇帝收回成命、維護國家大禮，撼門大哭，“聲震闕庭”。皇帝震怒，下令嚴懲，四品以上官員86人停職待罪，將五品以下官員134人當廷杖責，因廷杖而死的共16人。左順門廷杖後，反對派官員紛紛緘口，被杖死的不能再説，被杖傷的不敢再説，被流放沒有再説的機會，爲時三年的“大禮議”以嘉靖獲勝告終。66歲的楊廷和被免職回到四川新都，37歲的楊慎則遠貶雲南。長達45年的嘉靖王朝“吏治繁僞，兵政窳惰，民力虛耗，亦由是始”。1566年嘉靖皇帝死，穆宗即位次日頒佈了他的遺詔：“自即位至今，建言得罪諸臣，存者召用，歿者恤禄，見監者即行釋放復職。”楊慎因而獲得平反恢復名譽並追贈光禄寺少卿。

“大禮議”釀下的苦果，導致朱明王朝君臣離心離德，楊慎領頭的這個事件，讓皇帝長達20年不理朝政，沉湎於内宫煉丹修玄，日求長生，以至於不堪承受其變態摧殘的2個妃嬪和10個宫女，拿出準備好的絲繩勒住皇帝的脖子，但未能成功，這就是嘉靖二十三年的“壬寅宫變”。而百餘個朝臣“妄議中央”遭受的重罰，也讓朱明王朝官員從此感到寒心。惡果最終由崇禎承擔。李自成大軍破城之際，滿朝文武都爲自己打算而裝聾作啞，“朱色江山永不變色”是皇家的事，於己無干，所以崇禎上吊自殺前遺詔有“皆諸臣誤朕”（《明通鑒》卷九十）之語。陪同他上吊自殺的，祇有宦官王承恩一人。晚明時期夏完淳的《燭影搖紅》對此有著深深痛惜：“回首當年，綺樓畫閣生光彩。朝彈瑤瑟夜銀箏，歌舞人瀟灑。一自市朝更改。暗銷魂，繁華難再。金釵十二，珍履三千，淒涼千載！”

二　雲南社會成就了楊慎

雲南文化界幾乎衆口一詞地認爲：楊慎是對雲南歷史文化貢獻最大的内地文人。但很多人都忽略了一個關鍵性事實：楊慎主要的文學創作尤其是學術成就，完全是得力於雲南社會各界的幫助。在漫長的37年流放生活中，他的足跡幾遍雲南，這就是《明史》本傳記載的“投荒多暇，書無所不覽”。其行蹤所至，常與雲南文化人研究學問，談詩論文，奬掖後進，以及設館講學，廣收學生，完成了大量學術著作，再加上他百科全書型的知識結構和不畏强權、堅持正義的强大性格感召力，對雲南文化的發展，確實多有促進。又開明清兩代考據學先河，成爲一代傑出學者。現存的《滇程記》《滇載記》《滇候記》《南中集》《南詔野史》《雲南山川志》等，成爲雲南人文歷史的重要典籍。

所謂楊慎的成就受惠於雲南最大，可以從幾個方面來看。首先如其臨終（嘉靖四十年，1561）遺言稱："死亦不憂，生亦不喜，生順死安，可謂云爾。死於此，葬於此，斯已矣。師友相厚故及此，積善有報在諸子。"以此表現對雲南各界人士的感激之情。楊慎按律當受流放刑法。明朝刑法規定，流放分四等：安置、遷徙、口外爲民、充軍。充軍按戍地不同，又分爲極邊、煙瘴邊、沿海口外、邊衛四等；按時限不同，分終身與永遠。[①]楊慎被嘉靖處以"永遠充軍煙瘴"的最高刑罰。但雲南各界人士沒有與之劃清界限，而是提供一切生活、調研、寫作和著書出版等條件。

雲南當局給予的寬鬆政治環境使楊慎自由行走各處，隨意交往官宦士人和平民。曾以右副都御史被派往雲南巡察的嘉靖進士游居敬説："前巡撫黄鐵橋公、巡按郭公，爲擇安寧州雲峰書院以居先生；黔國沐敏靜公處以別墅，巡撫白泉汪公題其碑亭，巡撫擢司寇若溪顧公，爲創廣心樓於高峣，歌以紀之，皆好德之心所表見也。"[②]甚至有地方首腦因爲保護他而獲罪的例子："巡按郭公楠、清戎江公良材極爲存護，葡館雲峰居之，且上疏乞宥議禮諸臣，而郭亦被詔下獄爲民。"[③]楊慎學生中的"楊門七子"亦是一時之俊秀，他們爲楊慎的生活、出游、材料收集和寫作提供了諸多條件。楊慎在《病中永訣李、張、唐三公》注中説："吴高河懋嘗以楊弘山士雲、王純庵廷表、胡在軒廷禄、張半穀含、李中溪元陽、唐池南锜爲楊門六學士，以擬蘇門秦、黄、晁、張、廖略云。余曰：'得非於子而七乎?'七子文藻，皆在滇雲，一時盛事，余固不敢當也。"[④]"楊門七子"的文學與學術活動曾經盛極一時，他們的詩文創作與學術成就是明代雲南文化繁榮與興盛的見證。除七子外，楊慎還有不少得意門生，如楊慎助手白族人董難、麗江土知府木公恕卿、金齒司人湯琮、劍川人李東儒、昆明人黄鳳翔、大理人梁佐、騰越人吴宗堯、保山人張必焕、太和人高可觀等，都是學有專長的知名學者或文學家。游居敬在《翰林修撰升庵楊公墓誌銘》中説："先生居滇，泛昆池，登泰華，游點蒼並洱水，探奇挹勝，所在有述，人爭寶之。"[⑤]

其次，楊慎出身官宦世家，從其曾祖父楊玫起，一門五世爲官。從祖父楊春

① 張廷玉等撰：《明史》刑法志二，中華書局1974年版。
② 黄宗羲：《明文海》卷四百三十四，中華書局影印本，1987年。
③ 簡紹芳：《贈光禄卿前翰林修撰升庵楊慎年譜》，王大厚：《升庵詩話新箋證》，中華書局2008年版，第1204頁。
④ 楊慎：《升庵集》卷三十，文淵閣四庫全書本。
⑤ 黄宗羲：《明文海》卷四百三十四，中華書局影印本，1987年版。

起，四代出了六個進士和一個狀元。父親楊廷和歷仕三朝，做了十八年宰相，本人又是才高八斗的狀元，雲南文人墨客、滇中名賢、地方豪强們，樂意與之交往。愛惜人才的社會，必然會得到回報。他到過今雲南保山、彌渡、大理、劍川、昆明、安寧、晉寧、元謀、昭通、開遠、巍山、澄江、建水等地游歷講學，每到一地，禮賢下士、寬以待人、授業解惑，所以“無問識與不識，咸載酒從先生游”[①]。游居敬説：“滇之東西，地以數千里計，及門而受業者恒千百人，脱穎而登科甲、居魁選者，藹藹然吉士也。以故士大夫乘車輿就訪者無虚日。好賢者攜酒肴往問難，門下屢常滿。”[②]友好的人文環境爲楊慎融入雲南社會提供了極其珍貴的條件，其詩文中提到的雲南人達二百人之多。楊慎在雲南的故交好友有張含、王廷表等；有門生情誼的麗江土官知府、納西族人木公，爲楊慎提供了諸多便宜條件。木公晚年將自己所寫的《雪山始音》《隱園春興》《庚子稿》《萬松吟》《玉湖游録》《仙樓瓊華》等六部詩集，派人送給住在昆明高峣的楊慎，以資求教。楊慎從其 807 首詩中精選 114 首，輯成《雪山詩選》，並熱情地爲他撰寫序言。他還曾爲木公的詩集《萬松吟》作序，對詩作進行評論和熱情推介。楊慎爲雲南當地作家或作序跋，或點評作品和策劃出版，確實對當地文化發展有著巨大推動作用。這就是他在《雲南鄉試録序》中所説的：“成物箐莪，樸棫之化，梓材多士之興。”慎入滇後，曾給雲南巡撫顧應祥、歐陽重、汪文盛、劉渠等書信或面敘興教重學之事。因爲楊慎的宣導和推動，雲南當時有詩集刊行的三次：蒼山雅集、清音競秀雅集、昆明池賞雅集；詩社有兩個：汐社和紫房詩會。這些作品的存世，爲後學們提供了豐富的教材。楊慎爲雲南著作家們的書寫過 37 篇序、跋文字，編著過 8 部書。相反，雲南的一批文人爲楊慎寫過近 70 篇書序，出版近 50 部著作。换句話説，楊慎的文學作品以及學術著述得以廣傳天下，雲南文化界功不可沒。[③]

最後，朝中重臣有意庇護。前面已經説過，其祖父、父親多年仕宦經歷，栽培後學無數，澤惠僚屬甚廣，如其父的門生嚴嵩等，對楊慎都多方維護。這就是史籍所説的“世宗以議禮故，惡其父子特甚，每問慎作何狀。閣臣以老病對，乃稍解。慎聞之，益縱酒自放”[④]。被四川學界高度重視的《全蜀藝文志》，實際上也緣起於楊慎與奉詔巡視的周復俊相遇於雲南仙村草堂，遂成至交，並爲之評選《涇林詩集》。後來擔任四川按察司副使的周在組織編撰《四川總志》時，就聘請楊主修《全蜀藝文志》，後來任雲南巡撫時的周又有“忽睹丹旐飄揚於昆池之上”“慨哲人之既萎”的悼懷之語。

---

① 《李中溪家傳匯稿·卷五·送升庵先生還螳川客寓詩序》,《雲南叢書》, 中華書局 2010 年版。
② 黄宗羲:《明文海》卷四百三十四, 中華書局影印本, 1987 年版。
③ 參見蔣乾、白建忠:《楊慎在滇交游考》,《廣播電視大學學報》(哲社版), 2014 年第 3 期。
④ 張廷玉等撰:《明史·列傳第十八·楊慎傳》。

三　中國古代文人一個必由之路

由於人生遭受重大打擊的精神苦悶、從京城錦衣玉食的優裕物質生活到雲南新環境的巨大反差，楊慎生理紊亂疾病多發，如因爲雲南食鹽含碘低，他身染地方病“瘤疾嬰雙豎”等。既然“是非成敗轉頭空”，面對“青山依舊在幾度夕陽紅”的浩渺蒼穹，醫藥就成爲反觀生命意義和審視自身的一個重要途徑。“一壺濁酒”成爲調適身心平衡的良藥。這里説明一下，多種中藥藥典，都記載有“酒”作爲百藥之王的治病功效，如李時珍《本草綱目》中“酒”字在全書共出現千餘次。在雲南寫下的《采藥》詩，就生動地記録了楊慎入山采藥的親身實踐：“危蹬捫蘿上，名山采藥遊。木條刊落雁，離蕊剪牽牛。簡子紅仍豔，長卿翠欲流。三花聊永夕，一葉莫驚秋。”

1981 年四川人民出版社出版的《四川醫林人物》把這位明代第一才子列作四川醫林人物。其醫學主要著述有《男女脈位圖説》（數卷）、《素問糾略》（3 卷）、《何首烏傳》（1 卷）及醫藥雜説等，以及經他校訂並刊刻行世的儲氏《平脈》篇。他本人曾在其《男女脈位圖説》一文里作過交代：

> 余在滇南，枕疾歲久，岐黄、雷華之書，鑽研頗深。蓋亦“折肱而知良醫”。即晉太醫王叔和有《脈經》一書，其文高古，其辭簡奥，淺儒讀之尚不能解，況醫流乎！近代有高陽生者，變爲韻語歌謠，以便誦讀；又恐人之不信也，乃嫁其姓名於王叔和。後世，不惟醫流宗之，而儒者亦以爲真出叔和之筆，不敢非也。
>
> 不思西晉之世，豈有此等文體哉！其書爲韻語所拘，語多牽滯，理或不通。即以男、女左、右手脈之部分，亦分析不明。醫人遵用之，其誤多矣。夫脈部誤則診必誤。診既誤，則藥必誤，藥一誤，則殺人不知其幾千萬矣。
>
> 惟儲氏遺書則有《平脈》一篇，分别男、女左、右脈部甚爲明晰，而醫家罕遵用之。蓋惑於高陽生之謬説，沉痼不可返矣。往年，余方外友飛霞韓懋遵用儲氏《平脈》以診婦女，十中其九；且又爲余言：“子試以《素問》平脈、病脈，按男女脈部如儲氏説而診之，自可以驗。”因歎俗書之誤人也久矣……因表章儲氏《平脈》一篇，又繪男、女脈部二圖，刻而傳之。庶乎庸醫之門冤魂稍稀，亦仁人君子之所樂聞而快睹者也。

寓居瀘州期間，他交往的名醫就有彭楠、王芝崖，以及嘉靖敕封“抱一守鎮真人”的韓飛霞和走方郎中任蒼崖等。《升庵遺集》卷 26 的《江陽彭氏醫録跋》一篇，是爲《彭氏醫案》20 餘卷的推介書跋。《丹鉛續録》卷之一有“爲加憂、爲心病、爲耳痛、爲血卦”一則，指出醫者必讀《素問》，必解五運六氣之説，方可爲醫，否則殺人耳。在《升庵外集》卷 12 中有“六字導引法”和道家“八禽戲”

的介紹，卷 51“雜説”中，還有諸如五加皮、稀簽草、天麥冬等多種藥物產地的考證及其性味、藥用的介紹，並載有不少驗方和藥物炮製的經驗等。《升庵文集》卷 48 有《神農本草經》一篇。考據《神農本草經》“文近《素問》”，成書時間近於《内經》等。在雲南，更曾與蜀江地方一位姓黎的醫士爲友。不但他自己頗通岐黄之術，耳濡目染，以至於他家里也是“婢能尋《本草》，兒學誦《靈樞》”，都粗通醫藥之道。在《總纂升庵合集》卷之 44 里，有一首題作《午日采藥次炅庵韻》的詩：

聞道仙家九節蒲，側生雲石倚南郛。雲開閶闔天如鏡，波靜漣漪水似鋪。大有豐年應已兆，同人佳興可能孤。將軍家訓傳顔氏，肯信癡蟆別有符。

炅庵，即楊慎的姨表兄弟韓適甫，世襲官瀘州衛指揮使。這應是他長居瀘州的一個重要原因。

一次，行經今四川敘永縣海拔 1 840 米的雪山關山頂，冰雪封途，糧草盡絕，僕人、馬匹都又乏又病又冷又餓，他卻泰然無事，甚至還以《雪關絕粒喻從者》自誇已經達到仙家“辟穀”化境：僕痡馬病漫興嗟，戎旅華封本一家。我骨已仙元不餒，何須食柏與餐霞。

他在《節飲食箴》中對養身問題有著具體的論述：

古諺云：“病從口入”，言飲食貴節也。斯言雖小，其利溥載！今市井無賴飲食之人，相勸乃云：“肥從口入。”此餓鬼之言，其害不淺，不幾於一言而喪身乎！（因）作箴言以示兒輩：古之飲爵，亦彝象舟。過之則溺，淺則浮；古之食鼎，鑄以饕餮。戒其無厭，制其沉湎。山下有雷，其卦曰頤，節飲食。一言以蔽之：膳夫司舉，敢告食豎。

在《病中秋懷》組詩里，他曾明白地宣稱“采藥名山吾願足，頭白早已謝朝簪”。又如《病中秋杯》組詩之三：

江郭西偏寂不喧，卜居草草結橒軒。蕊珠樓接芸香閣，紫洞天環薜荔垣。書載洛中三十乘，經傳柱下五千言。寬閑謝客緣貧病，懶散從吾養病源。

楊慎 72 年的人生歷程中，回新都家鄉多次，包括參修《四川總志》，負責《全蜀藝文志》總撰。但在四川生活的時間裏，他更長的是在瀘州，即“僑寓江陽者十餘年，與曾岷野、章後齋諸公相友善”。[①]在近代化社會出現之前，中國交通最便捷、最經濟的是水道航運。新都與瀘州即是通過沱江連接。即新都平原的水網彙聚到金堂峽，是爲沱江（内江）開始，到達瀘州與岷江（外江）重新匯合進入

① 簡紹芳：《贈光禄卿前翰林修撰升庵楊慎年譜》，王大厚：《升庵詩話新箋證》，中華書局 2008 年版，第 1204 頁。

長江。清初文豪王士禎的一首詩，把這種水系構成説得再清楚不過："錦江城東内江流，錦官城西外江流。流到江陽復相見，暫時小别不須愁。"楊慎在漫長的流放生涯中，多次回鄉往返都駐足瀘州，尤其是1553年開始，楊攜妾曹氏和二子，開始寓居瀘州達七年之久。楊慎流寓瀘州時有數量衆多的詩作傳世，其中突出的意象就是酒，如"餘甘渡口斜陽外，靄乃漁歌雜棹謳""半山樓閣空中繞，兩岸人家一水分""花驄小市頻頻過，落日凝光緩緩歸""玉壺美酒開華宴，團扇熏風坐午涼"等。在爲好友簡紹芳送别時，他寫下"豔曲熒弦别思長，華燈相對少暉光；江陽酒熟花如錦，别後何人共醉狂"等句子。在沒有大江大河的成都平原和北京城度過青少年階段的新都人楊慎，衹有站在瀘州的"滚滚長江"邊上，在瀘型酒的蒸騰之後，青年才俊的滿腹才華、大起大落的政治經歷、滚滚長江東逝水的景觀激揚，纔可能催生出《臨江仙》這樣的傳世之作。

刑罪在身難歸故里，楊慎晚年在《寒夕》(《七十行戍稿》)一詩中，回顧自己"旅鬢年年禿，羈魂夜夜驚"的半生遭遇，回望當年京城中振臂一呼應者雲集的輝煌，感歎人生悲劇淵源是"讀書有今日，曷不早躬耕"。早知淪落如此下場，還不如作爲漁夫或樵者，可以在平淡之中盡賞人生閒適，冷眼觀盡世事風雲。

作者單位：成都市文史館

李調元與趙翼的交往及互評考論

鄭家治

摘　要： 李調元是以詩文及文學理論著稱的巴蜀清代第一學人，而趙翼則是性靈派的主將而兼著名歷史學家。李調元與趙翼有較密切的交往，互贈詩文不少，且在其《雨村詩話》中對趙氏的詩歌進行了全面評價。通過上述三方面内容的考察，可知李氏視趙氏爲師友，二人創作上各有所長，詩學上的差異則較大。

關鍵詞： 李調元；趙翼；《雨村詩話》；交往；詩文；考論

李調元是清代巴蜀第一學人，百科全書式的人物，以詩文著稱，在文學及文藝理論上有《詩話》《詞話》《賦話》及《劇話》《曲話》傳世，且與性靈派主將袁枚、趙翼、蔣仕銓都有交往，尤其是書信往來。因此近時論者謂李氏是性靈派。而性靈派主將趙翼則是清代三大史學家之一，也以詩文著稱。本文擬通過趙翼與李調元及其交往、李調元對趙翼的評價、李調元和趙翼互贈詩文解讀來考察二人的關係，進而説明李氏與趙氏詩歌及詩學的異同，也間接考察李氏與性靈派詩歌及詩學的異同。

一　趙翼與李調元及其交往概述

趙翼（1727—1814），字雲崧，一字耘崧，號甌北，晚號三半老人，漢族，江蘇陽湖（今江蘇省常州市）人。清朝著名文學家、史學家。乾隆二十六年（1761）進士。官至貴西兵備道。旋辭官，主講於安定書院。長於史學，考據精賅。論詩主“獨創”，反摹擬。五、七言古詩中有些作品，嘲諷理學，隱寓對時政的不滿之情。著有《甌北全集》《甌北詩話》《二十二史劄記》《陔余叢考》等。早年家境清貧，自六歲起，即隨做塾師的父親就讀於外，十五歲父卒之後即接過父業應聘爲富家課徒。乾隆十四年（1749 年）被迫赴京投奔親戚。抵京後以其文才受知於刑部尚書兼翰林院掌院學士劉統勳，在劉家纂修《國朝宫史》。翌年秋中舉，旋被聘入汪由敦幕署。乾隆二十一年，入直軍機，尹文端公、傅文忠公等倚重之，奉命草擬文書。辛巳（乾隆二十六年）成進士，殿試第三，授翰林院編修。以後數年，相繼參加了《平定準噶爾方略》和《御批通鑒輯覽》兩部官修史書的編寫，還數度主持鄉會試事宜。

李調元於乾隆二十五年庚辰進京應會試，乾隆二十六年辛巳官内閣中書，次年壬午住北京椿樹三條胡同，與趙翼對宅，二人交往密切，且與王夢樓、畢秋帆、祝芷塘等訂交唱和，人稱“小李將軍”，乾隆二十八年癸未（1763）進士，房師即王夢樓、趙翼，改翰林院庶起士，《童山自記》有追記。他又謂：“癸未，余始謁趙雲松先生于寓所椿樹三條胡同，汪文端公舊宅也。余時官中書，與雲松宅門斜對，朝夕過從，詩酒言歡。癸未會試，雲松爲分校。”①這則詩話前面有一條説：“陽湖趙雲松翼，乾隆辛巳探花，余中書同年也，爲人頷尖而面小，似猿，而胸中書氣逼人。癸未，散館引見後，上語大學士傅忠勇曰：‘此人文自佳，而殊少福相。’”②這則詩話似有不尊之嫌，且李氏在辛巳爲中書，而趙翼授翰林院編修，應該不是所謂同年。惜乎李調元的其他詩文未見記載，不過晚年卻有回憶：“憶自辛壬之間，得附譜末，同居京師椿樹三條胡同，門僅斜對，過不數武，日與唱酬往返。每見先生玉堂著作，甫脱稿即傳播人口，竊以此才天授，爲之執鞭，亦所忻慕。”③趙翼也回憶説：“京華舊遊跡，振觸一燈前。”④“回憶春明征逐，詩酒流連，此景何可再得也。”⑤足見李調元與趙翼的亦師亦友的交誼非常深厚，所謂“唱酬往返”“詩酒流連”。

乾隆三十一年冬，趙翼出任廣西鎮安知府，革弊懲奸，籌劃與緬甸戰事。臨行，已散館任吏部主事的李調元有《送編修趙雲松翼出守鎮安》。應該説趙翼沒有辜負李調元的希望，他在鎮安知府任上革弊懲奸，籌劃與緬甸戰事，卓有治績。乾隆三十五年，趙翼調守廣州，治海盜有功，未幾擢貴西兵備道。不料乾隆三十七年十月，因他當初在廣州處理失誤的一樁舊案被朝廷追究，受到降一級調用的處分，當路將奏留，他以母老力辭。歸里侍養者五年後遂不復出。乾隆四十五年五月，他取道山東赴京，不料中途忽患風疾，於是衹好掉頭南歸。此後歸隱長達三十餘年。如此，朝廷可能少了一員良吏能員，而中國卻多了一位著名的史學家與文學家。因爲趙翼的《廿二史劄記》《陔余叢考》是清代史學名著，憑藉《甌北詩鈔》《甌北詩話》，趙翼也成爲清代著名的詩人與詩學家。

自别後，趙、李二人未能再見，且極少有書信往來。其間，乾隆四十三年（戊戌 1778）有人冒充趙翼之子持《甌北全集》拜謁李氏，李氏記載在《童山詩話》卷五。

李調元辛酉（1801）有《戊戌年余視學粤東，閽人以趙雲松觀察子名帖求見，並以甌北集爲贄，余見之留飯，贈三十金而去，昨接雲松書，言其時子尚幼，並未入粤，乃假名干謁也，不覺大笑，作詩見寄，余亦爲捧腹，依韻答之》：“人生

① 詹杭倫、沈時蓉：《雨村詩話校正》，巴蜀書社 2006 年版，第 51 頁。
② 詹杭倫、沈時蓉：《雨村詩話校正》，巴蜀書社 2006 年版，第 50 頁。
③《答趙雲松觀察書》，《童山文集》卷十，叢書集成初編，中華書局 1985 年版。
④ 趙翼：《致李雨村觀察》，《童山詩集》卷四十一附，叢書集成初編，中華書局 1985 年版。
⑤《童山文集》卷十附趙翼覆信，叢書集成初編，中華書局 1985 年版。

萬事盡傳奇，尤是官場不易知。頭角居然高我子，言談殊不肖君兒。贈金小事原無惜，款飯殊恩悔莫追。未接手書終不解，怪無一字謝微資。”[①]《雨村詩話》卷五也有記敘，其晚年詩歌中也有反映。乾隆四十八年（癸卯 1783）李氏有《趵突泉用趙雲松韻》(《童山詩集》卷二十四)，乾隆六十年（乙卯 1795)，李氏《綿竹楊明府實之座上詠牡丹戲贈》詩末句“勾他叛吕又何妨”自注：“我欲勾他叛吕防，趙雲松戲袁子才寵客劉霞裳句也。楊明府時有寵客宋桂，欲從余學，故借用之。”[②]説明李氏對趙翼是瞭解的，但沒有書信往來及詩文唱和。

直到嘉慶五年九月（庚申 1800)，趙翼“忽從姚姬傳處，遞到《雨村詩話》一部，載拙作獨多，翻閱之餘，感愧交並”，且得知十二年前有人冒充兒子拜謁李氏的事，於是托綿州知府劉慕陔捎信給李，李氏立即回信，次年有《劉慕陔州尊遣吏送趙雲松前輩書，時萬卷樓焚，雲松不知也，因作詩寄之，亦當爲我一哭也》：“不恨同心各一天，只嗟書劄也茫然。粵東宦跡同鴻爪，川北民膏濺鵠拳。趙括父書偏不讀，劉宏吏紙屢郵傳。是災是火俱休問，作答忙封附去船。”[③]又有《戊戌年余視學粵東，閽人以趙雲松觀察子名帖求見，並以甌北集爲贄，余見之留飯，贈三十金而去，昨接雲松書，言其時子尚幼，並未入粵，乃假名干謁也，不覺大笑，作詩見寄，余亦爲捧腹，依韻答之》。其後又有《得趙雲松前輩書寄懷四首》。[④]此詩或者爲嘉慶五年李氏得趙翼信後所作，《童山詩集》編輯有誤。此後趙翼有五言律詩四首致李氏，李氏有和詩。次年趙翼有《有感流賊》寄李氏，李氏有答詩《和趙雲松有感流賊原韻》。

從前面的簡介可以看出，在性靈派三大家之中，李調元與袁枚屬於神交；與蔣士銓有準確記載的交往在“壬寅相見於順城門之撫臨館”，但卻無詩文表現之；與趙翼的交往最早，時間在乾隆二十六年至三十一年（辛巳至丙戌）之間，其中辛壬之間，同居京師椿樹三條胡同，最爲接近，不過除趙翼出守鎮安有詩相贈外，也無詩文記載。至近三十年後的嘉慶五年九月（庚申）纔又有書信往來，此後唱和不少，可謂有始有終。從往來的詩文看，趙翼這位著名前輩文學家、詩學家並無驕矜之態，而是十分謙虛客氣，還主動致書贈詩關心李調元。相應地，李調元也尊重師友趙翼，主要表現在其《雨村詩話》中大量採録趙翼的詩歌，計約趙翼 26 處，81 首，包括長篇七古《李郎曲》，僅僅少於袁枚及王夢樓，評論也較多較高。何以採録如此之多？可能一是李氏親近性靈派，二是乾隆四十三年（戊戌）那個冒名趙翼兒子的人雖然可能造成誤會，但卻送給李氏《甌北全集》，後來趙翼又贈給李氏《甌北詩鈔》，李氏有原著在手，所以批閱採録評論較多。這與李氏編輯有《袁枚詩選》所以《雨村詩話》中多袁詩相類似。

---

①《童山詩集》卷四十一，叢書集成初編，中華書局 1985 年版。
②《童山詩集》卷三十四，叢書集成初編，中華書局 1985 年版。
③《童山詩集》卷四十一，叢書集成初編，中華書局 1985 年版。
④《童山詩集》卷四十二，叢書集成初編，中華書局 1985 年版。

二　李調元在《雨村詩話》中對趙翼的評價

（一）李調元對趙翼詩歌的總體評價

李調元説："近時詩推袁、蔣、趙三家，然皆宗宋人。子才學楊誠齋，而能各開生面，此殆天授，非人力也。心餘學山谷，而去其艱澀，出以響亮，亦由天人兼之。子才亦自言：'余不喜山谷而喜誠齋，心餘不喜誠齋而喜山谷。'雲松立意學蘇，專以新造爲奇異，而稗家小説，拉雜皆來，視子才稍低一格，然視心餘，則殆過者而無不及矣。"①這段話綜合比較論述袁枚、趙翼、蔣士銓三人，認爲三家都宗宋人，有不足法的意思。認爲趙翼"立意學蘇"，即專門學蘇或者主要學蘇，其創新主要在"專以新造爲奇異"，在學習繼承的基礎上出新出奇是好的，但缺點是將稗家小説等内容典故入詩，有不純之憾，所以比袁枚稍低一格，但卻高於蔣士銓。尚鎔的評價應該更爲全面："子才學楊誠齋而參以白傅，苕生學黄山谷而參以韓、蘇、竹垞，雲崧學蘇、陸而參以梅村、初白。平心而論，子才學前人而出以靈活，有纖佻之病；苕生學前人而出以尖鋭，有粗陋之病；雲崧學前人而出以整麗，有冗雜之病。"②認爲"子才學楊誠齋而參以白傅"，楊萬里的詩歌本就生新活潑，如彈丸脱手；袁枚更别開生面，突出一個"新"字。所謂"參以白傅"，即學習白居易的閒適詩恬淡清新通俗之氣。而蔣士銓則兼學宋代的蘇、黄與唐代的韓愈及清代的朱彝尊，趙翼也兼學宋代的蘇軾、陸游和清代的吴梅村、查初白。這話應該有根據。他的《甌北詩話》系統地評論李白、杜甫、韓愈、白居易、蘇軾、陸游、元好問、高啟、吴偉業、查慎行等十家詩，重視詩家的創新，立論比較全面、允當，但取向是明確的，即於宋重視蘇軾、陸游，於清重視吴偉業、查慎行。趙翼存詩4800多首，以五言古詩最有特色。如《古詩十九首》《閒居讀書六首》《雜題八首》《偶得十一首》《後園居詩》等，或嘲諷理學，或隱寓對社會的批評，或闡述一些生活哲理，頗有新穎思想。七古如《將至朗州作》《憂旱》《五人墓》，七律如《過文信國祠同舫庵作》《黄天蕩懷古》《赤壁》等，都有特色，並在造句、對仗方面見出功力。作爲著名歷史學家，他的詩歌自然會以史實甚至稗家小説入詩，還加以評論，因此有時議論過多，過於散文化，顯得形象性較差。

（二）以新造爲奇異

趙翼爲詩主張創新。作於乾隆四十九年的《論詩》五首説："滿眼生機轉化鈞，天工人巧日爭新。預支五百年新意，到了千年又覺陳。""李杜詩篇萬古傳，至今已覺不新鮮。江山代有才人出，各領風騷數百年。""隻眼須憑自主張，紛紛藝苑漫雌黄。矮人看戲何曾見，都是隨人説短長。""少時學語苦難圓，只道

---

① 詹杭倫、沈時蓉：《雨村詩話校正》，巴蜀書社2006年版，第33頁。

② [清]尚鎔：《三家詩話》，《清詩話縮編本》，上海古籍出版社1983年版，第1923頁。

工夫半未全。到老始知非力取，三分人事七分天。”[①]第一首認爲自然萬物長新，所以人巧必然求新，合起來便是“天工人巧日爭新”，從自然萬物及哲學的角度說明新的必然性。如此則新舊對立統一：今日新，他日便陳；今日覺陳，往日卻新。第二首延伸到詩壇，認爲即便最偉大的詩人與詩篇都衹能領一時風騷，時代在變化，人更在變化，所以必須創新。第三首講怎樣創新，即所謂獨具隻眼，自有主張，而不能矮人看場。因爲主張創新，又認識到文學藝術的特殊性，所以第四首便强調天才，所謂“三分人事七分天”，這個劃分是較爲準確的。

李調元認爲趙翼“立意學蘇”，但又“專以新造爲奇異”，也即首重創新。重視創新自然就多變化，而不拘格律。李調元說：“趙雲松……其爲詩千變萬化，不可以格律拘，而筆舌所奮，如諧如莊，往往令人驚心動魄。人皆推其古歌，余獨愛其近體。”[②]認爲趙翼重視創新，具體而言便是“爲詩千變萬化，不可以格律拘”，如此則能揮灑自如，表達複雜豐富的情意，有“如諧如莊，往往令人驚心動魄”的審美效果。一般人認爲趙翼詩歌以古體最好，因爲古體較爲自由，長於能叙事，並隱寓對社會的批評，或闡述生活哲理，寄寓新穎的思想，但李調元卻認爲他的近體也很好，换言之，他認爲趙翼的古體、近體都有佳作。

（三）工於懷古

真正的歷史學家不僅要熟悉歷史，考據精審，熱愛歷史，而且要有歷史精神，要有極高的史識，趙翼正是這樣的大歷史學家兼詩人，他自然會工於懷古。所謂工於懷古，既要在考辨研究的基礎上熟悉歷史，也要熱愛歷史，更要能觸歷史（古跡、古事、古人）而生情思，總結出歷史發展的規律與經驗教訓，並用形象的語言將其表現出來，使詩歌富有作者的情感理念與精神，歷史在詩歌中衹是一種文化意象，再由意象融合成意境，使詩歌保持其抒情本質與審美特性，而不是單述史實，或者單發史論。中國歷史漫長，古跡、古事、古人衆多，從《詩經》之《雅》《頌》與《楚辭》開始，詩人便常發思古之幽情，也間接表現抒發對現實社會及現實人生的感慨，懷古成爲詩歌的一大題材與門類，歷代的詩壇大家與名家幾乎都有懷古名篇，甚至可以說沒有懷古名篇就不能稱爲大家或者名家。

李調元說：“雲松工于懷古，《樓桑村》云：‘敵强終造三分國，士少能臣第一流。’又《金川門懷古》云：‘前史曾傳靖難兵，摩戈從此破神京。削藩禍起書生計，負扆圖慚叔父名。一領袈裟宵出竇，九江紈綺曉翻城。興師若不論成敗，高煦宸濠豈異情？’末二句千秋定論。”[③]作爲中國歷史上第一流的歷史學家與著名詩人，趙翼必然工於懷古。李調元引其詩來證明。

① [清]趙翼：《甌北集》卷二十八，上海古籍出版社 1997 年版，第 630 頁。
② 詹杭倫、沈時蓉：《雨村詩話校正》，巴蜀書社 2006 年版，第 51 頁。
③ 詹杭倫、沈時蓉：《雨村詩話校正》，巴蜀書社 2006 年版，第 114 頁。

樓桑村是蜀漢昭烈帝劉備的故鄉，在今河北涿縣。據《三國志》載："先主（劉備）舍東南角籬上有桑樹，高五丈余，遙望童童如車蓋，先主少時，常與族中諸兒戲於樹下。"[①]後因稱樓桑里，劉先主死後，鄉人曾建廟以作紀念。廟在涿縣西南十里。趙翼此聯概括了劉備成功與遺憾的原因。成功的原因是北有曹操，東有孫權，强敵環視，因此而能發奮自强，最終能建立蜀國而三分天下，也就是孟子所說："入則無法家拂士，出則無敵國外患者，國恒亡。然後知生於憂患而死於安樂也。"[②]最終沒能統一天下的原因是劉備雖如諸葛亮所說的佔有人和，但這僅僅是劉備與諸葛亮君臣諧和，卻缺少第一流的能臣，而僅僅有諸葛亮等少量人才。簡言之，成就王業靠的是面對强敵而自强不息的精神與衆多的人才，這當是中肯之論。金川門爲南京十三城門之一，1402 年，朱元璋四子燕王朱棣起兵攻佔南京，就是從金川門入城的，史稱"靖難之役"。朱棣成爲永樂皇帝後，對金川門格外看重，委派其妹寶慶公主的夫君趙輝駙馬充任金川門的"千戶守"。明末，金川門曾一度封閉。對於爲何有朱棣奪取皇權的"靖難之役"，歷代爭論不已，趙翼在《金川門》一詩中有云："乃留弱幹制强枝，召亂本由洪武起""豈知釁即起蕭牆，臂小何能使巨指"[③]。明確地指出肇禍的根源乃在朱元璋身上，正是分封諸王制度造成了幹弱枝强、指大於臂，最後便禍起蕭牆，無法收拾。這應該是溯源追本之論。至於"靖難之役"後建文皇帝是死是逃亡，後世說法頗多，朱棣在位時說建文已死，但民間疑爲逃亡之說盛行。乾隆末葉，明亡已逾百年，所謂"朱三太子"被獲處死也過去了六十多年，朝廷已不再擔心明室嫡裔復辟的事，於是在乾隆四十二年，詔改明史本紀，把"建文焚死"改爲"棣（永樂帝）遣中使出後（馬皇后）屍于火，詭言帝屍"[④]。趙翼的《金川門懷古》詩中，有"一領袈裟宵出竇，九江紈綺夜翻城""從亡芒履千山險，駢戮歐刀十族空"[⑤]之句，坐定建文出亡之事，並敢於議論明成祖慘酷殺戮建文遺臣的暴政，即是明證。

（四）以詩爲戲

李調元說："雲松詩有可學，有不可學。可學如……俱工麗。不可學者七古如……未免以詩爲戲也。"[⑥]所舉可學的詩歌的體裁都是七言律絕，題材則有贈人《汪文端詩》《贈袁子才》《哭心余》《錢司寇》，有寫景抒情者如《青燈》《村舍》《歸里》《六十》，有懷古詩《定軍山》《汴梁雜詩》，也有詠物詩如《詠美人風箏》，重在抒情詠懷，富有形象性與感染力，而且對偶工麗，所以列舉出來加以讚揚。所

① [晉]陳壽：《三國志·蜀志·先主傳》，百衲本二十四史。
②《孟子·告子下》，朱熹：《四書集注》，中華書局 1983 年版，第 348 頁。
③ [清]趙翼：《甌北集》卷三十五，上海古籍出版社 1997 年版，第 827 頁。
④ 見修改後的定本四庫全書本《明史》。
⑤ [清]趙翼：《甌北集》卷二十，上海古籍出版社 1997 年版，第 427 頁。
⑥ 詹杭倫、沈時蓉：《雨村詩話校正》，巴蜀書社 2006 年版，第 53 頁。

舉不可學者爲七古《十不全歌》，題目與題材便已經有戲謔意味，而詩中的“自從塑就人樣字，化工能事始畢矣。聽他夫妻父子依樣畫葫蘆，大概不出範圍裏”等詩句，則不僅思想内蘊具有戲謔味道，主旨在議論，而且語言散文化、俚俗化，因此更具有較濃的以詩爲戲的味道。據李調元的口氣，詩中表現詼諧滑稽是可以的，但不可過度。

李調元又説：“雲松詩多愛嘲笑，有句云：‘惟有童村讀書聲，鬱鬱乎文喧不已。’謂錯讀‘鬱鬱乎文’之句也，則近於發科打諢矣。又集中有《夏將軍廟》，言即傳奇《醉隸夏得海》事，雖見《明史• 蔡錫傳》中，亦可不必入集。”[①]認爲趙翼“多愛嘲笑”，這尚不是毛病，但將村童錯讀句讀寫入詩中加以嘲笑，則近乎插科打諢，顯得過分。李調元還認爲詩中表現歷史人物應該言之有據，否則便逗人嘲笑。趙翼的《夏將軍廟》寫明代夏將軍被後人立祠供奉之事，夏將軍之事《明史• 蔡錫傳》有簡介，傳奇《醉隸夏得海》亦有表現，不過真僞不得而知，所以不必寫成詩歌流傳，否則便會引人嘲笑。李調元强調寫歷史人物、歷史事件應該信而有征，有道理，尤其是趙翼這樣的大歷史學家，但詩歌畢竟不同於歷史，寫傳奇中的歷史人物以寄寓作者的感慨也是可以的。

趙翼《簷曝雜記》説：

> 洛陽橋少時見優人演蔡忠惠修洛陽橋，有醉隸入海投文之事，以爲荒幻。《明史》及閲，則鄞人蔡錫守泉州時事也。余至泉州，過此橋，果壯麗。橋之南有忠惠祠，手書碑記猶在。旁有夏將軍廟，即傳奇所謂醉隸夏得海也。橋名萬安而曰洛陽者，其地有洛陽社，此水亦名洛陽江也。按《閩書》以此事屬蔡錫，並記橋圮時有《石讖》云“石頭若開，蔡公再來”，以爲錫之證。而《堅瓠集》《名山記》皆亦以爲忠惠事。又云：其母先渡此江，遇風，舟將覆，聞空中有聲呼“蔡學士在”，風遂止。同舟數十人問姓名。公母方有娠，心竊喜，發誓願，如果符神言，當造橋以濟行者。後公守泉而母夫人尚在，遂奉母命成之。
>
> 而附會者又謂吕洞賓遭劫時，避於公爐内得免，乃謝以筆墨。公造橋時，以之書符檄，故能達海神雲。其説不經。而《府志》兩存之。究未知其爲襄與錫也。今按忠惠手書碑記一百五十二字，但志其長三百六十餘丈，廣丈五尺，洞四十有七，用錢一千四百萬有奇，而其他不及焉。使其奉母命，且有海神相之，則安得不志親惠而著神庥？然則醉吏一事，非忠惠可知也。至橋之長三四百丈固雄壯，然閩橋如此者甚多。福州之南台，長不及而廣過之，石視萬安更新整。即泉州一府，如通濟橋長八十餘丈，順濟

① 詹杭倫、沈時蓉：《雨村詩話校正》，巴蜀書社 2006 年版，第 54 頁。

橋長一百五十餘丈，大通長二百餘丈，鎮安長三百餘丈，盤光四百餘丈，東洋四百三十餘丈，釃水二百四十二道，安平八百十有一丈，釃水三百六十二道，其他以數十丈計者，更指不勝屈也。蓋閩多海汊而又有石山，汊闊而取石易，故規制如此。余所見天下橋樑，滇、黔之用鐵索，閩之用石，皆奇觀也。[①]

（五）批評趙翼詩的偏於蕪雜

李調元説："雲松詩最富。余在粵東時，其子來謁，以《甌北全集》見示，雖美不勝收，而微嫌其不能割愛。今玉溪自成都回，見貽一册，名《甌北詩鈔》，則雲鬆手删，僅存什一，可謂去滓存液矣。有《自題删改舊詩》云：'愛筍食其嫩，食蔗愛其老。愛嫩則棄根，愛老則棄杪。非人情不常，物固難兩好。何況詩文境，所歷有遲早。少時擅藻麗，疵纇苦不少。老去斯剷除，又覺才豔槁。安能美並存，病處又俱掃。晚作蔗根肥，少作筍尖小。'真閲歷有得之言。"[②]這則詩話首先肯定趙翼詩歌的豐富，認爲《甌北全集》豐富，總體上可稱美不勝收，但又"微嫌其不能割愛"，以至有蕪雜之弊，後面又讚揚趙翼親手删削僅存什一的《甌北詩鈔》是"去滓存液"。前後比較，可知趙翼的全集瑕瑜互見，而親自删削的選集則多存精華，説明趙翼不愧爲有自知之明的學者兼詩人。這裏要説明的是，作爲全集當收入所有詩作，任何人的作品都不可能全部都是精妙之作，所以瑕瑜互見是正常現象，不值得非議；反之，選集就應該主要是精華了。

李調元採録了趙翼的《自題删改舊詩》。趙翼的詩歌以竹筍、甘蔗爲喻，説明了詩歌風格因爲年齡、閲歷的影響有老練老辣與稚嫩華美兩類，世人對這兩類風格也各有所好，所謂"愛筍食其嫩，食蔗愛其老。愛嫩則棄根，愛老則棄杪"。他進而認爲這兩類風格各有其優點與缺點，不能適合所有人的口味是正常的，所謂"物固難兩好"，且這種風格的變化不是"人情不常"的結果，而是受年齡、閲歷的影響而自然產生的。他認爲這兩種詩文境界凡人都要經歷，是一種普遍規律，但又"所歷有遲早"。他還結合自身的創作來説明這種變化，並分析其弊病，表明自己的苦惱："少時擅藻麗，疵纇苦不少。老去斯剷除，又覺才豔槁。"最後提出了詩歌創作的最高境界是"安能美並存，病處又俱掃"，且能保持其特點，所謂"晚作蔗根肥，少作筍尖小"。趙翼的這首詩歌以詩論詩，論述的是年齡閲歷與詩歌風格變化的關係，以及老嫩兩種風格的特點及人們對其的態度，涉及詩歌審美論、創作論，以及文藝心理學與文藝生態學，藴意深厚複雜。但他結合自身實踐來談，屬於親身體會參悟的見道之言，且以比喻出之，意深而語淺，實現

① 叢書集成初編本，中華書局1985年版。
② 詹杭倫、沈時蓉：《雨村詩話校正》，巴蜀書社2006年版，第144-145頁。

了生動形象與藴含深厚的結合。李調元讚揚其爲“真閲歷有得之言”，這説明他不僅贊同趙翼的觀點，而且讚揚其通過形象與比喻來寓理的詩歌。

三 李調元、趙翼互贈詩文解讀

（一）《送編修趙雲松翼出守鎮安》

詩云：

玉堂揮翰究推誰，二載鼇頭四海知。自古詞臣多出守，况今才子最能詩。桄榔樹底行苗步，荔枝門中謁柳祠。莫遣煙瘴侵鬢髮，他年燕許候摛詞。①

這是今存爲李調元詩文集第一首有關趙翼的詩歌，寫於乾隆三十一年冬，李調元當時剛剛散館任吏部文選司主事。詩歌首聯推戴趙翼，説趙翼在翰林院瀟灑揮筆，頃刻成文，以至獨佔鰲頭，四海知名。頷聯送别，對友人寄予很高的希望，古今翰林詞臣出守地方，一經歷練，必然大用，何況趙翼已經是舉國知名的大才子與著名詩人。頸聯想象友人出守廣西的情景：在桄榔樹下“行苗步”，熟悉民情，體恤民意，成功地治理安撫少數民族，爲國立功，也沒有忘了去拜謁前輩詩人柳宗元的祠堂。最後祝願友人“莫遣煙瘴侵鬢髮”，而應該早日回朝，朝廷正需要你這樣的“燕許大手筆”寫詩著文，言下之意是希望趙翼也成爲唐代燕國公張説、許國公許頲一樣身居高位的一代名臣，成爲提倡文教的楷模。李調元的眼光是準確的，對趙翼的評價也是準確的，遺憾的是乾隆中後期因爲封建社會的痼疾，也因爲乾隆奢侈無度，好大喜功，致使奸寵和珅等擅權，吏治敗壞，所謂乾隆盛世掩蓋下的中國社會已經危機重重，真正的正直有爲之士斷然不會有好結果。趙翼在乾隆三十一年冬出任廣西鎮安知府，乾隆三十五年調守廣州，未幾擢升貴西兵備道，仕途頗爲順暢。不料乾隆三十七年十月，因他當初在廣州處理失誤的一樁舊案被朝廷追究，受到降一級調用的處分，當路將奏留，但他已知難有作爲，於是便以母老力辭，此後歸里侍養者五年後遂不復出。乾隆四十五年五月欲再入仕途，不料中途忽患風疾，於是衹好掉頭南歸，終於歸隱。

（二）《趙翼與李調元書》

書云：

同年至好，一别三十餘年，萬里相望，無由通問。回憶春明征逐，詩酒流連，此景何可再得也。忽從姚姬傳處遞到《雨村詩話》一部，載拙作獨多。翻閲之餘，感慨交並，知足下之愛我有癖嗜也。伏念弟與足下出處

① 《童山詩集》卷八，叢書集成初編，中華書局1985年版。

大略相同，然足下動筆千言，如萬斛泉，不擇地湧出。而弟循行數墨，蚓竅蠅聲，其才固已萬不能及。足下居有園亭聲伎之樂，出有江山登覽之勝，著書滿家，傳播四海，提倡風雅，所至逢迎。而弟終日掩關，一編度日，生計則僅支衣食，聲名則不出鄉閭，以視足下之晞發扶桑，濯足滄海，又豈特楹之與莛耶？惟是年來海内故人多半零落：袁子才、王西莊，俱於前歲物故，祝芷塘去冬又卒於雲間。惟吾二人尚慭遺無恙。東西萬里，白首相望，不可謂非幸事也。弟所著詩集外，已刻者尚有《陔余叢考》四十三卷，未知曾得呈覽否？近有《廿二史劄記》三十六卷，今歲可以刻成。此後亦不能再有所著述矣。《雨村詩話》中有趙雲松子叩謁於廣東學署一段。足下提學粤東時，小兒年僅勝衣，從未有遊粤者。此不知何人假冒干謁，遂使弟有此幹兒，可發一笑。並縷及之，想足下亦爲捧腹也。聞蜀中流匪充斥，而綿州獨晏如，可爲遙賀。然烽煙俶擾中，恐亦不免戒心。昔日將軍之稱，或將弄假成真。弟翹首西瞻，惟時時灑酒祝平安耳。州牧劉君，系弟内侄，聞居其官，頗有循良之譽。倘地方有守禦之事，尚祈協力佽助爲禱。吴雲蜀嶺，相見何日，蘸筆縷述，不禁黯然。①

這封書信附於《童山文集》卷十，《雨村詩話補遺》最後一則也敘述收信前後之事，還轉載了這封信。《雨村詩話補遺》卷四説："庚申八月十八日，余回南村省墓，見書樓已成灰燼，長子及養子皆逃，房屋爲土賊拆毁殆盡。本州尊爲武進劉慕陔先生印全，壬辰進士，由資陽令升合州剌史，擢綿州六年，歷有廉名，余向以老病未得展謁。未歸，曾蒙枉駕至家查問，是以土賊稍戢，不然，片瓦難存也。九月初八日，慕陔忽差人送故人趙雲松七月初五日書至，問之，則甌北即慕陔姑丈也。"這段話交代了收信前的背景，具體的收信日期是庚申九月初八日，趙翼寫信日期是同年七月初五日，由趙翼内侄知府劉慕陔捎帶來。轉載書信後李調元寫道："以三十餘年未得見之知己忽通音訊，爲之狂喜，遂即日作詩寄甌北云……。"②結合趙翼的書信與《雨村詩話》的記載，可知趙翼從姚鼐處得到《雨村詩話》，因爲其中記載他的詩歌很多，且有有人冒充其兒子一事需要解釋，於是在七月初五日修書一封，托内侄綿州知府劉慕陔帶去，劉氏差人送信，送到的時間是庚申九月初八日。劉氏任綿州知府六年，李調元因爲"老病未得展謁"，李氏萬卷樓失火之後劉"曾枉駕至家查問"。得信之後，李調元感慨萬分，當即寫詩抒懷，並且回信。其後又有《得趙雲松前輩書寄懷四首》反復致意。

趙翼的書信寫得很好。第一，他抒發了三十餘年的别情及"萬里相望，無由通問"的遺憾，回憶當年"春明征逐，詩酒流連"的情景，感慨"此景何可再得也"。第二，寫"忽從姚姬傳處遞到《雨村詩話》一部，載拙作獨多"，既直接向對方表示感謝，又間接説明了來信的主要原因。第三，承上，接著對比二人的

①《童山文集》，叢書集成初編，中華書局1985年版，又載《雨村詩話補遺》卷四。
② 詹杭倫、沈時蓉：《雨村詩話校正》，巴蜀書社2006年版，第415-416頁。

才華、成就、名聲及生活，讚美對方，表示謙遜。第四，轉而回憶故人零落，感慨時光之易逝與倖存之不易，與故人友誼的珍貴。第五，介紹自己近年的兩部著作，願意與朋友交流切磋。第六，解釋有人假冒干謁一事，以爲笑料。第六，由衷地關心故人平安。這段文字一波三折，首先遙賀對方在流匪充斥的戰亂中平安晏如；其次一轉，寫然而烽煙俶擾，局勢萬變，身在其中者肯定後時有戒懼之心；再次，回顧當年初交時之往事，當年在椿樹胡同對門而居，衆人稱李氏爲詩壇“小李將軍”，聯繫李氏的詩文，可知當年的“小李將軍”固然指李調元姓李而又在詩壇初露頭角，是爲英氣勃勃的小李將軍，其實也因李氏當年血氣方剛，壯志淩雲，喜歡議論關心國事及軍事，所以三十多年後趙翼有“昔日將軍之稱，或將弄假成真”之説，希望暮年的李調元投筆從戎；最後“翹首西瞻”，希望李氏成功，自己衹能“時時灑酒祝平安”。第七，介紹州牧劉君，既是内侄，又居官頗有循良之譽，因此希望故人鼎力支持，托人帶信之事也順帶説明了。末尾，聯繫開頭，再次感慨相見無日的難過，暗含各自珍重的祝願，具有很深的生命意識。趙翼不僅是史識明達、考證精覈的歷史學家，著名詩人與詩論家，而且著名散文家，從這篇尺牘就可以看出他的散文敘事清楚，議論通達，情感真摯，語言樸素而又精練，藴意豐富複雜卻又層次井然，照應過度自然得體，可稱燕許大手筆。

這封書信最有意思的是在比較二人才華、成就、名聲及生活時，對有關詩學理論進行了探討。文中所謂“弟與足下出處大略相同，然足下動筆千言，如萬斛泉，不擇地湧出。而弟循行數墨，蚓竅蠅聲，其才固已萬不能及”，是説二人成長的時代、家庭、經歷與教育都差不多，但一者靈感來得快，筆頭也快，一者反之。趙翼的詩歌、詩論及散文不少，更有考證精嚴、行文雅潔恣肆的史學名著，因此所謂“循行數墨，蚓竅蠅聲，其才固已萬不能及”肯定是自謙之詞，但也證明了李調元確實文思如泉，而他自己則文思稍微遲緩一些。方之文學創作，趙翼强調性靈，所謂性靈，首先指性情，另外還包括靈氣、靈巧與靈感，四者合一才是袁枚等人强調的性靈。四者之中性情是本，沒有性情就無所謂性靈，袁枚的性靈説第一强調的是寫真性情，雖然性情説源自儒家。靈氣同樣重要，所謂靈氣就是作家所具有的創造才華，這種才華包括所謂天才，是以天才爲基礎而又經後天歷練而成的才能。趙翼强調天才，也重視天才與人巧的結合，他説：“少時學語苦難圓，只道工夫半未全。到老始知非力取，三分人事七分天。”[①]説文學創作不能力取，也就是不能全憑學力取勝，而是“三分人事七分天”，天才的重要性遠遠高於學力，缺乏應有的天分，無論怎樣苦學苦練也是“苦難圓”及“半未全”。靈巧是指作品的風格特點，靈感則指創作的構思及寫作中呈現出來的靈氣畢至的感覺或者狀態。劉勰説：“故寂然凝慮，思接千載；悄焉動容，視通萬里；吟詠之間，吐納珠玉之聲；眉睫之前，卷舒風雲之色。”[②]這就是一種溝通想象聯想而

① [清]趙翼：《甌北集》，上海古籍出版社 1997 年版，第 630 頁。

② 范文瀾：《文心雕龍注》，人民文學出版社 1858 年版，第 493 頁。

文思顯現的構思或寫作狀態。靈感與靈氣有聯繫，靈氣主要是一種天生的才華，靈感則是在天才兼學力基礎上經過醞釀而突然產生的心理狀態，或者構思創作狀態。人人都有靈氣，但體現在不同方面，其表現也有足與不足之分。構思創作時人人都有靈感，但有遲速之分，持續長短之分，因而下筆也有遲速之分，正如短跑與長跑一樣。按理靈氣多者靈感必然多，但不一定快速，下筆也不一定迅速。趙翼所說的“循行數墨，蚓竅蠅聲”是指下筆寫作速度較慢，延伸開去，也包括靈感來得較慢，因此他所謂“才”並非指天才靈氣，而是指靈感來得較慢，下筆寫作的速度也較慢。不過許多靈感來得較慢的人，往往靈感持續時間較長，短時間內寫作速度雖然較慢，但持續寫作，其成果卻不一定少。比較性靈派大家，主帥袁枚作品很多，成就較大，影響更大。他號稱袁才子，自然才華超人，這種才華自然主要指天才靈氣。但袁枚作詩卻不太快，而且也不滿捷才。李調元說：“詩有捷才，殆天賦也。古有七步八叉，本朝自宫詹張南華鵬翀而外，指不多屈，目見者唯廣漢玉溪一人而已。乃袁子才最不喜人敏捷，曾有《箴作詩》句云：‘物須見少方爲貴，詩到能遲轉是才。’此余所不解也。”[①]李調元此所謂“捷才”指的是構思下筆都快的敏捷之才，這自然是一種天賦。在這方面，古代最出名的人是七步成詩的曹植與八叉手成詩的温庭筠，他們的成就固然不小，如曹植被稱爲“建安之傑”，但卻不是成就最大作品也很多的詩人。李調元所說的清代的張鵬翀及張玉溪更是等而下之不足道也。袁枚是才子，肯定十分有靈氣，但其構思行文卻偏於遲緩，而且“最不喜人敏捷”，這是一種個人好惡，不足爲訓。不過袁枚以“物須見少方爲貴”比附“詩到能遲轉是才”卻沒有道理。按照常理，經過深思熟慮、精雕細刻而成的作品當然比率然下筆要好一些，但卻不成正比例，而且靈感與下筆寫作的遲速是有變化的，常遲者可能突然快速，常速者可以突然遲緩，很多名作常常產生於客體主體化、主體客體化的稍縱即逝的瞬間。

（三）李調元《答趙雲松觀察書》

李調元接到趙翼書信後即回信，回信首先敘述收信的時間、情境，接著寫道：

> 如獲至寶，遂忘其寒，持向風簷向南拜讀，惟恐其盡。而其詞或莊或諧，一種瀟灑之趣，則又似先生已到寒家，如聞其聲而聽其談也。噫，我二人，尚俱人間耶！以三十年前素相接愜之人，又以千古而後第一傾服之人，久絕音問，而忽得此消息，此何異喜從天降也。憶自辛壬之間，得附譜末，同居京師椿樹三條胡同，門僅斜對，過不數武，日與唱酬往返。每見先生玉堂著作，甫脱稿即傳播人口，竊以此才天授，爲之執鞭，亦所忻慕。不意追隨未久，而内任外任，忽焉東西各方，雖蹤跡或有時聞，而音容不可復接，以至於今。落落晨星，只有我二老，所謂感慨系之矣。自先

① 詹杭倫、沈時蓉：《雨村詩話校正》，巴蜀書社 2006 年版，第 69 頁。

生出守鎮安，愚亦不數年視學東粤，見有持甌北集來謁者，雲令嗣君，整衣款之。今閱來書，始知假冒，實可發人一大噱，然因此而得君詩集，故《雨村詩話》中所選獨多，亦其力也。詩人皆稱袁蔣，而愚獨黜蔣崇趙，實公論也。余婿廣漢孝廉張懷泩，亦有四家選集之刻，謂子才、夢樓兩先生及君與愚也。濫及乃岳，可謂阿其所好。此書蜀中盛行，不知可曾見否？①

這段話首先寫閱讀書信與翻閱著作時的神態和心情，讚揚對方的著作“或莊或諧，一種瀟灑之趣”，真個文如其人，“聞其聲而聽其談也”“何異喜從天降也”。其次，回顧三十年前交往的往事，文中“每見先生玉堂著作，甫脱稿即傳播人口，竊以此才天授，爲之執鞭，亦所忻慕”既表對對方的仰慕之情，又對應回答趙翼書信中的自謙之詞，這種情感應該是真摯的。接著順次回憶其後的交往，並感歎人生易老。再次是敘述有人假冒趙翼兒子一事，並説明這也是《雨村詩話》中所選趙翼詩特別多的原因之一。最後是對比評價性靈派三大家，所謂“詩人皆稱袁、蔣”，即當時多數人都袁、蔣並稱，而他則“愚獨黜蔣崇趙”，且認爲這是公正的評價，後面又以女婿張懷泩的《四家選集》選趙翼而不選蔣士銓來證明自己“黜蔣崇趙”的正確性。當然，他也對選集選入自己的詩歌表示謙虛，所謂“濫及乃岳，可謂阿其所好”。

李調元書信的前半基本上對應趙翼的書信，主要敘述與趙翼的交往與友誼，對趙翼詩歌的評價，也順便説明了趙翼詩歌入選《雨村詩話》較多的原因。後面以大半篇幅詳述四川戰亂與土賊焚毁萬卷樓之事。趙翼的來信與李調元的覆信相比較，趙翼的信含義複雜深厚而又精練雅致，而李調元的覆信對應回復了趙翼來信，篇幅較長，但行文顯得較爲隨意，顯示了二人文風的不同。

（四）李調元《劉慕陔州尊遣吏送趙雲松前輩書時萬卷樓焚雲松不知也因作詩寄知亦當爲我一哭也》

詩云：

不恨同心各一天，只嗟書劄也茫然。粤東宦跡同鴻爪，川北民膏濺鵠拳。
趙括父書偏不讀，劉宏吏紙屢郵傳。是災是火君休問，作答忙封附去船。②

這首詩歌《雨村詩話補遺》卷四最後一則有記載，説是“即日作詩寄甌北”，時間當在庚申九月初八日；而《童山詩集》卷四十一登載這首詩，用長題，繫於次年，即辛酉年。考李調元編定的《童山詩集》四十卷刊成於乙卯（1795），程晉芳的《童山詩集序》又寫於己醜年（1805），後七年的詩歌由後人編定，且增加二卷，是後人不査而至小誤。詩歌與回信同時，主要寫萬卷樓被焚毁後的悲傷與感慨。詩歌首聯寫與趙翼三十餘年雖爲老友卻天各一方的遺恨，“不恨”與“只嗟”

①《童山文集》卷十，叢書集成初編，中華書局1985年版。
②《童山詩集》卷四十一，叢書集成初編，中華書局1985年版。

對舉，實際上是“已恨同心”卻“各一天”；“只嗟”則是“更嗟”，表現了知心朋友天各一方，且連書劄相通也難以指望的痛苦和遺憾。頷聯上句追敘二人最後的聯繫在他爲官粵東時，且是有人冒充趙翼的兒子，這些早年的資訊如同雪泥鴻爪，衹留下依稀的痕跡；下句跳回現實之中：因爲白蓮教戰亂，川北民衆的鮮血，包括民脂民膏都四散飛濺。頸聯用典，寫朝廷官員昏庸，偏不讀“趙括父書”，以至鎮壓不力，而戰敗的消息卻屢屢傳來。中間二聯間接寫到萬卷樓失火被焚之原因，尾聯纔真正接觸主題，説的是萬卷樓被毀是人禍還是火災朋友你不要問了，問了我也説不清楚，説清楚了也沒有任何意思，我現今唯一可做的事是趕快寫好回信封好，讓剛到而又馬上離去的船捎帶給你，讓你放心。

詩歌的題目中有“時萬卷樓焚，雲松不知也。因作詩寄知，亦當爲我一哭也”，詩歌卻先表現二人長期的交往與深厚的友誼，描敘戰亂而説明災難的原因，焚毀之災難有其必然性，我痛心而至無奈，寫信作詩告知你，你也不必悲傷。詩歌抒情敘事議論結合，情感真摯，語言樸素，不失爲一首較好的贈人抒情詩。

（五）趙翼《雨村詩（話）中謂督學廣東時余子以拙刻贄謁厚贐而去僕初未有子入粵也蓋他人假名干謁耳書以一笑》

詩云：

一紙書來事大奇，老夫被販不曾知。是誰甘謂他人父，顧我從無外舍兒。表丈不妨聊暫借（自注：見《唐摭言》李播事），故人且免去窮追（自注：見葉石林《玉澗雜書》楊衡事）。只慚畫餅名何用，未足供渠干謁資。[①]

李調元視學粵東，有人冒充趙翼之子送《甌北全集》干謁時任學政的李調元，李氏贈其三十金之事，李調元《雨村詩話》十六卷本卷五有記載（原文見前引），是一則令人捧腹的笑話，足見冒充高官親人以圖利者古已有之，不是今人的發明。不過此騙子衹騙取了三十金，並未要求學政李調元爲其弄個學位或官位。此事的好處是李調元得以閱讀欣賞《甌北全集》，且在其詩話中多有採録，三十金換取了一段詩壇佳話與趣話。趙翼得知真相後，不僅去信説明，而且在收到李氏回信之後又寫了本詩，目的在“書以一笑”。詩歌首聯“一紙書來”，説明是收到李氏回信之後，覺得“事大奇”，奇的是“老夫被販不曾知”。頷聯接著寫奇在何處：居然有人充當他人的兒子，甘心情願稱他人爲父，而他卻“從無外舍兒”，冒充者屬於無恥之尤，事情實在滑稽可笑。頸聯爲流水對，上聯用典，趙翼自注云：見《唐摭言》李播事。《唐摭言》載，又《唐詩紀事》云：“播以郎中典蘄州，有李生攜詩謁之。播曰：‘此吾未第時行卷也。’李曰：‘頃于京師書肆百錢得此，游江淮間，二十餘年矣。欲幸見惠。’播遂與之，因問何往。曰：‘江陵謁盧尚書。’播曰：‘公又錯也，盧是某親表。’李慚慄失次，進曰：‘誠若郎中之言，

①《童山詩集》卷四十一，叢書集成初編附，中華書局1985年版。

與荊南表丈，一時乞取。’再拜而出。”[1]

古人常常冒認他人爲表丈，因爲中國姑表、姨表、舅表甚多，加上遠房表親，可能連本人也弄不清楚，冒充極易，也無自低輩分與自辱的嫌疑，而今居然有冒充他人之子的人，真個是世風不古，人心日下。但趙翼勸李調元“且免去窮追”，因爲窮追既無意思，也追不著。此句趙翼自注云：“見葉石林《玉澗雜書》楊衡事。”葉石林《玉澗雜書》：楊衡有“一一鶴聲飛上天”之句，最自負。後因中表盜其文及第，衡自至京追之。既怒問：“一一鶴聲在否？”曰：“此句知兄最惜，不敢輒偷。”衡乃解。[2]尾聯聯繫冒名，感慨自己這類書生衹能用於畫餅充饑的名聲沒有什麼用處，以致“未足供渠干謁資”。這説明乾隆中後期貪腐成風，人們唯利是圖，唯權是爭，正直清貧的文人學者在社會上的地位是很低的。詩歌寫一樁可笑之事，目的也在“書以一笑”，詼諧之中含有幾分激憤與無奈，善於用典，與趙翼或莊或諧的風格一致。

李調元讀詩之後有和詩，詩題爲《戊戌年余視學粵東，閽人以趙雲松觀察子名帖求見，並以甌北集爲贄，余見之留飯，贈三十金而去，昨接雲松書，言其時子尚幼，並未入粵，乃假名干謁也，不覺大笑，作詩見寄，余亦爲捧腹，依韻答之》。詩云：

> 人生萬事盡傳奇，尤是官場不易知。頭角居然高我子，言談殊不肖君兒。贈金小事原無惜，款飯殊恩悔莫追。未接手書終不解，怪無一字謝微資。[3]

聯繫趙翼的詩歌，可知李調元的和詩是在趙翼收到李氏回信之後的又一封書信，所謂“昨接雲松書”，今不見原信。趙翼就此事“作詩見寄”，他則“依韻答之”，是二人第一次唱和。詩歌首聯感歎“人生萬事盡傳奇”，又認爲“尤是官場不易知”，這話不一定準確，其實官場的滑稽醃臢骯髒近乎傳奇的怪事是多於民間的，衹不過與民間的有所不同罷了。頷聯回憶當年與冒充者見面的情景，寫自己當時也有所懷疑：來人個子過高，言談與趙翼一點也不像。頸聯轉寫今日的感想，贈送三十金還是一件小事，但款待冒充者酒席，親自作陪，卻實在有些令人後悔莫及。尾聯寫沒有接到趙翼的書信説明，他對此事始終不解，還“怪無一字謝微資”。李調元的這首和詩寫一樁詼諧滑稽之事，卻沒有詼諧滑稽的味道，且缺乏深沉的思想與感慨，似不如趙翼的原作，但和詩本不易作，也可以理解。

（六）趙翼《感懷寄李調元》

詩云：

> 不見李生久，今朝接寸箋。來原經萬里，到已歷三年。想像鬚眉老，

---

① [宋]計有功：《唐詩紀事》卷四十七“李播”條，四庫全書文淵閣本。
② 參見趙翼：《陔余叢考》卷40“竊人著述”，商務印書館1957年版。
③《童山詩集》卷四十一，叢書集成初編，中華書局1985年版。

傳聞子弟賢。京華舊遊跡，振觸一燈前。

天各一方遠，年皆七秩餘。料無重見日，但望再來書。豪氣應猶在，交情故未疏。采詩偏我厚，百首累抄胥。

此書前歲發，蜀土尚無虞。豈意魚鳧國，今成豺狼區。可能扶老杖，當作辟兵符。莫是將軍號，真叫展壯圖。

得信知君在，其如寇禍侵。遙知驚夜火，不敢響秋砧。契闊同年面，迢遙兩地心。憂時兼憶友，不覺淚沾襟。[①]

趙翼的詩歌載於叢書集成本《童山詩集》卷四十一附，成十六韻古體，當是編者失察所致。這組詩歌當是接到李調元回信與《劉慕陔州尊遣吏送趙雲松前輩書時萬卷樓焚雲松不知也因作詩寄知亦當爲我一哭也》之後，專門寫的一組感懷寄友詩，對李調元回信進行了回應，隨信還寄來了《陔余叢考》《廿二史劄記》。

詩歌第一首首聯首先引用杜甫的《不見》："不見李生久，佯狂真可哀。"[②]接著的"今朝接寸箋"，敘事兼抒情，欣喜之情蘊含在不動聲色的敘事之中。頷聯接寫書信經萬里而來，歷三年纔到，運用誇張的手法極寫書信交流的不容易，真如李白的"蜀道之難，難於上青天"。頸聯轉寫他對故人的想象：故人鬚眉雖然偏老，但子弟多成賢才，也值得欣喜。尾聯轉而追述回憶"京華舊遊跡"，尤其是"振觸一燈前"，那種一燈相照、吟詩對談的情景，真個值得回味。詩歌語言樸素雅潔，時空大幅度跳躍，但意脈連貫，蘊意深沉，不失爲五言律詩佳作。

第二首回應"不恨同心各一天，只嗟書劄也茫然"。首聯感歎二人相隔遙遠，年齡老大。頷聯承上，因爲相隔遙遠，年齡老大，所以便"料無重見日"，於是就"但望再來書"，深情朋友耄耋老人的心願真實而又自然地表現出來了。頸聯一振，寫人亦寫己：豪氣應猶在，交情故未疏。意在勉勵相互都保持豪氣，繼續交往。尾聯回應《雨村詩話》採録自己的詩歌，表示感謝與謙虛。

第三首首聯回應戰亂與"小李將軍"事。首聯"此書前歲發"是說趙翼給李調元的第一封書信在庚申前一年，送到在庚申，於是便是"前歲"，當時"蜀土尚無虞"。頷聯接著敘述四川突然發生戰爭，所謂"豈意魚鳧國，今成豺狼區"，意即：不料短短一年多，具有古老文明與深厚文化內蘊的經濟繁榮的巴蜀大地，轉眼間便成了豺狼虎豹縱横肆虐的地方，簡直是變生肘腋，變生突然，一介書生處此危境，未來難以預料。頸聯轉而推想對方：可能扶老杖，當作辟兵符。老年被迫從軍打仗，以拐杖作武器，作兵符。既讚揚對方的勇武，也揭示與諷刺朝廷與官員的無能與無奈。尾聯呼應頸聯：莫非真應了三十年前"小李將軍"的綽號，臨老還要上戰場一展壯圖。

第四首首聯先寫"知君在"的欣喜，接著便爲友人擔心：其如寇禍侵。頷聯

①《童山詩集》卷四十一，叢書集成初編，中華書局 1985 年版。

② [清]楊倫：《杜詩鏡銓》，上海古籍出版社 1980 年版，第 373 頁。

承上，寫故人面對“寇禍侵”的危險恐怖情形與警覺狀態：常常被夜火驚醒，以至不敢入睡，也不敢發出一點聲音。頸聯抒情：契闊同年面，迢遙兩地心。與同年久不見面，但雖然相隔很遠，其心卻是相通的，義近王勃的“海內存知己，天涯若比鄰”①。尾聯“憂時兼憶友，不覺淚沾襟”，憂思感慨分外深沉：回憶朋友，憂慮戰亂中朋友的安危，更憂慮時代，希望早日結束戰亂。這既是本首詩一個圓滿完美的結尾，也是整組詩歌一個圓滿完美的結尾，一個憂國憂民而又重友情的詩人形象躍然紙上。

整組詩歌的作意雖爲寄朋友，應答朋友的來信，但其情感内蘊卻不僅僅追敘友情，感喟人生，而且延伸到傷時感事，憂國憂民之情十分深沉濃烈，其中第一、第三、第四都寫得很好，視野開闊、聯想廣遠、詩思深厚，有杜甫安史之亂前後感傷時事五律的風神與底蘊。聯繫趙翼的經歷，他從乾隆三十七年（壬辰 1772）歸隱至本年（嘉慶六年 1801）已經近二十年了，早已遠離官場，國事非他所應該關心。他出身孤貧，爲官時間不長，在任十分清正，且執著於歷史研究，歸隱在家之後不久即患有風疾，生活肯定較爲艱難窘迫，誠如他自己所説的“終日掩關，一編度日，生計則僅支衣食，聲名則不出鄉間”，但他卻葆有一顆濃厚的憂國憂民之心，這正是他與袁枚等人的不同處，也是他的高尚處。

李調元有《和趙雲松觀察見寄感賦四律原韻》：

江南來遠使，甌北寄長箋。接到新詩日，逢回故里年。（自注：是年始從成都回綿）室多薪木毀，家少肯堂賢。危坐方酬和，千愁集目前。

萬卷成灰滅，重樓亦燼餘。今生無力購，來世再儲書。聞火君當賀，遺金我自踈。乞師終不出，無路學包胥。（自注：屢向州尊乞追火賊，尚未弋獲）

我已才甘退，君何譽不虞。自忘名赫赫，乃反羨區區。袁蔣同分鼎（自注：謂子才心餘），王朱若合符（自注：指阮亭竹垞）。自慚非大國，獨霸亦良圖。

寄我名山業（自注：君以新纂《陔余叢考》《廿二史劄記》見寄），遥知歲月侵。封時付春舫，到日已秋砧。文字千秋事，才名一樣心。拙編容乞序，定不讓題襟。②

李調元的和詩第一首首聯寫接到趙翼的回信，頷聯承上寫接到書信的時間與地點，頸聯轉寫回家後所見的荒涼景象與不堪狀況，“家少肯堂賢”之“肯堂”指的是陸肯堂。陆肯堂（1650—1696），字邃深，一字澹成，江蘇長洲人。康熙二十四年（1685）一甲一名進士，授翰林院修撰。累官至侍讀，朝廷大著作多出其手。肯堂穎悟嗜學，朱彝尊、王鴻緒、徐乾學、汪琬皆推重之。工詩古文辭，滂

① [唐]王勃：《杜少府之任蜀州》，《全唐詩》，中華書局 1960 年版，第 675 頁。

②《童山詩集》卷四十一，叢書集成初編，中華書局 1985 年版。

沛閎闊，如萬斛泉不可抑止。著有《三禮辨真》《懷鷗舫詩存》《陸氏人物考》等。尾聯抒情，寫自己危坐而酬和趙翼的詩歌，一時萬千愁緒聚集目前。

第二首主要寫萬卷樓被焚毀之事。首聯寫萬卷樓被焚，連樓帶書都化爲灰燼。頷聯承上，寫損失巨大，因此“今生無力購”，衹好“來世再儲書”了。頸聯寫故人的安慰，“聞火君當賀”强自寬解，下句“遺金我自疎”，則趙翼曾經送禮資助與撫慰，當時趙翼的生活及經濟條件並不好，足見趙翼之重情與二人情誼之深厚。尾聯寫他屢次向州縣官員請求追捕縱火賊，但卻沒有結果。這倒間接表現出乾嘉之交的時事：吏治腐敗，上下推諉，官吏不作爲，或者沒有能力作爲，如此焉能不亂？

第三首主要回答趙翼書信中對他詩歌成就及名聲的讚揚。首聯寫自己不值得讚譽。頷聯承上，説自己已經忘記赫赫之名，而你卻仍羨慕我，言下之意是不必要與不值得。趙翼的書信説：“伏念弟與足下出處大略相同，然足下動筆千言，如萬斛泉，不擇地湧出。而弟循行數墨，蚓竅蠅聲，其才固已萬不能及。足下居有園亭聲伎之樂，出有江山登覽之勝，著書滿家，傳播四海，提倡風雅，所至逢迎。而弟終日掩關，一編度日，生計則僅支衣食，聲名則不出鄉閭，以視足下之晞發扶桑，濯足滄海，又豈特楹之與莛耶？”這段話中，趙翼一羨慕李氏的捷才，二羨慕其園亭聲伎之樂與旅游之歡和廣，三羨慕其著書之多，四羨慕其名聲流傳之廣，所謂“所至逢迎”。而自己卻沒有，或者反之。趙翼所言都是事實。其實，趙翼所讚揚羨慕者作爲普通人固然是好事樂事，但作爲詩人學者卻不盡然，比如聲伎之樂與“所至逢迎”，著述精而多固然好，粗淺而多則不好，名聲顯赫也未必是好事，尤其是虛名。所以李氏“自忘名赫赫”是正確的處理方法。頸聯轉而評價康乾時期的詩壇，列出王阮亭、朱竹垞、袁子才與蔣心余，未列趙翼，言下之意是趙翼與袁、蔣鼎足而三，而自己則不能與之並列，意在表示謙虛。尾聯“自慚非大國”是謙虛，而“獨霸亦良圖”似應作“獨霸非良圖”，説自己的詩歌既然稱不上大國、大家，所以就不敢“獨霸”。全詩對自己的詩歌成就表示謙虛，兼評價康乾詩壇。

第四首主要對對方寄來的著述表示感謝。首聯寫對方寄來兩部大作，這肯定是夜以繼日、焚膏繼晷的結晶，是花費了不少時間與精力纔寫作成功的。頷聯承上寫書信從春到秋方纔寄到，十分不易，所以倍感珍惜。頸聯化用杜甫《偶題》：“文章千古事，得失寸心知。”[1]所謂“文字千秋事，才名一樣心”，是説立言不朽是千秋之業，古今追求才名的心理是相同的，或者才子名士的心理是相同的，這對普通人而言確實如此，但更高的境界則是立言敘事抒情寓理而不求名利。尾

① [清]楊倫：《杜詩鏡銓》卷八，上海古籍出版社1980年版，第713頁。

聯接上，因爲“才名一樣心”，所以便請求趙翼爲他的著作作序，而且希望對方一定不要拒絕。題襟，唐温庭筠、段成式、余知古等常題詩唱和，有《漢上題襟集》十卷[①]，後指詩文唱和抒懷，所謂“定不讓題襟”，意即你給我寫序言，一定如唱和抒懷一樣成功。當時李調元的著作如詩集、文集及詩話都成集刻印，此“拙編”不知是專集還是全集，不過今存李調元著作中無趙翼的序言，趙翼文集中也沒有。是趙翼沒有作，還是作了而沒有流傳，待考。

李調元的這組詩歌既和趙翼的原作，但意思結合並不緊密，倒是與趙翼的第一封來信關係緊密，也涉及趙翼寄來兩部書，自然與後一封來信有關。整組詩歌主要對對方的來信與寄來書籍表示感謝，敘述萬卷樓遭毀，對對方的稱頌表示謙虛，且請對方爲自己的著作作序，内容不離交往酬酢，與趙翼原詩“憂時兼憶友”有別。

（七）《得趙雲松前輩書寄懷四首》

詩云：

見書十倍於見面，此語雖真奈老何。皇甫序文曾許矣，歐陽詩話已成麽。丹徒早抱西州慟，墨蹟空傳北海多。莫歎眼昏精力憊，老天留我兩皤皤。

憶昔青雲附驥塵，君方及第戶盈賓。（自注：時君初捷辛巳探花）時晴齋每招游侍（自注：齋爲汪文端公太老師故居，其額尚存），聽雨樓頭看劇頻（自注：樓爲畢秋帆前輩在京宴客之所）。椿樹醉歸三月巷，綠楊斜對兩家春。癸闈猶記房車過，親報余登第二人。（自注：癸未禮闈，適君分校，出闈尚未至家，即先過我，報余中第二，故得捷音尤早，至今尚感云。）

寄來兩部大文章，劄記陔余並挈綱。早歲腹原充四庫，老年胸更展三長。讀詩似倩麻姑癢，掩後偏愁沈約忘。我亦名山多著述，未知石室付誰藏。

趙袁媲唐白與劉，蔣于長慶僅元侔。（自注：時有程秀才創爲拜袁揖趙哭蔣三圖）一生此論常偏袒，萬口稱詩讓倚樓。天下傳人應手屈，世間壽算又頭籌。當年病熱君知否，伏枕呼瓜一息留。（自注：昔在京病熱，幾不起，有醫但令食瓜，竟以此愈。[②]）

這組詩歌也當是接到趙翼第二封書信後的寄懷之作，但與第一封書信的關係也很緊密。第一首首聯，大概趙翼的書信有“見書十倍於見面”之語，於是李氏感慨“此語雖真奈老何”，即年齡老大，見書的機會也不多了，何況見面，流露出濃厚的歎老悲老之情。頷聯化用典故來詢問對方，你已經許諾給我作序，言下之意是不知作好沒有，你的《甌北詩話》已經寫成了嗎？我很想先睹爲快啊。頸

① 見《新唐書·藝文志·四》，百衲本二十四史。

②《童山詩集》卷四十二，叢書集成初編，中華書局1985年版。

聯繼續用典，同情並勸慰對方，寫趙翼早有西州之慟[①]，又空傳孔北海一樣多的墨蹟，意即在這物欲橫流的時代，我輩文人衹能墨蹟空傳，徒然傷心國事。尾聯繼續勸慰對方“莫歎眼昏精力憊”，你我兩個皤皤老者能夠活著就已經是上天的恩賜了。李調元六十九歲，已近生命的盡頭，趙翼於當時更是已經七十六歲，且有風疾，所以“眼昏精力憊”是寫實。李氏意在勸慰對方，應該開朗樂觀，順應自然，走完生命的最後一程。全詩用典貼切，情感真摯而又不失曠達，蘊含亦頗深，當是一首好詩。

第二首主要回憶與趙翼在京師的交往與友誼。首聯“憶昔青雲附驥塵，君方及第戶盈賓”，回憶他與趙翼初交的情景：趙翼於乾隆十四年（1749 年）入京即以文才受知於劉統勳、汪由敦，纂修《國朝宮史》，中舉後又先後考取禮部教習、內閣中書，再入直軍機，受尹文端公、傅文忠公的倚重，至辛巳（乾隆二十六年）成進士爲探花時已經在京十二年，稱得上學問淵博名滿京師了。所以李氏的描述應該是真實的，其書信中也説：“每見先生玉堂著作，甫脱稿即傳播人口，竊以此才天授，爲之執鞭，亦所忻慕。”頷聯承上，寫二人常常在一起飲酒看戲：游覽飲宴之所是時晴齋，是汪文端公太老師的故居；看戲之所是聽雨樓頭，是畢秋帆前輩在京宴客之所。“聽雨樓頭看劇頻”，説明是在達官住宅看堂會，這是李氏在京師看戲的最早追記，對他此後熱愛戲曲，研究、創作並導演戲劇肯定有很大影響。頸聯承上而寫椿樹胡同爲近鄰的生活，如《答趙雲松觀察書》中所云：“同居京師椿樹三條胡同，門僅斜對，過不數武，日與唱酬往返。”尾聯回憶印象最深的癸未禮闈中進士傳報一事，李氏自注云：“癸未禮闈，適君分校，出闈尚未至家，即先過我，報余中第二，故得捷音尤早，至今尚感云。”此詩重在憶舊，感謝趙翼當年對自己的熱情提攜，對瞭解李氏初到京城的經歷與生活有幫助。

第三首根據趙翼寄來的著作，讚揚趙翼的詩文成就。首聯説趙翼寄來的《廿二十劄記》與《陔余叢考》是兩部大文章，二書對歷史有提綱挈領之效。頷聯承上寫趙翼學識豐富，早年腹中即對經史子集四庫無所不通，晚年更是大展三才，留下了精妙的詩文。頸聯讚揚趙翼的詩歌如麻姑搔癢，切中肯綮，而且記憶超群如沈約。尾聯轉寫“我亦名山多著述”，但時事艱難，於是便平生“未知石室付誰藏”的感慨。

第四首主要評價讚揚趙翼的詩歌。首聯評價性靈派三大家，認爲“趙袁媲唐

① [唐]房玄齡等：《晉書》卷八十六《張軌傳》：張軌，永寧初出爲涼州刺史，有治績，“遂威著西州，化行河右”。張軌在州 13 年，其臨終遺言仍要求文武將佐“弘盡忠規，務安百性，上思報國，下以寧家；素棺薄葬，無藏金玉，善相安遜，以聽朝旨”。朝野爲之大慟。中華書局 1974 年版，第 2221-2226 頁。

白與劉，蔣于長慶僅元倖”，以袁枚、趙翼比附中唐著名詩人白居易與劉禹錫，從趙翼特具史家的膽識而工於懷古，且詩歌有豪縱之風而言，比其爲詩豪劉禹錫是非常準確有識的。頷聯承上，繼續讚揚趙翼的詩歌，所謂“一生此論常偏袒”，即他在《雨村詩話》中所說“然視心余，則（趙翼）殆過者而無不及矣”[①]“詩人皆稱袁蔣，而愚獨黜蔣崇趙，實公論也”。[②]而當時人也多持這種觀點，所謂“萬口稱詩讓倚樓”，以同姓的唐代趙嘏號“趙倚樓”來比喻趙翼。頸聯轉而寫趙翼不僅讓天下傳人應手屈，而且有才又有壽，所謂“世間壽算又頭籌”。尾聯別開生面，轉而回憶當年趙翼生熱病危急卻又突然痊癒之事：“當年病熱君知否，伏枕呼瓜一息留。”意思是當年熱病危急，以至昏迷而氣息微弱，在昏迷中卻又“伏枕呼瓜”，此事不知你病後記得否，今日還記得否？真個好懸，弄不好一代大才就糊裏糊塗命喪黃泉了。這個結尾看似游離於詩歌主題，其實卻很巧妙：你這“天下傳人應手屈，世間壽算又頭籌”的大才高壽者竟然有這等奇險的經歷，言下之意是大難不死，必有後福。“自注：昔在京病熱，幾不起，有醫但令食瓜，竟以此愈。”以瓜醫治危急的熱病，確乎太過弄險。這首詩寫法極爲别致，先比附評價性靈派三大家，接著專門評價讚揚趙翼，又進而謂其有才有名又有壽，使用層層推進的方法，但末尾卻突轉，寫早年險些死去的危險故事或趣事，形成前三聯議論評價，最後一聯描述的特别結構，整組詩歌聯繫回應趙翼的兩封書信，與他給趙翼的回信内容近似，先感歎見面不易與生命易逝，進而追述交往與友誼，再評價讚揚對方的著述成就，最後主要評價對方的詩歌，整組詩歌層層推進，不離友誼與讚揚，情感真摯，評價準確到位，語言平易而又不失雅致，時有詼諧逸趣，二人多年交往情誼與對對方的評價盡在詩中，這在李調元的七律中應該是上乘之作，在古代同類作品中也不失爲上乘之作。

（八）趙翼《有感流賊》

詩云：

萑苻何意蔓難圖，初起潢池本易俘。賊不殺官猶畏法，兵無戰將孰捐軀。帥行共指軒中鶴，寇去方追蟆上烏。歷歷前朝陳跡在，是誰專閫握軍符。

百年安堵享升平，誰肯輕生肇亂萌。死有餘辜貪吏害，鋌而走險小人情。彈丸黑子皆紛起，繩伎紅娘亦横行。好片桑麻繁庶地，烽煙千里廢春耕。[③]

趙翼的詩歌當是與李調元的最後作品，大概是在李調元的書信中瞭解了一些

---

① 詹杭倫、沈時蓉：《雨村詩話校正》，巴蜀書社 2006 年版，第 33 頁。

②《答趙雲松觀察書》，《童山文集》卷十，叢書集成初編，中華書局 1985 年版。

③《童山詩集》卷四十二附，叢書集成初編，中華書局 1985 年版。《甌北集》三十九卷有《閱〈明史〉有感於流賊事》：“百年安堵享升平，誰肯輕生肇亂萌。死有餘辜貪吏害，鋌而走險小人情。”

情況，又在其他方面瞭解了有關情況之後，聯繫歷史，經過深思熟慮之後寫成的。第一首首聯的“萑苻”是澤名。《左傳• 昭公二十年》：“鄭國多盜，取人於萑苻之澤。”杜預注：“萑苻，澤名，於澤中劫人。”[①]後來便稱盜賊出沒之處爲萑苻。“潢池”語出《漢書• 龔遂傳》：“遂對曰：‘海瀕遐遠，不霑聖化，其民困於饑寒，而吏不恤，故使陛下赤子，盜弄陛下之兵于潢池中耳。’”[②]潢池，即天潢，本是星名，後轉義爲天子之池，又借指皇室。後來以“弄兵潢池”爲造反。上句説我怎麼會想到出入於萑苻的小股盜賊竟然蔓延難以撲滅，其實盜賊初起時朝廷是極容易將其撲滅甚至俘獲的。其主要原因是什麼呢？頷聯分析敘述原因：造反者開初不殺官員而衹殺吏卒差人，説明他們僅僅是反抗直接施暴者，還畏懼朝廷的法律，沒有反叛朝廷的打算。這個時候可以安撫，即便是派兵圍剿也不難，可惜的是士兵沒有身先士卒的戰將統領指揮，於是也就不肯捐軀向前了。頸聯的“軒中鶴”語出《左傳・閔公二年》：“冬十二月，狄人伐衛。衛懿公好鶴，鶴有乘軒者。將戰，國人受甲者皆曰：‘使鶴，鶴實有禄位，余焉能戰!’”[③]後以“軒中鶴”比喻無功無能而有禄位的人。上句説將帥行動，但大家卻指望著如“軒中鶴”一般無功無能而有禄位的人，相互推諉，畏葸不前，坐視戰亂擴大，直到賊寇離開纔去追趕“蟆上烏”，簡言之是吏治腐敗，官員無能，以至賊寇坐大，遺患無窮。尾聯總結前面所説的現象，與前朝陳跡一樣，都是朝廷“專閫握軍符”造成的，其實也是朝廷腐敗無能造成的。

這首詩結合歷史與現實，從歷史延續到現實，而現實也是歷史的延續，總結並論述戰亂之所以難以撲滅，反而成燎原之勢的直接原因是“專閫握軍符”的將帥都是“軒中鶴”，因爲他們的無能怕死，以致士兵不肯捐軀殺敵，因此任何小禍患、小動亂都可能變得不可收拾，最終導致天下大亂。

如果衹有第一首詩歌，趙翼就稱不上具有史識史膽的真正的歷史學家，也稱不上李調元所謂“工於懷古”的著名詩人，趙翼就不是趙翼了。他的第二首詩歌從更高更廣更深的層次分析戰亂產生與持續的原因，且描繪了戰亂連綿烽煙千里的恐怖圖畫。詩歌首聯“百年安堵享升平，誰肯輕生肇亂萌”從現實與歷史相結合的角度，更從人性的角度、人惜生的角度説明造反“輕生肇亂萌”不是一二不逞之徒的煽動，也不是造反者或者亂民天生愛好作亂造反。從現實的角度看，從康熙評定三藩之亂到乾隆末年，恰好百年，這段時期百姓安居，不受騷擾，享受之升平治世，試問，誰在這種治世願意去“輕生肇亂萌”？换言之，愛好安定與清明，追求安居樂業，是普通百姓的願望與本性，惜生畏死更是人的本性。但戰

---

①《左傳• 昭公二十年》正義，阮元十三經注疏本。

② [漢]班固：《漢書・龔遂傳》，百衲本二十四史。

③《左傳・閔公二年》正義，阮元十三經注疏本。

亂爲什麼產生？簡言之，不是百姓的本性改變了，而是安居升平不存在了，有壓迫就會有反抗，因此造反與戰亂自然就會產生。頷聯點明戰亂產生的兩種主要因素：死有餘辜貪吏害，鋌而走險小人情。首先是貪吏（當然也包括貪官，也可延伸到產生養成貪官污吏的制度）之害，其次是小人鋌而走險而生之情。這兩種因素不是並列的，而是有主有次，“貪吏害”是主，“小人情”是次；有因有果，“貪吏害”是因，“小人情”是果，因爲有死有餘辜的貪官污吏在危害禍害百姓與社會，也包括國家，纔有鋌而走險的“小人”萌生反抗造反之情。趙翼對這兩種人的態度也是有區别的，他認爲貪官污吏是死有餘辜，而小人，其實應該是百姓良民，他們因爲受到極度的壓迫，無以爲生，因而被迫造反，即所謂“鋌而走險”，因此貶義並不明顯。趙翼雖然將貪官污吏與所謂小人並列，但有主有次，又因有果，語氣有輕有重，其同情鋌而走險的百姓、痛恨死有餘辜的官吏的傾向是明顯的，也深刻地揭示了官逼民反，有壓迫就有反抗的真理，義同杜甫的“不過行德儉，盜賊本王臣”。[①]頸聯轉而描寫戰亂紛起。彈丸黑子，比喻極小。亦作“彈丸黑志”。語出北周庾信《哀江南賦》：“地惟黑子，城猶彈丸。”[②]上句説小規模的反抗與騷亂紛紛產生，最終匯成了聲勢浩大的農民造反；下句説連王聰兒（齊王氏）這種走江湖賣藝的雜要繩伎也穿上紅裝造反，乃至成了白蓮教的領袖，帶領數萬數十萬百姓横行天下，多次打敗前去鎮壓的官軍，滿清傾全國之力，費十餘年纔勉强鎮壓下去。乾嘉之交的川鄂豫陝農民大起義震動全國，使滿清由盛世迅速跌落下來，此後不過四十年，中國便進入了半殖民地半封建的境地，其後更是百年戰亂不已，且幾乎被外國列强瓜分或者滅亡。白蓮教起義有積累已久的民族矛盾，更有逐漸積累加深的階級矛盾，即趙翼所謂“死有餘辜貪吏害”，纔產生了“鋌而走險小人情”。加上臨機處置不當不力，腐敗的官吏，無能如“軒中鶴”的將領，惜死殘民的士兵，於是戰亂綿延，致使百姓死亡流離，地方殘破，如趙翼之類的有識之士也衹能徒呼奈何。尾聯“好片桑麻繁庶地，烽煙千里廢春耕”描寫戰亂在川東北綿延，乃至進入並禍害四川盆地的殘酷景象。

全詩先從人性、民心的高度説明戰亂之源；接著具體追溯戰亂是因爲“死有餘辜貪吏害”，所以纔產生“鋌而走險小人情”；再接著描述百姓紛紛揭竿而起縱横數省多次打敗官軍的景象；最後描寫戰亂中經濟凋弊、地方殘破的不幸景象。詩歌先議論，後描寫，思想深刻，傾向明顯，很好地體現了一個有識歷史學家兼詩人的情感與理智，且議論精練警醒，描寫生動形象，不失爲古代表現與思考戰亂的好詩。這兩首詩歌前後相連，由淺入深，由具體的白蓮教戰亂到歷代戰亂，既表現現實，又追溯歷史，既描寫戰亂景象，又思考追溯其深層原因，表現了趙

① [唐]杜甫：《有感五首》，楊倫《杜詩鏡銓》卷八，上海古籍出版社 1980 年版，第 495 頁。
② [北朝]庾信：《庾子山集》卷一，四部叢刊本。

翼高超的詩才與非凡的史識，這在清代詩人中是罕見的。

對趙翼的兩首詩歌，李調元有《和趙雲松有感流賊原韻》。詩云：

噬臍胡不急先圖，坐使朝廷緩受俘。總爲官兵皆愛命，翻驚賊子慣輕軀。九重望斷粘毛馬，萬里飛看攫肉烏。名將豈真無上策，老夫還想學陰符。

蒿目時艱忿不平，剪除旋見孽芽萌。笑談頗負蕭曹略，詩賦空懷屈宋情。見説楚師常夜遁，頻聞秦棧尚難行。地荒莫道無人種，田在余心未廢耕。①

李調元的第一首詩首聯認爲前綫將帥後悔莫及者是沒有“急先圖”，就是沒有抓住平亂戰爭的關鍵，佔據戰略與戰役要點，集中優勢兵力而擒賊先擒王，因而使“朝廷緩受俘”，總之，戰事不利，首先是一個戰術問題。噬臍，《左傳　莊公六年》：“若不早圖，後君噬齊。”杜預注：“若噬腹齊，喻不可及。”②後比喻後悔不及。頷聯承上，繼續追溯戰爭不利的原因，認爲主要因爲官兵都愛命惜死，不肯力戰，官兵反而吃驚賊子一貫不怕死，還慣於輕裝急進，打得官兵疲於奔命，防不勝防。頸聯轉寫深居九重的皇帝渴望得到捷報，以至“望斷粘毛馬”，結果卻衹能“萬里飛看攫肉烏”：在萬里之遙的京師從飛奔的驛馬報來的消息得知，戰場上叛民擊敗並殺害官兵，其狀如烏攫肉。綜合前三聯可知，之所以平叛不利，或者是無名將，或者是名將無上策，所以便不能“急先圖”，弄得“官兵皆愛命”。但尾聯作者出以反問句：名將豈真無上策？意即不是無名將，或者是名將無上策，而是用人不當，所以末句説：老夫還想學陰符。説他即便如廉頗一樣年老，但也願意如蘇秦、張良一樣學習兵法，出謀劃策，甚至上陣殺敵。末句確乎以“小李將軍”自負，有烈士暮年，壯心不已之氣概，還有毛遂自薦之意。

全詩首先將平叛不利歸結爲“不急先圖”的戰術問題，接著繼續追溯戰敗的原因是“官兵皆愛命”，這與趙翼的“兵無戰將孰捐軀”意思相似，不過趙翼主要是譴責戰將，即前綫將領，而李調元則將官兵並列。再後則轉而描寫皇帝的失望與戰事的慘敗。最後認爲不是名將無上策，而是用人不當，他自己就“還想學陰符”而上陣。這首詩歌語言平易簡潔，風格爽朗豪放，中二聯對仗也很工穩漂亮。詩歌寫現實中平定白蓮教的戰事，與趙翼的第一首詩歌差不多，但趙翼的詩歌點明了禍患應該消滅於萌芽之中，這就不僅僅是戰術問題，又以“賊不殺官猶畏法”説明百姓並非一開始就與朝廷對立，是天生的亂民與暴徒，戰事不利主要是因爲吏治腐敗，將帥多是“軒中鶴”，對士兵則並未深加指責，最後還上升到歷史的高度，暗寓這種狀況與結果歷代如此，有歷史的必然性，其思想深度當是

①《童山詩集》卷四十二，叢書集成初編，中華書局1985年版。

②《左傳·莊公六年》，阮元《十三經注疏本》。

超過李調元的。

李調元的第二首詩歌首聯首先表示對“時艱忿不平”，具體而言，便是“剪除旋見孽芽萌”，即禍患旋滅旋起，未能鏟草除根，以致星星之火又呈燎原之勢。頷聯承上，抒發自己空懷屈原一樣的報國情，也有蕭何、曹參一樣的謀略，豪情壯志躍然紙上，高度自負也顯露無遺。但卻有大言炎炎、言過其實的味道，因爲屈原（屈宋，此爲偏義復詞）憂國又憂民，李氏這裏卻沒有憂民的意思；且李氏雖然可稱幹員，且以“小李將軍”自許，但一生除任部、司郎官與學政外，衹在通永道任職一年，既沒有全面主持地方獨當一面的經歷，也沒有參與軍事，因此所謂“蕭曹略”也衹是一時心血來潮的豪言壯語而已，當不得真。不過這話用在趙翼身上倒頗爲合適，因爲趙翼曾任邊地知府與兵備道，還曾成功地爲軍事與邊防出謀劃策。頸聯轉寫當時的戰局，朝廷在楚地的軍隊經常打敗仗而夜遁，川陝一帶的棧道還被阻絕而難行，簡言之官軍無能，戰亂不已。尾聯和趙翼的尾聯“好片桑麻繁庶地，烽煙千里廢春耕”。趙翼此聯描寫蜀地本是桑麻繁庶地，而今卻烽煙千里耕作不行，經濟凋弊的景象，李調元的和詩“地荒莫道無人種，田在余心未廢耕”，“心田”語出南朝梁簡文帝《上大法頌表》：“澤雨無偏，心田受潤。”[①]唐白居易《狂吟七言十四韻》：“性海澄渟平少浪，心田灑掃淨無塵。”[②]詩歌似乎是說天地荒蕪關係不大，更重要的是百姓心田不淨，以致道德淪喪，喜歡犯上作亂，所謂破山中賊易，而破心中賊難，但是我這樣的士人退隱官員還保持著對朝廷的忠誠，維持著道德倫理，因爲“田在余心未廢耕”，所以破山中賊就不難，國家也不難恢復正常統治秩序。於是李氏的板子就打在亂民暴民，其實也就是被迫鋌而走險的百姓身上了。這與趙翼的“百年安堵享升平，誰肯輕生肇亂萌。死有餘辜貪吏害”的分析就有本質性的區別了。

這首詩歌寫作上應該不錯，但思想内蘊與見識與趙翼之作則差別很大，其原因有以下三點。一是二人的經濟狀況不一樣，趙翼入仕爲官前家庭貧困，生計艱難，憤而隱居做學問時也很清貧，而李調元則入仕前與隱居後都比較富裕。二是李調元直接受到戰亂的影響，他的萬卷樓雖爲土賊所焚，但白蓮教造反入川也是間接影響。三是趙翼是識見高深的歷史學家，有很强的歷史意識，善於總結歷史經驗與規律，且對人性與民性有較深刻的認識，腐敗生亂並亡國是他的歷史著作的主綫，所以梁啟超以爲趙翼“用歸納法比較研究，以觀盛衰治亂之原”[③]，其《二十二史劄記》與王鳴盛《十七史商榷》、錢大昕《二十二史考異》合稱三大史學名著；而李調元則是才子加忠於王事的官員，對歷史經驗教訓、規律與人性民性認識較爲膚淺，所以衛道的正統思想較濃，於是表現同一題材的詩歌，其思想就有如是之差別。

---

①《藝文類聚》卷七十七，四本叢刊本。
②《全唐詩》卷四百六十，中華書局 1960 年版，第 5238 頁。
③ 梁啟超《清代學術概論》，《飲冰室合集·專集之三十四》，中華書局 1954 年版，第 39 頁。

結束語

李調元的十六卷本《雨村詩話》是典型的詩紀事，除了作者自己的作品，在諸多詩人中，採録最多者爲當時流行的性靈派三大家，其中袁枚的詩歌最多，據筆者初步統計，計有五十餘處，一百二十多首或聯；其次是趙翼，約近三十處，八十多首或聯，包括長篇七古《李郎曲》；蔣士銓約十多則，採録詩詞十多首或聯，包括百韻長詩一首。三人的作品加起來幾乎占全書的三分之一以上，因此説李調元是性靈派詩人是有一定根據的，至少證明了李調元非常重視性靈派，親近性靈派。除了十六卷本《雨村詩話》中有有關性靈派的大量記載及論述，《童山詩集》中有關性靈派的詩歌、《童山文集》中有關性靈派的文章都較當時其他詩派多。

但從前面三個方面的論述看來，李氏與趙氏交往密切，互相尊重，但無論在思想個性方面，還是詩歌詩學等方面，二人的差別都頗大，值得進一步研究，以期對李調元與趙翼及性靈派的關係有一個較爲全面客觀的結論。

作者單位：西華大學人文學院

“絲綢之路之父”李希霍芬筆下的晚清四川述論

吴艾坪

摘　要： 公元 1868 年，時年内有東、西捻軍起義，外有前美國駐華大使蒲安臣擅自代表清朝與美國簽訂的《蒲安臣條約》，國内外政治局勢一片動盪。正是這一年，德國地質地理學者李希霍芬來到中國進行考察，並將一路的所見所聞以日記形式記録下來，文中還刻畫了百姓與外國人、官僚與傳教士等的矛盾。通過《李希霍芬中國旅行日記》關於四川的記載，與作者日記、國内地方志和國外游人的游記的比較，可以更加進一步解讀日記，並以微歷史的方式展現晚清四川的社會風土。

關鍵詞： 晚清；四川；歷史地理；滿城；國際局勢；商路；移民

一　“絲綢之路之父”入川及沿途所見

最早提出“絲綢之路”一詞的德國學者李希霍芬（Ferdinand von Richthofen，1833—1905），被稱爲“絲綢之路之父”。李希霍芬於 1871 年（同治十年）從西安動身前往四川，沿金牛古道進入四川。

通過旅途過程觀察，李希霍芬在《日記》中提出了自己對於四川風景、金牛道和四川的由來的不少看法。其中有些地方雖然有誤，但作爲一個十九世紀來訪四川的外國地理學者，足以看出他對四川以及川内歷史遺跡做了相當的瞭解和資料説明，這在全書中無不體現。

（一）四川的風景

李希霍芬從陝西前往四川，看見四川的風景優美與前面陝西的斷垣殘骸産生了强烈的對比。

書中多次表達出對於四川美景的讚歎：“四川的風景和人物迄今爲止都讓人覺得無可挑剔，風景十分誘人”“沿途可愛至極，天氣奇好，頗有點春意盎然”“綿州是充滿活力、純潔的、建設得很好並且看起來十分富裕的城市”“這裏是中國最興旺、最富有教養、最文明也最具生産力且人口最稠密的地區之一，一個巨大的樂園”“這裏的城市在中國的行政級别較低的城市裏很有可能是最美的"。[1]並且李希霍芬作爲一個德國知名的地質地理學者，通過地理學的角度，採用專業名詞將四川的地理風貌呈現在日記之中，讓人們在體會到四川風景優美的同時，對四川地質的特色有了進一步瞭解。

縱觀《日記》全文，其中記録了四川的氣候、地質、山脈、水文、植被等，這一寫法貫穿全文，使文章不僅有歷史學術價值，而且在地理學科領域對於晚清年間四川地區的地質情況的記述，更有一定的科學價值。

（二）四川的主要商路

因爲四川盆地的原因，四川處在一個較爲封閉的地理環境之中。古人云："天下未亂，蜀先亂；天下已治，蜀未治。"四川因其獨特的地理環境免於遭受一部分如中原地區的戰爭災害；但另一方面，複雜的地理環境使得蜀地對外經濟文化交流較爲不便。但蜀先人們用他們的勤勞和毅力開墾出了一條條出川經濟命脈。其中，當屬茶馬古道和南方絲綢之路是爲出川的主要大動脈，這一點在李希霍芬的日記之中也有提到。

"那裹自古就有一條貿易大道，英國人很想探明它，以便從乘汽輪可達的八莫[2]開闢一條印度產品和英國貿易通往中國的道路。""從八莫進到中國的騰越州[3]，因此衹需要達到這個地方即可。"[4]這裹講的是連接中緬邊界的一條道路，從雅州出發經騰越州抵達緬甸八莫。由此看出，作者所記載的這條貿易大道與我國南方絲綢之路相符合。南方絲綢之路，古稱蜀身毒道，分爲東西兩綫，即旄牛道、五尺道。旄牛道又分東西兩條支綫，一條到康定，最終到達西藏；另一條經過邛都、騰越州等地，進入緬甸。作者所走的正是南方絲綢之路東綫旄牛道的東支綫。"雅州[5]是座大城……，儘管並非人口衆多的地方的貿易樞紐。西藏和建昌[6]是經這裹供給的主要地區。"作者筆下的這條通往藏區的商路應爲川藏茶馬古道。入藏的茶馬古道分爲陜康藏和滇藏兩條，川藏茶馬古道屬於陜康藏茶馬古道的一部分。東起雅州，經打箭爐，過巴塘、昌都至西藏拉薩。茶馬古道是中國西南民族經濟文化交流的走廊；它是因以茶易馬、茶馬互市而興起的商貿通道，興起於唐宋，與唐蕃古道、南方絲綢之路交錯重疊，對西南地區經濟文化的交流傳播影響極大。

① [德]斐迪南·馮·李希霍芬著，李岩譯：《李希霍芬中國旅行日記》，商務印書館2016年版，第637-644頁。
② 八莫，今緬甸克欽邦北部。
③ 騰越州，今雲南省騰沖縣。
④ [德]斐迪南·馮·李希霍芬著，李岩譯：《李希霍芬中國旅行日記》，商務印書館2016年版，第663-664頁。
⑤ 雅州，今四川省雅安。
⑥ 建昌，今涼山彝族自治州西昌市。

（三）“湖廣填四川”

李希霍芬在日記中記載“四川的居民，即他們中的漢人，都是鄰省遷來的，湖北的最多，陝西次之，也有江西、廣東和其他省的。這個地方被蒙古人毀壞殆盡，衹要沒有逃進山裏的都被滅絕了。”此處較爲誇張，據《四川通志》記載：“自漢唐以來，生齒頗繁，煙火相望。及明末兵燹之後，丁口稀若晨星。”[①]《嘉慶漢陰縣志》：“明末漢陰縣城，破頹者僅存十餘間，土著無多，所存十之一、二。”[②]四川人口鋭減不僅是受蒙宋戰爭的影響，在元末戰爭、明末農民起義、清初吴三桂反清中，四川均是大戰場，持續不斷的戰爭以及瘟疫是四川人口鋭減的主要原因。康熙年間，鼓勵湖廣等地向四川移民，給予滋生人丁永不加賦的特殊政策，直至道光年間，四川人口得到了極大恢復，其生產力水準也逐步提升。

湖廣填四川一方面使得四川經濟得到極大發展；另一方面，從鄰省遷往四川的百姓，將荊湘文化、嶺南文化、陝南文化與巴蜀文化相互交融，使巴蜀文化充滿新的活力。

（四）“成都滿城”

“一個專用圍牆圍起的部分是滿族城，城裏住著三萬滿族人——包括婦女兒童在内——都屬於軍人階層。他們不走出他們的城牆，因爲一旦他們遇上當地的軍隊——據説有兩萬人，馬上就會發生毆鬥。婦女也都是滿族人，放著腳。[③]”清朝作爲少數民族政權，採取了“旗民分居制”。王鐘翰先生在《中國民族史概要》一書中記載：“各駐防地興建滿城，是京師旗民分居制的推廣，滿城中不僅有滿八旗，亦有漢八旗、蒙八旗，不僅是一個軍事要塞，更是一個相對獨立的社區”“清人利用滿城，將駐防旗人子弟禁錮在滿城裏，禁止與漢人來往”[④]。成都的滿城大致建於康熙年間，用於平叛準噶爾部。面對準噶爾部的叛亂，康熙開始打算在成都設駐防八旗以鎮懾西南。

康熙五十五年，在西藏地區由於和碩特部的統治與藏族封建領主發生矛盾，蒙古準噶爾部乘機偷襲西藏，殺死拉藏汗。西安將軍額倫平叛失敗。清政府“以西藏遮罩青海、滇、蜀苟准夷盜據，將邊無寧日”[⑤]。決定由青海、四川、巴里坤三路出兵進攻準噶爾部。其時巡撫年羹堯奏請在四川設駐防旗兵，法喇從荊州駐防八旗

---

① [清]黄廷桂：《四川通志》。

② 漢陰縣志編委會重新編輯：《嘉慶漢陰縣志》，載《中國地方志集成》之“陝西府縣志輯 54”，陝西人民出版社 2007 年版。

③ [德]斐迪南·馮·李希霍芬著，李岩譯：《李希霍芬中國旅行日記》，商務印書館 2016 年版，第 651 頁。

④ 王鐘翰：《中國民族史概要》，山西教育出版社 2004 年版，第 99-100 頁。

⑤ [清]魏源著《聖武記》卷 5，中華書局 1984 年版。

撥三千旗兵入川。這批旗兵曾進駐巴塘、里塘、打箭爐[①]等地，藏亂平定，法喇率兵返回成都，康熙六十年奉命留旗兵一千六百人，建築滿城（少城），永駐成都。

清代衆多詩人也記載了成都滿城。清人吴好山《成都竹枝詞》云：滿城城在府西頭，特爲旗人發帑修。仿佛營規何日起，康熙五十三年秋。佚名《成都竹枝詞》云：“滿洲城静不繁華，種樹種花各有涯。好景一年看不盡，炎天武廟賞荷花。”趙熙《下里詞送楊使君之蜀》云：“少城花木稱公園，冬日紅梅夏日蓮。”清人楊燮在《錦城竹枝詞》也云：“滿城關廟荷池放，緑樹紅橋一徑斜。”八旗的分佈，是依據五行相生相剋的原則制定的。[②]“東方屬木，金克木，金爲白色，故正白、鑲白駐東城；西方屬金，火克金，火爲紅色，故正、鑲紅旗駐西城；其他各旗亦是如此分佈，正藍、鑲藍駐南城；正黄、鑲黄駐北城。”[③]

成都滿城的出現是清政府加强對成都及成都周邊地區的統治的需要，但試圖實行民族隔離，阻礙民族之間的經濟文化交流和融合的做法，註定是會被歷史所淘汰的。

（五）“金牛道”、四川的歷史由來

李希霍芬過五丁關後，通過《日記》對四川地區漢人的來歷説明了他的看法：“秦始皇帶著他的士兵化妝成的金牛，佔領了這個地方。那個時候纔有第一批漢人在四川定居的記載。”[④]以及前文提到“金牛道的來歷是秦始皇爲進四川，贈與蠻王能排泄爲金的母牛，要求蜀王讓五個蠻子來擴路”。對於金牛道的開闢，歷史記載很多。《太平御覽》卷八百八十八《蜀王本紀》：“秦王恐亡相見處，乃刻五石牛，置金其後，蜀人見之，以爲牛能大便金。蜀王以爲然，即發卒千人，領五丁力士拖牛，成道，置三枚于成都，秦道乃得通，石牛之力也。”[⑤]《華陽國志·蜀志》記載：“惠王喜。乃作石牛五頭，朝瀉金其後，曰：‘牛便金’。有養卒百人。蜀人悦之，使使請石牛，惠王許之。乃遣五丁迎石牛……周慎王五年秋，秦大夫張儀、司馬錯、都尉墨等從石牛道伐蜀。”[⑥]

從中國的相關文獻記載來看，金牛道修建的時間應爲秦惠文王時期，並非秦始皇時期。早在公元前 316 年，戰國時期，秦國就兼併了蜀國，並設立了蜀郡。且古代漢語中“五”乃虛數，“五丁”並非五個“蠻子”。國内對於“五丁”的説法大致有二：其一，“五丁”爲名詞，是開工頭領名爲“五丁”；其二，“五”

---

① 打箭爐，今四川省康定市。
②《滿族社會歷史調查》，遼寧人民出版社 1985 年版，第 83 頁。
③ 王鍾翰：《中國民族史概要》，山东教育出版社 2004 年版，第 94 頁。
④ [德]斐迪南·馮·李希霍芬著，李岩譯：《李希霍芬中國旅行日記》，商務印書館 2016 年版，第 633-634 頁。
⑤ [宋]李昉撰：《太平御覽》卷八百八十八《蜀王本紀》，中華書局 1998 年版。
⑥ 任乃强：《華陽國志校補圖注》，上海古籍出版社 1987 版。

爲虛數，意爲成千上萬的工人。

作者在文中提到："四川作爲省是在宋朝的時候纔併入中央帝國的。"[①]據《簡明中國歷史地圖集》記載，北宋咸平四年，川地分爲益州路、梓州路、利州路駐廣元、夔州路分別駐成都、三台、廣元、奉節，四路合爲'川峽四路'，簡稱'四川行省'，是爲四川建省之始。"[②]

（六）災　民

李希霍芬提到，"我們遇到許多四川逃荒至此的災民，帶著老婆孩子和鍋，四川省三年遭災，因此物價高漲"[③]。根據史料記載，造成此次四川物價上漲的災害主要是地震和洪水兩種原因。據《巴塘縣志》所記載："1870 年 4 月 11 日（清朝同治九年三月十一日），巴塘發生地震。地震造成山崩地裂，風火俱起，房屋隨倒，非常驚恐。地亦裂，頃刻間數百戶人煙爲亂石壓平，傷人無數。"[④]

此外，該年四川地區遭遇史上罕見的大洪水。據《萬縣志採訪事實》記載，嘉陵江畔的合川縣"大水入城深四丈餘，僅餘緣山之神廟、書院、民舍數十間，水連八日，遲半月水始落，房屋傾大半，未傾者汙淖充塞，腥腐逼人，歷兩月之久，稍可居人，滿城精華一洗成空，十餘年未復元氣。"長江幹流上的豐都縣"全城盡沒，水高於城數丈，倉穀漂失，官、民宅半爲波濤洗去"。三峽入口處的奉節縣"城垣、民舍淹沒大半，僅存城北一隅，臨江一帶城牆沖塌崩陷，人畜死者甚衆"。[⑤]作者在嘉陵江畔所見災民很有可能是嘉陵江下游災民遭遇洪災溯江而上逃荒至漢中地界。

《銅梁縣志》載 1868 年，該地"瘟疫四起，染者嘔吐交作，腰疼如斷，兩腳麻木愈二三時之斃"。[⑥]

面對災情，歷代均有相關辦法賑災。清代嘉慶年間《大清會典》記載："凡荒政十有二：一曰備祲；二曰除孽；三曰救荒；四曰發賑；五曰減糶；六曰出貸；七曰蠲賦；八曰緩徵；九曰通商；十曰勸輸；十有一曰興土築；十有二曰集流亡。"[⑦]十九世紀下半葉的中國依舊是以自然經濟爲主體，導致自然災害對國民經濟衝擊較大，加之政府效率低下，因此與西方進入近代化的工業國家相比，受災害影響頗爲巨大。

---

① [德]斐迪南·馮·李希霍芬著，李岩譯：《李希霍芬中國旅行日記》，商務印書館 2016 年版，第 634 頁。
② 譚其驤：《簡明中國歷史地圖集》，中國地圖出版社 1996 年版，第 51-52 頁。
③ [德]斐迪南·馮·李希霍芬著，李岩譯：《李希霍芬中國旅行日記》，商務印書館 2016 年版，第 632 頁。
④ 黃德全：《巴塘縣志》，四川民族出版社 1993 年版，第 351 頁。
⑤ [清]張焜纂：《萬縣志採訪事實》，清同治 13 年（1874）抄本，不分卷，四川大學圖書館藏。
⑥ [清]陳昌：《銅梁縣志》，重慶大學出版社 2011 年版，第 232 頁。
⑦ 乾隆二十五年，《欽定大清會典》，吉林出版集團 2005 年版。

二 與中外文獻的參證與比較

李希霍芬將自己1871年入川的旅行經歷以日記的方式記録下來，以一個西方人的視角，爲我們展現了晚清同治年間四川落後的生產情況，鴉片戰爭影響下種植罌粟導致經濟失衡，百姓麻木迷茫，官員腐敗，外來傳教士橫行霸道的畫面，給人以强烈的震撼；但另一方面，又記敘了四川大地的山脈水文、氣候植被、人文歷史、經濟文化、地質結構等。不僅爲地理學界研究中國晚清自然地理、人文地理提供了豐富的研究材料，更是在史學界以一種微觀歷史的角度，爲研究晚清時期中國歷史面貌提供了詳盡珍貴的史料。

（一）與四川地方志、嘉慶《四川郡縣志》相比

《四川郡縣志》内容上是以地理志爲主題，但我國傳統地方志更注重於考據，多記録比較重大的歷史事件，且在記敘過程中因當時生產力還未達到一定高度，對一系列自然氣候的解釋多以封建神鬼方式。從體例上看，將四川以行政單位分爲二十六塊，並獨立爲卷，縱向記敘重大歷史事件。此書乃清代地方官修地方志，又正值乾嘉學派的考據影響，文筆生硬，雖具有較高的學術價值，但受讀面較小。而李希霍芬的《李希霍芬中國旅行日記》則從地理科學的角度，記敘了一系列自然現象並做出了科學的解釋。

從體例上看，李希霍芬因使用了日記的形式，記敘的通常是日常旅行的所見所聞，加之爲譯文，因此語言詼諧幽默，讀起來較爲輕鬆，更適合大多數人閱讀。

（二）與同樣是游記形式的《徐霞客游記》比較

明代地理學家、旅行家和文學家徐霞客的《徐霞客游記》被後世稱爲“達人所之未達，探人所之未知”。徐霞客通過親身經歷考察了衆多的山川河流、氣候植被，甚至對地熱現象都做了詳細的描寫。不僅如此，他還對明朝時期農業、手工業，以及西南地區少數民族的風土人情都做了記載。在從旅游學、地理學、文學、歷史學、民族學、社會學等方面研究明朝都具有重大價值。該書文筆優美，不僅是一部珍貴的歷史地理文獻，也是一部文學經典之作。但徐霞客受明朝當時生產力的局限，僅僅對這些自然現象進行了描繪和記載，並未對其出現的原因進行科學的解釋。兩人所著時間相差兩百餘年，徐霞客所游覽時期乃明朝中後期，與晚清年間相比，政治相對安寧，經濟生產相對穩定，百姓生活品質相對較高。在寫作文筆上，徐霞客從小受儒家思想熏陶，其流露的均是讚歎大好河山的感情，記敘平民百姓的風土人情更多的是稱讚、認同；而來自西方殖民國的李希霍芬對中國百姓帶有强烈的殖民色彩。

（三）與同樣是外國人士游記形式的《馬可·波羅游記》相比

意大利旅行家、商人馬可·波羅在元朝時期從絲綢之路進入中國，在游歷中

國的同時也用日記的方式記敘了他的所見所聞，其中也有部分關於四川的記載。他在《馬可波羅游記·成都府》中寫道："有一大川，經此大城，川中多魚，川流甚深……水上船舶甚衆，未聞未見者，必不信其有之也。商人運載商貨往來上下游，世界之人無有能想像其甚者。"[①]馬可波羅來華之時，正是元朝忽必烈大汗在位時期，國土遼闊、國力强盛，馬可波羅在成都錦江畔目睹了繁華的都市和繁忙的水運。"那裏有一個名叫成都府的地區。……市内有一座大橋横跨其中的一條河上。從橋的一端到另一端，兩邊各有一排大理石橋柱，支撐著橋頂。"據考證此橋正是成都安順橋，從馬可波羅所寫的文字上來看，安順橋頗具氣勢，這也反映了成都當時城市的繁榮。

晚清時期來到成都的李希霍芬對成都依舊是讚美萬分："成都府絕對是中國最美的城市，街道筆直寬闊，用大塊方形碩石鋪成，中央凸起……到處都美麗如畫，街道兩旁都擠滿了商店，到處人群熙攘，人們還有藝術細胞。"[②]但是後來在城門口寫下了另一番景象："這地方逗留著數不清的乞丐；我在他們當中看到有些人形容枯槁，十分可憐。"由此看出晚清年間的成都城市繁華依舊，但老百姓的貧富差異卻越來越大，富有的市民具有藝術細胞，而城門口卻有數不清的乞丐。從這一小小的比較亦可體現出當時中國社會貧富差異的巨大，這也是落後的封建制度造成的必然結果。

結語　觀察到隱晦的法德關係以及宗教矛盾

"現在這其中的冬季都已經昭然了！主教是想推行法國政策，將其他外國人——特別是德國人——排除在該生之外。"[③]文中這一段文字令人印象深刻，結合當時國際時代背景，1871 年德意志帝國建立，德國統一。梯也爾出任法國政府首腦，法德和約簽訂，法國割讓阿爾薩斯、洛林大片領土給德國，並賠款 50 億法郎。法、德正式簽署《法蘭克福條約》，因其條約條件極爲苛刻，引發法國人民對德的仇恨，也爲第一次世界大戰埋下了伏筆。李希霍芬借法國傳教士對自己的萬般刁難，從微歷史的角度展現法國人民對德國的仇恨心態。另一方面，那些從西方殖民國家來到中國的外人一部分承擔了爲本國收集情報資料，以便更好地瞭解中國，這又一定程度上使他們產生了激烈的競爭衝突。

"這裏的傳教站上空鬱積著一層因主教猜疑、倨傲、處心積慮卻十分不智的行爲而產生的陰雲。所有的異教徒視作下流胚，他在尖刻地詆毁人身時總以'窮

① [意]馬可·波羅：《馬可波羅遊記》，中國書籍出版社 2009 年版，第 165 頁。
② [德]斐迪南·馮·李希霍芬著，李岩譯：《李希霍芬中國旅行日記》，商務印書館 2016 年版，第 653 頁。
③ [德]斐迪南·馮·李希霍芬著，李岩譯：《李希霍芬中國旅行日記》，商務印書館 2016 年版，第 647 頁。

鬼異教徒’結語”“基督徒傾向於自視非凡，而把異教徒看得很賤，此外他們知道自己享受異教徒沒有的保護”“他之所以怕英國人沿長江擴張，可能是因爲這些原來待在漢口和上海的少數基督徒不再重視宗教和宗教傳統”[①]。始於十六世紀的宗教改革使得基督教在歐洲的地位大爲下降，也造成了宗教改革後的國家（德意志、英國、日内瓦、尼德蘭）與以基督教爲國教的國家（法國）之間劇烈的矛盾。正因歐洲宗教改革，使得基督教傳教士從歐洲向世界各地進行傳教活動。中國也不例外，利瑪竇、湯若望等在明清時期在中國的傳教活動得到了中國君王的認可，隨著《中美天津條約續增條約》的簽訂，其中條約規定中美兩國公民在對方境内免受宗教迫害，兩國政府尊重移民自由，這使得中國大地上出現了越來越多的傳教站。基督教傳教士與宗教改革後的“異教徒”之間的矛盾在中國大地上亦愈來愈深。

法國科學家巴斯德曾説過：“科學無國界，可科學家卻有祖國。”李希霍芬作爲一個西方外國人，以他的價值觀念爲出發點，在中國的考察不純粹於學術研究，還幫助德國殖民者收集中國主要礦產資料以及交通情況。此書富有明顯的殖民色彩，也是研究晚清年間列强在我國進行殖民侵略的重要史料。但本書通過微歷史的記載展示了晚清中國社會的另外一個方面，這也爲我們研究晚清時期的中國歷史提供了一個新的角度。

作者單位：四川師範大學歷史文化學院

① [德]斐迪南·馮·李希霍芬著，李岩譯：《李希霍芬中國旅行日記》，商務印書館2016年版，第667頁。

蜀中近代六大集聯家與其專著

景常春

摘　要： 集聯即将古人已经有的字句集合起来成联，始於明代中前期，盛行於清代及民國時期。在近代時期，四川不乏集聯高手，且都有專集傳世，世人卻不盡皆知。較著名的有何元普、顧印愚、陳澤翔、王文琦、方于彬、張夔階六人，他們的集聯内容多爲修身養性、攻讀治學、摹山範水等，且都具有古雅精警、巧妙清朗等藝術特色。

關鍵詞： 蜀中；近代；集聯家；專著

集聯的形式，主要有三種：有集前人不同作者、不同篇目的詩句、文句而成爲集句聯；有集古碑文字帖而成爲集字聯；有集宋詞不同作者、不同篇目的詞句而成爲集詞聯。集聯大概始於明代中前期，盛行於清代。究其原因，是明代的詩人頗喜好效仿宋代王安石集句爲詩之故。據裴普賢《集句詩研究》①云，明代較有名的集句詩人就多達 40 位。集句聯從明代開始以來，影響較大較快，在清初已有不少文人均好作集句聯。如僅浙江嘉興一個地方，喜好集句的就有一批人，朱彝尊的《靜志居詩話》②就收有十多人之作。而且，集聯大多與書法有緊密聯系，爲書法家平時書寫備用；另則爲私塾先生教學童所用。

朱彝尊是清初人，他擅長集句聯，有集句聯在 1000 副左右，書名《雕玉集》。他可謂是集大成者，此書也是最早的個人專集。再如文學家、學者金兆燕，字鍾越，一字棕亭，安徽全椒人，乾隆年間進士，歷任國子監博士，乾隆三十三年至四十四年任揚州府教授等。他因較長時間在揚州，曾爲揚州瘦西湖及周圍景點集句聯達 100 副之多，所集之聯無不貼切景點；作集字聯最多者要數何紹基，他是大書法家，所以好集字，據清同治十三年（1874）刊刻《古今集聯》版統計，他的集字聯有 967 副，其中單是集《蘭亭序》就有 417 副；另，貴州獨山人、晚清金石學家、目録版本學家莫友芝，他集漢碑字、前人詩句爲聯多達 1350 副。這些文人喜好集聯由此可見一斑。

集聯盛行後，從清代至民國，出現了一大批集聯作者，僅據胡君復編《集聯

---

①《集句詩研究》，臺灣學生書局 1975 年版。

②《靜志居詩話》，人民文學出版社 1990 年版。

彙選初編》《集聯彙選二編》[1]二書統計，至清末民國初，集聯作者達 92 人，而且，其中還未包括馬慧裕、何紹基、俞樾和民國中期後的趙祖望、俞鎮集詩與集宋詞聯的作者等，可見喜好集聯的作者隊伍之龐大。另外，集聯的領域也發展到集詩、文、字、詞等，種類日臻完備。集聯專著和個人專集也頗爲可觀，數不勝數，筆者據常江先生主編的《古今對聯書目》[2]統計，其專著屬於集句等類的共 59 種，屬於集字類的共 96 種，兩類共計 155 種，真是蔚爲大觀。

其實，在近代時期，四川也不乏集聯高手，且都有專集傳世，世人卻不盡皆知。較著名的有何元普、顧印愚、陳澤翔、王文琦、方于彬、張夔階六人，他們的集聯内容多爲修身養性、攻讀治學、摹山範水等，且都具有古雅精警、巧妙清朗等藝術特色。僅予分别介紹如下，讓川人得以知悉，並以饗楹聯愛好者。

一　何元普與其《畸存集》

何元普（1829—1902），字芝亭，號麓生，書室名靜齋、藏豹山房、篁溪山房，四川金堂縣（今屬成都）人。道光時秀才。少負奇氣，博通經史，工書善詩，書法近蘇東坡，詩宗杜少陵。1860 年，英法聯軍攻北京，以戶部郎中從戎，屢有軍功。先後官荊宜施道、甘肅安肅道巡官。因與上司不合罷歸，著述終老。著有《隨槎集》《寄懷詩草》《酒泉籌筆》《尺牘偶存》《駢散雜記》《荊南紀略》《靜齋新集》《麓生詩文合集》《藏豹山房詩文集》等 10 餘種，30 多卷。元普甚善對聯，有手書墨稿《靜齋手書楹帖存編》，所題四川新都寶光寺聯久負聞名："世外人法無定法，然後知非法法也；天下事了猶未了，何妨以不了了之。"

另外，從其 1891 年的《靜齋手書楹帖存編》自敘中可悉，廿年前原刻《畸存集》内有《集褉帖》《集蘇内翰》及手撰各聯。褉帖指《蘭亭序》，蘇内翰指蘇東坡之詩，《畸存集》集聯共約 400 副。其集字、集句聯曾見於近代著名聯人胡君復編《古今集聯彙選》，可見何氏集聯流傳甚遠。

何元普的《靜齋手書楹帖存編》自敘不長，兹録之以了解何氏好聯之意："前刻畸存集内，有集褉帖、集蘇内及手撰各聯，均係二十年前游戲之筆，兹撿入山后前後題贈者續存之。其中：或自書，或朋輩捉刀，或兄曹代筆，茫不記憶。勒石鐫板，已梓待梓，遠近索寄。雖未手稽，然皆一時翰緣所結。非觸機涉趣，不能信手拈來。至禪聯類記，因晚境多禪侶，隨興酬答，自性流露，與拾牙慧解鈍根者少有區别，老參宿契。勸我自書，合刻續附詩文卷末，留志沙門公案云。辛卯（1891）伏日篁溪自題。"

---

①《集聯彙選初編》《集聯彙選二編》，商務印書館 1918 年、1923 年分别出版。

②《古今對聯書目》，1999 年内部刊行。

何元普《集禊帖》集蘇詩聯如：

與賢類游得至樂；大水浪清風不激；何人更似蘇夫子；
于古文品極大觀。老山春至蘭又生。恨君不識顏平原。

盡日倦游稽古樂；林後有亭抱山足；我是江南舊遊客；
當風暢詠娛少年。坐間得故契蘭言。別後西湖付與誰。

水曲山崇齊俯視；九日遊山遇群老；舊因蓴菜求長假；
日和風永足清遊。一年修竹詠暮天。不是花時肯獨來。

坐地流觴無躁氣；山室九間得古趣；獨依古寺種秋菊；
放蘭陳室是春時。竹林一帶娛幽人。豈如五蜀富冬蔬。

清風竹外林嘗靜；信世修文為故老；聞道鴛鷺滿台閣；
日朗山間水自幽。與人和氣得春天。如與蟪蛄語春秋。

豈比公卿相爾汝；春信初至崇蘭放；激水感時舍陳跡；
勢與岱岳爭雄尊。山氣極清賢者遊。觀山懷古有幽情。

向無人跡春林茂；老竹當天陰可托；空堂明月清且新；
初有湍流風日清。崇蘭在室氣生春。鶴有難色側睨予。

貧無隙地栽桃李；把盞對花容一呷；旋傾樽酒臨清影；
皎如明月入窗櫺。攜兒過嶺今七年。要伴騷人餐落英。

此事何如食雞肋；夜半潮來風又熟；不識廬山真面目；
當年為誰掃驊騮。濟南春好雪初晴。只尋孤塔認東西。

山情得古無相與；極天風浪臨以靜；寒窗冷硯冰生水；
竹趣當春自不群。與世懷情取其和。開門看雨月滿湖。

亦有可人臨坐右；歲暮有情寄流水；誰向空山弄明月；
豈無同己游春初。日長無事詠古風。故將俗物惱幽人。

林虛亦靜聽流水；娛目騁情山九曲；朗日映山春猶茂；

觴盡未倦遊暮山。放懷寄感絲一弦。峻情如水自時流。

詠竹有人當春暮；品竹清流文與可；一行作吏人不識；
觀風無事得天長。抱山靜契陰長生。萬卷堆胸兀相撐。

二　顧印愚與其《宋錦贉題》

顧印愚（1855—1913），字印伯，一字蕉孫，號所持，又號塞向宧、塞向翁，別署雙玉堪，齋名楚雨堂，自署居室名雙玉者、玉溪、玉局，四川雙流（今屬成都）人。清末著名詩人、書畫家。光緒五年（1879）舉人。與綿竹縣楊銳同爲湖廣總督張之洞的入室弟子，同致入仕，時有“楊、顧”之稱。歷官湖北漢陽令、武昌通判。“戊戌政變”，楊銳遇害，遂拙於仕宦，長久客司張之洞武昌幕府 10餘年。辛亥革命後回到老家四川奉母隱居。其性格簡默，不喜表露，胸次高簡，絕類晉人，詩作不輕易示人。善書法，饒有晉、唐風範，爲時所重，大字出入褚、米之間，行書多魏碑意致，跌宕起伏，饒有金石趣，晚年偶一臨摹蘇軾亦頗神妙。畫多小品，精雅過人，故有“斗方名士”之譽，又能篆刻。近代篆刻家喬大壯（曾劬）、學術家程康（程千帆父）皆爲其門下弟子。有《成都顧先生詩集》（10 卷）、《顧印伯先生遺墨》、《安酒意齋尺牘》等行世。

顧印愚喜飲酒，能詩文，常集宋朝名家詩句爲楹貼，書寫出來，句律之精嚴，隸事之雅切，一時名輩無以易之。後編印爲墨蹟册《宋錦贉題》，因是集宋朝名家詩句爲楹聯，所以書名“宋錦”，共近 300 副集聯，民國三年北京財政部印刷局石印墨蹟，程頌萬題箋，其子顧繼庠、繼羹編并序，可知原委。

顧繼庠、繼羹序：“先君印伯公内行純篤，讀書萬卷，尤酷嗜詩。少年肄業成都尊經書院，爲湘潭王壬秋太夫子所賞異。逮鄉舉後筮仕鄂中，張文襄公開府湖廣，時召聯吟，不以尋常屬吏見待寒家。藏書頗富，先君更手置漢魏以來詩集幾於插架三萬。所與交游類皆海内名宿，縞紵過從，交相引重。平生著述惟詩最夥，丁亂不廢，尤工書法，出入大令登善元章之間。所書聯幅多集唐宋諸賢名句，二十年來遂成卷帙。繼庠等學行無似，不克繼述先人志業手澤所遺，深虞湮滅，重滋咎戾。議將詩集先付手民，惟以篇幅少繁，禄薄家貧，力有不逮，乃先以手書集聯付印，以餉當世。夙知先君者詩集十餘卷，皆先君手自編寫，期之異日再謀印定，謹墨如右。甲寅三月男繼庠、繼羹謹記。”

《宋錦贉題》集聯如：

一家喜氣如春釀（東坡）；閑將西蜀團窠錦（陸游）；六尺枯藤兩芒屐（戴石屏）；

千古雄文造聖真（臨川）。輕比東坡玉糝羹（東坡）。十畝漣漪一草亭

（王安石）。

囊簡久藏蝌蚪字（東坡）；肯學黄家元佑脚（陳後山）；梁鴻寄食吾何病（陸游）；

誦書新作鸞鶴聲（楊萬里）。定參陶令不弦琴（張功父）。蘧瑗知非我所師（東坡）。

此生不負嘗三釜（陸游）；日消淺醉閑吟裏（陸游）；古義應須勤省覽（陸游）；

老氣尚能横九州（陸游）。人在紅雲碧樹間（褚筠心）。新詩聊可佐盤桓（陸游）。

海爲瀾番松爲午（蘇軾）；焚香細讀斜川集（陸游）；閉門覓句陳無已（黄庭堅）；

花有清香月有陰（蘇軾）。勒馬還歌出塞行（吕大器）。簾閣焚香君子求（感舊）。

夜月飄颻沙磧外（宋琬）；鵰盤天際秋雲白（吴師道）；花開鳥語輒自醉（歐陽修）；

夕陽明滅亂流中（韋應物）。鹿過林中野草香（陸游）。歲美人和易得清（蘇軾）。

三　陳澤翔與其《閑可軒集聯》

陳澤翔，生卒年失考。字（或號）蓉舫，清末至民國間四川富順縣大山鋪（今自貢市大安區）人。早年爲縣或府（在四川瀘州）專教秀才擬考舉人的學堂教習。1911 年四川榮縣獨立，於年底成立自貢地方臨時議事會，陳任議員，任時不長並未終職，後轉學務科。宣統三年，富順知縣孫錫祺主持選舉議事會議員 20 人，另設城區議事會，互推陳任會長，因政局動盪，直至民國十六年縣參、議事會均未改選過。1912 年，陳又爲縣參議員駐會委員、參議會教育科長等。曾參與編修民國二十年版《富順縣志》。

陳澤翔的《閑可軒集聯》，是其 1919 年前於四川瀘州講學課餘，集歷代文人詩句爲聯 1152 副，1919 年夏鉛印，同鄉易光墉序。這是陳氏在瀘州講學供學子所用而集之聯，其数量之多，在聯界都是少有的，令人嘆服。其“凡例”自云：“本集聯有已自行取作楹帖及投贈，或爲人傳鈔、附刊他選者兹不匯別。所集詩句自漢迄清，有由同代或異代雜集者，有由各專集相集，故不區以時代，惟以五言七言括之，期歸簡約也。聯句著者名氏，有不常見者，卷末附載，各集可檢得之。”

《閑可軒集聯》序："集句稱宋王荊公爲最，然如'江州司馬青衫濕'之句，欲屬對久而未得，獨蔡天啟以'梨園子弟白髮新'應聲對之。能詩如荊公亦不免有窘時，故集句雖小道，未可輕心掉之也。余友陳子蓉舫，癖於詩坊間專家詩集，不惜傾囊擇購以爲恒。今歲蜀局敉平，士大夫頗以詩酒相投報，蓉舫講學此間，課餘出疇昔集聯見示，流覽一過，如入萬花春穀，令人應接不暇。集中五言如'一山青有待，兩客淡無言''老耽書作友，清與月爲鄰'，七言如'四面雲山逼對酒，一村雞犬靜同禪''生成傲骨何妨瘦，總不關心便是仙'等聯，神味雋永，妙手偶得。餘亦銖兩悉稱趣，刊之以爲諸生志學詩者烹煉字句之助，即工書畫者亦可借作臨池染翰之資，特綴數言以質世之有同癖者。時中華民國八年孟夏月富順易光墉金圃識于川南師範學校。"

陳澤翔集聯如：

自得悠閒趣（鄧璜）；蛙喧千澗雨（聶蘭琬）；對酒心猶壯（張問陶）；
將爲浩漫遊（蘇雨）。人坐一庭煙（史正義）。撚花意有餘（張問陶）。

獨坐幽篁裏（王維）；殘月留高樹（李振聲）；蘆飛兩岸白（許潮）；
狂歌白石間（朱彝尊）。微風送落花（杜克俊）。花發一窗紅（陸游）。

霜後菊花添氣韻（汪仲洋）；暮雨白懸飛鳥外（朱霈）；城市山林同感慨（劉光第）；
雨餘泉石長精神（孔武仲）。萬山青到馬蹄前（朱子穎）。香車寶馬共喧闐（王維）。

野寺泉聲清客夢（施閏章）；北轍南轅成底事（呂留良）；賴有狂名堪作客（吴偉業）；
旅窗蟲語警秋心（陳竹士）。千秋萬世那可論（呂留良）。慣能不俗好求仙（岳鍾琪）。

從來貧士貪留客（高東井）；不著羊裘釣名譽（石渠）；好花且自閑中領（張問陶）；
自愛閑曹好種花（許健庵）。還鋤蔬圃慰蹉跎（李興祖）。奇語卻從醉後真（張問陶）。

境當靜處吟偏好（袁樹）；雲連海氣琴書潤（許渾）；早從仙佛參真諦（陳藥洲）；
詩到工時心轉虛（程慰良）。窗近花陰筆硯香（黃庚）。更對雲山吟好詩（石渠）。

蝶飛花草花飛路（歐陽修）；詩人豈屑爲循吏（張問陶）；鄴侯讜論留侯策（張問陶）；

風入月簾月入櫺（虞集）。英雄何暇作神仙（江國霖）。莊子卮言屈子騷（馬之驦）。

此間有我真傖父（吕留良）；追陪朱屐三千客（岳鍾琪）；衰年亂世易爲别（李鴻裔）；

世上何人識故侯（余畚）。收取金絨四十年（李鴻裔）。故國平居有所思（杜甫）。

四　王文琦與其《願春遲齋輯聯》《願春遲齋杜詩輯聯》

王文琦，生卒年失考。清末民國時華陽（今屬成都）人，祖籍湖南寧鄉。書畫家。字伯謙，號適公，室名願春遲齋，取杜甫《可惜》詩句“花飛有底急，老去願春遲”之意。民國時期曾在山東、天津從政。

王文琦有《願春遲齋輯聯》《願春遲齋杜詩輯聯》，前一書爲民國廿二年（1933）蓮舫紙社仿古綫裝鉛印本，爲集兩宋詞句，輯爲五言至十餘言長短聯，共 400 餘副。有程康、蕭彝元兩序。後一書爲 1938 年蓮舫紙社石印本，全爲集杜甫詩句爲聯，共 500 多副。兩書均爲作者從政之暇，以文藝書法自娱之作。

程康序《願春遲齋輯聯》：“集字爲碑肇于唐，集句爲詩昌于宋，宋以降始有集句爲楹帖一體。逮至有清長樂梁氏《楹聯叢話》，長箋短制之作侈矣。吾鄉彭雪琴嘗登泰山，集李杜詩一聯云：‘我本楚狂人，五嶽尋山不辭遠；地猶鄒氏邑，萬方多難此登臨。’要爲妙手偶得，傳誦人口。若集字爲聯，如何道州之集魯公《爭座位帖》，又可謂極才人之能事者矣。顧集宋詞句爲之者，近見坊間有某氏宋詞集聯，及梁新會集宋詞句聯語鈔本，輒嘆服其工麗古雅。華陽王伯謙先生出示手編《願春遲齋輯聯》一卷，長短句四百餘聯，採擷宋詞菁英，妙造自然，運思幽邃，胥言外寄託之旨，其胸襟懷抱，於兹益顯。晚近以來，國學寖替，儷偶之文尤乖時尚。然我國數千年文獻流傳，駢散兼重，其結構與意境在藝林中，派别雖殊，性靈則一，固各有其美感，不必因時代變遷、愛憎用舍而寖滅。所謂自適其適，如君之于宋賢飼句集綴成聯，用助臨池之興，不亦藝林佳話者乎！君博學强記，老而彌勤，尤工小篆，出入斯冰，揮灑神行，沉約高古。當世惟上虞羅雪翁、古杭王福庵相與頡頏，識者諒不斯言之過譽。想見濡毫吮墨，掀髯意得，憾古人不我見也……吾家有三世交，比同客津門執手道，故因以是篇屬序，志以歸之。癸酉（1933）歲除前二日寧鄉程康。”

蕭彝元序《願春遲齋輯聯》：“適公從政之暇，嘗以文藝自娱，潤古雕今，窮年仡仡。曩所爲‘聘㖞樓’篆影‘六吉庵’印存，既已先其他著作印贈友好，人得膾炙其一臠矣。兹復採擷兩宋詞集爲長短聯若干一卷，裒然題曰《願春遲齋輯聯》，發前人所未發，可謂于藝林玉屑開一新紀元！觀夫，俊語珠聯藻思綺合，儷寶裝以爲飾，嘘秋氣其如春，言技足多載福尤殊厚也。公儲才積學，遭時不逮，偶假斧柯，未攄什一。今世人方逐逐于新思潮之橫溢，揭其支離怪誕之，招以相矜尚，而公獨味斯糟粕，鍥而不捨，天涯同調，問有幾人噫！三臺蕭彝元。”

《願春遲齋輯聯》如：

畫橋看落絮（盧祖皋《謁金門》）；只共梅花語（辛棄疾《蔔運算元》）；
庭樹有寒梅（晏殊《喜遷鶯》）。未見海棠開（洪諮夔《菩薩蠻》）。

側帽吹飛絮（黄昃《南柯子》）；春來沒個遮攔，滿目繁華，又將寒食；
把酒祝東風（歐陽修《浪淘沙》）。飲罷不妨醉卧，百年心事，都付邯鄲。

花影碎，月痕深，畫簾悄悄；脈脈數飛鴻，唤起玉人，共感秋色；
五更風，千里夢，杜宇聲聲。年年如社燕，可憐閑葉，無限啼痕。

試上小紅樓，論詩説劍；白鷗問我泊孤舟，滿目風塵，塵緣相誤；
更盡一杯酒，舉首高歌。紅雨入簾寒不卷，十年舊夢，夢意猶凝。

《願春遲齋杜詩輯聯》如：

月林散清影；擇木知幽鳥；飛雨動華屋；蓬萊足雲氣；
江樓延賞心。落樹有驚蟬。落日在簾鉤。虚閣自松聲。

春日漲雲岑，誤疑茅堂過江麓；高懷見物理；驊騮開道路；
寒風疏落木，暮倚高樓對雪峰。虚心味道元。鵰鶚在秋天。

苦調短長吟，老去詩篇渾漫興；重岩細菊斑，乘興遣畫滄洲趣；
高歌卿相宅，一生襟抱向誰開。三丹桃花浪，何時可作曲江游。

願見北地傅介子；可憐後主還祠廟；爐邊應有步兵尉；
不減昔時陳太邱。安得壯士挽天河。酒後常稱老畫師。

五　方于彬與其《觚齋集聯十種》

方于彬（1878—1938，一説 1928），字頡雲，號觚齋，簡陽人。年十七，入尊經書院。光緒末年至宣統年間，曾在貴州遵義任過八年的幕僚，亦任貴陽巡警學堂提調，黔撫岑春萱以功保直隸州知州。後又入嘉州做幕僚。民國十五年（1926）前後，任過巴中縣縣長、川軍田頌堯部秘書。其詩“莊雅清新，無叫囂之氣與寒澀之聲”①。方氏與文化人常多交往，1914年，由於蜀劇部演出場地無法容納，於是在正對公園大門處修起了一座川劇場，取名“萬春茶園”。川劇名旦陳碧秀、月月紅等曾在此掛牌演出，得到很多文人的讚譽。某次，方氏與吴虞等在座觀賞，吴叫方寫兩副對聯贈送給陳碧秀，聯前小序云：“陳碧秀嬌好若處女，愛智（即吴虞）譽不絕口，囑以碧、秀兩字用鳳預格制聯贈之。”其二聯如下：“碧眼淨含秋水色，碧痕春草愁無際；秀眉低帶遠山痕，秀骨香桃弱不禁。”“碧空瑩澈孤飛鶴，碧如和氏懷中玉；秀語纏綿百囀鶯，秀似蛾眉靄後山。”②

方于彬的《觚齋集聯十種》，共有聯1008副，民國二年11月成都寄廬竹紙木刻綫裝，劉孟伉先生的堂兄劉貞安題籤並序。據劉（劉時官黔中）序可知，此書爲方氏游幕黔中時創作編竣於宣統三年夏，過了兩年回川纔付梓。方氏年僅三十餘即集聯如此豐富，實爲不凡。貞安稱道方于彬集聯“淹博好古，文筆溯晉宋而上，此其攤書餘暇，隨手掇拾”。方氏集聯的十種書分别爲：《焦氏易林》《文選》《文心雕龍》《詩品》《文史儷語》《蘭亭序》《古近體詩》《爭座位帖》《多寶塔銘》《聖教序》等。方氏的集聯也曾被胡君復收入其編《古今集聯彙選》，至今我們仍可在網上見到民國時的名人常書寫方氏的集聯。如華夏收藏網拍賣西泠印社社長王禔所書的墨跡件“秋桂遺風春蘿擺月，横藤礙路弱柳低人”，雅昌拍賣網拍賣鄭孝胥所書的墨跡件“鷲鶴摩霄不可籠縶，老羆臥道難與爭鋒”，可見方氏集聯有較大影響。

方于彬集聯如：

高文一卷金華筆；至性温柔古樂府；楚金字若春山秀；
慧業三生玉井蓮。高文炳麗大宗師。伯玉文如秋月明。

書舍清修門外雪；高山流水聞天樂；方外人求懷素字；
畫樓春色雨中燈。墨海書城對古香。袖中花有令公香。

間間靜室春無跡；臨風一曲齊天樂；山水趣於弦外領；
浪浪天風文有情。流水終年大地春。古今人自靜時觀。

山間流水當聽曲；老於世事能知足；賢人浪跡懷稽老；
天外遊絲時系春。左有幽情自詠懷。大將能文有樂生。

春山有趣終年靜；天地精華三品石；燕許文詞臻博遠；

① 方旭：《觚齋詩存序》，1936年版。
② 譚明禮、劉邦彦：《錦城舊話之二·少城公園》，《龍門陣》1995年第5期。

流水無弦盡日聽。雲山蒼翠六朝文。幽並人物總精神。

賢者修齊懷有至樂；摛歲煉年傾昆取琰；能在天資獨秀前哲；
清時將相天生異人。剖字鑽響測海探珠。取熔經意自鑄偉辭。

世無古人可托大事；流水今日相喻無事；一水初生春流抱竹；
後有作者猶仰清風。清風故人不期而來。群陰盡化朗日當天。

天地有情長若春日；閑日一觴能樂所樂；虛竹故人已殊群品；
山林無事自是清流。春山九曲自然而然。幽蘭知己同盡一觴。

朗日和風世有靜者；人無閒時不知取樂；豈可於斯世求知己；
清修峻品古之賢人。文有靜氣可與言情。或當與古人共風期。

文無古今皆有可取；月以有情隨水遠；問字遠尋揚子宅；
人之風趣萬不能齊。花因如意對人開。對花重接令公香。

六　張夔階與其《畸廬各種集聯》

張夔階（1871—1936），近代著名書畫家。原名張夔皆，辛亥保路運動以後及受新文化運動思潮影響，改名爲夔階，字學潮，號畸禪，四川灌縣（今成都都江堰市）人，清末廩貢生。曾任四川長寧縣訓導、潼川府知府、省臨時會議議員、二十軍軍部秘書長等。參加過辛亥川漢鐵路保路風潮。能詩善書畫，其詩超逸清介，花鳥羽毛千姿百態，書法尤長北碑，兼及真草隸篆。成都人民公園建造“辛亥秋保路死事紀念碑”大字，鐫刻四名書法家題寫碑塔四面，北面隸書即夔階手跡。有手稿《畸廬草釋》《改訂説文部首》《畸廬叢録》等。

張夔階的《畸廬各種集聯》是他的手書遺稿，分三卷。此書均爲集漢魏多種碑字爲聯，每種分别以隸、篆、魏碑字體書寫。按年爲卷：一是癸亥歲（1923）卷，集《華山廟碑》《石門頌碑》《天發神讖紀功碑》《三公山碑》《西狹頌碑》《郙閣頌碑》之字；二是甲子歲（1924）卷，集《禮器碑》《張遷碑》《孔廟碑》《開母石闕碑》《夏承碑》《封龍山碑》《景君碑》之字；三是乙丑歲（1925）卷，集《漢衡方碑》《魏張黑女碑》《漢劉熊碑》《漢棘全碑》《魏石門銘碑》之字。數量頗爲可觀，共在1000副左右。

張夔階的集聯如：

春風秋月原無主；月殿玉人起歌舞；嘉惠民安緒業；李斯惟頌功德；

古往今來不紀年。故官游子説興亡。太平瑞應豐年。禹稷常念安危。

南國思君子；憲典稽三禮；大文生異彩；武功銘大夏；
西方出聖人。風詩美二南。秘作發幽光。歲事始三春。

雷鼓聲聞百里；大道以仁爲極；禮教流風傳世；善人惟德是輔；
官名上耀三臺。皇天惟德是親。書聲明月在天。君子素位以行。

向背從民所樂；賢者修身不二；奇能開地利；正氣留詩光日月；
將相和國以安。君子素位而行。巧可奪天工。出師進表感人天。

月精華河嶽靈秀；高人不在百官表；武以開基文能治國；
聖賢絕學天地人。古道惟存三代風。功垂萬世德啟後人。

孔子爲百世之師；自强不息通天道；學究天人道通中外；
韓公啟八代文風。且作無懷止國人。詩歌風雅傳補春秋。

作者單位：四川省楹聯學會

近代貴州士人周詢及其對巴蜀文化的認識述略

張森林

摘　要： 清末民初巴蜀地區歷史文化人物周詢，以自身閲歷所見所聞全面記載了四川從清代末年至民國初年間的政治、經濟、軍事、文化教育、郵驛等基本情況，還記述了這一時期名人逸聞趣事，内容翔實。其筆記史料既是研究清末政治、經濟、文化的重要歷史資料，也是研究近代四川文化的重要參考書。

關鍵詞： 巴蜀文化；四川；蜀海叢談；近代社會；周詢

周詢（1871—1950），字宜甫，清光緒年間舉人，晚號逢廬老人，貴州麻哈州（今麻江縣）人，官班法政學校[①]畢業。其父周儕亮（1826—1887），原名周之翰，字西園，後改名儕亮，字西屏，咸豐元年（1851）舉人，同治年間爲官京師，歷官内閣中書、中書舍人、國史館校對、中書侍讀，後長期任職於四川松潘等地，卒於任上。周詢自幼隨其父游宦四川，曾任隆昌、華陽縣知縣，廣安州知州，後供職四川督署文案，歷事三帥，以勤於職守，爲總督岑春煊、錫良、趙爾巽所賞識。辛亥革命後，一度出任巴縣知事，未幾去職，相繼任成都、重慶中國銀行經理，晚年潛心著述，著有《蜀海叢談》三卷、《芙蓉話舊録》四卷、《逢廬齋詩存》七卷、《逢廬駢文存稿》四卷、《逢廬隨筆》八卷、《〈石頭記〉説跋》一卷等書十數種，均藏於重慶圖書館。

周詢由於在巴蜀地區也做過幾任知縣知州，民國以後，還曾主持過成都、重慶兩地的中國銀行。因此，其對清代的典章制度和四川軍政各方面的秘聞知之甚多。周詢作品所記，涉及軍、政、財税的制度及其在清代的沿革變動情況，依據作者自身經歷親見親聞，留下《蜀海叢談》《芙蓉舊話録》和《逢廬隨筆》等歷史筆記資料。

---

① 官班法政學校，即四川法政學堂官立紳班法政學堂。光緒三十二年（1906年）八月，四川法政學堂成立，是爲四川法政學校的前身，初分"官班"和"紳班"，彼此相互獨立。由於官班專爲有科舉功名和世家閥閲的人而設立，故而具有實質意義的法學教育爲紳班，稱"官立紳班法政學堂"。四川法政學堂地址初設在成都皇城貢院西偏，後遷總府街内務司舊署。

一 周詢對晚清社會變革認識

（一）清末革新與石達開入川情形

周詢所處年代，正處於清末變革的重要時期，其在川時輾轉多地任職，歷經清末社會變革，對清末四川軍政要員治川得失，皆有專門記述，如川督駱秉章、岑春煊、丁寶楨、吴棠、提督唐友耕、學政張之洞等。清末内憂外患，社會各界籌劃革新。光緒三年（1877），四川總督丁寶楨在成都創辦四川機器局，生產洋槍洋炮和火藥。光緒十二年（1886），架設了自漢口經萬縣、重慶、瀘州到成都的電報綫路，溝通了四川與國内重要都市之間的電信聯繫。光緒十七年（1891），川商盧幹臣等在重慶創辦森吕泰火柴廠。從此，四川有了近代軍事工業和民用企業，並開始了近代通信建設。此外，周詢對清末四川社會革新和政治變革的近代化演變多有觀察並記録下來。

《蜀海叢談》卷三人物類中，記敘了 34 個政壇人物的生平事跡，上至總督下至同知，可謂清末四川政壇與管理制度的百科全書。周詢父子在川任職期間，先後歷經晚清變革，目睹歷任官員治蜀興廢，並將重要人物和事跡記述下來。周詢對於晚清蜀地軍政要員多有論述，大部分都是其父子仕途中相關的上級和同僚，而對於普通人和非官商名人則少有論及。在《蜀海叢談》卷三人物卷，開篇第一位即選擇了太平天國翼王石達開。1863 年 5 月，周詢談到石達開入川前後，他正回貴州應鄉試，聽聞石達開過黔境情形，黔地居民“聞將入黔，人心震恐”，而石達開卻告示於路旁，“謂黔省邊瘠，取川後，傳檄即定，殊不足勞兵力，諭黔人各安生業，勿自驚擾，渠兵亦不犯秋毫，惟抗拒者，則屠戮不赦等語略”。後石達開率兵經過時，“魚貫而行，軍容殊整肅，絡繹一綫，凡十一晝夜始過畢，其數殆不可紀云”[①]。後周詢光緒中年又在四川臬司衙門見到石達開親筆供狀，“洋洋數千言，字大如胡桃，詞即豪邁，字尤遒勁”，狀中對“曾湘鄉頗輕視，謂其以書生僥倖成名”[②]，曾湘鄉即曾國藩，石達開對曾國藩不以爲屑。

再者書中談到石達開就死之日，成都將軍崇實會同四川總督駱秉章，並四川各級官員，崇實問而無果，石達開“不辨作何語。只見石昂頭怒目視，崇頓氣沮語塞”，後駱秉章又問，石達開對答無懼。關於石達開被處死，“石之死處，在成都城内上蓮池街督標箭道。三人自就綁至刑場，均神氣湛然，無一毫畏縮態。且係以淩遲極刑處死。至死亦均默然無聲，真奇男子也!”對於石達開的氣魄頗有贊許之意，且其紀事來源，是其父轉述，“是時先太守甫截取來川，充省城保甲總局提調，所目睹也”[③]。雖是其父所憶，卻是石達開在四川覆滅前後時人論述，亦可作爲研究石達開其人其事的重要參考資料。周詢以清政府官員的身份，站在

① 周詢著：《蜀海叢談》，巴蜀書社 1986 年版，第 179 頁。
② 詳見《逢廬隨筆翼王》，周洵著：《芙蓉舊話録》，四川人民出版社 1987 年版，第 148 頁。
③ 周詢著：《蜀海叢談》，巴蜀書社 1986 年版，第 182 頁。

當時統治者的立場上，對於農民運動領袖石達開個人品質懷有贊許敬重之情，實屬不易。

除太平天國石達開外，周詢還詳細爲清末四川主政督撫駱秉章、丁寶楨、岑春煊專門立傳加以述説。

光緒二十八年（1902）七月，奎俊因治川不力被解職。新任川督岑春煊繼續在川推行新政。十月，岑春煊設立川省學務處，以“督辦全川學堂事宜”。岑春煊根據清廷統一規定，改四川通省大學堂爲四川省城高等學堂。他還在四川編練新軍，試辦員警，開辦四川武備學堂和警務學堂[①]。岑春煊臨危受命，安撫官民，既行剿匪，懲辦通匪惡紳，“未及數月，民教相安，閭閻無事”[②]。周詢言岑春煊“積弊悉除，百廢並舉。而察吏尤爲精嚴”“先一再申令各員，務住宿局所辦事，不得懈弛。嗣隨時微服到各局所考察，有不在者，立予撤換。一時治事精神，爲之一肅”[③]。在《舉核奬罰》中，周詢談到清末四川官員的考核奬懲時，記述了大計考核、到任甄別、年終甄別、隨時甄別、專案舉劾等幾種考核方式，對每一種考核方式的實效及弊端進行了細説。尤其是談到地方無需奏請朝廷的賞罰之事，皆由總督裁奪，有功者少有酌委記功，而有過者停委則“皆實行”，而且記功、記過的施行，則僅僅行知藩司衙門，官册上注明，無實之損益，沒有實際的意義。周詢自己稱“服官十餘年，因緝捕催科結案及辦理新政等事，先後得記大功八十三次，當時皆等於零”[④]，有功而無賞，以自身經歷加以佐證，有利於加深於清末地方官員考核機制及成效的探究。

清光緒丙子年（1876年），丁寶楨升授四川總督，當時四川經歷太平天國後吴棠治理，吴棠“凡事一守文忠成法。川民得以休養，元氣盡復。然清淨無爲，行之既久，又不免呈暮氣。文誠綜核名實，沈毅堅定，故川政至此又爲一變”[⑤]。丁寶楨到任後，整頓吏治，裁汰冗員，創設官運局，革除鹽引制，由官運商銷，增加鹽税收入，同時清理冗雜厘金，周詢一一詳細記敘於書中。周詢評價説“督川十年，興利除弊，苦心毅力，始終不懈。吏治、財政，秩然一新”[⑥]。丁寶楨主管山東、四川時勵精圖治，深得民心，卒於任上，逝世後朝廷敕令建有專祠紀念。

（二）經理四川財政金融

周詢在清末時，已在辦理財政中得到多任川督讚賞，並委以重任。四川省民物殷闐，地廣土沃，清初以來，“人口之衆，幅員之廣，物產之豐，幾爲各省冠”[⑦]，財政事務繁雜，成都平原“田土則因丁賦較南北各省均輕，凡有餘資者，

① 吴康零主編：《四川通史·卷六·清》，四川人民出版社2010年版，第202頁。
② 岑春煊著：《樂齋漫筆》，中華書局2007年版，第21-22頁
③ 周詢著：《蜀海叢談》，巴蜀書社1986年版，第220頁。
④ 周詢著：《蜀海叢談》，巴蜀書社1986年版，第146頁。
⑤ 周詢著：《蜀海叢談》，巴蜀書社1986年版，第204頁。
⑥ 周詢著：《蜀海叢談》，巴蜀書社1986年版，第209頁。
⑦ 周詢：《四川財政之今昔》，《銀行週報》1933年第17卷第39期，第17頁。

幾無不以求田舍以爲安置之法，緣是賣田宅者，亦視他省爲多”[①]。周詢在川時多次提調協助辦理四川賦税收支，對於清末四川財政情況非常清楚。

《蜀海叢談》卷一開篇，即分篇將清末四川田賦、契税、厘金等詳細收支及辦理情況做了介紹，並且梳理了有清一朝歷代賦税加征情形和各正項雜項演變歷程，對歷任辦理四川財政官員和辦法得失進行了分析，内容充實詳盡。周詢先後就任通省厘金總局中壩分局，後於岑春煊時在清查局任職。光緒二十八年，岑春煊督川，奏請藩署設清查局，綜核歷年庫帳，清查財政收支情況，“余爲文案，兼司綜核。辦理此事，五閱月而告竣，十餘年庫帳，至此又廓然一清”。事後，岑春煊專門向周詢詢問整理庫賬辦法，周詢詳細説明，並“就此數月經驗，暨感想所及，擬具文，爲復奏張本。余退而擬呈二十條，皆對於原有庫帳補偏救弊之法”。後岑春煊即據以入奏，得朝廷部議准行，“並由部奏請將此二十條頒行各省藩庫參酌照辦”[②]，向全國推廣，後曾記爲四卷《蜀帑出納匯覽》，可惜未能保存下來。清末四川財政回應改革，設立勸工局、通省勸業道等專門機構，周詢親歷變革，筆記中多有提及，勸業興起，“宣佈獎商保商，振興工藝製造，開勸業會，注意商品交流，發展實業教育等，促進了四川民族工商農業的新的發展”[③]。周詢筆記中，大量記録了清末改革中的通省土税總局、發審局、採訪總局、省土税總局、夫馬局、川漢鐵路、銅元局、勸工局、經征局、官運局、籌響局和財政調查局等財政領域的機構演變和川省財政的變遷過程，有助於我們加强對清末四川及全國財政發展的研究和認識。

民國四年後，周詢因在清末參與辦理四川財政的經驗，又先後任中國銀行成都分行經理和重慶分行經理，前後達二十年，年滿退休，對於清末至民國四川省財政概況甚爲熟悉，以財政金融能人聞名巴蜀地區。在任期間，川内局勢動盪不穩，派系紛爭，戰亂頻發，正如其自述所言，“危難日子多，太平日子少，合在成都重慶兩處計算，所遇政變，就是那戰事逼近，舊的要去，新的要來，過渡時期，全城無主的時代，也經歷了二十餘次”[④]。

二　周詢對巴蜀社會的認識

（一）蜀學革新

四川地區學風興盛，自漢文翁辦學以來，蔚然成風。周詢進入仕途，正處於清末蜀學重要轉型階段，在《芙蓉舊話録》中書院、科場兩節以及《蜀海叢談》

① 周詢著：《蜀海叢談》，巴蜀書社1986年版，第8頁。
② 周詢著：《蜀海叢談》，巴蜀書社1986年版，第30頁。
③ 王雪梅：《清末四川的勸業活動》，《四川師範大學學報》（社會科學版），1996年1月總第102期，第124頁。
④ 周詢：《十八年來我的中行生活一》，《中行生活》1933年第9期，第148頁。

取士、學官、學田三節中專門就清代四川地區書院辦學、科舉取士、學政學官和科舉停廢的情況做了詳細説明，還有巴蜀地區及周詢歷經之處所知所識學林逸聞趣事記述下來。

清末四川辦學之盛，首先得益於四川地方歷任學政官員的支持。四川地區巴蜀文化區的核心區域，也是巴蜀文化的主體。1840 年以來，巴蜀古典文化開始向現代化轉型發展，1875 年四川省城尊經書院的創辦標志著蜀學開始向近代化轉變①。尊經書院創始於川督吴棠，正式形成於丁寶楨督川和張之洞任四川學政時期。張之洞於同治癸酉年典試來川，奉命督辦川學，“公以碩學鴻儒，輶軒任使，乃思力挽頹風，牖啟後進，於成都創辦尊經書院，延名宿主講”②，生員由各府（直隸州）按比例從秀才、貢生中推薦，書院擇優録取。尊經書院創辦後，作爲通省書院，專以提倡古學，“藏書既富，基金亦裕”，住院者，由張之洞“就通省廪、增、附生中遴選調往，入院者每人月給膏火銀三兩，故所的人才稱盛”③。當時能入尊經書院的學生，每年按月由四川省在任各大吏課士“官課”一次，每課試以時文一篇，試貼詩一首，此外還有山長設有“堂課”一次，皆有錢糧獎勵，入院者一年所得約數十兩。

四川學政當時是個肥缺，由於“川省各邑，學田豐富，院考所至，例有棚費，放三年試竣，使者收入不下十萬金”，歷來學政除俸禄養廉銀外，收入頗豐，張之洞身體力行，將所得悉以辦學，“悉以例得之資，捐作書院之用。不足，則又多方募集，竟得蕆事。瀕行，至無以爲資斧，舉衣箱數具付諸質庫，始克就道”④。張之洞在川期間，致力於興盛蜀學，清末蜀學興盛之功，首推張之洞，後來蜀中學者，莫不稱讚，尊經書院一時廣爲推崇。後科舉停廢，興辦學堂，尊經書院改設高等學堂，爲大學性質，歷經鼎革，推動了近代巴蜀文化的轉型和興，培育了以廖平、吴之英、宋育仁、劉光第、楊鋭爲首的一大批通經致用新舊學相容而又特重今文經學傳統的新蜀學人才，出現了蜀學會等維新組織，在四川開啟了啟蒙思想意識發展的新階段，爲啟迪四川人的覺悟做出了重要貢獻。

另外，清時還在各地廣置學田，以資辦學。“其租息所入，以供本郡邑文學科名之資助。其款皆由地方籌集及紳富之慨捐者，曆歲、有增無減，積二百餘年之久，故各屬學田所入，多稱富裕”，得益於學田的租金專門支持辦學，使更多家境貧寒士子能夠接受教育，求取功名，同時推動整個社會興學之風，“故當時學田之興，有裨於士林者甚巨”⑤。周詢外舅吴建安先生之祖光宇公，“嘗獨力捐

① 徐希平主編：《長江流域區域文化的交融與發展第二届巴蜀·湖湘文化論壇論文集》，四川大學出版社 2014 年版，第 10 頁。
② 周詢著：《蜀海叢談》，巴蜀書社 1986 年版，第 189 頁。
③ 周詢著：《芙蓉舊話録》，四川人民出版社 1987 年 8 月版，第 20 頁。
④ 周詢著：《蜀海叢談》，巴蜀書社 1986 年版，第 189 頁。
⑤ 周詢著：《蜀海叢談》，巴蜀書社 1986 年版，第 162 頁。

資建修本邑、試院費萬餘金”，後又專置田以資縣學，“割膏腴田百畝，捐入學田。以後即以租入專充此費。報考者不再取分文，旋又捐腴田二百畝，專作公車費。故井邑舉人赴春闈者，每次人可得助百金”[①]。

由此可知，其他州縣類似學田興學的情況也大致相同，可瞭解到清末四川地區書院教育得到政府充分重視，民間各界鼎力支持，清末科舉停廢，改辦學堂時，“各郡邑之中小學，所以能咄嗟舉辦者，全賴以學田所入撥濟。故學田不特有裨於前此之科名，尤有益於方今之文化”[②]，學田之利，不僅在於發展舊時科考，也有利於新式教育的開辦。清末四川學田廣泛分佈，物盡其用，除了學田之外，每值科考之年，“省城工商各業，凡科場内所需者皆須幫助”[③]，名叫“幫行”，每科約一萬四五千人，工商業的支持，還能帶動省城商業發展。周詢反映了清末四川教育興盛的發展狀況，且從地方政界官員的角度，提供了清末四川新式教育興起和發展歷程的歷史演變的不同視角。

（二）巴蜀人文風情

周詢的著述對巴蜀地區風土民情、社會文化也有諸多描述，對巴蜀地區各類飲食小吃、節慶活動和民俗有專門記述，如對四川酒文化和茶文化等所談甚詳。成都因爲是四川省中心，得以繁盛，周詢在《芙蓉舊話録》一書“農工”中對李冰父子頗多贊許，認爲成都及其周邊地區農田水利得益於都江堰水利工程的修建，“成都附近之農民，固成爲天之驕子，而李冰之功，則實宜千秋永祀也”[④]。

四川釀酒歷史悠久，素有名酒之鄉的美稱，清朝時期四川的酒文化已經十分繁榮，瀘州老窖、劍南春、成都全興等美酒飲譽中外，瀘州、宜賓、綿竹、成都等地釀酒業發展也位列全國首要位置，並且飲酒之風極盛。四川省“田膏土沃，民物殷富，出酒素多，糟房到處皆是”。四川酒税收入“以江津、瀘州、綿竹等湘妃産酒之區，收數最旺”，清時川省歲入銀大約 1730 萬兩，酒年産 2 億斤以上，漏税者不計酒税約 90 萬兩，“酒則各邑各鄉，幾於家家能烤酒，直是一種最普遍之農民副業，且自考自飲，以爲冠、婚、喪、祭及度歲等事宜宴客之用者，尤復不少”[⑤]，可見清末四川省釀酒飲酒的盛況。

川茶自古頗負盛名。有俗語稱“揚子江中水，蒙頂山上茶”，川茶自唐宋以來，與滇茶一起，作爲與青甘藏地區茶馬貿易的重要産茶地，以茶易馬，並且有茶馬司等專門機構負責。周詢在《芙蓉舊話録》“飲料”一節中談到成都飲茶習慣，“茶社無街無之，然俱當街設桌，每桌四方各置板凳一，無雅座，無樓房，

① 周詢著:《蜀海叢談》，巴蜀書社 1986 年版，第 162-163 頁。
② 周詢著:《蜀海叢談》，巴蜀書社 1986 年版，第 162-163 頁。
③ 周詢著:《芙蓉舊話録》，四川人民出版社 1987 年 8 月版，第 41 頁。
④ 周詢著:《芙蓉舊話録》，四川人民出版社 1987 年 8 月版，第 46 頁。
⑤ 周詢著:《蜀海叢談》，巴蜀書社 1986 年版，第 23-27 頁。

且無倚凳”[①]，毛茶每碗售錢三文，細毛茶、普洱茶四文，價格親民，深得市民喜愛。周詢書中，不僅對軍政要員和政治經濟等大事有所記敘，對下層民衆生活細節也有記録，關懷普通人的生活和風俗，較爲完整地再現了清末民初巴蜀地區社會文化風貌。

（三）巴蜀社會生活

在周詢的《芙蓉舊話録》中，卷二、卷三治安、隙地、食米、薪炭、飲料、車馬、燈燭、祀典、肴饌、婚禮、喪禮、慈善、城隍、戲劇、寺院、游覽和花會等用大量篇幅一一各列小節，對巴蜀地區社會生活描寫詳細。對蜀中人物風情、鄉土景貌和民俗特徵的精細描摹，作品中的人物描寫等均以周詢自身見聞爲中心，臧否有度，生活語言、服飾起居，無不帶有蜀地特徵，深度還原了近代的巴蜀風俗演變史。

如房屋一節，專門介紹了清末民初成都居民公館、雜院、鋪面等房屋建築結構和特點，房租則專門記述了清末成都租房租金情況，所記都非常詳盡。如在“戲劇”中，記到成都“會戲無日無之，且有一日之間，多至七、八處者。每一廟、館大殿對面，必皆有戲樓”[②]，記録了清末巴蜀地區戲劇文化的盛況。另有“花會”中關於成都花會的記載，“成都花會原始最早，蜀產蠶絲，三代時，每春蜀都皆有蠶絲大會，當即兹事之權輿，唐詩浣花遨頭，亦嘗稱盛”，集會盛況，絡繹於途，當時雖然交通不便，“然省外數十百里内之人士，特爲趁會而來省者，仍屬不乏”[③]。談到成都駐防旗人生活，清末四川滿營“駐防成都旗兵，始於康熙五十七年……劃少城專駐旗兵，後遂稱曰滿城”，後來旗人生活愈艱，“多有數支子孫共食其祖遺之一分馬甲者，至……前清中葉以後，窮褸不堪者居多，因房屋爲官給，甚有摘拆瓦柱，售錢度日，僅留住一間以蔽風雨者。”在清代中葉以後，一般的旗人生活上日益貧困。咸豐一年，成都將軍崇實任内甚至採取籌款施粥的方法拯濟八旗孤貧。由於生活貧困，不少八旗閒散一生無糧餉收入，貧不能娶妻生子，嚴重地影響旗人人口的增長。從康熙六年到光緒三年（1721—1904）183年裹，成都旗人的人口約增長 4.2 倍，同期四川省人口增長 24.1 倍。當時的精鋭部隊健鋭營八旗還是護軍八旗都感到日趨艱難。光、宣之際改行新政，“始奉命弛營業之禁，並設局爲旗民籌生計，其舊日之編制訓練及名目，均略有變更。然不久即鼎革矣”[④]，與普通民衆無異。諸如此類對巴蜀地區社會生活的記述不勝枚舉，爲研究近代四川及周邊地區社會史提供了豐富的史料。

---

① 周洵著：《芙蓉舊話録》，四川人民出版社 1987 年 8 月版，第 24 頁。
② 周洵著：《芙蓉舊話録》，四川人民出版社 1987 年 8 月版，第 49 頁。
③ 周洵著：《芙蓉舊話録》，四川人民出版社 1987 年 8 月版，第 56-57 頁。
④ 周詢著：《蜀海叢談》，巴蜀書社 1986 年版，第 32 頁。

三　周詢對巴蜀文化的認識及其歷史價值

周詢一生，歷經清末民初社會鼎革，游任巴蜀地區官場商場數十年，所聞所記，内容涉及政治變革、經濟發展、教育文化和社會生活方方面面，記載了四川清末民國初年的政治、財政、軍事、文化、教育、郵驛情況和名人軼聞趣事。周詢筆記中還包含了其游歷全國各地的隨筆，這些游記以紀實的形式對清末中國社會進行了較詳細的記録，四川近代李劼人、巴金等一樣，還有德國李希霍芬和日本山川早水《巴蜀舊影》，作者同樣深受巴蜀文化的感染，對巴蜀文化認識源於“先賢創作的範式導引，蜀中社會生活的形象化饋贈，地域風習民俗的浸潤默化等”①。這些當時之人親筆所記，既是詳細的巴蜀地區游記，亦是瞭解清末中國社會的一批珍貴史料。

究其價值，首先，可以作爲重要的四川及周邊近代歷史史料。史學家劉知幾《史通・雜述》曾肯定了歷史筆記的作用，“偏記小説，自成一家；而能與正史參行，其所由來尚矣”②。小録、逸事、瑣言、别傳、雜記等歷史筆記，從内容上可以補充正史，在表現形式上豐富了史書的體裁。地方史志資料是瞭解地方歷史文化和社會風俗習慣的重要參考資料，官修的地方史志“基本都代表官方和正統的觀點，其對民衆的日常生活或不屑一顧，或語焉不詳，或記録扭曲的資訊”③。所以，周詢及其筆個人記述的歷史掌故和私家紀事資料，正好彌補研究地方歷史文化過度依賴官修正史的不足，兩者互相印證，纔能充分厘清歷史痕跡，纔能全面而深入地瞭解地方歷史文化。

其次，周詢及其筆記史料亦可作爲研究清末民初巴蜀地區下層社會生活的重要資料。正如王笛所説：“城市居民，特别是社會下層，依靠街頭謀生、娱樂和舉行慶祝活動。然而在社會變革之際，那些受西方影響的改良者試圖對街頭的使用進行控制，從而引起了下層民衆爲保衛其生存空間的鬥爭。在辛亥革命中，民衆以街頭作爲政治反抗的舞臺；在軍閥混戰時期，當武裝的軍人佔據了公共空間時，他們組織了自衛活動。在這個過程中，成都的街頭面貌及其文化都不可避免地被改變了，但公共空間和街頭文化仍在城市社會生活中扮演著重要角色。”④

縱觀周詢筆記所記，内容翔實具體，文字清新簡潔，資料繁多，内容豐富，記述精煉，成爲研究清末民初政風人情的重要參考資料。周詢在談及編纂民國中國銀行史時説到：“歷史爲時代之證人，生活之導師，世之談改進者，類皆

---

① 鄧經武：《李劼人創作的巴蜀文化因數》，《四川師範大學》（社會科學版）1994年第4期，第133頁。

② [唐]劉知幾撰，張三夕、李程注評：《史通》，鳳凰出版社2013年版，第140頁。

③ 王笛著，李德英、謝繼華等譯：《街頭文化成都公共空間、下層民眾與地方政治（1870—1930）》，商務印書館2013年版，第9頁。

④ 王笛著，李德英、謝繼華等譯：《街頭文化成都公共空間、下層民眾與地方政治（1870—1930）》，商務印書館2013年版，第2-3頁。

側重歸納，以歷史爲研究之中心，而尋繹往跡，改進新規，鑒往知來。”[①]民國卅七年六月趙宗溥序言稱：“觀其所記制度類之文，浩瀚如千頃之波，蓋由胸羅萬象，融爲一爐而成。記憶力之强，尤爲特著，至其所紀人物之事，類皆發揚幽光，有功名教之作……其保存文獻，有助修輯《蜀志》之功，當繼《華陽國志》之美而永留也。”普通人的生活更能體現時代變遷於社會變革的真實情况，周詢的作品無疑兼顧了宏大敘事與下層空間相結合，有利於我們更加深入瞭解當時的社會現狀。

作者單位：中共遵義市委黨校

① 周洵：《本行史稿體例的商榷》，《中行生活》1933年第17期，第559頁。

劉咸炘哲學與道家思想研究綜述

伍金霞

摘　要： 劉咸炘是近代蜀中著名學者，博通經典，學貫中西，著書多部，總爲《推十書》。近年來，學界關於劉咸炘及其學術的研究逐漸發熱，形成一定規模，并轉向專業和系統的學術思想研究爲主。本文梳理了劉咸炘研究，特别是劉咸炘哲學與道家思想研究相關論著，從而更好地瞭解劉咸炘其人其學。

關鍵詞： 劉咸炘；哲學；道家；思想；研究綜述

劉咸炘（字鑒泉，號宥齋，1896—1932 年），出生於四川雙流，五歲能屬文，九歲能自習，日翻書數十册。二十一歲即已開啟他的著述生涯，至三十六歲過世時，他的著作成果達 231 種，計 475 卷，涉及哲學、史學、文藝學、目録學、方志學等多個領域，他以“推十”（取《説文》“士”字“推十合一”之意）作爲著作名稱，又自定類目，分爲綱旨、知言（子學）、論世（史學）、校讎、文學和授徒書六類，洋洋一千多萬言，被蕭萐父稱爲“無論宏觀立論，或是微觀考史，皆精核宏通，深造有得，就其所留下的學術遺產之豐厚，一些識見之高遠，真不愧爲‘一世之雄’，而堪稱二十世紀中國卓立不苟的國學大師”[①]。

劉咸炘生於晚清末期，又歷經“五四”學潮，正是思想新舊交替、中西文化衝撞之時。他雖偏處西蜀，卻精通西學，遍讀當時西方學術的最新譯本。《推十書》中就不時引用重要西方思想家之觀點與文章，如叔本華、杜威、笛卡兒、懷特海、康德等；也不斷使用相關西方哲學語言，如數量與品質、内容與形式、主觀與客觀、具體與抽象等。他以《内書》探中華學術天人義理之微，又致力於比較中西文化異同，以期找到其義理之匯通與契合點。其所著《外書》一書，即是對中西學術之異的辨析。梁漱溟先生偶得此書，不勝驚喜，將其中《動與植》一文載入《中國民族自救運動之最後覺悟》中作爲附録，以廣流傳。他的哲學思想，即是通過這種梳理中西概念、範疇的方式進行，將中華聖哲原來散亂無紀的概念整合成系統化、理論化的成果，並通過中西比較與會通，對先賢的成果進行再詮釋，在民國中西文化相互衝撞，中華學術多維衍變的背景下，劉咸炘的這些著作，無疑

① 蒙文通等：《〈推十書〉導讀》，《推十書》（增補全本，類聚叢刊），上海科學技術文獻出版社 2010 年版，第 10 頁。

是反映當時思想變化的重要理論成果與當時思想文化軌跡的重要文獻資料。從總結前人著述，致力於融匯中西而言，也就不奇怪爲什麽龐樸先生稱劉咸炘爲“與張東蓀、熊十力等並駕齊驅的人物”[1]了。

一　劉咸炘著作整理與綜合研究綜述

劉咸炘一生未曾出川，畢生以著書育人爲已任，二十二歲時即與從兄劉咸焌創辦尚友私塾，任爲孰師，執教十餘年，育才無數；後又與友人唐迪風、彭雲生、蒙文通等創辦敬業書院，任哲學系主任；之後又相繼被成都大學、四川大學等聘爲教授，直至離世，不離教席，深受學生愛戴。他秉性淡泊，不計名利，直系軍閥吴佩孚、川督劉湘等曾先後慕名禮聘，均婉言拒絕。[2]他的學術也因此少有人知。直到 1996 年，在劉咸炘先生百歲誕辰之際，成都古籍出版社纔推出《推十書》影印版；2009 年，通過三十多位學者的努力，上海科學技術文獻出版社出版《推十書》（增補全本），此乃劉咸炘研究領域的盛事。及至目前，劉咸炘的著作整理及出版情況如下表。

表 1　劉咸炘先生著作收集與整理情況

時間	著作收集與整理情況
1996 年	劉咸炘百歲誕辰之際，成都古籍出版社推出《推十書》影印版
2007—2010 年	由黄曙輝教授編校的横排繁體字版的《劉咸炘學術論集》（史學編、子學編、文學編、校讎編、哲學編）陸續由廣西師範大學出版社出版
2008 年	由段渝教授整理編校的《劉咸炘論史學》《劉咸炘論目録學》由上海科學技術文獻出版社出版
2009 年	由段渝、李誠兩位教授牽頭，三十多位學者參與的《推十書》（增補全本）由上海科學技術文獻出版社出版。全書十六開本二十巨册，一千多萬言
2010 年	由段渝主編的《道教征略》和《〈推十書〉導讀》由上海科學技術文獻出版社出版。《〈推十書〉導讀》主要收集了各領域大家對劉咸炘先生的研究成果
2010 年	由黄曙輝教授編校的豎排繁體字版《劉咸炘詩文集》由上海華東師範大學出版社出版
2012 年	浙江古籍出版社推出的民國大師系列“博庫叢刊”，收録了劉咸炘先生的《道教征略》，並於其後附録了《誦老私記》與《莊子滯釋》

劉咸炘的著作能得以大範圍整理出版，除了諸如著名學者陳寅恪、蒙文通、唐君毅、梁漱溟、錢穆、張孟劬、蕭萐父、龐樸等的大力推崇外，更依賴於劉咸

① 龐樸：《一分爲三論》，上海古籍出版社 2003 年版，第 151 頁。
② 此段資料主要來自蕭萐父先生爲《推十書》所著的《導言》。見蒙文通等：《〈推十書〉導讀》，《推十書》（增補全本，類聚叢刊），上海科學技術文獻出版社 2010 年版，第 9-10 頁。

炘長子劉伯穀先生畢生的奉獻。他不僅使劉咸炘的手稿與藏書得以完整保存，且在《推十書》的出版整理上，亦付出了巨大的心力。劉咸炘先生的學術與思想得以爲世人所知，劉伯穀先生居功至偉。

自 20 世紀 90 年代起，漸漸有學者開始對劉咸炘及其學術思想進行研究，筆者從各個管道，以“劉咸炘”“推十書”等作爲關鍵詞，收集了知網、萬方等期刊網站的 130 篇論文（包括《〈推十書〉導讀》中的多篇在網上已無法查找的文章），通過期刊出版年份進行排列，發現自 2007 年起，對於劉咸炘先生及其學術的研究正式發熱，而 2010—2015 年，學術界每年發表的與劉咸炘相關的論文均超過 10 篇[①]，正如張傑於 2012 年在《劉咸炘研究綜述》一文中所言：“劉咸炘，這樣一位八十年來珠沉大澤而湮沒無聞的文史學者，再次浮現在我們的視野，這些年來逐步成爲學術界關注的對象。”[②]

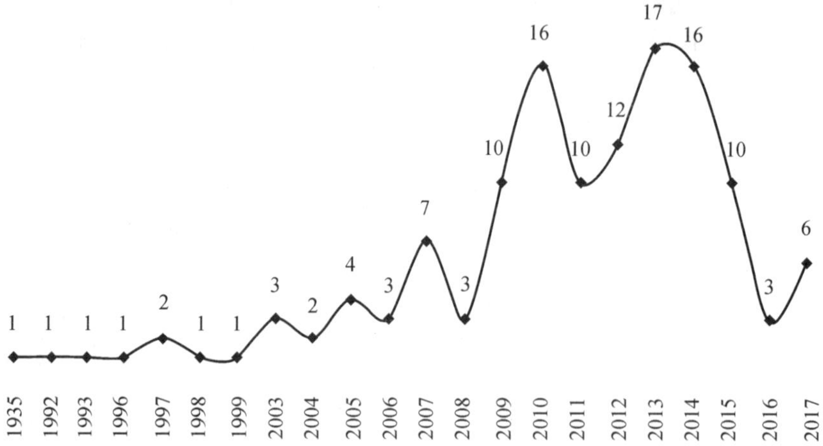

圖 1　近年來對“劉咸炘先生及其學術思想”研究文獻發表年份整理

首位對劉咸炘學術進行研究者，乃其摯友蒙文通先生。早在 1935 年，蒙先生於《圖書季刊》雜志上發表《評〈史學散論〉一文》，首先開啟了對劉咸炘史學的研究。蒙先生贊其“持論每出人意表，爲治漢學者所不及知”。又贊先生“搜討之勤，是固言中國學術史者一絕大貢獻也”[③]。由此發端，此後數年，學術界對劉咸炘的研究，基本集中在史學領域，亦有不少學者認爲，劉咸炘學術之精粹，乃在史學部分。如吳天墀教授就認爲：“《推十書》的最精粹的部分，是突出表現在史學方面：他的史學觀念是完整而宏大的，治史方法也是周密而靈活的。”[④]王汎森

① 《〈推十書〉導讀》出版於 2010 年，其中的文章，能找到最早原始發佈的時間的，已公佈。其他約有 6 篇文章無法找到原始出處，故將時間定於 2010 年，因此，2010 年發表文章數較多。但即使剔除加入的 6 篇文章，其文獻數量也達到了 10 篇。

② 張傑：《劉咸炘研究綜述》，《蜀學》（第七輯），2012 年版，第 237-253 頁。

③ 蒙文通等：《〈推十書〉導讀》，《推十書》（增補全本，類聚叢刊），上海科學技術文獻出版社 2010 年版，第 1 頁。

④ 劉咸炘：《推十書·序》（影印本），成都古籍出版社 1996 年版，第 17 頁。

在 2011 年上海復旦大學演講時認爲:“劉咸炘是中國‘五四’新文化運動時期,主動從中國傳統文内部資源中挖掘歷史學研究方法,並且形成十分有效的史學著作撰述體例、研究體系的了不起的史學家。”①劉咸炘的弟子徐國光在作《推十書系年録序》時總結:“於學無所不通,尤專力於史。”②這一特點,在近年對劉咸炘的學術研究中亦可得見。在收集的 130 篇文章中,筆者根據文章的主要内容進行了粗略劃分,認爲其中可歸爲史學論文的文章有 39 篇,爲第一大領域。若從大史學的角度而言,目録學、方志學均前納入史學範圍,其論文數量達 50 篇,占到總研究數量的四成。

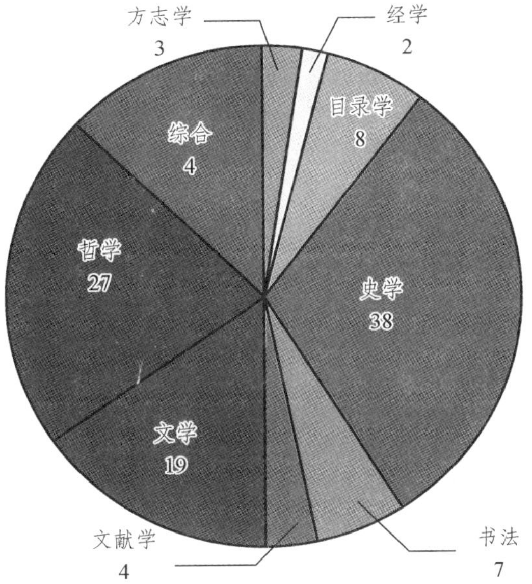

圖 2　近年來對“劉咸炘先生及其學術思想”研究文獻分佈領域

史學領域雖爲劉咸炘最早爲人所發現並研究的領域,但從整體的研究趨勢來看,史學與其他領域一樣,其研究真正開始發力是在 2009 年之後,筆者認爲,這主要得益於黄曙輝、段渝、李誠等教授對《推十書》的校對、整理與出版,特别是《推十書》(增補全書)出版之後,不但給予了研究者以極大的研究便利,也使得劉咸炘學術的博大性得以體現。《推十書》包羅萬象,無論是哲學、史學、文學、方志學、目録學或是書法學等,學者均可以從《推十書》中找自己的興趣點進行研究,産生了諸如歐陽禎人、劉復生、嚴壽徵、陳開林、周鼎、陳中等一批專業的研究學者,他們從各個領域對劉咸炘的思想進行研究,劉咸炘的學術研究由此百花齊放。

① 張傑:《劉咸炘研究綜述》,《蜀學》(第七輯),2012 年版,第 237-253 頁。
② 徐國光:《推十書·系年録序》,劉咸炘:《推十書》(增補全本,癸輯),上海科學技術文獻出版社 2009 年版,1145 頁。

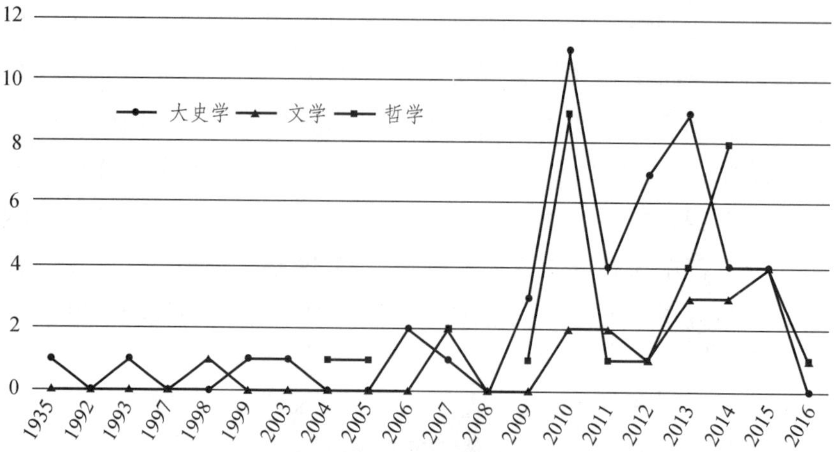

圖 3　近年來對“劉咸炘先生及其學術思想”研究文獻分佈領域趨勢整理

《推十書》（增補全本）的整理出版，亦帶來了學術界對劉咸炘學術研究的系統化與專業化，與最初由蕭萐父等大家主要以介紹、推廣劉咸炘學術，使之進入大衆視野不同，近年來，對於劉咸炘的研究，研究者漸有各占山頭之勢，如武漢大學國學院歐陽禎人教授自 2004 年以來，已發表有關劉咸炘的文章達 12 篇，除了幾篇基礎導讀之外，其所專注的領域主要爲劉咸炘的儒家哲學思想研究；華中師範大學文學院陳開林教授自 2014 年以來，發表有關劉咸炘的文章達 7 篇，則主要集中於文學領域，其研究内容包括劉咸炘的賦論思想、《詩經》學思想、《文心雕龍》研究、書録解題思想、《文選》評點等；四川大學的嚴復生教授發表了 4 篇與劉咸炘有關的論文，則主要從史學角度進行研究；新加坡的嚴壽徵教授也是研究劉咸炘的專家，但他所研究的領域則較爲分散，文史哲與經學均有所涉及。

對劉咸炘研究的系統化與專業化，還表現在對劉咸炘的研究，已不僅是專業學者的工作，而是已進入到高校碩博士的研究中。據統計，自 2006 年四川大學周鼎首次將博士論文定題爲《“取釜鐵於陶冶”：劉咸炘文化思想研究》以來，截至目前，已出現了 11 篇碩士論文和 2 篇博士論文，涉及的研究領域包括史學、哲學和文學。其中，周鼎先生的博士論文以《劉咸炘學術思想研究》爲題已由巴蜀書社出版。

表 2　研究劉咸炘的碩博論文統計

作者	論文標題	發表類别	發表單位	時間
周鼎	“取釜鐵於陶冶”：劉咸炘文化思想研究	博士論文	四川大學	2006
陳中	儒道會通：劉咸炘哲學思想研究	博士論文	武漢大學	2014
王吉偉	劉咸炘史學研究	碩士論文	華東師範大學	2010
鄭小瓊	劉咸炘詩學初探	碩士論文	四川師範大學	2011
王國彬	劉咸炘道家思想研究	碩士論文	廈門大學	2012

續表

作者	論文標題	發表類别	發表單位	時間
關興業	劉咸炘《漢志餘義》研究	碩士論文	華中師範大學	2013
倪姝	往而知反：劉咸炘史學思想研究	碩士論文	湖南大學	2013
張采芳	劉咸炘詞學初探	碩士論文	四川師範大學	2013
李彥詞	劉咸炘史學思想與蜀學研究	碩士論文	四川師範大學	2013
符思毅	論劉咸炘道德觀	碩士論文	西南民族大學	2013
梁冬	劉咸炘小説觀研究	碩士論文	四川師範大學	2014

2016 年底，由歐陽禎人教授撰寫專業研究劉咸炘生平與學術的專著《劉咸炘思想探微》由商務印書館出版，本書爲教育部國家重點人文社會科學研究基礎重大專案《劉咸炘對中國傳統文化的創造性改造》的成果之一，全書共分爲五章，分別從劉咸炘的生平、哲學思想、對新文化的態度及對傳統的堅守等方面著手，系統而專業地對劉咸炘的生平與思想進行了解讀，可作爲瞭解劉咸炘學術及《推十書》的重點讀物。

二　劉咸炘哲學思想研究綜述

劉咸炘於《道家史官説》一文中説："我嘗言我全部的學問，其對象可一言以蔽之，曰史。其方法可一言以蔽之，曰道家。"[①]很多人看到此語即認爲劉咸炘成就最集中之處乃是史學，其實不然。概覽《推十書》(增補全本)，就會發現劉咸炘真正的史學著作並不多，在這些不多的史學著作中，相當一部分是史論或論史之作，而史論與論史之作，其歷史性並不爲史學家所承認。而劉咸炘的史論與論史之作，在蕭萐父教授看來，這是"對章學誠'六經皆史'義理的發揮，理論上的獨特貢獻在於把'史學'擴大爲'論世''觀變'的'人事學'……括舉整理人文世界，頗近於現代與自然科學相對峙的'價值學'或'人文學'。"[②]由此可知，劉咸炘所論之"史"，乃是"論世""觀變"的"人事學"，其範圍基本等於現在所談的"社會學"或"人文學"。[③]他又强調以道家方法治史，即是以道家"執兩""禦變"的方法研究歷史進程。他被學者所推爲瑰寶的治史方法"察勢觀風"，歸根結

① 劉咸炘：《道家史官説》，《推十書》(增補全本，甲輯一)，上海科學技術文獻出版社 2009 年版，第 43 頁。

② 蒙文通等：《〈推十書〉導讀》，《推十書》(增補全本，類聚叢刊)，上海科學技術文獻出版社 2010 年版，第 18 頁。

③ 關於章學誠先生的"六經皆史"説，學術界仍存在爭論。一部分認爲是尊史抑經，降低了經學的地位；另一部分則認爲不僅不是抑經尊史，反而是尊經。筆者認爲，劉咸炘所繼承的"六經皆史"，是從大史學，即"人事學"的角度而言，將一切"論世""觀變"之學皆劃分爲史，而經學則是最高標準的史學，從此意義上去闡明經史關係。

底，即需要“以天人一貫、道器不二、體用相涵的觀點，通觀一時代或一地區之‘風勢’（時風、土俗、民情、政勢等）”[①]。其方法，仍是哲學性的。用陳中在其博士論文《儒道會通：劉咸炘哲學思想研究》中的話來總結，則是劉咸炘治史“最終之目的是要爲其闡明聖學之‘天道’‘人道’及‘天人合一’之學作解注”[②]。

蕭萐父是首位對劉咸炘學術進行全面概括的學者。他於 1996 年爲成都古籍出版社影印版《推十書》作序之後，又推出專文《劉咸炘先生的學思成就及其時代意義》，從先生的生平、學源、學術脈絡及其與時代背景結合，對劉咸炘的述作進行了較爲全面的總結，認爲“劉咸炘先生玄思獨運，馳騁古今”，乃近世蜀學中學術成就最爲突出者。他高度稱頌劉咸炘的《一事論》《兩紀》，認爲這篇文章乃《推十書》中兩篇奇文，其以“宏觀綱，文簡義深，評及中西古今各家得失而直示其一系列哲學獨見”。蕭萐父先生不止認爲劉咸炘在中國哲學方面見解甚深，且對於西方的哲學體系亦有獨到見解，並認爲他“已初步琢磨出一個融貫中西的範疇體系”[③]。

蕭萐父先生不止自己在推進劉咸炘學術的研究上不遺餘力，他還引導其他學者致力於此，如目前對劉咸炘哲學思想進行系統研究的學者歐陽禎人教授，就是在蕭萐父先生的指導下進入的。截至目前，他已發表了 12 篇關於解讀劉咸炘學術及哲學思想的文章，其解讀範圍包括劉咸炘先生的人道思想、經學思想、子學思想等，但整體集中於儒家一端，雖然他認爲“從個人的哲學傾向上來講，從劉咸炘個人的靈魂深處來説，他是崇奉道家哲學的”[④]；從學術旨趣上而言，“劉咸炘的《推十書》就是要從根本上總結中國學術發展的得失，努力挽救中國古代學術‘各趨極端，往而不反，終不能合’的弊端，大力宣導儒家與道家的融合，回歸天道之純”。[⑤]但從劉咸炘的價值取向上而言，歐陽教授則認爲“劉咸炘卻始終堅持孔子、孟子的思想價值觀念”[⑥]。“《推十書》的學術理想是‘任天’‘圓道’的‘大道’之樸，但是它的基礎卻是孟子的性善論。”所以他根據劉咸炘所言“道家之學，不過爲儒家之方法”[⑦]推出“道家在《推十書》的學術體系之中衹具有方法論的地位，儒家的思想纔是《推十書》的根本”[⑧]這一結論，爲《推十書》“儒道會通”這一核心精神中的儒道關係以定調。在此觀點下，歐陽教授先後撰寫了《論劉咸炘先生的〈大學〉、〈孝經〉貫義》《劉咸炘先生的“人道”思想導讀》《孟子在〈推

① 蒙文通等：《〈推十書〉導讀》，《推十書》（增補全本，類聚叢刊），上海科學技術文獻出版社 2010 年版，第 18 頁。
② 陳中：《儒道匯通：劉咸炘哲學思想研究》，武漢大學，2012 年，第 8 頁。
③ 蒙文通等：《〈推十書〉導讀》，《推十書》（增補全本，類聚叢刊），上海科學技術文獻出版社 2010 年版，第 17 頁。
④ 歐陽禎人：《劉咸炘思想探微》，商務印書館 2016 年版，第 158 頁。
⑤ 歐陽禎人：《劉咸炘思想探微》，商務印書館 2016 年版，第 166 頁。
⑥ 歐陽禎人：《劉咸炘思想探微》，商務印書館 2016 年版，第 173 頁。
⑦ 劉咸炘：《認經論》，《推十書》（增補全本）甲輯一，上海科學技術文獻出版社 2009 年版，第 30 頁。
⑧ 歐陽禎人：《劉咸炘思想探微》，商務印書館 2016 年版，第 179 頁。

十書〉中的地位》《周易在〈推十書〉中的地位》等一系列的文章，對劉咸炘的儒家哲學思想進行整理與研究。甚至在對劉咸炘經學思想的研究中，通過對劉咸炘《流風附記》中“儒家失真歷史”的描述以及劉咸炘“道家本吾兄弟，存吾道之一半者也，當合之”[①]的論斷，認爲劉咸炘“以儒家自居”，“劉咸炘的經學思想實際上就是要借助於道家思想資源和史學的研究方法，來補充和發展儒學。其基本手段是要通過否定在專制主義之威脅利誘之下的經學傳統，以彰顯原始儒家的真精神”[②]。由此可見，歐陽教授是以儒家爲基本立場對《推十書》的哲學思想進行分析與研究的。

秉承蕭萐父先生的遺志，歐陽教授不但自身投入到對劉咸炘思想的研究當中，而且不斷引領年青學者參與對劉咸炘及劉咸炘學術思想的研究。2010 年，他的碩士生龐雯予的碩士論文《章太炎與劉咸炘進化論思想的比較研究》，以横向比較的方法對劉咸炘的進化論思想進行了研究。同時，他還指導了“博士生黄蓋專門研究劉咸炘的祖父劉沅，指導了陳中研究劉咸炘的道家思想”[③]。2014 年，他的學生陳中的博士論文以《儒道會通：劉咸炘哲學思想研究》爲題，“以‘天道’‘人道’和‘道術’爲三大架構，較爲剛健明朗地呈現了原始儒道之學以‘天道’爲本體形上學，以‘人道’爲以人爲本、歸宗人生哲學或曰生命之學，而以‘道術’爲人天之間的内在功夫論和境界論，並最經‘道術’學爲以‘天人合一’爲終極歸趨的儒道之學的修養證成之道”[④]。並認爲：“劉咸炘梳理儒學發展史，辨别其流變得失，進而推闡原始儒學大義，並在對老子、莊子哲學的辯正基礎上，表明儒道本會通爲一。”[⑤]故而陳中此文雖以“儒道會通”爲主題，但在論述中仍是以儒學爲本進行劉咸炘哲學思想的解剖。他的其他論文如《劉咸炘的人生哲學探微》《劉咸炘的天道觀略論》等，基本都秉持這一觀點。

除了蕭老一脈外，在辯證法研究上有巨大成就的龐樸先生於 2003 年出版的專著《一分爲三論》中，專辟一節介紹劉咸炘的哲學方法論，他説：“惟世人但知辯證要義在於‘執兩’，獨劉氏能辨别執兩有真假之分，提倡循相對以求絕對，合兩端而成三極。故其書於分一爲二之外，更進而合二成三，以致得見常人之所罕見，能發前賢之所未發。”他又説：“執一、執兩，用中（得一），此所謂的人生三種態度，實際上包括了人們的全部世界觀和方法論，以及三者之正反合的演進過程，其中最需注意認清辯明者，爲執兩之説。……其執兩者，實際上並不止於兩，雖執兩而知有超乎兩者在，故能循相對以求絕對，‘入第三之高級’，得老孔之正道，‘超乎往復’而得一於中，合乎兩端而成爲第三級，真正實踐宇宙與

① 劉咸炘：《流風附記》，《推十書》（增補全本）甲輯一，上海科學技術文獻出版社 2009 年版，第 71 頁。
② 歐陽禎人：《劉咸炘思想探微》，商務印書館 2016 年版，第 63 頁。
③ 歐陽禎人：《劉咸炘思想探微》，商務印書館 2016 年版，第 4 頁。
④ 陳中：《儒道會通：劉咸炘哲學思想研究》，武漢大學，2014 年。
⑤ 陳中：《儒道會通：劉咸炘哲學思想研究》，武漢大學，2014 年，論文摘要第 II 頁。

完美的真諦。”[1]對劉咸炘的辯證法思想進行了高度評價，認爲“其文知言論世，明統知類，於執兩用中、秉要禦變之方法論方面，尤有獨特貢獻，爲中國近代思想史上不可多見的學術珍品，值得仔細玩味。”[2]

汪啟明教授《天才學者劉咸炘易學初解》一文，大力頌揚了劉咸炘《易》學思想體系之完備，認爲“尤其是剖析《易》爲宇宙根本大理、《易》史論新解、《易》學在蜀、象數義理不可偏廢、《易》史互通互證”等方面，“無異於學界春雷，令人振聾發聵，實爲中國學術史上的奇葩”[3]，特別是《易》史關係上，汪教授還畫出了劉咸炘的演繹過程，從而以邏輯推理的方式證明二者可以互通互證，十分清楚明白，爲理解劉咸炘《易》學必讀之作。

在對劉咸炘的哲學進行分析時，不能忽視其學術的形成背景，即在五四新文化運動，中華傳統文化被西學猛烈衝擊，處於岌岌可危這一境域。與全盤西化者，甚至梁漱溟等保守主義學者不同，劉咸炘始終堅定站在中華傳統文化的立場進行哲學的思考與總結，而這一點，通過他的“人道觀”，可得以體現。關於這一點，歐陽禎人教授與劉俊哲教授都有精彩的論述。歐陽禎人教授在其專著《劉咸炘思想探微》“對新文化運動的態度”一章中，辟有一小節以分析劉咸炘“富有批判精神的人道思想”，在分析完劉咸炘與胡適、梁啟超、梁漱溟等大學者對於中西文化的不同立場之後，認爲劉咸炘“實際上要比梁啟超、梁漱溟二位先生‘保守’得多。……劉咸炘最大的特點在於不人云亦云，始終堅持中國文化的‘元典’立場，從學術的靈魂深處捍衛中國文化的真精神”[4]。他通過整合儒家與道家的思想資源，“其理論目的是要矯正中國學術史不離則流，分崩離析的狀態，是要批判‘五四’時期很多人執一而廢百的偏激行爲”[5]。劉俊哲教授在《傳統儒學的傳承和拓展：劉咸炘的人學理論》一文中，亦認爲他的人道思想使得他成爲“中國傳統文化堅定的持守者和捍衛者”。劉教授從本原論、知行關係與人之德性三個方面對此作了精彩的論述，並將他定位爲“一個中國現代新儒學思想家”。[6]

蕭萐父先生曾在論及劉咸炘的思想時提及他的學思成就及歷史動力乃是“將其納入當時整個時代思潮而觀其動向，與並世同列相較而察其異同”[7]。在西方文化來勢洶洶的大背景下，劉咸炘對西方哲學是有著深刻研究的，這一特點在他許多著述中都在體現。因此，在進行劉咸炘學術研究時，對西方哲學的吸收與批判也成爲研究重點，如他對進化論的批判，周鼎就曾撰有專文進行討論。周鼎認爲劉咸炘“區分了達爾文的生物進化論與斯賓塞的社會進化論，站在文化相對主義

① 龐樸：《一分爲三論》，上海古籍出版社 2005 年版，第 155 頁。
② 龐樸：《一分爲三論》，上海古籍出版社 2005 年版，第 154 頁。
③ 汪啟明：《天才學者劉咸炘易學初解》，《周易研究》2009 年第 2 期（總第九十四期），第 33-45 頁。
④ 歐陽禎人：《劉咸炘思想探微》，商務印書館 2016 年版，第 231 頁。
⑤ 歐陽禎人：《劉咸炘思想探微》，商務印書館 2016 年版，第 233 頁。
⑥ 劉俊哲：《傳統儒學的傳統與拓展：劉咸炘的人學理論》，《社會科學研究》2014 年 6 月，第 139-144 頁。
⑦ 蕭萐父：《劉咸炘先生學術成就及學術思想》，《中華文化論壇》1997 年第 1 期。

立場上指斥社會進化論不能被視作普遍有效無容置疑的科學真理，同時强調了進化不能等於進步，並提出了‘智進德退’的觀點”。周鼎還認爲：“劉咸炘的文化相對主義主要來源於中國傳統道家思想，並吸收了 20 世紀初傳入國内的西方文化人類觀念。”[①]突出中西文化碰撞對劉咸炘思想的影響。另外，2010 年，武漢大學龐雯予以《章太炎與劉咸炘進化論思想的比較研究》爲題作碩士論文，則横向比較了章、劉兩位民國學者的進化論思想。

整體來説，劉咸炘的學術旨趣是回歸老孔之道，他於《道家史觀説》一文中對自身的學術有總括，曰：“此學以明事理爲的，觀事理必於史，此史是廣義，非僅指紀傳編年，經亦在内；子之言理，乃從史出，周秦諸子，無非史學而已。横説則謂之‘社會科學’，縱説則謂之‘史學’，持説、括説則謂之‘人事學’可也。”[②]由此可見，就劉咸炘本身而言，其學術體系統是一個一以貫之的整體，筆者前面對研究者文章的分類，實際與劉咸炘的思想是背道而弛的，因此，對於劉咸炘哲學思想的分析，亦衹是抽取部分現代學科分類中所謂的哲學思想進行整理綜述，其中必有不足之處。另外，由於下節將專門針對劉咸炘的道家思想進行綜述，故有關道家哲學的内容，此節均不涉及。

三　劉咸炘道家思想研究綜述

劉咸炘對於道家思想的研究有其家學淵源，他的祖父劉沅兼治儒道，曾隱遁四川青城山專研道家思想長達八年之久，而後又創立“劉門教”。2009 年，四川大學博士生劉均强撰寫了博士論文《性與天道以中貫之：劉沅與清代新理學的發展》，對劉沅的思想進行了深入剖析，並認爲：“劉沅學要的兩大源流，即是儒、道兩家。”[③]劉咸炘極爲推崇其祖父劉沅的學術，曾自認其學“家學祖考槐軒先生，私淑實齋先生”[④]。在《唐迪風别傳》一文中亦言“吾好道家，而迪風稍輕之”[⑤]。因此，他於道家思想方面著力甚深，在道家文獻疏理方面有《子疏・老徒裔》《子疏・楊慎》編入《子疏》,《舊書别録・老子》《舊書别録・淮南鴻烈》《舊書别録・抱樸子外篇》《舊書别録・劉子新論》《舊書别録・化書》等，編入《舊書别録》；經典注釋方面有《老子二抄》《誦老私記》《莊子滯釋》《吕氏春秋發微》等；道教史疏理有《道教征略》。另外，他在閲讀道家、道教經典，又不時記録成文，僅以《推

① 周鼎：《邊緣的視界：劉咸炘對進化論的批判》,《四川大學學報（哲學社會科學版）》，2004 年 3 月（總第 132 期），第 139-144 頁。
② 劉咸炘：《道家史觀説》,《推十書》（增補全本，甲輯一），上海科學技術文獻出版社 2009 年版，第 45 頁。
③ 劉均强：《以“中”貫之：劉沅學術思想研究》，四川大學，2009 年，第 101 頁。
④ 劉咸炘，《推十書》（增補全本，戊輯二），《自述》，上海科學技術文獻出版社 2009 年版，第 520 頁。
⑤ 劉咸炘：《唐迪風别傳》,《推十書》（增補全本，戊輯二），上海科學技術文獻出版社 2009 年版，第 521 頁。

十書》（增補全書）爲底本，劉咸炘先生關於道學的著作就有數十部，自他 26 歲至過世前，基本沒有中斷對道家與道教的探索與研究。他甚至於《道家史觀説》一文中言："道家學説無總集之本，吾嘗立願撰集之，未暇也。"[①]可見他不衹是在研究道家學術上有所建樹，還試圖對道家學術思想進行重建，如《道教征略》就是他在"道教無史"的現狀下，對道教學術與傳承體系的構建。

表 2 《推十書》中與道家道教有關的作品整理

時間	著作名稱
1921 年 5 月	撰《舊書别録・老子》
1921 年 6 月	撰《舊書别録・淮南鴻烈》
1921 年 12 月	撰《子疏》十四篇成，撰《子疏・老徒裔第三》《子疏・楊慎第四》
1922 年 6 月	撰《舊書别録・抱樸子外篇》《舊書别録・劉子新論》《舊書别録・化書》
1922 年	撰《舊書别録・晏子春秋》
1924 年 4 月	撰《道家史觀説》
1924 年 10 月	撰《道教征略》三卷
1924 年	撰《全真教論》
1927 年 2 月	撰《老子二抄》
1929 年	撰《告法言道士俚語》
1930 年 4 月	撰《吕氏春秋發微》
1930 年 5 月	撰《誦老私記》
1930 年 6 月	撰《莊子釋滯》
1932 年 5 月	撰《莊子釋滯補》

在對劉咸炘道家思想的研究中，學術界多將目光放在"中國首部道教史"《道教征略》上。《道教征略》是目前劉咸炘再版最多的專著，最早由其弟子整理，由四川省圖書館刊發於《圖書集刊》第 5 期（1946 年 10 月）和第 8 期（1948 年 6 月）。雖然此書僅爲框架性的"草創之稿"，但此書"以道派傳承和道經存佚爲綱，可説是抓住了道教史研究的重點和難題，通過廣泛搜討教内文獻、正史紀傳、文集書目，勾勒出道教發展的基本綫索"[②]。因而受到了不少專家學者的肯定，如蒙文通在《道教史瑣談》中言："蜀究道家言者，余知惟劉咸炘先生……劉著《道教征略》，精深博大。"[③]卿希泰也在其主編的《中國道教史》中説《道教征略》"對道教的學術淵源、道教各時期派别以及道教經書等，如數家珍，不乏創見，實爲

① 劉咸炘：《道家史觀説》，《推十書》（增補全本，甲輯一），上海科學技術文獻出版社 2009 年版，第 45 頁。

② 周治：《道教征略・前言》，劉咸炘：《道教征略》，浙江古籍出版社 2012 年版，第 2 頁。

③ 蒙文通：《蒙文通文集》第一卷，巴蜀書社 1995 年版，第 331 頁。

研究道教歷史的寶貴文獻。”[①]儘管學術界評價甚高，但直到2013年，纔由四川大學博士生由申發表了《劉咸炘的道教史研究：以〈道教征略〉爲中心》一文，專門談劉咸炘的道教史觀，文章基本爲介紹導讀性質，並無特殊創見。2014年，楊燕發表《劉咸炘與朱熹道教觀異同論》一文，認爲劉咸炘對朱子“雖不乏異論，但亦多讚賞之處，可見其對朱熹學問研究頗爲透徹，心得亦多”[②]，同時二者都對道教興趣深厚。通過分析，楊燕認爲二者對於道教的態度極爲不同，這種不同緣於二者對各自學術的立場的判斷：“朱氏爲站在道教之外看道教，甚或是站在道教的對立面看道教，而劉氏乃站在道教之中看道教；朱氏爲旁觀，而劉氏爲自省。”但二者也不乏相同點，她總結了兩點：“一是二人對道教整個歷史的認定和疏理，即把道家和道教看作一個完整體系的觀點。……二是二人對道教的判斷。二人對道教的興衰判斷都著重於道教自身的教理發展、道士的修爲程度等方面，這些與國内目前學界的看法大相徑庭。”[③]楊燕對於劉咸炘學術態度的總結，筆者認爲極爲貼合，在劉咸炘所認同的中華學術範圍内，無論是哪一個流派，劉咸炘在對其進行整理、批駁時，都是站在學術本身的立場而言（即以自己爲其中的一部分）。如其在討論儒家學術時，即言“道家本吾兄弟，存吾道之一本者也”[④]。在痛斥道教的無良現狀時，亦言“我道門貴重經師籍師”[⑤]“所以我祖師纔做出這一部《法言會纂》”[⑥]這樣的話語，這都是因爲他是站在學術本身的立場進行著述的緣故，這也使得研究者在研究其思想與學術時，總有親切認同之感，儒者認爲他歸儒，道者認爲他歸道，即便明知他的思想旨趣爲“儒道會通”，也總覺得二家之中尚有更爲根本的學術核心。而實際上，衹不過是劉咸炘本身並無門户之見，他將中華學術看成一個整體，並不帶立場罷了。

最早對劉咸炘的道家思想進行整理與研究的學者仍屬蕭萐父教授。他曾在江西龍虎山的道教研討會上發表過一篇名爲《劉咸炘先生〈道家史觀説〉述評》的發言提綱。蕭先生認爲：“劉咸炘先生之學思脈絡，淹貫經史而以史爲重，兼崇儒道而以道爲歸。……《道家史觀説》這篇短文，言簡而義豐，凸顯了他的獨特道家觀。”蕭先生從五個方向總結了他的道家觀：一是開宗明義，自立學綱；二是由道家的起源論及道家與史官、天官三者的互相關聯，從而推導道家、史家之要，即在“執兩”以“禦變”；三是道家學術之大要及其方法論；四是道家的歷史定位；

① 卿希泰主編：《中國道教史》（修訂本）第四卷，四川人民出版社1996年版，第470頁。
② 楊燕：《劉咸炘與朱熹道教觀異同論》，《哲學動態》2014年第10期，第23-32頁。
③ 楊燕：《劉咸炘與朱熹道教觀異同論》，《哲學動態》2014年第10期，第23-32頁。
④ 劉咸炘：《流風附記》，《推十書》（增補全書，甲輯一），上海科學技術文獻出版社2009年版，第71頁。
⑤ 劉咸炘：《告法言道士俚語》，《推十書》（增補全書，庚輯），上海科學技術文獻出版社2009年版，第135頁。
⑥ 劉咸炘：《告法言道士俚語》，《推十書》（增補全書，庚輯），上海科學技術文獻出版社2009年版，第136頁。

五是在傳統文化中道家思想與民族性格的關係。[①]此篇發言提綱雖然不長，但結構嚴謹，將劉咸炘的道家觀展示得極爲周備。

目前較爲系統研究劉咸炘道學觀點的文章，是詹石窗教授於《推十書》(增補全書）出版之際撰寫的《劉咸炘的道學思想》一文，他對劉咸炘的道學思想進行了較爲全面的梳理與研究，他認爲劉咸炘的道學成果主要體現在如下兩個方面：一是對道家文化傳統作了精闢的概括；二是對道教的歷史脈絡與道派傳承作了比較全面的梳理。詹教授認爲劉咸炘道學研究的主要特點可歸於兩點：一是説理透徹，啟人心扉；二是考證翔實，獨具匠心。他對道學的貢獻主要體現在兩個方面：一是融會貫通，梳理了中華道學傳統的頭緒；二是探賾索隱，開闢了道學研究的廣闊前景。[②]詹教授認爲，在道學被當作封建思想文化而打入冷宫的“五四”新文化運動時期，劉咸炘還能“本著學術中立的態度，潛心研討傳統道家與道教的諸多典籍和大量的相關歷史文獻”，並且“把考證與論析結合起來，從而形成了自己關於道學的獨到見解”[③]，他所開闢的道學研究路徑，“給當代的道學學者提供了珍貴的經驗和啟迪。”[④]

2006 年，四川大學周鼎的博士論文《“取釜鐵於陶冶”：劉咸炘文化思想研究》中，專辟一章談劉咸炘的道家思想。他首先梳理了劉咸炘對於老子生平、老孔關係等學術界長期爭論不休的問題的看法、分析與批駁；其次，他對劉咸炘分析“老子之道”的方法進行了梳理，認爲劉咸炘的這些分析與研究“鮮明地體現了其會通儒道的思想宗旨”[⑤]，爲此，他就劉咸炘儒道會通的兩個部分——“老孔授受”與“儒道同源”進行了分析；最後，他根據劉咸炘“今欲明道家之説，當辨明道、勢、法三義之變遷，排斥申韓，修正莊周，表彰淮南，和合宋儒”的觀點進行道學源流梳理。他對劉咸炘的證據與考證始終保持謹慎，認爲劉咸炘基本是以“儒道會通”爲立場來進行老子之道的詮釋，而不是以考據、詮釋爲基礎推出“儒道會通”[⑥]，但是他也承認“劉咸炘的研究無疑爲我們提供了重新審視中國文化的新角度”。2012 年，廈門大學王國彬的碩士論文《劉咸炘的道家思想研究》是第一篇對劉咸炘道家思想進行研究的學位論文，但在研究過程中，他主要側重於對劉咸炘生平、學術思想與道家源流的整理，對道家思想的論述極少，令人有本末倒置之感。

① 蒙文通等：《〈推十書〉導讀》，《推十書》(增補全本，類聚叢刊），上海科學技術文獻出版社 2010 年版，第 125-126 頁。
② 蒙文通等：《〈推十書〉導讀》，《推十書》(增補全本，類聚叢刊），上海科學技術文獻出版社 2010 年版，第 128-136 頁。
③ 蒙文通等：《〈推十書〉導讀》，《推十書》(增補全本，類聚叢刊），上海科學技術文獻出版社 2010 年版，第 128 頁。
④ 蒙文通等：《〈推十書〉導讀》，《推十書》(增補全本，類聚叢刊），上海科學技術文獻出版社 2010 年版，第 136 頁。
⑤ 周鼎：《劉咸炘學術思想研究》，巴蜀書社 2008 年版，第 193 頁。
⑥ 周鼎：《劉咸炘學術思想研究》，巴蜀書社 2008 年版，第 193-205 頁。

羅映光在 2011 年出版的專著《蒙文通道學思想研究》中，有一小節介紹劉咸炘的道學思想。他認爲，劉咸炘有關道學的論述，主要包括對道家文化傳統的概括、對道教歷史脈絡的梳理以及對道學思想研究的貢獻三個方面。[①]

2013 年，湯君在《蜀學》上發表《劉咸炘老、莊研究述論》一文，文章認爲劉咸炘以“不系統、不完美、不連貫、不嚴謹的預設前提來研究老、莊”[②]。湯君認爲劉咸炘的老、莊思想是條陳式的，並未形成系統的思想。故她在對劉咸炘的老莊思想進行解讀時，均以概念出發，首先“以絕對論解説《老子》之道、名、有、無、虛、實等概念”；其次“將‘道’指向‘德’、‘情’、‘性’、‘無己’、‘名’、‘實’等人性修養範疇”；之後再“將‘道’引向名實、有無、善惡、仁愛等相當、當然的世俗方向”。在劉咸炘如何解莊的問題上，湯君採取了一貫的方法，她從劉咸炘對莊子“自然”“不得已”“當然”等辭彙解釋中總結出劉咸炘莊學思想的時代意義、修養理論及天人合一觀。她認爲，劉咸炘的莊學研究與其他學者相比多有另類之外，認爲“劉咸炘解《莊子》常常語淺而意顯，不似前人追求艱深”[③]。而湯君在評論劉咸炘解老子時，將重點放在他將“道”引向世俗及人性修養方面，之所以如此，湯君認爲有如下原因：“一方面是受到了上個世紀二三十年代西學東進的新刺激、新影響，是其努力運用中西結合的新方法的結果。另一方面，也與其對傳統四部的總體看法有關。……在劉咸炘看來，子就是言理的，所以其老、莊必然會以求‘理’爲主導。劉咸炘認爲老、莊之書之於六經，是道與器之關係。”她認爲：“因爲子是言理的，而理當然不離生活，所以劉咸炘的老、莊研究始終都在關懷現實，通往世俗，以人生和社會檢驗哲學，故則其檢討老、莊學史時，自有其獨特的觀察角度。”[④]湯君認爲，劉咸炘這種獨特的研究角度，與時代背景息息相關，但他對中華文明的偏愛又使得劉咸炘對道家的解讀有荒唐謬悠之言，但整體而言並不影響劉咸炘對於道家哲學的重新審視。

四　結語：系統化、專業化研究階段到來

自 1935 年第一篇有關劉咸炘的研究論文發表至今，已有 82 個年頭。這八十多年可分爲三個階段：第一個階段爲 1935—1995 年，這個階段基本處於學術研究的空白階段，保護其藏書手稿爲主要任務；第二階段爲 1996—2007 年，這個階段的標志是《推十書》影印版的推出，這個階段劉咸炘的身份認同爲“地方性的、

① 羅映光：《蒙文通道學思想研究》，巴蜀書社 2011 年版，第 75-80 頁。
② 湯君：《劉咸炘老、莊研究述論》，《蜀學》，2013 年版，第 160 頁。
③ 湯君：《劉咸炘老、莊研究述論》，《蜀學》，2013 年版，第 160 頁。
④ 湯君：《劉咸炘老、莊研究述論》，《蜀學》，2013 年版，第 162 頁。

保守的中層知識分子”[①]，其學術研究以介紹其人其書爲主要任務；第三個階段則是 2007 年至今，這個階段的標志是《推十書》（增補全書）的整理與出版，劉咸炘的身份認同已變爲“天才學者”“國學大師”“中國文化的堅定守護者”等，其學術研究已轉向專業、系統的學術思想研究爲主。這種評價及研究趨勢的變化，與劉咸炘自身思想受新文化運動變化的影響一樣，亦受著國内外形勢的影響，特別是在國力及民族自信心不斷增强的情況下，劉咸炘這種原來被忽略的“舊派人物”就開始得到關注。

2010 年以來，學術界對劉咸炘的研究不斷升温，且呈現出文、史、哲遍地開花的景象，每年發表的學術論文均在 10 篇左右，加之不斷有碩博士生以劉咸炘的思想作爲碩博論文的選題，可以説，對劉咸炘思想的研究已形成一定規模。正如張傑在《劉咸炘研究綜述》中所預言：“至此，學術界全面展開劉咸炘思想研究的平臺已經基本搭建完畢，研究劉咸炘思想的新局面已經逐步展開了。”[②]誠然，《推十書》（增補全本）的整理與出版，《蜀學》《中華學術論壇》等期刊對劉咸炘學術與思想的推廣與弘揚，無不顯示著學術界對劉咸炘的研究已跨入了新的時代。2010年底，由歐陽禎人教授主持，詹石窗、段渝等教授參與的教育部社科司國家重點文化研究基地重大專案《劉咸炘對中國傳統文化的創造性改造》的立項[③]，可以看作對劉咸炘思想研究的一個重大轉捩點，這標示著對於劉咸炘的研究，已由推廣傳播層面正式進入系統、專業的研究層面，劉咸炘思想中越來越多的細分領域將被挖掘。

道家是劉咸炘的學術源泉之一，亦是其思想的重要組成部分。作爲中華學術的堅定守護者，以及“劉門教”的傳人，其思想中的道家道教屬性遠不是上面幾篇文章足以道盡的。儘管歐陽教授的國家重大基金專案成果之一爲《劉咸炘道家道教思想研究》，但從上述的研究中我們可以發現，他的道家道教思想體系極大，格局極高，決非一兩本專著可研究透徹。以《道教征略》而言，他框架式的“草創文稿”一方面體現了他史學校讎的功夫，另一方面亦保持了道教史研究的高度開放性，這種開放性足以給後來的研究留下了無數可能性。可以説，他的整個道家道教研究都保持了這種開放性，以道家傳承而言，他以《子疏・老徒裔》疏理

① 周鼎：《劉咸炘學術思想研究》，巴蜀書社 2008 年版，第 11 頁。周鼎説：“劉咸炘一生治學的根底始終不出國學之藩籬，所持文化立場則是典型的‘保守派’，且平生足不出川，更堪稱地地道道的‘地方上的人物’。這樣‘保守’且‘中層’的學者自然難以受到後來研究者的青睞了。”

② 歐陽禎人：《劉咸炘思想探微》，商務印書館 2016 年版，第 296 頁。

③ 本專案爲教育部社科司國家重點文科研究基地重大專案，於 2010 年底正式批准立項並啟動研究，由歐陽禎人教授主持，四川大學詹石窗教授、四川師範大學段渝教授參與。根據專案規劃，該專案研究成果的最後形式將以《劉咸炘哲學思想研究》《劉咸炘史學思想研究》和《劉咸炘道家道教思想研究》三部專著的形式在巴蜀書社出版。2016 年底，歐陽禎人教授率先出版了《劉咸炘思想探微》一書。

了先秦老子學説的主脈；又以《子疏・近流》梳理秦代至西漢的道學傳統；後又復以《子疏・遠流》整理東漢之後的道學傳承。他的這些專文都不算太長，但足以留給後來者無盡的遐想。正如詹石窗教授所言："劉咸炘的諸多論述正如泉眼一樣，源源不斷地流淌出他的智慧。"[1]由他發端的諸多學術領域，亦亟待學者們進一步開發、補充與研究。

作者单位：山東大學哲學與社會發展學院

① 蒙文通等：《〈推十書〉導讀》，《推十書》（增補全本，類聚叢刊），上海科學技術文獻出版社2010年版，第136頁。

中共早期革命家孫炳文生平事跡及其思想探微[①]

劉朋樂[②]

摘　要： 孫炳文，大革命時期著名的政治家、革命家，曾先後在國民革命軍、黃埔軍校及廣東大學任職，1927 年 4 月被國民黨殺害於上海。對於孫炳文的事跡，學界早有關注，一些地方史志工作者也對其進行了較爲深入的敘述。本文在目前所見的書籍、論文的基礎上，敘述其革命生涯、總結其革命思想、旁及其與同時代革命者的交往，從而達到拋磚引玉之效，以期學界對其作更多、更深入的研究。

關鍵詞： 孫炳文；生平事跡；思想

孫炳文，字浚明[③]，四川南溪縣人，大革命時期著名的政治家、革命家。於 1922 年 10 月加入中國共產黨，先後擔任國民革命軍政治部秘書、黃埔軍校和廣東大學教授、國民革命軍總政治部秘書長、總政治部後方留守處主任等職。1927 年 4 月 16 日，孫炳文從上海前往武漢時，被國民黨逮捕，4 月 20 日（一説 4 月 19 日）被殺害於上海龍華，後人稱其爲“龍華烈士”[④]。

對於孫炳文的事跡，學界早有關注，北京大學黨史校史研究室主編的《北大英烈》、中央檔案館編纂的《革命烈士傳記資料》等書較爲翔實地記述了孫的生平事跡。一些地方史志工作者也對其進行了較爲深入的敘述，如葉源洪的《孫炳文與朱德的革命友誼》、倪良端的《朱德與孫炳文》等。研究成果雖豐，但大多限於對其生平的介紹，缺乏對其作一系統、全面的論述。本文將在目前所見的書籍、論文的基礎上，敘述其革命生涯、總結其革命思想、旁及其與同時代革命者的交往，從而達到拋磚引玉之效，以期學界對其作更多、更深入的研究。

一　孫炳文生平事跡簡述

孫炳文（1885—1927），字浚明，南溪城郊魏家山（今屬南溪鎮）人。其父以

---

① 四川師範大學黨風廉政建設專項項目（項目批准號：16dflz-01）階段性成果。
② 劉朋樂，男，漢族，四川宜賓人，四川師範大學歷史文化學院，主要從事中國近現代史研究。
③ 一説“濬明”，本文採取《南溪縣文史資料選集》所寫“浚明”字樣。
④ 參見葉源洪：《龍華烈士孫炳文和郭伯和》，《四川黨史》1994 年第 5 期，第 57-58 頁。

種田爲生。“炳文自幼家貧，秉性敦厚聰明，孝父母，愛兄姊”[①]，8 歲時準備到縣城讀私塾，因家境貧寒險些不能入學，後經他人資助方能入學。炳文學習十分用功，據其妹妹回憶講到：“（炳文）讀書用功得很，天剛見亮就起來讀英文……各種筆記本寫得整整齊齊，秀美可觀。”[②]不久，炳文便以優異的成績進入敘州府官立中學堂就讀。

光緒三十四年（1908），孫炳文考入了京師大學堂（北京大學的前身），其學習非常刻苦，利用寒暑假的時間閱讀大量書籍，並逐漸養成了聯繫實際、思索問題的習慣。在一次倫理課上，他對封建倫理的虛僞性發出强烈質疑，當衆向老師發問，問得教師無言對答，被記大過處分。年終作文考試，孫又抨擊校方是“葉公好龍”“尸位素餐”，最終被學校開除，經榮縣趙熙先生（時在京任御史）介紹纔得以去保定高等學堂插班暫讀。[③]

1911 年辛亥革命後，京師大學堂改名北京大學，校長由嚴復擔任。在校的四川學生和福建學生向校長陳述了孫炳文和另一個學生林某被開除的情况，要求校方收回成命。嚴復立即調考卷審閱，對孫、林兩學生大爲讚揚，同意恢復他們的學籍。於是孫炳文又返回北京大學讀書，直至畢業。[④]

1913 年，炳文與任鋭[⑤]在北京結婚，因反對袁世凱專制統治遭北洋政府通緝，遂離京返川。孫在家鄉南溪創辦平民夜課學校傳播革命思想，又先後在成都省垣敘府聯合中學、遂寧師範等校任教。1917 年，炳文與朱德相識，次年孫應邀到靖國軍第二軍第十三旅朱德旅部任參謀，與朱德成爲莫逆之交。

1921 年，孫在北京大學任教兼報館工作。他瞭解到陳獨秀是中國共產黨創始人之一，又是党的總書記，認爲找到陳就可參加新的革命政黨。次年夏，炳文與朱德在北京會合，沒能找到陳獨秀，又一同到上海會見孫中山。此次上海與孫中山的會見，兩人詳細地向孫先生表述了到歐洲留學的意願，朱德在其回憶中説道：“孫先生很仔細地聽我們説明拒絕的原因。孫炳文和我對於孫先生……的戰術失掉信心……俄國人的革命之所以能成功，是因爲他們是採用了我們從未聽説過的理論和方法的共產主義者。”[⑥]同年 9 月炳文便同朱德從上海乘輪赴法，10 月到達巴黎。得知周恩來正在德國柏林籌建黨團組織，於是趕往柏林與周相見，各自敘述過去的經歷和尋求加入共產黨的迫切要求，周表示願意介紹他們加入中共柏林組織，並説明辦理入黨申請手續。11 月，黨中央來信正式批准孫炳文、朱德加入

---

① 中國人民政治協商會議四川省南溪縣委員會編：《南溪縣文史資料選輯第 3 輯》，1981 年，第 2 頁。
② 吴孟輝：《孫炳文烈士早年事跡與瀘州遺墨》，《四川師院學報》1985 年第 2 期。
③ 吴孟輝：《孫炳文烈士早年事跡與瀘州遺墨》，《四川師院學報》1985 年第 2 期。
④ 王效挺等主編，北京大學黨史校史研究室編：《北大英烈第一輯》，北京大學出版社 1992 年版，第 98 頁。
⑤ 任鋭又名任煒坤，河南新蔡縣人，1913 年與孫炳文結婚。孫炳文犧牲後，她堅持革命，1936 年加入共產黨，在延安時人們稱她爲“媽媽同志”，1949 年 4 月逝於天津。
⑥ 中央文獻研究室編：《朱德自述》，解放軍文藝出版社 2003 年版，第 79 頁。

中國共產黨。

1923 年春，孫到德國哥廷根大學學習哲學、心理學，並積極參加社會政治鬥爭。年底，以“探親”爲名，“受命向國外同志傳達党關於國共合作的指示”，假道莫斯科回國。[①]隨即去上海、杭州等地，學習國共合作的有關文件，明確改組國民黨旅德支部的任務。民國十三年（1924），孫炳文同劉鼎一起到柏林，向黨内傳達有關國共合作的文件精神，動員党團員以個人名義參加國民黨。

1925 年“五卅慘案”發生，中共中央號召旅歐黨員回國工作。孫炳文於 8 月離德轉道莫斯科回國，年底到達廣州，擔任國民革命軍總政治部上校秘書兼中山大學教授，“參與制定黄埔軍校政治部的原則，寫出了政治部工作方針和文件”[②]。

1926 年 3 月 20 日，“中山艦事件”發生，孫和其他 40 餘人遭逮捕，關押在廣東衛戍司令部。經周恩來同中共廣東區委與國際代表一道努力，孫等人得以釋放。同年 6 月，孫炳文調任國民革命軍總政治部秘書長。7 月 1 日，任總政治部後方留守處主任，領導粤、桂及閩南工作。

1927 年 1 月，他發表《一年來中國民族運動》一文，精闢地分析北伐軍迅速勝利發展的主要原因。同年 4 月，孫接到前綫總政治部主任鄧演達的電令，調他去武漢就任軍事委員會總務兼軍事廳長職務。4 月 10 日，孫炳文離開廣州，準備經香港、上海轉赴武漢。4 月 12 日，“四一二事件”爆發，但孫炳文已在途中，全然不知。4 月 16 日，孫炳文乘船剛抵上海即被逮捕，關押在龍華淞滬警備司令部軍法處看守所。

4 月 20 日，孫炳文被秘密殺害於龍華。[③]

二　孫炳文與朱德的革命友誼

朱德在 1944 年爲《孫炳文同志簡史》[④]作補充文字時如是説道：“炳文同志革命意志堅强，以民族民主革命的鋭志而走到無產階級的戰士，是一貫的革命精神。”[⑤]從中可看出朱德對好友孫炳文的深切懷念與高度評價。那麽，朱德與炳文是如何相識相交的呢？

（一）南溪初識，結爲摯友

1916 年 10 月，參加“護國運動”的朱德率軍從瀘州來到南溪駐紮。此時的孫炳文與妻子任鋭正因反對袁世凱而遭到通緝回到了家鄉南溪縣。1917 年春，在兄炳章的帶領下，炳文登門拜訪了朱德。此次會見，兩人一見如故、傾心而談，給

① 參見丁新約、王世奎:《中國共產黨英烈志》，青島海洋大學出版社 1991 年版，第 27 頁。
② 佩列韋爾泰洛:《蘇聯顧問在中國》，中國社會科學出版社 1980 年版，第 117 頁。
③ 王永均編著:《黄埔軍校三百名將傳》，廣西人民出版社 1989 年版，第 198 頁。
④ 孫炳文夫人任鋭所著。
⑤ 中共中央文獻研究室朱德研究組編:《朱德談人生》，中國青年出版社 1998 年版，第 60 頁。

雙方都留下深刻的印象，真有相見恨晚之感。

到了 1917 年夏，有人給朱德提起一門親事，女方叫陳玉珍，是當地商人陳方洲的長女，也是孫炳文的外甥女。朱德在後來談到玉珍時說："最吸引我的地方，大概是她的端莊、沉著和自信……我們在談話之中，發現彼此都讀過很多書，都愛好音樂。"[①]一向自矜的陳玉珍經過這次見面，對朱德也頗有好感，兩人便同意了婚事。

數月後，朱德兼任瀘州城防司令，駐守瀘州。這時，孫炳文意外地出現在他的面前，當他得知孫炳文此行瀘州不再離開，朱德不禁喜出望外，當即聘請孫炳文擔任旅部諮謀（即參謀）。從此，朱德和孫炳文經常在一起探討救國救民的道路問題，兩人朝夕相處，親密無間，結爲摯友。[②]

（二）志同道合，留學歐洲

1919 年，五四運動後，在孫炳文的啟發幫助下，朱德對蘇俄的革命產生了濃厚興趣。在這段時間裏，朱與孫常常在一起促膝長談，商討救國救民的對策。但是，中國該以什麼樣的方式挽救危機呢？他們倆百思不得其解，最後衹能得出這樣的結論：在走上新的道路之前，應該先到國外去，看看那裏的政治制度如何。[③]

1920 年 5 月，川、滇軍之間再次爆發戰爭，朱德再次被捲進軍閥混戰的漩渦。這時，孫炳文已決定到成都去。朱德和孫炳文分別時商定，等到打完仗他就去找孫炳文，一同到國外去。1922 年春，朱德終於擺脱軍閥混戰的氛圍，輾轉來到北京與孫炳文會合。他們想去見中國共產黨的總書記陳獨秀，但陳當時正在上海工作，於是，他們登上南下的列車，去上海尋找共產黨的組織。在上海閘北區的一幢房屋裏，朱德和孫炳文見到了共產黨的負責人陳獨秀。誰料想，此次會見並不成功。當朱德向陳獨秀提出加入共產黨的請求時，卻遭到陳獨秀的拒絕。陳獨秀説："要參加中國共產黨的話，必須以工人事業爲自己的事業……對於朱德這樣的人來説，就需要長時間的學習和真誠的申請。"[④]他們非常失望地走出陳獨秀的住所。"那些日子真難過""我感到絕望、混亂……我真覺得自己像個罪人"，朱德在後來的回憶中説到。[⑤]

1922 年 10 月，朱德和孫炳文踏上了歐洲大陸的土地，當他們聽説旅歐共產黨組織的負責人周恩來正在德國柏林籌建組織的消息後，便迫不及待地乘上前往柏林的火車。在柏林瓦爾姆村皇家林蔭路的一幢樓房裏，朱德和孫炳文懇切地向周恩來傾訴著他們追求光明、追求真理的信念與決心。一腔肺腑之言打動了周恩來，同年 11 月，在周的介紹下，朱德與孫炳文加入中國共產黨。在德國的 3 年時間裏，

① 姚建平、劉本良：《偉人之初領袖篇朱德》，浙江人民出版社 1996 年版，第 67 頁。
② 參見姚建平、劉本良：《偉人之初領袖篇朱德》，浙江人民出版社 1996 年版，第 65-70 頁。
③ 參見鄒洋、肖遙：《朱德》，四川人民出版社 1992 年版，第 100 頁。
④ 中央文獻研究室編：《朱德自述》，解放軍文藝出版社 2003 年版，第 81 頁。
⑤ 中央文獻研究室編：《朱德自述》，解放軍文藝出版社 2003 年版，第 81 頁。

朱與孫炳文廣泛地學習了馬克思、恩格斯、列寧等人的著作，共同探討中國革命的道路，積極地向中國留學生宣傳孫中山提出的“三民主義”，組織廣大留學生參加各種活動。1925 年 7 月，由予國内鬥爭的需要，孫炳文奉調回國，朱德則留在蘇聯繼續學習軍事。[①]

（三）好友罹難，萬念俱灰

孫炳文與朱德是 1925 年 9 月分别的。1925 年“五卅慘案”發生後，國内革命形勢迅速發展，黨中央號召旅歐黨員回國工作。孫炳文立即回應，與房師亮等人同乘火車離開德國，抵達莫斯科；朱德與李大章取海路經列寧格勒到莫斯科；武兆鎬、邢西屏（徐冰）、劉鼎隨後也陸續到達。他們在莫斯科郊區的莫洛霍夫卡村住下，學習政治、總結工作，以提高馬列主義水準。根據中共駐共產國際代表團的決定，選留 30 人參加軍事訓練（朱德即在其中），其餘同志立即回國。9 月，孫炳文登上奔向祖國的列車，結束了歐洲的學習生活，回國參加新的戰鬥。

朱德是在 1927 年 5 月得知好友遇害的。1927 年 4 月 10 日，孫炳文奉政治部主任鄧演達的命令，由廣東去武漢，同行的有後方留守處十位同事，還有夫人任鋭及子女隨行。這次北上路綫，原計劃從香港乘船至上海，再從上海去漢口。不料 16 日船抵上海，由於同船的奸細告密，孫炳文及同行的張鬥南被國民黨反動派逮捕，囚禁於上海龍華特務處。審訊時，孫炳文視死如歸，磊落光明，他説：“我是共產黨員，要殺就殺。”孫炳文被捕後，同行人員即電報武漢，多方奔走，分頭營救。但是，4 月 20 日淩晨，國民黨反動派便衣隊多人，各持手槍，將孫炳文挾持出特務處，秘密槍殺。

在得知好友罹難的消息後，朱德在《致孫炳文夫人書》[②]中憤筆寫到：

> 煒坤[③]：
>
> 鑒聞濬明凶耗傳來，吾腦皆裂，頓失知覺。死者已矣，我輩責任更加。德本日出發撫州，誓與此賊輩戰，取得蔣逆頭，以報濬明。於上海經過情形如何及前後材料彙集成書，以示同志，而發其未竟之志。近來經濟情形，是否可以暫維持，均祈示之。此間工作忙極。此祝努力節哀，留此身體，除此賊輩。
>
> 朱德
>
> 五月十號
>
> 來信交南昌河東會館十六號

① 參見鄒洋、肖遙：《朱德》，四川人民出版社 1992 年版，第 101 頁。

② 中央文獻研究室編：《朱德自述》，解放軍文藝出版社 2003 年版，第 104 頁。

③ 即孫炳文夫人任鋭。

信的内容滿溢出朱德的真情，可他對炳文同志的懷念之情還遠不是這幾行文字就能表達出來的。

1945年中共“七大”期間，特意爲死難同志召開追悼會，朱德親筆撰文：“炳文同志革命意志堅强，以民族民主革命的鋭志而走到無產階級的戰士，是一貫的革命精神。一生學而不厭，誨人不倦，深通歷史及文學、哲學，最後在留學德國時，研究馬列主義最有成果，並影響一批前進青年加入革命。平日生活最能刻苦自勵，凡接近者均受其模範激勵而有所振作。對敵人是疾惡如仇，有滅朝食之概，對同志是愛護備至，情同手足之感。”[①]以緬懷自己的至交，革命烈士孫炳文同志。

三　孫炳文革命思想初探

孫炳文同志爲了中國的革命事業終日奔波，當被敵人逮捕時仍然大義凜然、毫不畏懼，其英勇頑强的事跡令人肅然起敬！好友郭沫若在1928年寫的《懷亡友》一詩中如是説道：“不過我們也沒有一個人在抱著悲觀，我們相信著革命是操著最後的勝算。所悲的是減少了你這樣熱誠的同志，所悲的是犧牲了許多勇敢的同伴。”[②]惋惜之情，溢於言表。縱觀孫炳文烈士的一生，反帝、反封，宣導民族革命是其革命思想的核心。具體來説有以下幾點。

（一）强烈抨擊封建落後思想

孫炳文少年時家境十分貧寒，早年的求學經歷使他對當時的社會產生了極大的批判精神。還在敘府中學就讀的炳文時常在作文中流露出對封建社會的不滿，國文教員也常在他作文後面批斥長篇訓詞。有一次幾乎令其退學，後經部分老師説情，才算了結。

炳文就讀於京師大學堂時，一位姓葉的進士老師講倫理學，由於枯燥無味，同學們對這門課都不愛聽。當老師講到“黃金萬鎰”時，炳文站起來問：“先生，黃金萬鎰，值現價幾何？”惹得全班哄堂大笑。葉於是上告校方準備開除炳文，但由於部分老師不贊成，衹記了一次大過。年終考試，炳文又在卷子上影射學校當局是“葉公好龍”“尸位素餐”，隨即遭到掛牌開除。經榮縣趙堯生介紹，纔到保定高等學堂插班就讀。炳文對封建思想的抨擊由此可見一斑。

（二）强烈反對專制獨裁統治

1913年，炳文因反對袁世凱獨裁統治遭北洋政府通緝，遂與妻回到南溪，大力振興教育，宣傳新思想，團結知識界，給民衆義務上課。當袁世凱專權時，炳

---

① 《朱德摯友——孫炳文》，http://dangshi.people.com.cn/GB/144964/145483/8829468.html。

② 鍾作英選編：《郭沫若詩歌》，内蒙古文化出版社2006年版，第244頁。

文深憂國是，創作《和桔湘翁韻》[①]一詩，以表關心：

海枯石爛淚痕幹，明日黃華戀眼看。
眼界荒荒詩興短，心潮疊疊劍光寒。
何當俗客紛來集，不爲奇才若畏難。
倘赴沙場作雄鬼，驊騮嗣比擁金鞍。

從中不難看出炳文對國家和民族的强烈擔心與對投身革命事業的迫切希望。

1919 年，炳文離瀘州去成都，任四川造幣廠廠長，兩軍爭財，廠長作難。川軍將領吕超下令，要全數提取造幣廠存款 ， 如不執行，即行槍決。炳文祇交半數，將餘數封藏，並發出快郵代電， 痛斥軍閥混戰，徒苦小民，憤然辭去廠長職務，回到家鄉。到達家鄉南溪後，適遇少年時老師曹叔裴父親曹永安八十壽誕請炳文作序，文中寫道："嗚呼！清之亡十年矣，中國之亂而不治，較清時尤甚。"[②]由此可見，炳文對專制統治、軍閥混戰深惡痛疾。

（三）反對帝國主義，發動群衆進行革命

關於炳文反對帝國主義，主張發動群衆進行革命的思想集中反映在其《一年來的中國民族運動》[③]一文中。在文中，炳文首先肯定了中國 1926 年進行的大革命，認爲革命的反帝國主義色彩十分强烈，對於世界的政治、經濟變化也產生了直接或間接的影響。孫同時認爲"五卅運動"後，中國民族運動加速、激進，但帝國主義勢力也異常强大。因此，要想取得勝利，必須"計劃更偉大的反帝國主義的民族革命運動"[④]。具體來説便是要鍛煉民衆的革命經驗、充分發動群衆進行革命。

綜上，炳文的革命思想無疑是先進而又現實的，他從中國革命的實際出發，深入分析了中國革命取得成功的原因，客觀指出了革命面臨的具體困難，提出了自己發動群衆進行民族革命的構想。這些思想對如火如荼的國民革命運動無疑有著重要的借鑒作用，對後來中國革命思想的發展也產生了積極影響，可謂深遠持久、影響頗巨。

"行行重行行，莫更傷路難。青天一揮手，已在層雲端。男兒報國耳，莫取孤箏彈。聖人邈天際，君看披心肝。"[⑤]革命意志堅强的無產階級戰士孫炳文，將其一生投入到救國救民的革命事業中去，嘔心瀝血、歷經磨難。即便在其就義前

① 吴孟輝：《孫炳文烈士早年事跡與瀘州遺墨》，《四川師院學報》1985 年第 2 期。
② 參見吴孟輝：《孫炳文烈士早年事跡與瀘州遺墨》，《四川師院學報》1985 年第 2 期。
③ 南溪縣各界人士學習委員會：《南溪縣文史資料選輯第 2 輯》，1980 年 12 月，第 1 頁。
④ 南溪縣各界人士學習委員會：《南溪縣文史資料選輯第 2 輯》，1980 年 12 月，第 1 頁。
⑤ 孫炳文詩《行路難》節選，李克寒選編：《革命烈士詩詞精選》，中國廣播電視出版社 1990 年版，第 7 頁。

仍然大步而行，面無懼色，高呼："我是共產黨，要殺就殺！"，這種氣魄是何等的悲壯與激昂！正是有了孫炳文等老一輩無產階級革命家拋頭顱、灑熱血的頑强鬥爭，中國革命纔能克服重重困難，赢得最終勝利。時至今日，孫炳文烈士的豐功偉績早已載入史册，他那可歌可泣的革命故事必將歷久彌新、永不褪色，激勵著一代又一代的中華兒女爲著更美好的明天而奮鬥！

作者單位：四川師範大學歷史文化學院

伍彝章與《蓬安縣志稿》

金生楊

摘　要： 民國蓬安縣人伍彝章編輯的《蓬安縣志稿》是現存記録蓬安歷史最爲詳該的舊志。伍彝章好讀書、通文史，曾長期在蓬安地方任職，在此基礎上參考大量的書籍文獻主持完成編修《蓬安縣志稿》。該志亦體現了伍氏方志編纂“以地域爲經，人事爲緯”“因時制宜”的編纂原則以及廣闊的視域和宏大背景思想。

關鍵詞： 伍彝章；《蓬安縣志稿》

《蓬安縣志稿》凡十二册二十二卷，稿本，民國蓬安縣人伍彝章編輯。該志是繼明正德十三年（1518）順慶知府吴德器《蓬州志》、道光九年（1829）蓬州知州洪運開《蓬州志略》、光緒二十三年（1897）蓬州知州桐城方旭《蓬州志》之後，現存記録蓬安歷史最爲詳該的舊志。

一

伍彝章（1873—1951），字玉雯（别作玉文），號梅印，蓬安縣利溪場龍洞溝（今龍蠶鄉龍洞溝）人。伍氏乃蓬安望族。曾祖德全，貢生，川北道觀察黎氏以“樂善不倦”扁其閭。祖桂芳，附貢生。父雲紭（1835—1893），字善甫，同治中，以州同仕黔，受黔撫曾璧光知，從征苗匪。累功擢知州，加運同銜，權貴州古州廳清軍同知。後署鎮寧州、施秉縣，皆得民。補獨山州，未赴。操権畢節，卒官。兄彝超（1871—1923），字辟塵，幼時隨父至貴州任所就讀，貢生，好稗官野史，喜好音樂，以貢生試不第，遂棄學八股，究心實業。光緒三十年（1904），於家鄉建萬桑園，又稱萬緑山莊，辟苗圃，植果樹，傭工至數十百人；創蠶桑學社，於青衣山人和寨、利溪新場創蠶室兩所，用新法育蠶，開風氣之先。四川總督錫良扁其廬曰“樹藝可風”。

伍彝章幼冠郡軍，以第一人入泮。光緒二十三年（1897）廩貢生。舉優行，任西昌縣教諭，後畢業於四川高等學校。光緒三十一年，任蓬州視學兼學務總董，始照學部奏定章程，成立蓬州勸學所。民國元年（1912）七月一日，四川臨時省議會在成都成立，任臨時省議會議員。民國二年，蓬安縣議事會改選（本年三月廢蓬州，改名蓬安縣），任縣議會議長，兼攝團練局長。民國三年，袁世凱稱帝，通令解散議、參兩會。民國九年（1920），任順慶聯中校長。民國十一年（1922）加入國民黨，任四川陸軍第五師何光烈部師部秘書。民國十五年（1926），任蓬溪縣知事，設修志局並兼任局長，負責《蓬溪近志》的纂修。《蓬溪近志》卷首《民國續修蓬溪縣近志題名》："初次設局兼局長，前任蓬溪縣知事伍彝章，字玉文，清廩生，蓬安縣人。"卷五《人物下・官吏政績》於"知縣"欄下記載："伍彝章，字玉文，蓬安縣廩生。"卷十四《序傳》："先是，伍知事彝章曾聘前清優貢曾世禮與邑處士葉錫蕃編輯，設局龍王廟，經費以契税所加之《省志》費，大契一元，小契五角，除解款外，餘存撥作局用。因世禮病故，費又奇絀，局遂停閉。及陳縣長奉令復開，積存經費僅二百餘元。"

民國二十年（1931），任開江縣團務委員會委員長，與同爲委員長的李植生、第二區區長鄭新穎、甘棠鄉團副長王明山、第六大隊長鄭輝亞一道，上呈《爲呈報解送共匪圖逃格斃俯懇鑒核准於備查事》[1]。民國二十一年（1932）四月至九月，由國民革命軍二十一軍軍長劉湘委任爲開江縣縣長，主持纂修《開江縣縣志》，嘗抄閱開江民練大隊長陳松堂罪狀，並請二十軍部通令協緝[2]，又"查得，劉文義、李成全、楊吉臣等均係共匪，並充共產黨暗殺團員，朱啟迪充共產黨游擊隊長，喬典豐、李介眉充共產黨軍事主任，蔣伯華充共產黨執行委員，蔣瓊林、曾亞光、曾召瑚充共產黨政治部主任，張南軒充共產黨支部宣傳主任，曹陽、長青人（即老陶）充共產黨中心縣委，此次來開擔任農村主任，現以該縣之廣福場爲大本營"[3]。卸任後，任二十一軍劉湘部（時在重慶）教育處長、四川省政府秘書。

民國二十七年（1938）回蓬安。三十一年（1942）八月二十八日，蓬安縣成立臨時參議會，議員十四人，伍彝章任議長，陳朴安爲副議長。三十二年九月，因病辭職，由省政府委陳朴安遞補，委參議員黄文蔚爲副議長[4]。中華人民共和國成立後，以特邀代表身份出席蓬安縣首屆各界人士代表會議[5]。1951年土地改革運動時，被當作大地主批鬥。鑒於其老知識分子、民主人士、各界人民代表大會常務委員身份，先以交談説理。鬥爭無效後，批鬥者將其愛女伍葵當場捆綁，插上假槍魂標，逼其供述。伍彝章拒不交待，負責批鬥會的川北行署秘書張一峰便電話請示川北行署主任胡耀邦，答復待研究決定。因伍彝章在批鬥會上打了個戶耳

① 中共四川省委黨史工作委員會主編：《川東紅軍游擊隊》，四川大學出版社 1993 年版，第 374-375 頁。

②《新蜀報》1932 年 7 月 7 日第六版；中共四川省委黨史工作委員會主編：《川東紅軍游擊隊》，四川大學出版社 1993 年版，第 360 頁。

③《開江共產黨乘機活動》，《新蜀報》1932 年 11 月 26 日；温賢美：《川陝革命根據地論叢》，四川大學出版社 1987 年版，第 267-268 頁。

④ 蓬安縣志編纂委員會編：《蓬安縣志》，四川辭書出版社 1994 年版，第 118 頁。

⑤ 蓬安縣志編纂委員會編：《蓬安縣志》，四川辭書出版社 1994 年版，第 733-734 頁；鄭細林：《大夫第》，蔣小華主編：《南充文物旅游攬勝》，四川大學出版社 2003 年版，第 342 頁。

光，張一峰便忿而將其綁赴刑場槍決[①]。

伍彝章好讀書，通文史，除主持纂修《蓬溪縣志》《開江縣志》《蓬安縣志稿》外，時常吟詩爲文。光緒三十一年（1905），前蓬州知州宜陽趙金鑑知灌縣，適伍彝章客居成都，遂因赴游青城之約，在山中分題鬥韻，成《青城游草》一卷。民國十八年（1929），趙延麟題識稱："（趙金鑑）任蓬州時，與其地詩人（吴）[伍]玉文彝章相切劘唱和，任灌時同游青城，共爲《青城游草》一卷。"[②]趙金鑑有《憶蓬州伍廣文、玉文兼寄沈孝廉心伯、李茂才勁權》《離堆龍潭步伍玉雯韻》《炎日足可悕一首柬伍君玉雯》詩各一首[③]。《民國灌縣志·灌志文徵》收録伍彝章詩十二首，其中卷七《岷江書院觀石刻梵經（並序）》一首，卷八《游竹林寺》《游靈岩寺》《游大郎廟馬上口號》各一首，《題周子淵都督余事吟》兩首，卷十《石筍（在青城山中）》《題離堆龍潭》各一首，卷十二《登混元頂》一首，《青山常道觀》兩首，卷十三《登類鼓坪》詩一首，即《青城游草》所録伍彝章詩。沈崇垣《青城游草序》稱："伍子彝章自青城歸，爲予述五嶽丈人之異，草木禽獸，峰巒岩石雲物，形形色色……今伍子詩帙如試劍，擲筆漏米之説，第弗深考。伍子與鐵眉皆儒行中人，非好神仙者，嗚呼，詩自奇已。"[④]在《民視日報五周紀念匯刊》《民視日報七周年紀念匯刊》《建設月刊》《歸納學報》《新蜀報四千號紀念特刊》等刊物，也發表有署名"伍玉雯"的詩文多篇。許伯建《滿江紅·弔佟趙》則稱："蓬安伍玉雯翁示近作步岳忠武王詞韻弔佟、趙二將軍兼最前方將士之作，亦敬步岳王詞韻奉和。"[⑤]本《志稿》也收録有伍氏《賭卦》《觀蹴球記》，以及他爲其兄彝超所撰《伍辟塵墓誌銘》等。

二

《蓬安縣方志》於晚清經蓬州知州洪運開、方旭一再纂輯，但"徵文考獻，闕略滋多"，故"邑人士引以爲嗛"。清末詔令全國各州縣編纂鄉土志，時邑舉人沈崇垣職掌州勸學所，慨然引以爲己任，督率學子搜集整理資料，親自考訂，編成《蓬州鄉土志》四卷。宣統年間，書成，旋因辛亥革命，區域變更，遂未梓行，但在當時已多傳抄爲小學鄉土教材。從民國十四年四月起，到民國十五年、十六年，四川督理、省長、省通志局多次會函電令各縣修志，蓬安地方士紳也多次謀

① 劉瑞口述，蔣明善整理：《憶胡耀邦主任二三事》，《蓬安文史資料選輯》第五輯，1995 年，第 65 頁。

② 趙金鑑：《瓢滄先生詩稿》卷首《目録》附，民國十八年鉛印《瓢滄先生遺著》本。

③ 趙金鑑：《瓢滄先生詩稿》卷一，民國十八年鉛印《瓢滄先生遺著》本；（民國）《灌縣志·灌志文徵》卷十，民國二十二年鉛印本；伍彝章：《蓬安縣志稿》卷二十《文徵》，稿本。

④（民國）《灌縣志·灌志文徵》卷一，民國二十二年鉛印本；（民國）《蓬安縣志稿》卷十七《藝文》，稿本。

⑤《國民公報》副刊《國民文苑》，1937 年。

議“舍舊謀新，開局重修”。由於清末、民國時期，時局動盪，戰亂、天災頻仍，“時方多艱，未遑文事，遲之又久，仍以才難見輟”[①]。民國二十四年三月，成立蓬安縣續修縣志局，由教育科長黃虎勳任局長，縣人李勁權任總編，採訪者十二人。但這次也沒有修志，僅由蓬安縣益友石印社代印光緒《蓬州志》四百部，由黃虎勳於是年六月作《蓬安縣政府教育科翻印蓬州志記略》、李勁權作《蓬安縣重印舊志序》，測繪畢業生黃忠源測繪、教育科督學黃坤及摹仿小式《蓬安縣全圖》，黃坤及添繪《蓬安縣城圖》，增附於卷首，封面改題《蓬安縣志》，送省應差了事。黃虎勳《記略》對民國以來的修志情況有詳細交待：“《州志》成書之後，遍發士紳，迄今又數十稔矣。民國光復，政體革新，舉廢清制度而更張之，關於縣政之推行，文化之演進，與乎社會建設，生活狀況，幾經變易，故不可無紀載。第昔日所藏方志，不燹於兵，便毀於匪，遍處搜求，迄無全書。曾於民國丁卯（十六年），就教育局內附設縣志局，從事修纂，部署未周，旋因變廢弛，縣中人士，引爲深憾。甲戌（二十三年）之夏，重擬續修，甫經設局，又以赤熾障阻，修志之事遂寢。乙亥（二十四年）三月，迭奉政府明令，徵集縣志，吾蓬獨賦闕如。乃拾各方殘本，湊合全書，翻印成帙，計四百部，既以上應政府之徵集，復有待於後之修志者，得資參考焉。再考《州志》舊圖，係前清廩生伍聯珠創繪，彼時科學未明，不諳測量，地形多所失真。民國二十一年，縣長楊培元蒞任，延測繪畢業生黃忠源測繪縣圖，逾時三月，而縣圖繪成。惟所製者，紙幅寬大，不便印諸志首，玆有教育科督學黃坤及，摹仿繪成小式，同時添繪《蓬安縣城圖》一幅，並志之。”[②]李勁權序文也略有說明：“民國反正，方志栞板亦毀於火，書鮮有存。大府屢徵，卒無以應。此當局常引以爲憾者也。前曹文體長縣，曾有一度修志之商榷。往歲縣長張岳鐘又經二度提議，均以戎馬倥傯，經費奇窘，未遑禮樂。玆應省府之命，謹將方志暫印四百部，以俟後之修志者裁焉。”[③]

民國二十六年（1937），蓬安縣成立縣文獻委員會。三十一年（1942），經四川省第十一次行政督察專員公署審批，指令准縣黨部、縣政府的呈報，四月成立續修志局，伍彝章出任局長，陳朴安任副局長，總編纂沈崇垣（字星北），編纂伍非百、伍劍禪，由縣政府指導員督學等六人擔任採訪，另設會計、庶務、書記、繪圖、顧員、工役等，共計十八人。因財力窘困，所聘總纂、編纂等十八人多受聘而不到局，屢催無效，伍彝章不得已辭去局長職務。[④]

是時伍彝章“退居田野，抱殘搜古，征信訪今”[⑤]，自任主編，自費組織人員編纂，於故居“三竿兩竿竹舍”“須閑軒”親自纂輯。其子侄伍劍禪、伍鶴校勘，

① 伍彝章：《民國蓬安縣志稿》卷二十一、二十二《序述》，稿本。
② 黃虎勳：《蓬安縣政府教育科翻印蓬州志記略》，《蓬安縣志》卷首，民國二十四年翻印本。
③ 李勁權：《蓬安縣重印舊志序》，《蓬安縣志》卷首，民國二十四年翻印本。
④ 蔣明善：《蓬安歷代修志簡史》，政協蓬安縣文史資料委員會：《蓬安文史資料選輯》第二輯，1992年，第20-21頁。
⑤ 伍彝章：《民國蓬安縣志稿》卷二十一、二十二《序述》，稿本。

伍可滄書繕[①]，並約請十餘人爲採訪投稿人。志稿列名者有林東武、程海清、蕭丕承、黄坤及、張浦雋、魏毅可、陳子熙、吴振鏞、吕彦修、伍鶴等人。編纂所及，往往臨時詢查，如卷四《田賦》稱："記著及此，始由參議員伍群一向處詢察，據列《新科則一覽表》見告，特照録之。"卷二十《文徵》所録清李昭《游金城山記》，則爲張浦雋"自朗池函抄見寄"者。歷時五年，於民國三十六年（1947）纂輯成《民國蓬安縣志稿》十二册，共計二十二卷。送縣參議會審查後，原擬排印出版，印製一千部，故卷十六《物產·動物部·禽類》標題注有"排印時，此表直行格式，可畫寬，字亦稍大"。縣政府呈文上報，印刷費六千萬元，但最終因政府無力印行，僅以毛筆手抄稿本一套流傳於世。

本志原稿卷端題作"蓬安縣志"，是期其所成者，而於封面題作"蓬安縣志稿"，則實屬未定稿。按版本學通行慣例，當以前者爲准，但全書正文中多有書稿未完的表述，故仍以封面題識較爲妥當。1949年蓬安解放後，伍彝章將書稿獻出，交縣人民政府文化館保存。由於管理不善，原稿第一册（含卷首及卷一《疆域》）遺失。20世紀60年代初，蓬安縣組織力量，由蘇眉生先生補寫《蓬安縣志稿》所遺失的第一册。約四萬字的補寫稿剛完成，便遭到"文化大革命"衝擊，續稿不知所終[②]。今存十一册二十一卷，共計三十餘萬字。

志稿各册封面題識清楚地表明其編纂完成的時間。除第一册佚失不可知外，第二册封面題"民國三十三年甲申夏六月三伏日玉雯編輯"，第三册題"民國三十五年冬伍玉雯編輯"，第四册題"民國三十六年春日玉雯輯於三竿兩竿竹舍"，第五册題"民國三十三年秋玉雯輯"，第六册題"民國三十三年冬玉雯輯"，第七册題"民國三十四年乙酉春玉雯輯"，第八册題"民國卅四年玉雯編輯"，第九册題"民國卅五年丙戌夏季玉雯編輯"，第十册題"民國三十五年夏玉雯輯"，第十一册題"民國卅五年丙戌仲春月玉雯編輯"，第十二册題"民國三十二年仲冬玉霽編輯"。由此可見，作者自民國三十二年至三十六年皆在修志，其先編纂文徵，隨後依次編纂了建置、古跡、職官、學校、選舉、官師、人物列傳、農桑、工商業、事紀、交通、武備、自治、物產、藝文、金石、賦役、禮俗。民國三十六年孟秋既望，即七月十六日，寫就《序述》。其中稱"經注我者一家，墨磨人者三稔，成《蓬安縣志》二十二卷"，以纂修時間爲三年，蓋因時年已七

① 伍鶴，字群一，以字行，彝章子，過繼爲兄彝超子。南京國立中央大學畢業，任蓬安縣府秘書、參議員、教育局局長。民國二十二年冬，改教育局爲教育科，改任教育科長。三十二年夏，參與籌備蓬安縣銀行，並出任經理。解放後爲匪，逃往重慶，被河舒區十村自衛隊抓獲歸案。伍劍禪（1901—1972），蓬安人，北京中國大學畢業，日本東京帝國大學研究生。在北京中國大學時與王統照同學，二人縱談文學與美學，合編《曙光》《晨光》等刊物，其後王統照又將三妹佩宜許與劍禪，並至日本旅行結婚。回國後到南洋馬尼接諸島民執教於華僑中學。曾任重慶大學教授，重慶市政府教育處長，川北大學系主任，四川省政府、川康綏靖公署顧問。1953年入四川省人民政府文史研究館。伍可滄，不詳。

② 蔣明善：《蓬安歷代修志簡史》，政協蓬安縣文史資料委員會：《蓬安文史資料選輯》第二輯，1992年，第21頁。

十有五，記憶有誤而顯爲不確，但最終完成時間遲至民國三十六年（1947）七月則無可疑者。

伍氏稱“志之事，因而已”，故所修志稿乃在前人志書基礎上增删改訂而成。卷二十一、二十二《前志》對蓬安已有舊志進行了梳理、記述，以爲明正德十三年（1518）順慶知府吴德器所編《蓬州志》十卷已佚（其實天一閣有存，天下罕知而已），故簡要梳理了道光九年（1829）知州洪運開所修《蓬州志略》十卷、光緒二十三年（1897）知州桐城方旭所修《蓬州志》十五卷，並引録其序、凡例。對於所參考的本縣時人沈崇垣所編《蓬州鄉土志》四卷（已佚），則於卷十七《藝文》加以著録，未作爲前志在此加以梳理。

伍氏編纂志稿時，參考了大量的書籍文獻，記録了蓬安自然、人文等各個方面的歷史，内容十分豐富，爲蓬安地方歷史文化留下了珍貴的文獻資料，成爲考察本地歷史文化不可替代的歷史典籍。特别是其中參考的部分書籍、檔案、金石等資料已經佚失，不能再尋，更增加了本志稿的價值。編纂時，伍氏以本土地方志爲主，如《道光蓬州志略》《光緒蓬州志》《蓬州鄉土志》《四川通志》（稱“省志”）、《順慶府志》（稱“府志”），還有《民國新修南充縣志》《營山縣志》《廣安州志》《巴縣志》等，以及州署檔案、地方金石刻、地方文集如李振繩《潛春樓文鈔》、家譜如《黄氏宗譜》等。《文徵》部分輯録了有關本地、人、故事的詩文，如摘録邑人伍聯芳《環翠山房詩稿》中有關於蓬者。卷十六《物産》參考明李時珍《本草綱目》、清《欽定佩文齋廣群芳譜》等書，結合本地所有，運用近代西方分類，精心編纂，於備考中廣引各書，以明本地的實際情況，而不限於單一來源。卷十九《事紀》各條多注明出處，所列書目甚衆，所記多爲伍氏親手翻摘而得，用力頗勤。所參考的《皇朝瑣屑録》，就不失爲一部有重要參考價值的歷史文獻。除參考各文獻外，伍氏派人四處採訪，接納採訪稿，又將自己的見聞，以及親身經歷、極個别詩文等編入其中，卻又不學多載己作及時文的自詡式應世之作。

對於如何編纂地方志，伍氏也略有討論分析。他對比方志體與紀傳體史書，以爲“方志以志爲主，表以聚類，傳以著人，例與史通同；非斷代爲書，第主一朝，則宜無本紀”，二者有同有異，而“疆域變遷，民事繁賾，不能漫無統系，亦應以地域爲經，人事爲緯，特立地域、方紀、領土、人物、建置、事跡，附見於篇”，除此以外，“而别裁焉，殊寡要也”。方志有固定的内容，但也有因時制宜而編纂的方面，並無嚴格一定的成規可循。史以鑒今，是其根本，故“國故方聞，關於一域，而無可類歸者，捃摭遺逸，綜其終始，輯爲專載，使歷代治亂興廢之跡，一寓目焉而得其梗概，倘亦遠見者所不非歟”[①]。伍氏又説：“方志《藝文》一編，往往以詩賦文辭當之，取法安在？豈囿于人地，大雅不作，無當校讎歟？律以師法，其失愈遠。”[②]《藝文志》源起班固《漢書》删節劉歆《七略》，

① 伍彝章：《蓬安縣志稿》卷十九《事紀》，稿本。
② 伍彝章：《蓬安縣志稿》卷十七《藝文》，稿本。

以著録典籍爲要，故以詩賦文辭當之，殊失法度。至於詩賦文辭，伍氏稱："詩文則補遺續後，别入《文徵》。法古云乎哉？聊以蕲合類例而已。"[①]方志固有類例在，故詩賦之編次在於此。在伍氏看來，志書也並非簡單的編列，其最高目標乃在於著作，故言"如《巴縣志》所載方言，牢持語柢，推尋故訓，悉其源流，區其正變，庶躋作者之林。此非一時泛覽所能驟企矣"[②]。從卷十九《事紀》所引《巴縣志》來看，乃指民國二十八年（1939）刻，龔秉權、向楚等編纂的《民國巴縣志》。從全書體例和分類來看，大體上也是按照《民國巴縣志》而來，除了合併部分類别，增添《藝文》《金石》，改附録《文徵》爲正編外，没有明顯的改動。但其調整合於本地實情，而所增改，又遵循了清代章學誠所宣導的方志學理論，恰當妥帖，使本志稿顯得更爲完善。此外，蓬安縣致力於本縣方志的編纂，乃出於省府的一再催促，以及地方紳士的積極要求。伍彝章纂志雖出於自願，又自費進行，但仍與上級要求和地方士紳的呼籲相應，故參與其事的，多爲地方熱心人士，而採訪員黄坤及更是參與過民國二十四年重印《蓬州志》的工作。在編纂内容上，伍氏也接受了省府的一些指示要求，如本縣方言便依據民國三十三年四川省通志館採訪表規定的形、音、義三項内容範式列舉。

三

伍彝章的編纂遵循了民國新志的一般原則，突破了舊志的束縛，記載了更爲豐富的自然、歷史信息，尤其真實地反映了晚清、民國以來的歷史巨變。不過，本志稿的編纂又有著超越一般民國志書的地方，表現在非常突出的大量由全國而地方、由宏觀而微觀的編纂内容。也就是説，本志在記述一事一物時，皆本著在綜合、全面梳理的前提下，展開對本縣情況的記述分析，從而爲深入認識本地歷史提供了廣闊的視域和宏大背景。這樣的内容，集中表現在各類志的序志上。序志内容博雅精煉，又深入透徹，有總括各類志、提綱挈領之功效。各類志具體類目也有多寡不一的總敘内容，所占分量還不少。如果將具體於蓬安本地的内容剔除，那麼留下的部分就是一本很好的瞭解全國各方面歷史的志書。儘管這樣的編寫有弱化地方的成分，或者説有過於附會的編寫，有大量超越本地方的内容，但卻爲理解地方、把握全國歷史提供了很好的幫助。這樣的寫作，在各個大小不同的具體方面都有歷史地、綜合性地考述，而非簡單的就事論事，充分體現了作者的博學與廣識，編纂視野的開闊，胸襟的博大，也體現出其諳熟於志書的寫作，能以大識小，以小見大，故而游刃有餘，而無冗餘之感。在編纂内容方面，伍氏結合自身經歷，選擇不少爲一般方志所忽略的方面，而又非常深入民間生活，特

① 伍彝章：《蓬安縣志稿》卷十七《藝文》，稿本。
② 伍彝章：《蓬安縣志稿》卷五《方言》，稿本。

別是對地方物產、生產、生活，如動物、植物、礦物、農具、農家副業、娛樂等，都進行了具體細緻的描寫，非一般不曉於農事，不知民間疾苦者所能寫。

伍氏長期在地方任職，尤其是擔任過蓬溪知事、蓬安縣議會議長、開縣知縣，對於整個社會問題，特別是地方弊政，對於時局及社會變革，有非常深刻的認識，提出了强烈的批判，對下層人民的困苦艱難生活給予了足夠的理解與同情。他稱地主承擔了各種賦斂征派，難以爲繼，故大中地主越來越小，最下層的佃農更終年辛苦，而不得一飽暖，不僅受到地主朘削，强制兵役，甚至於遭受棄殺虐待，“極紂絕陰天、黑暗地獄之所無，而人類有之”[①]。“天下之至勞苦，以力謀食而卒不得自食其力者，莫如小佃”“病則棄之，逸則殺之，虐待慘核，極紂絕陰天、黑暗地獄之所無，而人類有之”，至被拉壯丁，家離子散，不得已發出感慨：“噫，農之窮，乃至此耶！”[②]對人民的勤勞，民風的純樸，則不吝讚譽。農戶於紡績“勞而無輟，具見生事之艱辛；守而弗移，足征土風之淳樸”[③]。對於農村建設，伍氏在批評士而爲農者之不效時，又提出了自己的見解和主張，提倡“明農選士，以達建設宗旨”[④]。伍氏稱地方雜費甚多，胥吏上下其手，爲害尤甚，於命案“相驗有費，緝捕有費，招解有費”，而“役乃藉以擾民，責之事主，責之鄰里，並責之罪人，巧取横索，牽累無辜”，導致“樸懦之民，破家亡身者，不知凡幾矣”“當道過境，供張是備，脯修餼牽，視塗授館，胥以征之民，民實瘠矣，何堪重困”[⑤]。儘管光緒七年已設三費局，解決相關問題，而實際上，地方官上下其手，“提署自理，爲便於取用計”[⑥]，出現虧耗、虛糜等問題，不徹查，不公開集議籌補，並無負責之人。政府振穀“惟及糧民，不逮貧困，終覺小惠未遍”[⑦]。民國三十四年的振濟，“雖杯水車薪，究能實惠普及阨窮”，但“縣府規定不准扣償及握存，乃竟未能徹底”[⑧]。

對於西學，伍氏抱持開放心態，積極接納新鮮事物，以開啟民智，如開展球技運動，開放公園，興辦新式學堂等。他據礦學家言，改沙金爲砂金；雖尚舊史之法，於文中記録災異，但據西學論慧星，以爲“天象有常，而人事無定，固無系乎休咎矣”[⑨]。伍氏對農業有著特殊的感情，對農具記載特別詳細，又獨具特色，爲方志所少見。對於西方新式器具，伍氏認爲當參用其長，因地制宜。他說：“田家畜牛，愛護備至。或謂用外洋火力農具，則牛可不用。抑知其價既昂，且易損壞，難修治，未必宜於蓬地。惟取新式犁鋤之輕利靈便者，自行仿製，並參用機

① 伍彝章：《蓬安縣志稿》卷十一《農桑·主佃》，稿本。
② 伍彝章：《蓬安縣志稿》卷十一《農桑·主佃》，稿本。
③ 伍彝章：《蓬安縣志稿》卷十一《農家副業》，稿本。
④ 伍彝章：《蓬安縣志稿》卷十一《農桑·農村建設》，稿本。
⑤ 伍彝章：《蓬安縣志稿》卷十五《三費》，稿本。
⑥ 伍彝章：《蓬安縣志稿》卷十五《三費》，稿本。
⑦ 伍彝章：《蓬安縣志稿》卷十五《振濟》，稿本。
⑧ 伍彝章：《蓬安縣志稿》卷十五《振濟》，稿本。
⑨ 伍彝章：《蓬安縣志稿》卷十九《事紀》，稿本。

器鑿深井，引湧泉之法，而牛耕終不能廢。”[①]對於西方產業，伍氏以爲當仿學追趕，“誠欲挽回利權，仍不外仿行其法，集彼之長，以補我短，急起直追，力圖抵禦”，而又要“因地制宜”[②]。對於工農商各業之關係，伍氏以平等、客觀地看待各自發揮作用，以爲“夫農以生之，工以成之，商以通之，三者相需，去一不可。陵替至今，尤以工能改造土貨，抵制舶來；商能惇信鬻良，遠銷出口，爲用貧求富之要術”[③]，在敦固農業之本的基礎上，更重視工商業對民族復興的重要作用。面對“入超歲增”“出口年減”，提出“惟有提倡土貨，以發展商業，勿徒務都市繁榮，舍其本而逐其末”的主張。[④]

對於蓬安乃至整個國家的發展，作者深有謀慮，試圖借鑒西方，會通古今，因地制宜，因時制義，注重民生，開發民智，引導民力，以應對西方的挑戰，實現整個社會的進步。在選用人才方面，主張考選結合，“夫官政與民風，人才盛衰之原也。國家求賢，因時變制，科舉、選舉，遞爲廢興。補偏救敝，合選舉、考試而兼行之，今豈有異於古哉，要在得人而已”[⑤]。在軍制方面，主張因時制宜，不可“泥古高論，變而徒襲其名”，“衛民不如使民自衛”，用“保甲以清内奸，團練以禦外寇，兩者相輔而行”[⑥]。於保甲，詳引王拱辰、韓維、司馬光、王岩叟之言以防其弊；於團練，則引洪運開之説以言其善。在社會治理方面，宣導自治，以爲“富有個人自治力，自强不息，始能躋國家於郅治之域。中國國情與英、美殊，宣導自治，當會觀其通，擇善以從，俾適合共和原則，漸進實施，以蕲達五權憲法之旨歸”[⑦]。在社會民生方面，認識到受西方影響而發生的重大變遷，“自歐風東漸，男女平權，古之以爲懿德者，今且以爲慆德焉”，對這種改變，淡然受之，而“紀其事於既往，以存興廢之跡”[⑧]。於地方物產，分門别類，詳加論列，結合其兄所開萬桑園種植經驗，提出生產發展建言，如作爲染料的紅藍，“惜爲洋紅所奪，產利遂絕”，認爲“土產利農，宜有以復之”[⑨]。對於地方禮俗，伍氏以爲“君子修其教，不易其俗，毋輕議禮”[⑩]，但他卻對偏離儒家正途，有違淳樸質實的民間習弊給予批判，並提出改造意見，又結合民國時的規定，加以合情合理地引導。比如葬禮，“聖道之遺旨，要在稱情焉爾，豈沾沾末節哉！世俗承流，富者奢僭逾分，力不足者稱貸備物，誇耀殯送，甚至拘忌陰陽，卜葬久淹，恫惑禨祥，焚楮無算，徇委巷之習，失反本之義矣”[⑪]，於是就九個方面一一加以分析

① 伍彝章：《蓬安縣志稿》卷十一《農桑·田器》，稿本。
② 伍彝章：《蓬安縣志稿》卷十一《蠶桑》，稿本。
③ 伍彝章：《蓬安縣志稿》卷十二《工商業》，稿本。
④ 伍彝章：《蓬安縣志稿》卷十二《工商業》，稿本。
⑤ 伍彝章：《蓬安縣志稿》卷八《選舉》，稿本。
⑥ 伍彝章：《蓬安縣志稿》卷十四《武備》，稿本。
⑦ 伍彝章：《蓬安縣志稿》卷十五《自治》，稿本。
⑧ 伍彝章：《蓬安縣志稿》卷十五《恤嫠》，稿本。
⑨ 伍彝章：《蓬安縣志稿》卷十六《物產》，稿本。
⑩ 伍彝章：《蓬安縣志稿》卷五《禮俗》，稿本。
⑪ 伍彝章：《蓬安縣志稿》卷五《禮俗·凶禮》，稿本。

辯駁，又給出移風易俗的具體改良意見。又如對地方的博戲，他極力批判賭博風行於宇内的麻將，將之與清季盛行的鴉片相比，又附上曾戲作的《賭卦》，加以諷喻。當然，伍氏的寫作中也略略夾雜了他守舊的一面，如“惟士與女，群居庠序，伏臘歸休，自處如客，豈禮也哉”[①]。

受時政的影響，作者對民國之政雖批評很多，但回護也不少。他批評民國防區制，稱其徵税“年無盡而民已窮”，而所征雜税，“名目繁多，其數不可得而詳”[②]。但對抗戰勝利之後，民國三十五年（1946），行政院本令豁免田賦，届時卻又加以征收，則以“蓋軍事尚未結束，流亡亦未全安集，供應餉糈，調劑民食，勢變時艱，政府出於不得已也”，含混其辭，而不以内戰論之，甚至更以“比較三十四年征額，已減其半，民亦勞止，汔可小休矣”[③]，頌揚賦税有所減損，民得稍安，真可謂不知其極了。他批評政府厚斂無已，又回護説“使於公有益，雖厚斂亦不爲病”[④]。他揭發民國時的苛捐雜税，而委婉地批判，“猶謂抗戰期間，國家需要，應竭財力以負擔也”“猶謂公家之事，一紙令行，誰敢不從”，但對“公務員藉公苛斂，上下其手”[⑤]，則奮力直言批判，毫不留情。但他無能爲力，衹望有司出辦法改正，“兹已勝利受降，司農有政，監於經過事實，知必有以蘇其困者”[⑥]。對有些掩飾不了的問題，伍氏則以疑問代之，如稱“法外紛更，群情眩惑，附記其略，以存輿論”[⑦]。儘管如此，《事紀》中對防區制下的軍閥混戰，以及軍閥的預征、搶掠等行爲，以及中央統一後的地方選舉舞弊等，仍進行了無情地揭露與批判，以至有“言念前途，障害方巨，社會福利，何日享之”之慨[⑧]，對民國政府下的社會前途充滿茫然之感。

志稿輯録了詩文、金石等各種豐富的資料，其價值更超越了伍氏本人和蓬安本地。宋周邦彦説：“下馬先尋題壁字，出門閑記榜村名。”[⑨]志稿著録了當時所能見到的蓬安金石資料，既補前志之不足，又據實物訂其實存情況，值得肯定。這些金石資料原物大多現已無存，存在的也剥落不少。綜合而言，這些藝文資料除記述地方歷史，有徵故實外，也真實地反映了晚清、民國時期的社會歷史面貌，自有其特殊的學術、社會價值，兹不必一一細縷。此外，伍彝章對巴蜀地方文化民風特别是蓬安本地文化民風的分析和認識同樣值得我們關注，比如他反復提及“巴風半楚，蜀風半秦”[⑩]，就可謂是深刻總結歷史後頗有見的之言。

① 伍彝章：《蓬安縣志稿》卷五《禮俗・居處》，稿本。
② 伍彝章：《蓬安縣志稿》卷四《賦役・田賦》，稿本。
③ 伍彝章：《蓬安縣志稿》卷四《賦役・田賦》，稿本。
④ 伍彝章：《蓬安縣志稿》卷四《賦役・會計》，稿本。
⑤ 伍彝章：《蓬安縣志稿》卷四《賦役・田賦》，稿本。
⑥ 伍彝章：《蓬安縣志稿》卷四《賦役・田賦》，稿本。
⑦ 伍彝章：《蓬安縣志稿》卷四《賦役・田賦》，稿本。
⑧ 伍彝章：《蓬安縣志稿》卷十九《事紀》，稿本。
⑨ 周邦彦：《片玉詞》卷下《浣溪沙》，遼寧教育出版社 2001 年版，第 103 頁。
⑩ 伍彝章：《蓬安縣志稿》卷七《學校》，稿本。

作爲“稿”，本志也確有許多不完善的地方。首先是編纂不完，待補者多。這一點，作者在文稿中多有表述。如《選舉》中有“如有遺漏，隨時均可增補”“俟調查完全後，再行補列，以免挂一漏萬”之類。其次，繕寫不周，並非清本，中間既時有删除、添補者，又有空行、空頁，預留以備添補者。如卷十《人物·老壽》序，短短二百餘字，以小注添補一字，而以筆點而删之者達十二字。卷十七《藝文》，於子部兵家類僅録一書，而在其末的統計前預留了八行，因並未獲得新内容而不得不存爲空白。再次是體例不純，前後不一。卷十《人物列傳上》：“子璊，《後漢書》作湍，太守王堂察舉孝廉。漢安帝元初六年，以翕有遺愛，乃拜湍越嶲太守。夷人歡喜，奉迎道路。”按其例，“《後漢書》作湍”當爲小注，而前作“璊”，後又作“湍”，並未統一，而自亂其例。《官師》列名宦、循吏、文苑、儒林、書院山長諸類傳名目，但在正文中，實際上僅依時代順序，簡列數十人，並未分類標目，名實不符。卷十《人物列傳》分爲上下，但《人物列傳上》列漢迄民國諸人傳，而《人物列傳下》又類列忠烈、孝義、隱逸、列女、僑寓附方技、老壽，是有統有類，實不一例。更奇的是，《人物列傳下》首列忠烈，其後各類傳前又皆列卷題，而於次題列“人物”再加類名，似非爲《人物列傳下》所屬，又並爲一卷，列爲上下兩子卷，但又似六子卷，前後不倫，殊爲不妥。在分量上，各卷也頗不平衡，《人物列傳》明顯偏多，而卷二十一、二十二數量有限，卻强行分卷，而在形式上又混爲一體，未加别白。此外，有些部分的編纂還略顯粗疏，最顯著的是《文徵》部分，據章學誠之説，分編《藝文》《文徵》，又將具體的有關紀山水及有關事跡的詩文附於相關類别，但收録的詩，尤其是文的數量有限，僅分詩、文兩部分，而未就其更爲具體的文學體裁再作細分。與《藝文》相較，《文徵》除採編了晚清、民國部分詩文外，整體疏漏較多，不足彰顯蓬安文風。此外卷十九《事紀》，於宋代紀事時，補入太宗太平興國三年及八年的兩件事，而獨立成頁，於文前稱“接‘賊衆始息’”。全書稿末又專附有“單行補寫”，以補足書稿中有脱漏者。若是，亦前後不一，是編輯之初的漏略，還是因爲抄謄時因漏而補，則不得而知。

此外，本志稿的殘缺，嚴重影響其完整性，尤其在觀感上頗使人不適。不過，這未必對其存在的價值大打折扣。佚失的第一册究竟有什麽内容呢？作者在卷二十一、二十二的《序述》概括性敘録道：“奕奕梁州，巴國之紀。郡縣既分，我疆我理。宕渠名區，相如故里。蓬山雲山，治經三徙。城郭人民，今昔殊矣。惟漢西流，界兹隩鄙。述《疆域》第一。”就此而論，則討論的是蓬安縣的歷史沿革。這與卷十九《事紀》屢屢提及的《疆域·沿革》相應。但從明清舊志，尤其是民國志書的一般文例，以及此獨成一册的分量而言，又遠不限於此。據一般之例，還應包括星野、輿圖、山川等内容。此外，全書之首也當有序、凡例、編纂採訪人員等内容。就輿圖而言，民國二十四年翻印《蓬安縣志》時所附黄忠源繪製、黄坤及摹仿小式《蓬安縣全圖》、黄坤及繪製《蓬安縣城圖》，自當爲本志所採録，加之黄坤及亦爲本志稿的採訪員，收録其輿圖，更在情理之中。從伍彝章依仿的《民國巴縣志》來看，卷一同樣爲《疆域》，而含有《沿革》《幅員》《山脈》《水道》四個子目。因此，作爲首册的卷首及卷一，雖然約占全書十二分之一的量，但從内容來看，除序、凡例、編纂採訪人員、目録等外，其餘内容相對比較穩定，歷史性變革不大。《光緒蓬州志》作於光緒二十三年（1897），離民國三十六年（1947）《蓬安縣志稿》編成，相距僅五十年而已。除此五十年沿革變遷外，《蓬州志·建置篇》所記大體無差，而所誤所缺，《事紀》等部分間有考證和附記。至於《幅員》《山脈》《水道》，五十年間，變化更小，參考現存《蓬州志》中《紀山篇》《紀川篇》，亦無大礙。至於天文星野，率多附會，已無關宏旨矣。當然，這樣的缺失，還是讓我們失去了認識蓬安縣有關歷史的珍貴資料，在文獻無征的當下，是無法彌補的遺憾。

作者单位：西華師範大學區域文化研究中心

《中國文學流變史》作者鄭賓于生平餘論

夏雲鏵 熊飛宇 等

摘 要： 鄭賓于是民國時期學者，曾因《中國文學流變史》見記於史册。但長期以來，一直不爲衆人所知。前文《〈中國文學流變史〉作者鄭賓于生平考略》曾提要式地介紹其生平及著作。今據其親屬夏雲鏵先生所提供材料，再作餘輪補充。

關鍵詞：《中國文學流變史》；鄭賓于；生平

熊飛宇按：鄭賓于（1898—1986），學名孝觀，偶用筆名“冰魚”。四川酉陽（今屬重慶）人。早年畢業於成都高師。1923 年入北京大學國文系旁聽。1924 年爲北京大學研究所國學門録取。曾參加歌謠研究會、風俗調查會和方言研究會。後任保定育德中學國文教員、北京中俄大學講師、福州協和大學教授。1929 年返川，輾轉於成都師大、成都公學、四川大學、成都大學、建國中學、賓萌公學、尚志學院，並曾遠赴雅安。1949 年後，任教於列五中學。1959 年進入四川文史研究館。考其交游，則與王國維、蔡元培、魯迅、張競生、陳垣、顧頡剛、容肇祖、吴虞、潘梓年、李劼人、黄毓荃等諸人均有往還。

鄭賓于的著作，主要有《長短句》《文藝瑣談》《中國文學流變史》和《人間的批評》。另有中國文學史講義多種。三卷本《中國文學流變史》，由上海北新書局分别於 1930 年 10 月、1931 年 5 月、1933 年 11 月初版，在中國文學史的建構和書寫方面，具有創辟的意義。1991 年，上海書店出版社曾據北新書局 1936 年版影印，上、中一册，下部獨立成册，爲“民國叢書”第三編“文學類”之 52、53。該年 9 月，中州古籍出版社也再版此著，所據版本與上海書店同。至於其單篇文章，則大多散佚。

長期以來，鄭賓于一直不爲衆人所知。2011 年 11 月，筆者就手頭所掌握的資料，寫成《〈中國文學流變史〉作者鄭賓于生平考略》，發表於《重慶文理學院學報》（社會科學版）2012 年第 3 期。同年 9 月 10 日，始有讀者在道客巴巴對此文作出回應。10 月 25 日，《〈魯迅全集· 集外集拾遺〉“鄭孝觀”（賓于）注釋補正》再刊於《重慶廣播電視大學學報》2012 年第 5 期。此後，又有《鄭賓于與胡適——〈胡適書信集〉》（《成都大學學報》2014 年第 2 期）和《鄭賓于（孝觀）與魯迅的文字交考察》（《長江師範學院學報》2014 年第 5 期）面世。2014 年 12 月，《鄭賓于文存》由廣西師範大學出版社梓行。該書出版後，張書翠曾發表書評《不該被遺忘的民國學者》（大連《新商報・讀週刊》2015 年 3 月 21 日 A20 版）稱讚説："讀罷全書，不難發現，鄭賓于的使命就是要打破文學以及學術上陳規舊俗的枷鎖，取其精華推陳出新。""熊飛宇用敏鋭的眼光捕捉"其"成就"，"讓鄭賓于及其文學觀點有幸再次映入人們的眼簾"，"其潛心鑽研和執着精神和鄭賓于一樣令人敬佩"。

筆者在編纂過程中，一直試圖與鄭賓于先生親屬取得聯繫，但長期未能如願。2017 年 5 月 20 日晚，經重慶師範大學文學院黄良教授居間介紹，終於得以和夏雲鏵、夏雲錦兄妹在重慶晤面。6 月 3 日，夏雲鏵先生自鎮江寄贈"民國叢書"之《中國文學流變史》一套以爲留念。11 月 5 日，夏雲鏵先生又通過電子郵件，發來《賓于學術論著第一集》掃描件、鄭賓于及夫人張季青女士晚年照片各一幀，及署名文章一篇，囑筆者聯繫刊物發表。

以下文字包括四部分。其中第一部分爲夏雲鏵教授所發文稿，原題"關於《〈中國文學流變史〉作者鄭賓于生平考略》補正"，署名"夏雲鏵楊源納劉季麟劉仲瑜夏雲錦"，共五位。他們與鄭賓于先生的關係，在後文注釋中有述。該文完成於 2013 年 3 月 14 日，即是對筆者《〈中國文學流變史〉作者鄭賓于生平考略》所作的批評。因夏先生年事已高，文中亦有不少錯誤，筆者將其較爲顯明者訂正之後，適當調整了格式，略作補充和完善，納入本文作爲主幹。文章其餘部分，則是筆者所作的輯録。另外還要特别説明的是，《鄭賓于文存》出版後，四川省新聞出版廣電局吴永勝兄曾將其所收藏的鄭賓于物件[①]及其所瞭解的鄭賓于情況盡數共享，筆者在行文過程中，曾多次參考使用其提供的材料和信息，於兹一並致謝。

一　《〈中國文學流變史〉作者鄭賓于生平考略》補正

熊飛宇發表了《〈中國文學流變史〉作者鄭賓于生平考略》一文，文中給出了鄭賓于前期學術活動片段，由於條件所限，熊文没能給出一個完整的鄭賓于先生的人生軌跡，即僅僅給出了 1922 年北大畢業後到 1936 年期間的學術活動情況。根據我們和鄭先生耳濡目染的共同生活經歷（1955—1960，1967—1968），以及 1969—1984 年間斷續生活的經歷，他給我們留存的 1932 年在四川大學法政學院印刷的一本論文集[②]，其中保留了不少他的雁鴻遺痕；另外我們在他生前的最後工作點——四川文史館，得到了一份他 1984 年填寫的履歷表。[③]根據上述資料，以履

① 其中有繁體正楷手寫《贈别賓于君》一詩："别豈容易會更難，路不崇朝[思]惓惓。三秋綢繆結中腸，一朝乖别傷絕絃。行旌搖搖被繁霜，淒淒燕地鳴孤雁。恨非日月難相隨，送别空有血淚濺。"書詩者不詳。

② 即《賓于學術論著第一集》，四川大學法政學院，1932 年。現存夏雲鏵處。封面作"季青先生評正：賓于學術論著第一集，一九三二，二，廿四，黄穮題"。日新印刷工業社印。

③ 鄭賓于填寫履歷表，現存四川文史館。

歷表爲縱坐標，我们整理出走過八十八歲高壽的鄭賓于先生的生平活動和年譜。

（一）走出酉陽大山（1922 年前）

鄭賓于原名鄭孝觀，這點熊文沒錯，但遺漏了黄穐[①]（黄秋）之名[②]，賓于實爲筆名，前期自解爲冰魚，後又自解爲濱魚，可能和他的心情、事業有關。熊文甚而未能給出生卒年月。今補上：鄭生於 1898 年 2 月 7 日，卒於 1985 年 11 月 30 日。因病逝世，享年八十八歲。[③]

鄭出生於四川酉陽（這點熊文猜對，酉陽現屬重慶市），沿河人（現屬貴州沿河縣），出身於一個殷實的農民家庭，[④]可能畢業於酉陽師範，後到成都並未入高師[⑤]，這點熊不對。後沿長江而下，到南京先考金陵大學，因大學的教會背景不合他口味，故棄卷退考而北上，考上北京大學[⑥]。先本科，後入北大研究所國學門研究生學音韻，1922 年畢業[⑦]。我們接觸中他一生都自命爲音韻專家、胡適弟子，而且正因爲他是學的這個專業，他纔能率先解讀“中國文學流變的流變史”，關於這些衹有口述[⑧]，履歷表 1922 年前沒有提及，所以衹能用我們聽到的他的口述推斷：

1. 聽他講述進北大後參加過五四游行，這説明他進北大是 1919 年春以前。

2. 小時，他總對我們講述他讀書時如何苦，冬天穿着長衫兒去圖書館上自習（沒錢買棉衣），並得出“少用錢多讀書，多用錢少讀書”的結論。據此推斷，鄭不知江南冷峻便沿江而下，考學校未備冬裝，故有此難。

3. 鄭之同學顧頡剛 1920 年北大本科畢業。據此推斷，鄭賓于應該是 1916 年秋入北大，若按本科 4 年畢業，正如他所填 1922 年北大研究所國學門研究生畢業。

（二）風華正茂——走出校門（1922—1926 年）

在北大研究所，鄭在校刊上發表不少文章，已引起學界重視，這方面熊文已

---

①《賓于學術論著第一集》，四川大學法政學院，1932 年，現存夏雲鏵處。

② 參見四川成都西安路派出所提供的户籍證明，現存夏雲鏵處。

③ 參見四川成都西安路派出所提供的户籍證明，現存夏雲鏵處。

④ 參見《賓于學術論著第一集》，四川大學法政學院，1932 年，現存夏雲鏵處；四川成都西安路派出所提供的户籍證明，現存夏雲鏵處。

⑤ 參見《賓于學術論著第一集》，四川大學法政學院，1932 年，現存夏雲鏵處。劉仲瑜曾親赴川大檔案館，未見鄭孝觀之名。

⑥ 參見《賓于學術論著第一集》，四川大學法政學院，1932 年，現存夏雲鏵處；四川成都西安路派出所提供的户籍證明，現存夏雲鏵處。

⑦ 參見《賓于學術論著第一集》，四川大學法政學院，1932 年，現存夏雲鏵處；四川成都西安路派出所提供的户籍證明，現存夏雲鏵處。另據吴永勝先生見告，他曾偶遇鄭賓于的一位學生，憶及鄭賓于談到自己師從錢玄同學習過音韻。

⑧ 本部分作者皆是鄭賓于夫人張季青外甥（劉季麒、劉仲瑜），外甥孫（夏雲鏵，楊源納，夏雲錦）。其中尤以夏雲鏵爲最，1955—1960 年，初高中；1967—1968 年，“文化大革命”初期；1969—1984 年，生命最後期間，皆有往來。1984 年留存照片，便是夏雲鏵所攝，未想竟成絕響。

提及，故不多述。

但熊文遺漏了一篇重要文章，即1924年12月27日發表於北京《京報》副刊上的《雷峰塔與保叔塔》一文（可見於《魯迅全集·集外集》）。現録魯迅寫與鄭孝觀的致謝信：

孝觀先生：

我的無聊小文，竟引出一篇大作，至於將記者先生打退，使其先“敬案”而後“道歉”，感甚，佩甚。

我幼時並沒有見過《湧幢小品》；回想起來，所見的似乎是《西湖游覽志》及《志餘》，明嘉靖中田汝成作。可惜這書我現在沒有了，所以無從復案。我想，在那裏面，或者可以得到一點關於雷峰塔的材料罷。

魯迅，二十四日[①]

魯迅的回信和1935年的補記，説明他對鄭文的重視，也可看出他初出校門時彰顯的才華。另外便是鄭1926年出版的《長短句》（熊文已提及），以此爲題來論述詩到詞的演變過程。詞與詩並列，這個觀點是他的首創。以前並沒人注意到這一點，這也是他對中國文學流變史研究的一大貢獻。[②]

熊文中言1926年鄭賓于赴福州協和大學執教存在問題。① 從履歷表可看出鄭填寫的到福建協和大學的時間是1924年，熊文推斷是1926年，此存矛盾。② 履歷表填寫的工作經歷是1922—1926年執教於國立北京中俄大學、北京大同高中、保定私立德育中學。這便讓人疑惑，即鄭1924年去協和大學後又曾赴京執教。關於這兩個問題，可以從他的論文集得到答案。《刊印單篇長短句序》最後文：

……前者在京時久欲成一序文。因爲在國立北京中俄大學授課忙碌之故而未果。今兹南下，留滯天津，旅次寂寥，覺得時間抛棄可惜了，乃始展紙，拭筆寫成之。

中華民國十五年四月二十日，賓于在天津河北大馬路悦來旅館序。[③]

由以上一段文字可以確證鄭是1926年5月—6月方到福州協和大學的，履歷表之1924年可能是記憶錯誤，此表填於1984年，鄭時年已87歲餘，這不奇怪。

另外説明鄭至1926年春仍在中俄大學執教，他在北京的教學活動據此推斷有兩種方式，即出版書前已到中俄大學執教，大同高中和德育中學是兼職；另一種是先在大同高中、德育中學執教，最後到中俄大學執教。

① 参见《魯迅全集·集外集拾遺》。
② 夏雲鏵先生係理工科教授，有關論述，供參考。——熊飛宇注。
③《賓于學術論著第一集》附録一《刊印單篇長短句序》，第4頁。

（三）恃才傲物——從江南到蜀都（1926 下半年—1949 年）

對於鄭先生來説，從北京到福州協和大學犹如龍歸大海，年少輕狂、恃才傲物的心性在這段歲月時時展露。一方面才華光芒四射，讓世人、學界注目，當然也四處碰壁，甚而遍體鱗傷……

熊文提及鄭爲老師張競生辯爭一事之論文遺漏了，應是 1927 年 2 月在上海《文化月刊》第一卷第二期所發表的《論淫書》。該文旗幟鮮明地支持民國被視爲“三大文妖”（劉海粟、張競生、黎錦熙）之一的張競生。在當時的閉鎖時代，張競生先生的遭遇可想而知，大學已不敢讓他教書，説他有傷風化，衹能到中學代代課了。鄭能夠公開站出來支持自己的老師，學界也就此一人。爲此，張競生終生心存感激，後在文集中還將此文收録於“評論單元”，可見他對此文的重視。

熊文還遺漏了 1927 年 10 月鄭賓于在上海《新文化月刊》發表的《評胡適之先生的國語文學史》，點評該書的不足，爲此，胡適之回信向他解釋：

> 國語文學史是北京有人翻印的，不曾得我的同意。此乃未定之稿，本不敢拿出來問世，也不值得嚴格的批評。現全部改作，已排印將完，改名爲白語文學史。我盼望鄭君對此定本另有批評。
>
> 黎先生删的正是《嬌姐姐》《浣花溪上》兩首，賓于先生猜的不錯。
>
> 適十六、十、十四[①]

此文也説明鄭之不畏權威、年少輕狂的心性。

鄭賓于 1927 年在寧波《民國日報》上的《中華民國開國史》（十六年雙十節在浙江第四中學之演講）一文，亦被遺漏。文中言：“去年的今天（1926 年——引者注），我還在福建協和大學，其時正值周蔭人（地方軍閥——引者注）時代，學生要我作一篇國慶底内包外延的文章來作爲慶祝雙十節之用。不料，寫完之後，竟不敢登，都説我助（措）辭太激烈了。及周逆逃跑，李生春於十二月二日夜十二鍾將整個兒的福州[獻]與國民革命軍以後，纔把牠登載出來。”[②]尤此可見鄭 1926 年底 1927 年初便離福州協大到寧波浙江四中教書了。

寫到這裏，不由想到 1968 年 5 月在“鄭園”他講的一則趣聞：北伐時候，他正在福州協和大學。由於思想“左”傾，因而到處演講，很受北伐軍中搞文宣的歡迎。於是跟他商量，請他參加北伐軍，他問什麼職位，那人説“少校”，他又問那人是何職位，那人説是“中校”。這下他來氣了：“老子不幹。”那人奇怪：“爲什麼？”他回答：“爲什麼我職務比你還低？”讓別人哭笑不得。鄭就是這樣狂傲。

熊可能並未涉獵 1928 年交稿的《中國文學流變史》文稿本身，該書中間許多

① 參見《賓于學術論著第一集》之《評胡適之先生的國語文學史》。
② 參見《賓于學術論著第一集》之《中華民國開國史》。

自詡的第一，一方面展露了他的才華，在中國文學史中提出的新的觀點，開拓的新的領地；另一方面也展露出他的狂傲心理。

比如他提出，敘述古代詩歌始於殷商，即那時纔有信史，書中特地標出《荀卿的詩》和《荀卿的賦》兩個令人耳目一新的文學史題目，這是前人從未見過的。又在宋詞的評述中，將詞分爲“豪放”與“婉約”兩派分別進行敘述，這在當時的文學史上是首創，並已得到後世的公認，應該説是詞的分類研究中的一大貢獻；從此讓世人將詞從僅僅被視爲士大夫們悲情傷懷、離愁别恨的文體，上升爲河流山川、憂國思民的更高境界的一種豪放文體，如蘇辛之詞。

正因爲這樣，幾十年過去了，鄭著《中國文學流變史》仍閃爍着它的文采光華，令後人高山仰止。

（四）對照鄭之履歷表解讀鄭賓于生平

1922 年，國立北京大學中文系。

1924 年，福建省協和大學。

1929 年，成都師範大學、成都大學、四川大學。

1935 年，成都建國中學、成都女子第一師範、成都大同中學。

前面已指出 1924 年赴閩是記憶錯誤，那麼在閩期間是否一直在協和大學執教呢？查看論文集，《中華民國開國史》一文爲我們提供了如下信息：1926 年冬因不滿當局憤而辭職，1927 年又在寧波虹橋頭浙江第四中學演講，[①]由此推斷鄭在協和大學僅一年。

另外從鄭領銜發佈旅滬川人書時爲 1928 年 4 月，由此推斷他在寧波中學執教也就一年許，1928 年初離開寧波。從《中國文學流變史》上、中册後記所載日期分别爲“1928 年 12 月 7 日”及“1929 年 5 月 7 日，上海喜鐘路”，説明這段時間他在上海校書稿（因書稿是 1928 年 8 月完稿），準備出版。

《吴虞日記》（下）云：1929 年 7 月 7 日，鄭賓于來，住夏斧私處；7 月 28 日，予介紹鄭賓于，表方（張瀾）言有地位時再議。據此推斷，鄭在四川執教的第一所大學應是成都師範大學，即 1929—1930 年上。該校擁護成立川大，而張瀾是反對的，所以鄭被拒絕。後張瀾離校，由熊嶂、吴君毅分别於 1930 年下、1931 年間代理成大校長，而吴君毅是吴虞之兄弟，故 1930 年下，鄭賓于進成大執教。到 1932 年川大成立，校長又是秀山人王兆榮，與鄭應説是半個同鄉，加上《中國文學流變史》之學術地位，執教到 1934 年（王的任期）勢在必然，但令人奇怪的是在川大法政學院教文學，甚至到鹽道街川大工學院教文學，如此來看，鄭賓于與川大文學界理念有些差異（當然工學院開文學課也不奇怪），離開川大亦是必然。説來奇怪，當時川大的教授李培甫（章太炎學生）、趙少咸（黄侃的學生）、龐石帚（自學成才）皆是他姐夫夏斧私好友，與他卻均是對頭。現在看來是胡適派與國學派

① 參見《賓于學術論著第一集》之《中華民國開國史》。

之爭，然而他和吴虞又能相處，可見主要是他不善於處理人與人之間的關係。從履歷表可知，1935 年到 1937 年間，鄭賓于先後在成都建國中學、女子第一師範、成都大同中學執教。從他 1936 年在《統一評論》第 2 卷第 4 期、第 6 期發表之《論我國民族文化之“不長進”與“綫裝書”》皆可看出他的狂傲依舊，四面樹敵。履歷表載 1938 年到雅安中學任教，之前到底發生了什麼事，本來可從與他亦師亦友的吴虞的日記上尋求印證，可惜日記 1934 年到 1937 年空缺，這事也成千古之謎了，無從知其來龍去脈。另一方面，他之到雅安，實際上正巧也是受到劉文輝之邀。因在川大成立過程中劉文輝是擁派，鄭之上海鼓吹成立川大，讓他也認識了鄭。此時劉文輝在軍閥混戰中已敗走雅安，想網羅人才伺機東山再起，他去了可能不習慣官場習氣，轉而去雅安中學執教。風頭過去了，1941 年夏返回成都。

1941 年秋到 1943 年他在成都協和中學執教，1943 年到 1947 年在成都建國中學和甫城中學執教。

在這期間不得不提“鄭園”和他與友人的交往。鄭回成都開初住夏斧私家，後在外租居。以後由於 1938、1939 年的日本大轟炸，在城里已住不安穩。鄭原在西郊城邊林巷子買了一塊地皮，用 1940 年日本大轟炸後夏斧私處炸後廢墟殘存的木料，建成了一個躲避轟炸的茅屋，自稱“鄭園”，特請昔日老師馬敘倫題寫“鄭園”二字，直到九十年代拆遷纔毁。這個“鄭園”成了當時許多名人的聚會地，流落大後方的這些名人歷經千辛萬苦，能在鄭園一聚實是幸會。如 1943 年到重慶的徐悲鴻因婚姻問題躲蔣碧薇，也曾在鄭園小住，而且還揮筆作畫贈鄭，收鄭的妻子張季青做弟子，且徐對張季青畫的蓮花很是欣賞；至於馬敘倫、顧頡剛、李劼人等更是常客。鄭賓于這時也少了昔日輕狂，成都高校任教的人也變了，無所謂派别；面對亡國危機，大家齊心抗日。還應提到的是 1953 年贈予列五中學學生之詩卷，注有 43 年的字樣，從看大雪而作，當是年底，可理解爲受劉文輝之邀赴雅安後，因不適官場，辭别仍回成都教書。

1948 年到 1956 年任教於成都列五中學（現爲成都五中）。需要説明的是，1949 年後由於北大畢業背景，經一些朋友舉薦，加上高校擴充，請他到四川大學、四川師範學院任教，他不肯，説沒能力和他們爭執了，不過教書還是有些舊日德性。1952 年 5 月夏一次和家人到鄭園，説到高興之處，竟對教材上丁玲的《果樹園》議論起來，認爲這文看來還不錯，不過選作中學教材卻欠妥。須知丁玲其時剛得了史達林文學獎金，紅得發紫，他居然敢指出該文選入中學教材不妥，這事在當年教育界敢此直言，也祇有他了。好在丁玲“反右”時出了事，他纔沒事。

1955 年，四川教育廳找他談話，説是要請他續寫《中國文學流變史》未完成部分，據説是北京郭沫若、馬敘倫等人向有關部門的提議，這讓他很感動。這樣，1956 年，爲了方便此書的寫作，特意把他調到四川省文聯，在家寫作，還給他配備了秘書。在這樣的背景下，1957 年“反右”時，教育廳廳長請他去提意見，他用一種感恩的心情表述了幾十年受人排斥，祇得在中學安生，現在共產黨來了，他又沒有提出要寫《中國文學流變史》，而組織上主動要他續寫，除了感謝，還有什麼意見好提。這樣在 1958 年四川省文藝代表會上，他還以正式代表身份，出席了會議。由於他的努力，書稿很快交給了南充師院的張默生教授審稿，據説對此書評價很高，準備出版。由於“反右”，此事又放了下來。但省文聯叫他繼續寫下去，據他説他對原書進行了重寫，一直寫到元曲，準備寫明清小説部分了，可惜“文化大革命”開始，他沒法繼續寫下去。

“文化大革命”後，鄭曾致信當時成都市革委，反映了續寫《中國文學流變史》一書的問題。值此百廢待興之時，市革委當即（大概是 1981 年）和省文聯幹部去他家一起做工作，要給他配助手，他拒絕了，説老了寫不出來了。記得我問過他稿子在哪里，他説，問過省文聯，説找不到了。就這樣，鄭賓于先生在失落中，於 1985 年 11 月 30 日走完了他一生。可歎由於他的兒子至今無法尋覓，不知生死，鄭的骨灰和文稿也不知留存何處。

（五）鄭賓于先生的完整年譜

1898 年出生於四川酉陽沿河（現屬貴州省）一個殷實的農民家庭。

1915 年畢業於酉陽師範。

1922 年畢業於北京大學研究所國學系（研究生）。在此期間受教於胡適、張競生、魯迅等文學大師。

1922—1926 年先後執教於國立北京中俄大學（教授）、北京大同中學（教員）、保定私立德育中學（教員）。其間，在北大研究所國學門所辦《歌謠週刊》上發表《歌謠中的婚姻觀》《楊朱傳略》等，並在海音書局出版專著《長短句》，從而在文壇上初露頭角。在《京報》附刊上發表《雷峰塔與保叔塔》，對魯迅《論雷峰塔的倒掉》一文提供支持，引起世人的注意。

1926 年 1 月—1927 年 1 月南下，執教於福建協和大學，任教授，因不滿福建地方當局反北伐之專制，憤而辭職。

1927 年 1 月—1928 年 4 月，在寧波虹橋頭浙江第四中學任教。

1928 年 4 月—1929 年夏，在上海應北新書局之約爲《中國文學流變史》一書校稿，並分別於 1928 年 12 月 7 日交付上、中册書稿，1929 年 5 月 7 日交付下册書稿。

在江南時期，因“淫書”一文聲援張競生先生引得世人注目，點評胡適先生的《國語文學史》顯出他的狂傲。

1929 年秋，任成都師範大學文學史教授。

1931 年春，任成都大學教授。

1932 年—1935 年夏，任四川大學法政學院文學史教授。其間，在四川大學出論文集一本，《中國文學流變史》在 1932 年出版，一時洛陽紙貴。

1935 年秋—1938 年夏，先後執教於成都建國中學（教員）、女子第一師範

（教員）。

由於學術觀念以及人際之間的原因，離開四川大學，到中學、師範教書。

以後由於一些個人原因離開成都赴雅安教書。

1938 年—1941 年夏，應劉文輝之邀，翻越金山到雅安，因不習慣官場習氣，故到雅安中學任教。

1941 年秋—1943 年夏，在成都協和中學任教。

1943 年秋—1947 年冬，在成都建國中學、甫城中學任教。

1940 年成都遭大轟炸後，在成都西郊林巷子[①]建成“鄭園”，馬敘倫曾題“鄭園”二字作門楣，以示祝賀，徐悲鴻等亦聚會於此。“鄭園”成爲抗戰大後方流寓成都的異鄉士子們聊解鄉愁的彙聚地。

1948 年春—1956 年夏，在成都列五中學（現成都五中）教書。

在此期間，省教育廳請他到四川大學和四川師院教書被拒絕。[②]

1956 年夏—1966 年夏，任職於四川省文聯。

應四川省教育廳之邀，專門著述《中國文學流變史》，書稿交由張默生教授審閱。張對此書評價很高，準備出版，後因當時的政治氣候，未出。至 1966 年，已完成元曲部分，準備寫明清小說。“文化大革命”開始，故停止。

1966 年夏—1976 年，由省文聯調省文史館。由於其身份在文史館相對而言不顯眼，故受衝擊不大。

1985 年 11 月 30 日病故。

在此期間，放在四川省文聯的書稿無法找回，留在家裏的破四舊時損失一部分。

因年老灰心，再也無心續寫整理《中國文學流變史》書稿，給後輩們留下一部斷臂維納斯般的作品，讓人歎息。

綜上所述，我們根據已有資料，對熊文遺漏之處作了全面補充，給出鄭賓于的完整生卒，並構建出他的年譜。

二　《顧頡剛日記》中的鄭賓于

鄭賓于與顧頡剛交厚。就讀北大前後，鄭賓于曾因歌謠採集和孟姜女研究，同顧頡剛多有書信往返。南下之後，兩人更是常在一起聚會，一度還達到形影不離的地步。現據《顧頡剛日記》（中華書局 2011 年版），將其中有關鄭賓于的記載

---

① 吴永勝在收藏資料中有西南音專施幼□寄鄭賓于的明信片，所署地址爲“本市外西大林巷子第十號”。

② 吴永勝的收藏資料中有“成都文協”“一月五日”的通知（打印稿）一份：“兹訂於本月九日（星期五）午後三鍾，在文聯會議室舉行第二屆三次常委擴大會議，討論：選舉參加四川省第一屆文代會代表。務希準時出席爲荷。”具體年份不詳，但可推斷出是 1953 年。據此來看，鄭賓于當時或已加入成都文協。

摘録下來。其中部分史料頗具價值，如鄭賓于雖曾撰文力挺魯迅，但在廈門，卻又因是顧頡剛所薦而遭魯迅排拒等。

一九二四年

十二月三號星期三（十一月初七）："寫鄭賓于信。到校，查《詞選》中典故。所中以清宫事開會，予將宣言改竄。並改報告。"（卷一，557頁）

一九二五年

三月六號星期五（二月十二）："到所，分配《一覽》材料，整理《三大典考》。仲良來談。寫仲華，尚嚴信。覆看《交換書目》。孝觀來談。"（卷一，595頁）

八月三號星期一（六月十四）："讀《人類的故事》。鈔《孟姜女》序録等畢。鄭賓于來。譚女士，葵如，林德懿來。"（卷一，649頁）

八月六號星期四（六月十七）："到校，寫適之先生，玄同先生，紹虞，隅卿，紹原，健卿，四穆，恕人，倫超，萬里信。到賓于，山立處談話。"（卷一，651頁）

八月十一號星期二（六月廿二）："到京師圖書館，查崔東壁材料，看《寄庵集》,《滇南文録》,《詩人徵略》等數種。遇賓于。到東四購物。到小峰處。"（卷一，652頁）

十月十二號星期一（八月廿五）："校賓于《元曲選中的孟姜女傳説》一文，並作按語，編集第十一次稿。寫玄同先生，伯祥信。"（卷一，671頁）

十月卅一號星期六（九月十四）："校《周刊》第四期稿。寫賓于，侃如信。"（卷一，677頁）

十二月卅一號星期四（十一月十六）録鄭賓于通訊位址兩則："銀閘井兒胡同華通公寓鄭賓于"（卷一，696頁）；"成都少城窄巷子黄楊廈夏斧厶先生轉鄭賓于"（卷一，697頁）。

一九二六年

一月四號星期一（十一月二十）："到校，寫平伯，乃乾，孟鄒，小峰，賓于，彦堂信。"（卷一，706頁）

一月十二號星期二（十一月廿八）："寫賓于，彬龢信。校《古史辨》。"（卷一，709頁）

一月三十號星期六（十二月十七）："建功，賓于來。金甫來，丹庭來。編《古史辨》附録廣告訖。到志成印書館送稿。"（卷一，714頁）

二月三號星期三（十二月廿一）："到校，校《始刊詞》二校。寫兼士先生，語堂，賓于，玄同先生信。"（卷一，715頁）

二月八號星期一（十二月廿六）："讀《人類的故事》。萬里來。看《花陣綺言》。鈔筆記，備文材。賓于來。仲華來。"（卷一，717頁）

二月十九號星期五（正月初七）："介石，琛如，賓于來。標點《蛾術編》中論社三則。"（卷一，720頁）

二月廿七號星期六（正月十五）："兼士先生來。萬里來。寫賓于信。"（卷一，722頁）

二月廿八號星期日（正月十六）："緝熙來。賓于來。""爲賓于事，打電到福州。"（卷一，723頁）

三月一號星期一（正月十七）："到校，寫賓于，悟梅，維園，維鈞，逮曾信。"（卷一，723頁）

三月二號星期二（正月十八）："賓于來。作自序四千言。"（卷一，723頁）

三月三號星期三（正月十九）："到賓于處。到小峰處。到書社，寫地質調查所信。編《古史辨》目録。"（卷一，724頁）

三月四號星期四（正月二十）："賓于來。作自序三千餘言。"（卷一，724頁）

三月七號星期日（正月廿三）："寫叔父，雪村，賓于信。"（卷一，725頁）

三月九號星期二（正月廿五）："賓于來談。編集《孟姜女研究》結帳。"（卷一，725頁）

三月十二號星期五（正月廿八）："到校，寫賓于信。"（卷一，726頁）

三月十六號星期二（二月初三）："寫黄熙時信，令于陰曆三月初三日前作覆，遲則由法律解決。寫適之先生，汪孟鄒，余昌之信。寄《東壁遺書》。賓于來。"（卷一，727頁）

三月十七號星期三（二月初四）："到所，看山西永濟壁畫，與兼士先生談話。伴陳翰笙先生等觀檔案室。寫丹庭信。賓于來。"（卷一，727頁）

三月十九號星期五（二月初六）："作自序三千餘言。今日晨大雪，下午止。賓于來。"（卷一，728頁）

三月廿三號星期二（二月初十）："賓于來。緝熙來。補父大人信。"（卷一，729頁）

四月三號星期六（二月廿一）："衣萍來。修改自序，草孟姜女故事演變表。彬龢來。賓于來。"（卷一，732頁）

四月六號星期二（二月廿四）："寫慕愚，賓于，悟梅信。畫孟姜女故事地域圖略畢。"（卷一，733頁）

四月七號星期三（二月廿五）："到校，寫兼士先生，賓于，仲華，濬

哲，佩弦信。”（卷一，733 頁）

四月十三號星期二（三月初二）：“賓于來談。”（卷一，735 頁）

五月十六號星期日（四月初五）：“寫紹虞，彥堂，伯祥，悟梅，父大人，辛旨，侃如，瀚澄，靜聞，賓于，孟軺，佩弦信。”（卷一，747 頁）

七月十三號星期二（六月初四）：“寫鄭賓于信。緝熙來，與同到景山書社。”（卷一，767 頁）

八月三號星期二（六月廿五）：“寫今閏，伯祥，聖陶，伏園，健卿信。登日記。發《古史辨》。寫叔父，維鈞，起潛，賓于信。”（卷一，775 頁）

八月廿六號星期四（七月十九）：“寫伏園，品青，玄同，沅君，川島，紹原，鳳田，祝晨，仲澐，誠安，賓于，式湘信。談話。”（卷一，784 頁）

九月三十號星期四（八月廿四）：“《古史辨》應贈送之人”，所列名單中包括鄭賓于，並於六月十二日發出。（卷一，799—801 頁）

十一月十八號星期四（十月十四）：“元胎夫婦來談。寫賓于，式湘信。”（卷一，818 頁）

一九二七年

一月七號星期五（十二月初四）：“到群賢樓看揭帖。莘田來談。寫周忭民，油印處，佩真，振鐸，魯弟，龍叔，孟真，沅君，芝生，紹虞，希白，文科主任，謝雲聲，式湘，賓于，援庵先生，谷葦，彬龢信。”（卷二，3 頁）

一月十一號星期二（十二月初八）：“與履安到兼愛樓看屋。寫答賀年十二片。寫小鶼，孟軺，孝徵，芝生，悟梅，黃覺民，沅君，式湘，賓于，其可，隅卿，逮曾信。”（卷二，5 頁）

一月二十號星期四（十二月十七）：“早至東來吃點，到青年會看報。回店，晤式湘，同到市買唱本及小説。歸，芝美，孝泉，賓于並至。飯後同出，到西湖公園吃茶坐船。到督署前買漆器，到別有天吃夜飯，賓于，式湘所邀也。”（卷二，8 頁）

一月廿三號星期六（十二月十九）：“到聚春園，公宴蔡，馬二先生，同席凡三十五人，説話人極多。予以孑民先生之命，報告廈大狀況。午飯自十一時直至二時半。出，即偕元胎到法政學校演講，政務委員爲我等發起之學術講演會也。予講‘研究國學之方法’，元胎講‘思想與行爲’，均約五十分鍾。出，與賓于，明鑑同到街上買風俗物品。又到聚春園，應政務委員會教育科之宴。”“今午同席：蔡孑民馬彝初姜紹謨勵德人張紹琦王星舟袁冠新王昆侖李大超汪滌陳賴清元賈祝年王悟梅黃俊昌李希仁周一志范映霞黃鐘何朝宗王漱芳冷欣宋思一顧千里金鐵鳴李在冰吴醒耶高方苕之介泉元胎式湘賓于予”。“今晚同席：黃魯貽蘇道如鄭思勤劉慶平陳灼孫（此教育科中人）式湘賓于元胎夫婦苕之介泉予”。（卷二，9 頁）

一月廿四號星期一（十二月廿一）：“下午賓于來，同至蔡先生處，談

半小時。”（卷二，9 頁）

一月廿五號星期二（十二月廿二）：“在旅社看萬里泉州第二次游記。賓于，式湘，姚華萼，陳泗孫來談。”“與賓于，式湘，介泉坐船到協和大學，參觀校舍。”（卷二，9 頁）

一月廿六號星期三（十二月廿三）：“與式湘，賓于，介泉同游鼓山，坐肩輿而上。在涌泉寺吃飯，到喝水岩看宋元來題名石刻。薄暮歸，微有雨。”（卷二，10 頁）

一月廿七號星期四（十二月廿四）：“介泉先歸。到賓于處，許即城來談。與賓于坐輪回城。”“看《性史外集》，畢。”“與賓于元胎到江上妓船及岸上妓院游覽。”（卷二，10 頁）

一月廿九號星期六（十二月廿六）：“六時起，整理物件下船，到義和洋行碼頭，入小輪。九點許開，中途式湘，賓于下船。十一點上海康輪。一點許開。”“舟出福州灣，風浪頗惡，元胎夫婦及賓于皆吐。”（卷二，10 頁）

一月三十號星期日（十二月廿七）：“九點餘，船到埠，語堂先生來接，下小舟到廈門酒店，送蔡，馬二先生入寓，獨歸。與式湘，賓于，元胎夫婦到南普陀吃飯。”（卷二，11 頁）

一月卅一號星期一（十二月廿八）：“到仰之處，未晤。到式湘，賓于處，同到國學院。到大門口迎接蔡，馬二先生，伴同參觀國學院及生物學院。”“與川島，介泉合宴蔡，馬二先生于南普陀。”“今晚同席：蔡先生馬先生賓于式湘德人茗之振玉（以上客）介泉川島予（以上主）。”（卷二，11 頁）

二月一號星期二（十二月廿九）：“振玉邀吃年飯。看數日中報紙。今晚同席：亮丞先生，介泉，川島，式湘，賓于，振玉夫婦，莘田。席間回思舊事，甚起悵惘，蓋前數年于新正中必可相聚也。風流已散，奈何奈何！”（卷二，12 頁）

二月三號星期四（正月初二）：“寫乃乾信。與賓于，式湘，介泉，元胎夫婦到海邊拾貝。”“與介泉，賓于到南普陀，聲金，澤宣，貴定，雨階邀宴也。”（卷二，12 頁）

二月八號星期二（正月初七）：“與式湘，賓于及履安，艮男游白鹿洞及虎溪。”“與式湘，賓于，莘田，介泉，川島，振玉，元胎，仰之，亮丞先生到青年會，爲國學院歡迎蔡，馬，陳，鄭四先生。”（卷二，14 頁）

二月十一號星期五（正月初十）：“與賓于到廈門，訪蔡，馬二先生。勵德人兄留飯。送式湘上海澄船。”“與賓于同到新民書社買書，大走馬路買電燈。”“賓于告我，聞川島言，魯迅説：‘賓于，式湘因爲是顧頡剛薦的，所以偏偏不用。’他現在正托川島覓國文教員。按，魯迅對于我的怨恨，由于我告陳通伯，《中國小説史略》剿襲鹽谷温《支那文學講話》。他自已鈔了人家，反以別人指出其剿襲爲不應該，其卑怯驕妄可想。此等人竟會成群眾偶像，誠青年之不幸。他雖恨我，但沒法罵我，只能造我種

種謠言而已。予自問胸懷坦白，又勤于業務，受茲橫逆，亦不必較也。”（卷二，15 頁）

二月十二號星期六（正月十一）：“與賓于到介泉處談話，聽唱留聲片。元胎留吃午飯。”“到研究院。到青年會，爲廈門北大校友會開成立會也。與元胎及賓于上街買書。”（卷二，15—16 頁）

二月十三號星期日（正月十二）：“邀元胎夫婦，仰之，澤涵，圭貞，賓于在我家吃飯。飯畢，與元胎，賓于冒雨到青年會，衣履均濕。”（卷二，16 頁）

二月十七號星期四（正月十六）：“冒雨送賓于上船，到青年會，晤蔡，馬二先生。”（卷二，17 頁）

二月廿二號星期二（正月廿一）：“寫伯祥，曉先，孟真，式湘，賓于，隅卿，嚴幼雪，張仁寬，玄同先生，紹虞信。元胎來。”（卷二，19 頁）

三月八號星期二（二月初五）：“到振玉處。到研究院。遇語堂先生。寫乃乾，子震，式湘，賓于信。”（卷二，24 頁）

四月十一號星期一（三月初十）：“與履安到廈門市買物，到青年會訪白君，到集通，豫豐，美豐，爲元胎取款，到郵局寄賓于款。寫賓于，稻孫信。林毓德君來。”（卷二，36 頁）

四月廿六號星期二（三月廿五）：“芸書閣人來，寫仙槎信與之。到公園大便。記日記及賬。歸，寫父大人，賓于，嚴幼雪，聚成堂，本市聾啞學校信。”（卷二，40 頁）

五月廿九號星期日（四月廿九）：“理物。寫緝熙，適之先生，四穆，賓于信。”（卷二，51 頁）

六月十號星期五（五月十一）：“寫父大人，碧澄，起潛，賓于信。”（卷二，55 頁）

六月廿九號星期三（六月初一）：“發電致履安，請其先赴粵。寫張仁寬，志希，彬龢，賓于，式湘，中大圖書館信。乃乾偕紹虞來，賓于來，均留飯。”“到湖濱旅館，訪賓于及其新夫人張季青，談一刻即別去。”“川島爲我造謠言，謂一部普通書，值七八角者，售至十五元。賓于告我，謂川島轉述莘田之語。因函質莘田。饞人之言，吁可畏也！”（卷二，62 頁）

七月二號星期六（六月初四）：“理書。寫書目片。素庵來。賓于來。終日對付書估，本日裝箱六隻。”（卷二，63 頁）

七月三號星期日（六月初五）：“寫魯弟，夢麐先生，孑民先生，賓于信。”（卷二，63 頁）

七月六號星期三（六月初八）：“寫履安信，式湘信。寫賓于，適之先生，素盦信。”（卷二，64 頁）

七月十二號星期二（六月十四）：“接聚成堂信，悉金滿成已爲賓于付五十元。”（卷二，66 頁）

七月十五號星期五（六月十七）：“賓于來。正甫來看書竟日。終日整

理書籍，寫目録片。”（卷二，67 頁）

七月十九號星期二（六月廿一）：“到旗下聚豐園吃飯。與介泉夫婦及川島到萬里處談半小時。”“今晚同席：彝初先生介泉夫婦賓于妻姨張女士川島勵德人予（以上客）賓于夫婦（主）”。（卷二，68 頁）

七月廿四號星期日（六月廿六）：“到岳墳，乘舟到西泠印社四照閣吃茶。到廣化寺，訪賓于夫婦。舟到旗營，各别去。”（卷二，69 頁）

七月三十號星期六（七月初二）：“寫履安，騮先，魯弟，適之先生，仰之，乃乾，賓于信。終日對付書估。寫書目片甚少。”（卷二，71 頁）

九月十四號星期三（八月十九）：“寫沅君女士，彬龢，愈之，艮男，賓于，經農，伯祥，履安，張仁寬，元胎，名達，亮塵信，鼎梅先生片。”（卷二，86 頁）

一九二八年

一月十五號星期日（十二月廿三）：“寫謝光漢，紹孟，陳劍鏘，錢卓升，仲琴，聖陶，侃如，緝熙，楊耀松，吴秋白，朱鐸民，翟覺群，抱經堂，仲澐，彦長，賓于，錢少華，江濤，傍桂信，又賀年片八紙。”（卷二，124 頁）

三月廿二號星期四（閏二月初一）：“寫衛聚賢，賓于，徐賓君，周振鶴，史襄哉，餘上沅，陳繩夫，李雁晴信。鈔王引之《尚書二十九篇考》，未畢。澤宣來。”（卷二，147 頁）

八月廿二號星期三（七月初八）：“寫賓于，史濟聲，萬里，欣伯，爲章，廷棫，名達信。緝齋來。”“今夜因寫信，又使予失眠。”（卷二，197 頁）

八月卅一號星期五（七月十七）：録“十七年九月十日賓于自南京寄來”的[油印件]《譚慕愚等出獄就醫：△該案尚未判決》：“（中央社）前被捕之國家主義者譚慕愚何仲愚傅正意三人經江蘇特種法庭再三審詢，均無結果。法庭以譚曾任四川第二女師教員，傅爲該校學生，特電致川中詳查彼等已往行動，惟至今尚未得覆。譚等在獄中均已染重病，數日前曾向法庭請求保釋出外診治，庭長胡翰當即派員至看守所查視，果屬實情，遂允彼等請求，准其取保就醫。現傅已去滬就醫，譚何則在南京某醫院。惟此案仍未了結，外間傳已判決無罪開釋，實非事實云。”（卷二，200 頁）

五月廿一號星期二（四月十三）：“寫健卿，兼士先生，賓于信。”（卷二，285 頁）

一九三〇年

一月二十號星期一（十二月廿一）：“寫錫永，篤士，于鶴年，袁廙臺，沈勤廬，陳旭輪，楊以明，陳苕之，玄同先生，辛旨，通伯，侃如，起潛叔，賓于，敬文，梅思平，予同，振鐸，聖陶，胡先驌信。”（卷二，368 頁）

一九三二年

九月廿一號星期三（八月廿一）：“爲李恢鵬寫屏條。爲鄭賓于寫扇。”（卷二，689 頁）

一九四五年

一月十一號星期四：“到王惠之處，見其子永平。到郝家，見王慧卿。予獨出，到東方書社，視畹薌病。到維他命，參加蔡孑民先生紀念會，同席爲何北衡，朱羲冑，胡樹藩，鄭賓宇，孫東生，徐輔德，黄德禄，梁驤，謝明霄，王玉璋等約五十人，聽劉明揚，陳覺玄，黄離明等致詞，予亦略説。”（卷五，393 頁）

一月十四號星期日：“張保昇來。李得賢來。出，到少城公園緑蔭閣，與肖甫談。嗣王繩祖，沈鑑，德坤來。與肖甫散步園中並談話。到文化茶園，開史學分會籌備會，同座爲文通，漢驥，德坤，繩祖，天民，悊生，藴剛。天民爲主席，推文通任會計，藴剛任文書，德坤任庶務，悊生，繩祖任會刊編輯。賓于來，同至君平街夏宅，晤夏斧私，夏恒堞，謝楚樵及賓禾夫人及其子友蘇。爲賓于等寫字五件。”（卷五，394 頁）

三　《中國文學流變史》書訊與書評

《中國文學流變史》出版前後，時有書訊或書評見諸報刊，除《鄭賓于文存》所録之外，另餘一二。

一九三一年二月，《中國新書月報》[①]第一卷第三期刊有一則書訊《將有中國文學流變史貢世》：“近年關於中國文學史之著作，多極一時。聞北新書局不久將出鄭賓于之《中國文學流變史》，此書體裁，與坊間諸書，有不同之處云。”（34 頁）

“民國廿三年六月二日”，《華年》（*The Hua Nien Weekly*）[②]第三卷第二十二期（總第 435—436 頁），發表“正名”的書評《〈中國文學流變史〉》，題下有注：“鄭賓宇著——北新書店出版，上中下三册——定價大洋四元六角”。全文如下：

我國的文豪，有些似乎是特别喜歡“凑鬧熱”的：枚乘作了一篇《七發》，傅

① 該刊編輯者：中國新書月報社；發行者：華通書局；總發行所：上海四馬路中段。
②《華年》社址：上海博物院路一三一號；每逢星期六發行。

毅的《七激》，張衡的《七辯》，崔駰的《七依》，馬融的《七廣》，曹植的《七啓》……便七七不絕地接踵而出了。如果照心理學家張耀翔[①]博士的説法，王仲宣的好驢鳴，劉邕的愛食瘡痂，賀蘭正明的偏嗜狗糞，以及鄭板橋的單愛狗肉，皆可認作各名士的“怪癖”；那末，我國文豪的特別喜歡“湊熱鬧”，亦未始不可以“怪癖”目之。這怪癖，到今日似乎還不曾“軻之死，不得其傳焉”。豈以道雖小必有可觀者歟？！

所以，現代我國的文豪，繼承着傅毅以來的道統的，還大有人在：甲看到乙做了一部《中國文學小史》，不覺技癢，也來寫一本《中國文學史綱》；丙聽到甲乙兩位的工作“生意興隆”，“利市百倍”，亦就當仁不讓，另起爐灶，著一本《中國文學史講話》或《中國文學史講稿》，以餉讀者。其名稱雖五花八[②]門，眩人心目；而内容則依樣葫蘆，陳陳相因，要皆不外給過去文學家做些“行狀”而已。把一篇篇獨立的“行狀”編排在一起，而美其名曰“文學小史”，“文學史綱”，這無異於牽出一匹哈叭狗兒，指給路旁的觀衆道：“這是獸王獅子！”但有誰肯信呢？文學史的作者呵！你們左眼對着詩文評，右眼對着文苑傳，同時還要將他們一點一滴地移到自己的稿紙上，勞神多矣！若爲民族或至少是個人的健康計，此後似宜好好休息一會了。

前日道經北新書局，無意中瞥見玻璃橱窗里擱着的鄭賓宇先生的《中國文學流變史》。當時臆測這一定不像一般文學史專替過去文學家做“行狀”的了，於是慨然解囊，買了一本上册回來。課餘無事，靠在藤椅上隨便翻閲了幾頁，覺得也不過是件東鑲西補的百衲衣，並無什麽與衆不同的地方，除了多插上那流變的草標外，文筆拙劣，出人意料，欠亨之處，亦復不少；如：

> “至於‘彤管’呢，我似乎贊成顧頡剛之所謂‘硃漆管子’，和劉大白之所謂‘紅管子’了，然而卻不那樣攏統。……”（頁四〇）

這里的“似乎”二字，真“似乎”非進所謂“文章病院”割治一下不可。

不特此也，書中尚有發前人所未發的妙論，復述容易失真，還是將它節録在上面罷：

> “至劉彦和，則以爲‘賦’之肇始甚遠：鄭莊公所賦的‘大隧’，和士蔿所賦的‘狐裘’，‘結言桓韻，詞自己作’，都是合於‘賦體’的，不過‘明而未融’罷了。……鄭莊公的‘賦詩’雖不可見，但即士蔿所賦

---

① 張耀翔（1893—1964），湖北漢口人。1915年畢業於清華學校，後赴美留學，1920年獲美國哥倫比亞大學心理學碩士學位。1921年在南京發起成立中國第一個心理學組織——中華心理學會，並任會長。1922年參與創辦中國第一種心理學雜誌——《心理》。歷任北京高等師範學校、北京師範大學、暨南大學、復旦大學、大夏大學、滬江大學、華東師範大學等校心理學教授。晚年任華東師範大學教育系主任。是最早將歐美心理學輸入中國的學者之一，也是中國早期建立心理實驗室的學者之一。著有《心理學講話》《感覺心理》《情緒心理》《兒童之語言與思想》《中國心理學發展史略》等。

② “八”，原文作“入”，當係排印錯誤。徑改。

的‘狐裘龙茸[①]，一國三公，吾誰適從？’諸句看來，實在又何曾像‘賦’呢？……”（頁八七）

鄭先生所説的鄭莊公的“賦詩”，當是指上文鄭莊公所賦的《大隧》而言。《左傳·魯隱公元年》，明明載着鄭莊公感潁考叔之言，與武姜隧而相見，公入而賦：“大隧之中，其樂也融融！”姜出而賦：“大隧之外，其樂也洩洩！”的話，如何“不可見”呢？這，凡是稍稍讀過幾句古書的人，皆能道之；而給我們“著”《中國文學流變史》的鄭先生，偏要硬坐它“不可見”。我們還有什麼話可説呢？

鄭先生如肯“虚其心”，將鄭莊公賦詩問題先請“我的朋友顧頡剛先生”（引用作者原文）考證一下，我想，無論如何不會説出這種“以有爲無”，“以實爲虚”的笑話來！

古人曰：“名者，實之賓”，又曰：“皮之不存，毛將安附？”所以，鄭先生的大作雖喬妝而出現於我國的坊間，然仍繼承過去文豪“湊熱鬧”的道統，卻是不容我們諱言的。

四　新發現的鄭賓于文章

《鄭賓于文存》分七輯，共收録散見的鄭賓于文章 32 篇，即“民歌與民俗”6 篇：《酉陽民歌採集》《致〈歌謠〉編輯》《歌謠中的婚姻觀》《在保定劉守真廟會中得的一首唱歌》《一句成語在元曲中之發見並質疑》《江南風俗一零》；“人物考辨”6 篇：《雷峰塔與保叔塔》《劉爺與劉爺廟》《保定蓮花池六幢考》《楊朱傳略》《公孫龍考》《永平十年以前流入中國之佛教》；“孟姜女故事研究”4 篇：《〈畿輔通志〉中的孟姜女》《孟姜女在〈元曲選〉中的傳説》《〈廣列女傳〉中的杞植妻和杞梁妻》《〈哭泉孟姜女祠記〉及其他》；“風詩研究”3 篇：《論三百篇後的風詩問題》《讀詩辨説》《秦風與豳風》；“文學史研究”6 篇：《刊印單篇〈長短句〉自序》《〈中國文學流變史〉（上）題語》《〈中國文學流變史〉（中）第一頁》《〈中國文學流變史〉（下）序》《〈中國文學流變史〉前論》《〈中國文學流變史〉前論（修訂稿）》；“文字因緣”4 篇：《論“淫書”》《我讀了文化學社印行胡適之先生的〈國語文學史〉》《我和魯迅先生的一段文字因緣》《詩四首》；“教育教學”3 篇：《關於合併四川省内各大學以成立國立四川大學的呈文》《“中學生讀書法及其基本讀物”之一：國文》《論我國民族文化之“不長進”與“綫裝書”》。該書初本收入《中秋日故事的傳説》，因出版社覺其内容略有不妥，終被删去。

“文存”出版後，編者又陸續發現鄭賓于的一些文章，現列其篇目如下：

1.《先于元白的幾個白話詩人》，署名“鄭賓予”，“予”當是誤排，《日郵副

---

①“龙茸”，當作“尨茸”，讀作 méng róng，蓬鬆之意。

刊》[①]第廿四號，1929 年 10 月 16 日。題下有注：“摘録中國文學流變史的一段”，並引詩句：“尋常言語口頭話，便是詩家絕妙辭。”

2.《先于元白的幾個白話詩人》（續），署名“鄭賓于”，《日郵副刊》第廿五號，1929 年 10 月 17 日。

3.《“教育第一”與“教書”》，署名“鄭賓于”，《華陽國志》[②]第一五期，1947 年（具體時間待查）。

4.《文學與國學》，署名“鄭賓于”，《華陽國志》第四一期，1947 年（具體時間待查）。

5.《文學史是否科學》，署名“鄭賓于”，《華陽國志》第五五期，1947 年（具體時間待查）。

6.《何謂文學》，署名“鄭賓于”，《華陽國志》第五六期，1947 年（具體時間待查）。

另附夏雲鏵先生所藏《賓于學術論著第一集》篇目：

1.《楊朱傳略》（三稿），署名“鄭賓于”，“一九二五，十，十。初稿；十，二五。改稿，於保定。”

2.《公孫龍考》，“十五年十月六日力疾作于福州協和大學。”

3.《論三百篇後的風詩問題》，署名“鄭賓于”。

4.《讀詩辨説》，署名“鄭賓于”。

5.《謝康樂的詩》，署名“鄭賓于”，“一九二五，十二，二八；即十四，十一，十三。”

6.《評胡適之先生的國語文學史》（見新文化月刊），署名“鄭賓于”，“十六年九月二十九，寧波虹橋頭。”

7.《長短句》，署名“鄭賓于”，並有附録一《刊印單篇長短句序》。

8.《宋代無名氏的詞》，“十五，五月，十四初成。十六，三月九日改正，福州。”

9.《易安居士詞》，“一九二五，十二，十六，保定”。

---

① 《日郵副刊》爲《日郵新聞》所辟的副刊，每月將副刊印成合訂本單獨發行。該報於 1929 年 7 月 26 日在成都出版，社址爲總府街新集商場 24 號，每日出 4 開 12 版，由武學書局代印。張雪崖、楊晴舫、楊頌平先後擔任社長。後地下黨員張翰君（即陳同生，又名陳農菲）參加該報工作，任採訪部主任。《日郵新聞》是當時的進步報紙。1931 年 7 月 30 日停刊，併入《成都快報》。參見王緑萍編著：《四川報刊五十年集成（1897—1949）》，四川大學出版社 2011 年版，第 210-211 頁。

② 《華陽國志》是《四川時報》副刊。該報創刊於 1947 年 1 月 18 日，日報，發行人：四川時報有限股份公司。社長吴伯樺（賡虞），總編輯李竹銘，後爲羅念生、蕭賽，社址：成都古中市街 18 號。對開 4 版，第一版廣告，第二版國内要聞，第三版國際新聞，第四版省内和本市新聞，以及副刊《華陽國志》。副刊發刊詞爲李劫人所撰。經常撰稿者有郭沫若、茅盾、臧克家、陳翔鶴、沙汀、林如稷等。後副刊改名爲《川時文藝》，由工作社編，實際是洪鍾主編，後爲羅念生、蕭賽主編。至 1948 年 7 月，該報仍在出刊。參見王緑萍編著：《四川報刊五十年集成（1897—1949）》，四川大學出版社 2011 年版，第 845 頁。

10.《南北曲別話》，署名“鄭賓于”，“一九二六年九月十一日作于福建。一九二九年九月廿八日改于成都。”

11.《論“合生”》，署名“鄭賓于”，“十六年三月八日，福建。”

12.《中華民國開國史》（十六年雙十節在浙江第四中學演講），署名“鄭賓于”，“十六年十月九日稿，曾載寧波民國日報。”

作者單位：江蘇大學、重慶師範大學

記者和作家身份的融合
——以《楚良》爲例探析蔣興强底層寫作特色

段 舒　周 毅

摘　要：蔣興强的寫作表現出對底層小人物生存狀態的關注，他的底層寫作既有作家的同情也有記者的對話，既講究語言的文采也有“報導式”語言的準確，既有多種文體的融合又突出對新聞報導體的倚重，既有題材上的現實主義傾向又有社會熱點問題的觀省，展現出記者和作家雙重身份的融合，在底層寫作中獨具特色。

關鍵詞：蔣興强；《楚良》；底層寫作；記者身份；作家身份

“底層”一詞最早出現在馬克思主義者葛蘭西的《獄中雜記》中，“subaltern classes”即“底層階級”，帶有明顯的政治色彩和革命意識。20世紀90年代的中國，伴隨著計劃經濟解體、國有企業體制轉型、工廠倒閉職工下崗、農村生存環境變遷等，社會兩極分化逐漸加深，中國社會結構中“底層”的數量和範圍急劇擴大，涵蓋了農民、民工、下崗職工等多個群體。進入新世紀，文學領域開始對全球資本化和市場化表現出叛逆姿態，形成關注底層、重在揭露的一批現實主義創作，即“底層寫作”。它們根植於現實的土壤，將創作的鏡頭對準底層的生活現狀、精神狀態等層面，對改革開放過程中出現的弊病表現出深刻的質疑和反思，旗幟鮮明地站在弱勢群體的一方，强烈籲求公正、平等，在文學傳統上與五四以來的關注“底層”的文學傳統一以貫之，湧現出諸如曹征路《那兒》、李肇正《女工》、闕迪偉《鄉村行動》等一系列極具社會影響力的底層文學作品。

蔣興强的《楚良》表現出强烈的底層寫作特徵，大膽地暴露、譴責、抨擊當下社會中存在的黑暗和不公，同情那些受苦受難的弱小者，對善良、不幸的底層民衆給予温暖的撫摸和熱情的關注。他一層層剥開了當今官場商界的一件件華麗外衣，還原了一個個肉欲物欲錢權欲令人觸目驚心類似於目前中紀委已告破和正在查辦的大案要案過程。同時，作爲“記者”出身的作家，蔣興强的底層寫作又有其獨特的打開方式，展現了記者和作家雙重身份的自然融合，在人物刻畫、語言表述、文體特點、題材選擇四個方面表現出諸多特質。

一　作家的同情與記者的對話

蔣興强底層寫作的人物刻畫，透過現實社會中小人物經受的苦難和壓迫，能看到這個群體人性上的光輝，他於弱小者的關懷不是一般作家的俯視之同情，而是融入底層的平視之對話。

《楚良》塑造出一系列典型的底層人物群像，不同于川籍作家羅偉章的底層寫作在人物上專寫堅守農村或是背井離鄉的底層農民，蔣興强的底層寫作多是寫生活在城市的底層市民：居住在“山頂洞”裏的拾荒人萬老漢，被迫失學的兒童蕾蕾，被萬利集團暗殺的萬順，被騙失身又遭拋棄的少女潘蘭……這些小人物在城市的迅速膨脹中成爲犧牲者，或是被迫下崗或是無家可歸，在經濟上被萬利集團這樣的金錢强權者剥削，流離失所；在人權上被“金天”這樣的政治强權者侵犯，無處申訴；在人格上被現實社會無視，喪失尊嚴……弱者可憐，欺凌者可恨，但苦難並非是底層的全部，這些人説不上偉大，但卻是人性的光輝，也是這個社會迫切需要，應當呼喚的。《楚良》對小人物“光輝”的關注，可以説填補了長久以來底層寫作在人物塑造上的空白。“無冕之王”楚良本身便是底層出身，他無權無錢，但底層的純潔早已入駐在他的靈魂深處，即使面對重重黑暗勢力，他依然堅持講真話。“香煙嫋嫋話別離”中，童真乖巧的蕾蕾、相濡以沫的萬家老夫妻、古道熱腸的鄰里；“誰是流氓誰有理”中，受《古都晚報》救濟的賣報盲婦康蓮、挺身而出的路人老大爺……他們質樸善良、知恩圖報、凜然正氣。當“潘大娘”出殯，這些鄰里在財力、人力上鼎力幫助；當“萬利”爲控制輿論强買收回曝光其罪行的報紙時，康蓮奮力阻止；當身患殘疾的孤兒寡母被流氓欺負時，路人拔刀相助……他們都是社會中的“弱者”，但就是這樣的“弱者”，身上卻閃現出中國傳統的俠客光芒，讓人熱淚盈眶。

究其原因，對底層命運的關注是作家身份對“五四”文學傳統的繼承，但作爲一位元記者出身的作家，他對當下社會現狀的體察和參與要更容易也更深入。因此《楚良》在傾注了蔣興强“作家式”的温情的同時，又展現出一種“記者式”的平等對話，後者的視角不是自上而下的俯視，而是當作家帶著更加平等的，甚至欣賞的目光去觀察這個群體時，反而被這些泥沼中掙扎者的質樸的人格所震撼。這些貧苦小人物身上的美好品質與正在經受的苦難生活形成鮮明對比，其實與生活的清貧相比靈魂的走失纔是最可悲的，這些人間的真情爲底層人物灰色暗淡的生活投來一縷温暖的光束，底層的靈魂和情感是乾淨的，他們的精神世界熠熠生輝，金錢在真情面前黯然失色，苦難在美好人格面前瞬間“消解”。蔣興强的《楚良》通過平等的對話，在融入底層後，言底層之所想，傳記者和作家之所見，讓讀者感受到底層人物閃現著的“人性光輝”足以和苦難抗衡。

二　作家的文筆與記者的精確

蔣興强底層寫作的語言，既有“一筆蕩開”式的細緻描摹與辭藻鋪陳，也有新聞報導式的凝練簡潔與點到爲止，總體上形成“縱”“簡”適宜的語言風格。

從《瓜客》稠密的異域風情展示開始，對於風俗人情的描摹一直是蔣興强小説創作的一大亮點，這自然也是《楚良》文筆的著力之處。“所以養生、送死、事鬼神之常也。”[①]喪葬習俗在傳統文化中舉足輕重，但在城市化的過程中很多傳統習俗都被漸漸遺忘。“香煙嫋嫋話別離”里，陰陽師把裝著七碗供品的簸箕端到死者的腳前，插一根香點燃在泥碗里，在灰盆里點燃火紙，頭一低，腰一躬，便進入了人神之間的境地。端供品、點香、燃火紙、念咒語，作家將陰陽師爲亡者開路的過程娓娓道來，一系列的動作描寫不温不火，儼然爲讀者展開了一幅《紅樓夢》式細膩的風俗畫卷。此外《楚良》在塑造人物形象時對人物語言有極準確的把握，不同身份以及不同場合語言的尺度、語氣的分寸精准到無一字多餘，各色人物的心態在各自的語言中窮形畢露。知識分子楚良時不時的“咬文嚼字”，底層人物萬老漢質樸的方言口語，記者明察暗訪時的採訪語言，官員商人暗藏玄機的行話……其中採訪式語言和官場行話最具代表性，“疑雲重重天亨苑”中，楚良暗訪“天亨苑”的路中偶遇知道内情的計程車司機，出於記者對新聞資訊的敏鋭，他馬上把話題朝醫院層面深入，就裝糊塗套起司機的話來。楚良作爲老道的記者在對話中充分展現了自己暗訪的功底——具有導向型性的語言，循循善誘的問題設置，恰到好處的語氣拿捏，這種採訪式語言十分貼合默言的記者身份。此外，飯局上莫副市長見色起意，欲讓萬利資助潘蘭以擄獲美人芳心，莫崎衹是微微一點撥，萬金馬上領悟。官場説話的點到爲止、四兩撥千斤的特點於此展露無餘，可以説一系列對話多一字不妥、少一字欠佳，蜻蜓點水式的官場逢迎表現得淋漓盡致。

《禮記·表記》中説“情欲信，辭欲巧”[②]，關於文筆的追求很早就已成爲文人的共識，也是衡量文學作品藝術性的標志之一，《楚良》細緻的風俗人情描摹，可以説是作家深厚文學積澱的自然流露。新聞報導對語言的簡潔性、精確性有著

---

① 王文錦：《禮記譯解》，中華書局2001年版，第306頁。
② 王文錦：《禮記譯解》，中華書局2001年版，第821頁。

極高的要求，精確性的不足直接導致新聞性的缺失，精確新聞學甚至“要求記者用科學的社會觀察方法去採集和報導新聞”[1]以保證報導對事實的無限接近。而對於不同身份、性格人物語言的把握，除了得益於深厚的文學積澱，更與作家多年的記者經歷息息相關。記者作爲對社會現實體察至深的群體，對不同人物特質的把握自然更深刻、全面，訴諸於語言時也更凝練、準確。《楚良》中默言明察暗訪時步步爲營的語言表達幾乎是作家蔣興强的“本色出演”。

三　跨文體嘗試與對新聞報導的倚重

蔣興强的《楚良》在文學體裁上突破了常規底層寫作中單一的模式，同衆多非底層文學作家一樣對文體的融合進行了諸多有益的探索，將小説、散文、詩歌、民歌、音樂、書信、新聞報導等多種文學體裁高度密集地穿插在故事情節的敘述中，並創造性地將新聞報導納入跨文體嘗試的範疇，在行文中對新聞報導文體加以倚重，客觀上起到推動情節發展的作用。

新世紀底層寫作以一種激進的姿態對社會進行多領域參與，展現出鮮明的現實主義立場和强烈的批判主義風格，但普遍存在表述方式雷同、多樣化不足的缺陷，能夠跨文體寫作的作品更是寥寥。儘管曹征路的小説《那兒》穿插了小舅寫給中央領導反映國有企業改革問題的書信，將書信體融進了文本，但這樣跨文體實踐在底層寫作中數量上不佔優勢，品質上也無法和鄉土文學抗衡。而蔣興强的《楚良》對跨文體創作進行了大膽的嘗試，小説、散文、詩歌、民歌、音樂、書信、新聞報導等多種文體切换自如，涉及的文體種類之多、密度之高甚至可以和鄉土文學的領軍人物莫言的創作相提並論。因此，可以説蔣興强《楚良》不僅在跨文體實踐上開了先河，在挑戰多領域知識、多文體呈現上又突破了當下小説寫作的瓶頸，具有更寬廣的視野和更强大的藝術合力。

在小説與散文體裁的融合上，蔣興强的《楚良》把散文的技巧揉進小説的創作中，展現出散文化優美的抒情語調。小説開篇寫楚良在上班途中，遠空、星光映著高樓、燈光，清晨的朦朧與清涼隨風吹在臉上，讀者卻在這詩意的文字中感到了“微寒的夜露”，這種“微寒”從小説的開端貫穿結尾。在小説與詩歌體裁的融合上，《楚良》中的詩歌提升了小説整體的文學審美性，還將詩歌抒情達意的效果發揮到了極致。當楚良面臨工作調離、家庭破裂的雙重打擊時，他臨别給妻子肖嫻寫下了一首《想・一路向西》，楚良身處複雜殘酷的現實，依然堅守原則，

① 肖明、丁邁：《精確新聞學》，中國廣播電視出版社2007年版，第10頁。

在與惡勢力的鬥爭中儼然是個勇士，然而透過詩歌，我們卻看到，其實默言想要的是簡單、純淨的生活，現實與原則、生活與理想越走越遠，於他無疑是疲倦和痛苦的。《尚書・堯典》中說："詩言志，歌永言。"在這裏，作家將人物内心細膩、複雜的情感借助詩歌這樣一種相對含蓄的形式表達出來，更加令人動情。打工仔之歌《夢裏詩箋》裏的山水靈動曼妙，但奈何"春水""難渡"，詩裏的山水之外卻另有深意，"夢裏的歌謠"永遠難以抵達想去的地方，而難以抵達的又何止是"歌謠"，更是打工仔的"夢想"。如同舔舐受傷的心靈，一首打工仔之歌看似無意地穿插，卻道盡底層的艱辛。在小説與民歌的融合上，《楚良》中的民歌，歌詞入情入景，音韻抑揚起伏，再現了當地的風土人情。尤其在描寫原始的出殯儀式中，哀轉久絕的喪葬之歌將生者對死者無盡的眷戀和哀思道得淋漓盡致，質樸的民族情感在民歌一聲聲的呼唤中起伏洶湧。在小説與音樂的融合上又無處不滲透著一種演奏意識，"見識'咂酒'讀'琴聲'"一章中，潘蘭評價莫副市長的千金的演奏時連續使用了"音階""琶音""斷韻"等一系列的音樂術語，以及不同章節演奏的變化，使我們仿佛親身體驗了一場演奏。潘蘭的幾句點評直指要害，既爲小説營造了一種演奏的氛圍，又體現出人物高超的音樂造詣，這樣年輕貌美又多才多藝的潘蘭令莫副市長傾心也就合情合理了。在小説與書信體的融合上，《楚良》中用"一場意外結'路緣'""因禍得福遇'伯樂'""陰差陽錯進名門""見識'咂酒'讀'琴聲'"四個章節對應潘蘭的四封書信，借助書信這文學體裁的介入，進一步揭開了萬利的罪行，案件的調查也隨之深入。

《楚良》對於新聞報導文體的倚重是其跨文體嘗試最突出的特點，新聞報導文體不僅推進了故事情節的發展，而且在呈現上也顯示出極强的專業性和完整性。在推進故事情節發展方面，先是王琪、伊若對天亨苑打死拆遷戶的報導《拆遷埋隱患，還房起禍端——昨晨，三拆遷戶主命喪刀砍棒劈之下》直擊萬利集團與官員勾結的事實，終於打草驚蛇，萬利手下的惡勢力蠢蠢欲動，打傷賣報盲婦康嫂，小説的進展一波三折，也給"天亨苑"事件提供了新的綫索。良心記者揭發真相，黑暗勢力一路阻撓，在兩股力量的互相攻守中，案件的真相被層層揭開，記者的新聞報導就是這段較量最直接的表現形式。小説最後，一直深愛著楚良的舒潔死了，他獨自佇立在逝者的墳前，爲愛人讀"天亨苑"案件的新聞報導，間接交代了小説故事的結局。天網恢恢，犯罪分子終於被繩之以法，遭受欺壓的人最終得以平反，但社會黑暗的勢力並沒有完全清除，楚良結尾這種類似於國畫的留白，加深了整部作品的韻味。此外，《楚良》在新聞文體的呈現上顯示出極强的專業性和完整性。小説在寫到康嫂被打、報紙失蹤一章時，先是"編者按"闡發了新聞編輯人員的評論，接著《批量買斷〈古都晚報〉全城報亭片甲不留》是一條“簡訊”，大致描述了事件的時間、地點、人物、事件，之後《盲人康嫂無辜被打呼籲各界愛心援助》是“主題報導”，詳細報導了事件的起因、經過與結果，緊接著《搶救康嫂，二醫院一路綠燈顯大愛》《心繫康嫂，莫崎代表市委市政府探望》《關注康嫂，〈古都晚報〉啟動應急預案》三條“深入報導”，對康嫂事件進行後續的跟蹤和關注，最後“編後語”呼籲大家向康嫂伸出援助之手。這一系列比新聞報導相對客觀、真實的“報導”，既體現了主人公楚良及其他編輯記者的專業能力，又折射出正直敢言的新聞觀，還處處散發著善良質樸的人性之美。童慶炳說：“文體是指一定的話語秩序所形成的文本體式，它折射出作家、批評家獨特的精神結構、體驗方式、思維方式和其它社會歷史、文化精神。”[①]因此，蔣興强《楚良》的跨文體寫作嘗試，以及對新聞報導體特有的關注，與他作家記者的雙重身份有著難以分割的關係。

四　現實主義的回歸與社會熱點問題的的重視

蔣興强的底層寫作在題材選擇上不僅完成了底層寫作的現實主義回歸，更將目光直接投向社會熱點，在時間和空間的雙重向度上都更加指向當下，因此，較之其他底層寫作，《楚良》的揭露性和現實性更强。

《中國農民調查》一書中寫道：“我們要説，我們看到了你想象不到的罪惡，想象不到的苦難，想象不到的無奈，想象不到的抗爭，想象不到的沉默，想象不到的感動和想象不到的悲壯。”[②]底層文學在誕生之初便具有這種現實關注的性格和大膽揭露的特質，作家的文學創作不應該祇停留在純文學、技巧性的層面，“一個真正負責任的作家或思想家，他除了對屈辱的事實要有明確的批判立場外，還應有一顆充滿摯愛的心靈。祇有愛，能縫合精神深處的裂縫；也祇有愛，能讓你謙卑地俯下身，耐心地傾聽來自生活內部的疼痛與歎息。”[③]換言之，作家對現實生活的關懷便是作家良心的體現，對生活疼痛的感知是作家的責任，傳統文人“爲天地立心，爲生民立命”的理想在今天文人的思維結構中仍然應該佔據主導。對當下、正在發生事件的捕捉，可以説是蔣興强的多年記者生涯內化的品質，“今天的消息是金子，昨天的消息是銀子，前天的消息就是垃圾”。記者對新聞的實效性有著近似嚴苛的要求，房地產行業在經歷了 20 世紀 90 年代的發展，進入 21

① 童慶炳：《童慶炳談文體創造》，河南大學出版社 2008 年版，第 1 頁。
② 陳桂棣、春桃：《中國農民調查》，《當代》2003 年第 6 期。
③ 陳桂棣、春桃：《中國農民調查》，《當代》2003 年第 6 期。

世紀後，如脱韁野馬，被公認爲暴利行業。城市像一個“巨大的工地”，摩天大樓如同雨後春筍，急速上漲的價格指數、巨額的利潤回報背後，許多拆遷户的合法權益被漠視，官商勾結，錢權交易衆所周知。《楚良》在對現實問題的關注上更進一步，它將目光直接定位“房地產”“腐敗”這樣的社會熱點問題上，並對這些問題作出及時的回應。《楚良》中寫到交房時，那面積竟然達到 89 平方米的門市竟不到 3 米寬，按照市場價補來補去，拆遷户不僅拿不到應有的賠償，更有甚者反而負債累累。像萬利集團禍害萬大爺一家、打死許躍進一類所謂的“釘子户”的“房地產商”比比皆是，許多拆遷户被迫離開長期居住的房子，得不到應有的補償，最終流離失所，這些人有冤無處報，甚至像小説中萬順這樣奪妻被殺“謀財害命”的案例也並非虚構。

作爲一位有良知的作家，蔣興强在幾十年的記者生涯中，對生活在社會底層人民的苦難感同身受，他發現底層人物的聲音祇能湮沒在城市的轟鳴中，這些小人物的命運如同漂蓬，弱者的尊嚴和權利常常被剥奪。在寫社會急速發展的同時，他以作家的人道主義關懷和記者的敏鋭，深切感受到時下房地產業增長背後的憂慮，在對現實的熱點準確把握下表面上寫功利實則是寫人心。羅偉章説：“我的文學觀念比較老土，我覺得，文學不是用來玩的，文學必須有所擔當，從事文學的人，應該具有使命感。”[①]同羅偉章一樣作爲一位有使命感的作家，蔣興强看到經濟發展、城市化進程帶來弊病，不同的是，羅偉章將底層農民的悲劇直指“城市”，是城市讓人心變惡，而呼唤“農村永存”，蔣興强則並不否定城市發展有益的一面，而將造成底層人物悲劇的矛頭直指官商勾結、制度不完善、人性醜惡等問題。

五　反芻底層寫作與“蔣式跨文體”的優勢與突破

20 世纪 80 年代文壇在一系列的純文學探索中，“文以載道”的傳統文學觀基本消亡，文學陷入了空洞的技法重復。王曉明説：“當代知識分子，或者就更大的範圍來説，當代文化人的精神狀態普遍不良，人格的萎縮，趣味的粗劣，想象力的匱乏和思想、學術的‘失語’，正是觸目的表現。”[②]脱離了社會現實的文學如同空中樓閣，作家失去對苦難的關懷便走向集體“失語”。文學“各式各樣的探索在耗盡了最初的鋭勢之後，不得不減緩了速度，放慢了腳步，以至出現了被有

① 羅偉章：《真實、真誠與迷戀》，《文藝理論與批評》2007 年 7 月 24 日。
② 王曉明：《批判與反省——〈人文精神尋思録〉編後記》，《文藝争鳴》1996 年 1 月 15 日。

人戲稱爲‘疲軟'的徘徊局面”[①]。20世紀90年代文學領域産生了一股“現實主義衝擊波”，許多作家開始意識到文學不能衹是冰冷的敘述、不介入的姿態，而將目光轉向現實社會，轉向生活在苦難中的小人物。這個時期，一貫在文壇保持先鋒主義姿態的余華也將創作轉向現實，創作出《許三觀賣血記》《活著》這樣具有底層敘事特徵的作品，形成了他創作的頂峰。無獨有偶，新世紀女性文學也大致呈現出這樣一種關注現實、底層的創作轉向，並漸漸意識到創作如果僅僅停留在對女性身體、情欲的關注，女權對男權的反抗，而放棄對現實和底層大衆的關懷，就難免顯得乾癟。鐵凝的《笨花》、嚴歌苓的《鄰家有女初長成》、池莉的《懷念聲名狼藉的日子》等便是女性文學底層轉向的成功之作。可以説對底層的關注是當下文學發展的必由之路，而蔣興强的底層寫作起筆便順應了這股現實主義的大潮，可以説起筆不凡。當他站在當今文學的“潮頭”，將目之所及通過自己獨特的體悟方式和觀察視角融入筆端，創造性地將小説、散文、詩歌、民歌、音樂、書信、新聞報導等多種文學體裁融爲一體，“以犀利的筆鋒揭開複雜的社會表象，讓讀者洞徹生活的本真，從而來審視生活與世界，更深刻的認知生活”。

“蔣式跨文體”對新聞報導的倚重，得益於蔣興强作家和記者的雙重創作身份。約瑟夫·普利策曾説：“倘若一個國家是航行在大海上的船，新聞記者就是船頭的瞭望者。他要在一望無際的海面上觀察一切，審視海上的不測風雲和淺灘暗礁，及時發出警報。”[②]記者對社會的調查與暗訪有著極大的職業優勢，投入到文學創作時，記者掌握的大量的社會第一手資料便糅化爲小説情節，從而發揮出對社會廣泛的批判作用。與另一位元同是記者出身的作家——張恨水相比，《春明外史》使張恨水以新聞人的身份走進作家隊伍，官場的腐敗黑暗、生活的骯髒腐化、媒體行業的勾心鬥角等都是張恨水善於表現的領域。而對當今官場、房地産行業、新聞媒體行業的批判和揭露亦是蔣興强《楚良》的著力之處，但《楚良》在對新聞報導文體呈現的完整性和專業性上，又對張恨水的創作形成了突破。

“蔣式跨文體”對民歌體裁的借鑒融入了大量的社會風俗描摹。“三秦有《廢都》，巴蜀有《楚良》”，《楚良》對當下巴蜀社會風俗人情的展示、對人性的刻畫，對黑暗腐敗的鞭笞，與賈平凹20世紀90年代初期創作的《廢都》一樣振聾發聵。前者是對當下諸多問題的極爲迅速的回應，鞭辟入裏，後者則是對毫無遮掩的欲望的呈現，前無古人。《楚良》在民歌中呈現的音樂、喪葬、詩的元素，不僅在當下底層寫作中絕無僅有，即使是被譽爲“北京20世紀20年代的風俗畫和

① 王曉明：《批判與反省——〈人文精神尋思録〉編後記》，《文藝爭鳴》1996年1月15日。
② 徐龍河：《做船頭的瞭望者》，《聲屏世界·廣告人》2012年8月1日。

黑幕圖”的《春明外史》也未曾涉及。因而，蔣興强《楚良》在跨文體的嘗試上，不僅突破了底層寫作的瓶頸，還超越了同爲記者出身的作家張恨水的創作，將職場、官場、情場、人生場的一波三折、跌宕起伏展現得淋漓盡致，使得蔣興强既是“21世紀的張恨水”，又不完全等同於張恨水。

作者單位：四川大學文學與新聞學院

蜀學堂史料四則

整理：鍾永新

摘　要： 蜀學堂是清末在京四川籍京官多人共同發起成立，是當時四川維新志士維新戰鬥的起點，爲維新變法培養了大批人才。蜀學堂的辦學宗旨和目的在於兼習中西學業，使之學業有成。本文整理了與蜀學堂有關的四則史料。

關鍵詞： 蜀學堂；史料

一　《京師：蜀學設學》

整理者説明： 此消息出自《廣益叢報》1904 年第 34 期。《廣益叢報》由楊庶堪與朱必謙等於 1902 年創辦於重慶，主要搜載全國各地報刊介紹西方科學、民主及國内問題等方面的文章和報導，並大力轉載同盟會創辦的機關刊物《民報》文章，成爲重慶同盟會員掌握的輿論陣地。本消息指出蜀學堂設在北京宣武門外的芝麻街，在月之念日（即二十日）開學，同時兼招他省學生等。

附録原文：

（蜀學設學）　○在宣武門外芝麻街設立蜀學堂，現在招考學生，定于月之念日開學，並于本省學生額設之外招考他省學生二十名，每名按月只取食費四元，學資二元云。

——《廣益叢報》1904 年第 34 期上編：紀事：本國部

二　《本署司通飭准京師蜀學堂函請資助經費文》

整理者説明： 此資料出自《四川教育官報》1910 年第 3 期。《四川學報》是四川學務處於 1905 年 2 月創辦的學務官報，爲“四川全省勸學而設”，1907 年 9 月更名爲《四川教育官報》，由學務公所發行，共出 112 期。文中指出旅京蜀學堂已辦十年，由於學生增多，規模宏大，經費困難，故申請四川勸學所資助，擬由各州縣“勸學所就學務經費項下酌提”資助，期以使蜀學不致中道廢止。

附録原文：

爲通飭事。案准京師蜀學堂函開：敬啟者，旅京蜀學堂開辦迄今閱十寒暑矣，年來蜀中子弟旅京日衆，校中學生逐漸增多，而教務各節自當力求完備，惟規模既已宏大，而經費不免支絀，舊有常款僅四千金左右，歷年支用已達七千以上，不敷其巨。枏等因京中無款可籌，特集同人協議辦法，擬由各州縣勸學所就學務經費項下酌提，資助分大、中、小縣三等（大縣年五十金，中縣四十金，小縣三十金），每年於二八月兩季交由省城教育總會匯齊匯京，籍資補助，在各縣所出無多，等滄海之一粟，而該堂得此，豈僅維持於現在，並可圖發達於將來。刻已函達各勸學所，事關公益，或無推諉。然提倡指導不能不仰仗登高一呼，俾期迅速應請。以宣統二年爲始，如數接濟，庶蜀學不致中道廢止，而維持教育一視同仁，尤爲感激，於無既也。等由。准此。除通飭外，合填預印空白飭，劄到該即便遵照牘知勸學所，按照（大縣五，中縣四，小縣三），十金於二八月兩季先期交由省城教育總會，匯齊匯京，是爲至要，切切毋違。此劄。

——《四川教育官報》1910 年第 3 期

三 《本署司詳寄京師蜀學堂津貼文》

整理者説明：在《四川教育官報》1910 年第 3 期刊登《本署司通飭准京師蜀學堂函請資助經費文》後，《四川教育官報》1910 年第 5 期刊登《本署司詳寄京師蜀學堂津貼文》，説明京師蜀學堂已收到一千兩資助款，但經費依然支絀，繼續申請資助，希能得到各州縣勸學所的補助救濟。

附録原文：

爲詳覆事。案奉憲台劄開：頃接京師蜀學堂監督陳函，以川省前寄該堂津貼一千兩，業已收到，請即查核備案。又稱該堂經費支絀，經手人萬分爲難，現各班學生已逾六學期，又陸續添招新班，請添籌經常費以資接濟等語。准此，合就劄行。劄到該司，即便查照備案。至川省學欵非裕，能否代爲設法之處，亦即妥議詳奪，以便酌覆，毋延。等因。奉此。（署司）查旅京蜀學堂經費支絀，自系實情，惟川省學務經費同一困難，目前虧累已深，實難代爲設法。第昨准川紳京官喬丞堂樹枏等來械，以蜀學堂常費不敷，請由各屬勸學所分等佽助（大縣五十金，中縣四十金，小縣三十金），每年於二八月交由省城教育總會匯寄等語，當由。（署司）分別上、中、下三等，通飭照辦在案。蜀學堂得此補助，當可籍資挹注。至各該勸學所，此項佽助之款，嗣後仍由（署司）飭催以資接濟。所有遵飭核議："蜀學堂經費，礙難代籌；現已據函通飭各屬分等捐助"各緣由，理合具文詳請憲台俯賜核覆示遵，爲此備由另文，申乞照詳施行，須至册者。

——《四川教育官報》1910年第5期

四 《四川：旅京蜀學籌款》

整理者説明：此資料與《四川教育官報》1910年第3期刊登的《本署司通飭准京師蜀學堂函請資助經費文》内容相同,《廣益叢報》轉登資訊旨在推動支援"旅京蜀學籌款"活動。

附録原文：

四川旅京蜀學籌款△旅京蜀學堂前因經費經濟困難，已由川籌匯銀一千兩資籍補助。嗣該堂陳監督以本堂已逾六學期，現又添招新班，函請接濟，督憲當即行司籌撥。聞學台昨接喬右丞等公函，請由各勸學所分等認籌，大縣五十金，中縣四十金，小縣三十金，每年六月内交由省教育總會匯齊兑京。兑京學台當即詳明督憲，並轉飭查酌矣。

——《廣益叢報》1910年第233期上編政事門：紀聞：中國部

作者單位：北京立身國學教育編輯部

稿 約

《蜀學》是西華大學四川省人民政府文史研究館蜀學研究中心創辦的學術刊物，由西華大學、四川省人民政府文史研究館聯合主辦，一年兩輯，由西南交通大學出版社出版，誠邀海內外學者賜稿。

一、徵稿選題

關於蜀學理論、蜀學思想、蜀學史、蜀中學者以及蜀學文獻等方面的研究。

二、文稿要求

1. 遵守學術道德，文責自負。

2. 未曾公開發表，具有一定的學術原創性。

3. 使用規範的繁體漢字。

4. 來稿需提供內容提要和關鍵詞（不需英文翻譯），可加課題項目名稱，注釋一律採用當頁脚注，每頁單獨編號。脚注用小五宋體，包括文獻作者、文獻題名、卷數或期刊名、出版單位及出版年或期刊的年（卷、期）、起止頁碼，用帶圓圈的阿拉伯數字序號標注。例：

① 孫硯方：《都江堰水利詞典》，科學出版社 2004 年版，第 54-55 頁。

② 馮廣宏：《創立一門新蜀學——都江堰學》，《西華大學學報》（哲學社會科學版）2005 年第 4 期，第 15-19 頁。

5. 來稿字數以 8 000 ~ 30 000 字爲宜，學術價值高者不受篇幅限制。

6. 來稿請務必詳細注明作者的姓名、單位、職稱、學歷和聯繫方式（電話、電子信箱、通訊地址等）。大作一經刊出，即酌付稿酬，並寄樣刊兩本。

三、本刊對來稿有删改權，若不同意删改者請於來稿上注明。

四、投稿方式

紙質稿件郵寄：四川省成都市郫都區紅光大道西華大學四川省人民政府文史研究館蜀學研究中心 王學東（收）。郵編：610039。

電子郵件：191615760@qq.com; shuxue2003@126.com; 1214745829@qq.com。

聯繫電話：（028）87722129；13036667781（王學東）。

五、特别说明

1. 本刊不收取任何版面費和審稿費。

2. 本刊已加入《中國期刊網》。作者著作權與使用費與本刊報酬一次性付給。若作者不同意將文章編入上述版、網，請在來稿中聲明。

西華大學四川省人民政府文史研究館蜀學研究中心
《蜀學》編輯部